Das geheime Glossar der Politikwissenschaft

Reihe »Politik der Geschlechterverhältnisse«
Band 8

herausgegeben von Eva Kreisky, Uta Ruppert und Birgit Sauer

Eva Kreisky, Birgit Sauer (Hg.)

Das geheime Glossar der Politikwissenschaft

Geschlechtskritische Inspektion der Kategorien einer Disziplin

Campus Verlag
Frankfurt/New York

Die Deutsche Bibliothek – CIP-Einheitsaufnahme

Das geheime Glossar der Politikwissenschaft:
geschlechtskritische Inspektion der Kategorien einer Disziplin /
Eva Kreisky; Birgit Sauer (Hg.). – Frankfurt/Main; New York:
Campus Verlag, 1997
   (Reihe »Politik der Geschlechterverhältnisse«, Bd. 8)
   ISBN 3-593-35612-0
NE: Kreisky, Eva [Hrsg.]; GT

Das Werk einschließlich aller seiner Teile ist urheberrechtlich geschützt. Jede Verwertung ist ohne Zustimmung des Verlags unzulässig. Das gilt insbesondere für Vervielfältigungen, Übersetzungen, Mikroverfilmungen und die Einspeicherung und Verarbeitung in elektronischen Systemen.
Copyright © 1997 Campus Verlag GmbH, Frankfurt/Main
Umschlaggestaltung: Atelier Warminski, Büdingen
Satz: Pamela Schartner, Wien
Druck und Bindung: Druck Partner Rübelmann GmbH, Hemsbach
Gedruckt auf säurefreiem und chlorfrei gebleichtem Papier.
Printed in Germany

Inhalt

Heimlichkeit und Kanonisierung
Einführende Bemerkungen zur Begriffsbildung in der Politikwissenschaft

Eva Kreisky, Birgit Sauer 7

Geschlossene Öffentlichkeit
Paradoxien der Politikwissenschaft bei der Konstruktion des öffentlichen Raumes

Sabine Lang 46

Tabuisiertes Subjekt
Strategien einer konzeptionellen Auflösung

Regina Köpl 70

Die Eine / die Andere
Zur Kritik einer modernen Setzung

Sieglinde Rosenberger 97

Familialismus
Eine verdeckte Struktur im Gesellschaftsvertrag

Erna Appelt 114

FeMale
Geschlechterkonstruktionen in der Sozialpolitik
Das Beispiel der Lohnarbeitsmarkt- und Sozialpolitikformierung
in Österreich im 18. und 19. Jahrhundert

Gerda Neyer 137

Diskreter Maskulinismus
Über geschlechtsneutralen Schein politischer Idole, politischer Ideale und politischer Institutionen

Eva Kreisky 161

»Normale« Männlichkeit
Der Beitrag der Transformationsforschung zum Erhalt geschlechtsblinder Paradigmata in der Politikwissenschaft

Birgit Sauer 214

Kriegsfähigkeit, Verhandlungsmacht und ungleiche Arbeitsteilung
Bedingungen der Geschlechterpolitik in den internationalen Beziehungen

Uta Ruppert 254

Zu den Autorinnen und Herausgeberinnen 279

Heimlichkeit und Kanonisierung
Einführende Bemerkungen zur Begriffsbildung
in der Politikwissenschaft

Eva Kreisky, Birgit Sauer

Warum dieser Band?

Vom Zeitgesetz der »Verspätung« deutschsprachiger Politikwissenschaft gegenüber us-amerikanischen Entwicklungen heben sich auch feministische Spielarten politikwissenschaftlicher Forschung nicht ab. Neidvoll müssen wir akzeptieren, daß die seit den siebziger Jahren anwachsenden us-amerikanischen, aber auch britischen Bestände feministischer Kontroversen um Begriffe, Inhalte und Methoden der Politikwissenschaft durchaus schon Buchläden und Bibliotheken füllen können. Die vergleichbare Ausbeute in deutschsprachigen Regalen bleibt dagegen nach wie vor eher dürftig. Feministisch-kritische Annäherungen an den herr/schenden Fundus politikwissenschaftlichen Denkens und Arbeitens sind hier erst seit kurzer Zeit in publizierter Form zugänglich (vgl. u.a. Appelt/Neyer 1994; Holland-Cunz 1994; Kreisky/Sauer 1995; Kulawik/Sauer 1996; Kerchner/Wilde 1996). Diese Veröffentlichungen illustrieren Weiterarbeit an angelsächsischen Debatten, sie dokumentieren aber auch die Entstehung eines eigenständigen deutschsprachigen feministischen Diskurses zur Politikwissenschaft.

Bis zum Beginn der neunziger Jahre gab es eigentlich nur disparate und singuläre Versuche feministisch-kritischer Auseinandersetzung mit der Politikwissenschaft als Disziplin. Diese meist in Zeitschriften oder Sammelbänden publizierten Beiträge ließen allerdings den einschlägigen feministischen Arbeitsstand nicht umfassend bilanzieren (vgl. u.a. Kreisky 1975 und 1988; Kickbusch/Riedmüller 1984; Schaeffer-Hegel 1984a und b; Bennholdt-Thomsen 1985; Hagemann-White 1986; Kontos 1986; List 1986). Vielmehr wurden in und mit diesen Publikationen – sicherlich auch unter Ausnutzung vor allem des us-amerikanischen Wissensstandes – erste feministische Denk- und Arbeitsschneisen in politikwissenschaftliche Arbeitsfelder geschlagen.

Es sollte dann aber noch fast eine Dekade dauern, ehe feministische Denkarbeit in politikwissenschaftlichen Feldern auch bei uns wirklich verlagsfähig wurde. Entscheidende Impulse zur Veränderung des deutschsprachigen Publikationswesens gingen von der Formierung weiblicher Arbeits- und Diskussionszusammenhänge im politikwissenschaftlichen Bezugsfeld aus[1]. Bemerkenswert bleibt jedoch, daß trotz mehr oder weniger entfalteter Kooperationen und Zusammenschlüsse in der Schweiz, Österreich und Deutschland eine Vernetzung deutschsprachiger feministischer Politikwissenschaftlerinnen bislang noch ausgeblieben ist[2].

Den ersten publizistischen Durchbruch mit der Thematisierung »feministischer Politikwissenschaft« erfuhr der von Erna Appelt und Gerda Neyer (1994) herausgegebene Band, der feministische Bedürfnisse und Interessen deutschsprachiger Politikwissenschaftlerinnen mit ausländischen Beispielen feministischer Pionierarbeit (aus den USA, aus Skandinavien und aus Frankreich) verknüpfte. Die »*Feministische Politikwissenschaft*« (Appelt/Neyer 1994) erfüllt in gewisser Hinsicht noch eine Brückenfunktion zu feministischen Diskursen anderer Länder, indem sie versucht, den dortigen Forschungsstand für die deutschsprachige Diskussion verfügbar zu machen und zugleich wichtige Impulse für Weiter- und Neuarbeit zu geben. Der von uns selbst edierte Band (Kreisky/Sauer 1995) ging dann in der Synthetisierung von us-amerikanischen und deutschsprachigen Diskurslinien noch einen Schritt weiter, indem die inhaltliche und theoretische Rezeption us-amerikanischer Ansätze in die Buchbeiträge einflossen. Lediglich Nancy Hartsock (1995) verkörperte mit ihrem Einleitungsbeitrag einen beabsichtigt offenkundigen Brückenschlag zwischen us-amerikanischen und deutschsprachigen Bemühungen um feministische Kritikarbeit an der Politikwissenschaft als Disziplin.

Der vorliegende Band »*Das geheime Glossar der Politikwissenschaft. Geschlechtskritische Inspektion der Kategorien einer Disziplin*« entstand aus einem Workshop, der sich aus dem von Erna Appelt und Gerda Neyer herausgegebenen Reader »*Feministische Politikwissenschaft*« (1994) entwickelt hatte und im Oktober 1995 in Wien stattfand[3]. Auf diesem Workshop ging es vor allem darum, die im Reader angerissene Kritikarbeit in noch grundlegenderer Weise fortzuführen und auszuweiten. Ziel des Workshops war die kritische Hinterfragung herkömmlicher Politikwissenschaft durch Benennung ihrer Tabus sowie ihrer geheimen Paradigmen.

Warum »geheim«, warum »Glossar«?
Zum Titel des Bandes[4]

Das Wort »*geheim*« steht für »verborgen«, »streng vertraulich«, »nicht für Außenstehende bestimmt«. Sein Wortstamm »heim« verweist darauf, daß es zunächst um Bedeutungen ging wie »zum Haus, zum Heim gehörig« bzw. »vertraut«[5]. Der heutige Sinn entwickelte sich erst im 17. Jahrhundert aus »vertraut« im Gegensatz zu »öffentlich«[6]. Die Begriffe »Geheimnis« und »Heimlichkeit« bezeichneten zunächst ein nur einem kleinen Personenkreis bestimmtes Wissen; sie wurden vornehmlich für religiöse, der Vernunfterkenntnis nicht zugängliche Mysterien gebraucht. »Geheimnis« ist also das noch nicht Erkannte und Erforschte ebenso wie das rationaler Erfassung grundsätzlich Entzogene oder auch nur entzogen Scheinende. »Geheimbünde« beispielsweise sind Zusammenschlüsse, deren Strukturen, Absichten und Ziele der Umwelt verborgen bleiben sollen. Zum Mitglied wird man durch andere Mitglieder, und der Eintritt beruht auf einer »Initiation«, mit der dann auch »Geheimwissen«, »geheimer Glaube« oder »geheime Zwecksetzung« des Bundes offenbart werden. »Geheimwissenschaften« sind einem nur »eingeweihten« Personenkreis zugängliche, in terminologisch abgeschirmtem Schrifttum niedergelegte Wissenssysteme über geheime, nicht jedem erkennbare Eigenschaften und Kräfte der Natur[7]. »Geheimnis« und »Geheimwissen« besitzen also den Doppelaspekt, daß etwas verborgen *ist*, das entborgen werden kann, und daß etwas verborgen *wird*, das nicht veröffentlicht werden soll. Beides sind Modi der Inklusion *und* der Exklusion.

Unter »*Glossar*« ist im eigentlichen Sinne ein Wörterverzeichnis mit Erläuterungen zu verstehen. Im Kern des Wortes »Glossar« ist die griechische Bezeichnung für Zunge, Sprache oder Dialekt enthalten (*glossa*); der Sinngehalt verschob sich schließlich auf überkommenen, fremden, eigenartigen und erklärungsbedürftigen Wortinhalt bzw. Wortgebrauch. Glossarien waren in ihrer Genese eigentlich literarische Aktivitäten: Zunächst ließ der Vergleich griechischer und lateinischer sprachlicher Besonderheiten »Glossarien« entstehen. Seit dem frühen Mittelalter wurden kirchliche Texte wie etwa die Bibel, Kanones oder Texte von Kirchenvätern, aber auch andere Handschriften wie etwa lateinisch abgefaßte Rechtstexte »glossiert«. Schwierige Wörter oder Textstellen erläuterten die Herausgeber, indem sie zwischen den Zeilen oder an den Rändern erklärende, gelegentlich auch spöttische Bemerkungen, sogenannte »Glossen« anbrachten. Der Begriff wurde schließlich auch für die Übertragung technischer Rechts- bzw. Gerichtssprache in volkssprachliche Formeln gebräuchlich. Sammlungen von »Glossen« bezeichnete man seit dem

17. Jahrhundert als »Glossare«. Sie waren zunächst also bloße Verzeichnisse »schwieriger«, »ungebräuchlicher« oder »erklärungsbedürftiger« Wörter, als Übersetzungshilfe im Anhang von Texten plaziert. Erst mit der Entwicklung volkssprachlicher Prosa entstanden selbständige, alphabetisch oder sachlich geordnete »Glossare« kirchlichen oder weltlichen Inhalts zwecks Förderung sprachlicher Ausdrucksfähigkeit.

Die Etikettierung männlich-elitärer Hüter von »Wissen« und der »Zugänge« zum Wissen als »geheimes« Netzwerk ist eine begriffliche Anspielung auf die unschwer nachweisbare Geschichte des Ausschlusses von Frauen aus dem System Wissenschaft und auf die Tendenz dieser Wissenschaften, Geheimwissen und Geheimlehren für einen beschränkten Personenkreis zu sein. Wissenschaft hat in der Entwicklung und Verwendung »esoterischer Codes« viel mit geheimen Organisationen gemeinsam (vgl. Westerbarkey 1991: 87).

In dieser Hinsicht bildet auch die relativ junge Disziplin der Politikwissenschaft keine wirkliche Ausnahme. Auch sie folgt mehr oder weniger bewußt mit »geheimen« Terminologien »verborgenen« Traditionen und Interessen. Wie läßt sich nun die verborgene, die *geheime* Seite politikwissenschaftlichen Vokabulariums fassen? Das Phänomen des Geheimen ist dazu noch weiter aufzufächern: »Geheim« deutet auf überhaupt geheimgehaltene Begriffe, auf bloß geheime Bedeutungsinhalte von Begriffen, auf unbewußte oder implizite Verwendungen von Konzepten oder auf systematische Auslassungen in Begriffsdeutungen hin. Politikwissenschaft ver»heimlicht« auf diese Weise mit ihrer Begrifflichkeit Teilaspekte ihres Gegenstandsbereichs. Arbeit an diesen »geheimen« Dimensionen kann Aspekte hervortreten lassen, die bislang verdrängt geblieben sind. Sie kann aber auch den geheimgehaltenen Konsens der politikwissenschaftlichen Männerwelt nach oben kehren und sichtbar machen.

Der vorliegende Band knüpft bewußt an die oben dargestellte Tradition von »Wörterverzeichnissen« an, indem er »eigenartige« Begrifflichkeiten einer – zumeist unausgesprochen – männlich verfaßten Politikwissenschaft »glossiert«, sie erläutert oder auch nur »spöttisch« kommentiert. Zum Verständnis der vielfach »geheimen« Codes und der dahinter verborgenen Wirklichkeiten können feministische »Übersetzungshilfen« durchaus von Nutzen sein. Erklärung, Offenlegung und Relativierung einseitig vergeschlechtlichter Konzepte und Sichtweisen einer männlich erstarrten und männlich verkürzenden Politikwissenschaft bilden den gemeinsamen roten Faden durch die einzelnen Beiträge. Das vorliegende »geheime Glossar« der Politikwissenschaft stellt geschlechtsblinde Paradigmen zusammen, es ist aber auch eine Fundstelle für die Kategorie »Geschlecht«.

Politik und Geheimnis
Anathema der Politikwissenschaft

Bis ins 18. Jahrhundert war Geheimhaltung eine allgemein als notwendig anerkannte Politikstrategie; sie war Element der Staats»kunst« und galt als Klugheitsregel. Machiavelli war der erste westliche politische Denker, der den inneren Strukturzusammenhang von Politik und Geheimhaltung explizierte. Er plädierte für ein »arcanum imperii«, für geheime Anweisungen der Herrscher zur Durchsetzung ihres Willens. Die Effektivität der Machttechniken, die nötigenfalls Täuschung, List und Lüge beinhalten konnten, erfordere, so Machiavelli, deren Geheimhaltung (vgl. Weiß 1995b: 308).

Erst im späten 18. Jahrhundert wird Heimlichkeit auch negativ konnotiert – doch in paradoxer Weise. Die Dialektik von Aufklärung, Öffentlichkeit und Geheimnis wird bereits in der Entstehungszeit moderner Politikformen sichtbar. Organisationen, die den Anspruch gesellschaftlicher Aufklärung gegen das Feudalsystem erhoben wie beispielsweise Freimaurerlogen (vgl. dazu Westerbarkey 1991: 150ff.) oder die Illuminaten, waren selbst in aller Regel als Geheimbünde organisiert; bürgerliche Öffentlichkeit und Politik setzten als notwendiges Korrelat ihre Organisation im Verborgen-Vertrauten voraus. Rousseau spricht von der Aufklärung als »geheimem Konsens der Herzen«, Kant vom »Geheimnis der politischen Vernunft« (zit. nach ebd.: 22). So paradox es erscheint, daß Aufklärung mit dem organisatorischen Mittel des Geheimnisses durchgesetzt werden sollte, so logisch ist die Geheimnisstruktur im historischen Kontext: Die Arkansphären und der intim-politische Zusammenhalt waren als Schutz vor feudaler Verfolgung ebenso notwendig, wie sie auch als Ausschlußmechanismus gegen andere Stände gedacht waren (vgl. ebd.: 28). Die Etablierung der Begriffsdichotomie geheim/öffentlich war Teil bürgerlicher Herrschaftslegitimierung bzw. bürgerlichen Herrschaftsanspruchs, sie hatte also letztlich wenig mit der wirklichen Beseitigung von ausschliessenden Heimlichkeiten zu tun (vgl. dazu auch Hölscher 1979):

> »Die Bezeichnung ›öffentlich‹ wird also erst notwendig, als betont werden muß, daß wichtige Angelegenheiten auch heimlich geschehen oder geschehen können, also (zumindest potentiell) für einige oder viele unzugänglich sind, und das gleiche gilt umgekehrt für ›geheim‹.« (Westerbarkey 1991: 25)

Max Weber hat eindringlich nachgewiesen, daß auch moderne politische Institutionen durch Geheimhaltung Macht zu erlangen bzw. zu sichern suchen. Für ihn ist »jede auf Kontinuierlichkeit eingerichtete Herrschaft (...) an irgendeinem entscheidenden Punkt *Geheimherrschaft*« (Weber 1972: 548, Hervorhebung im Original). So sind beispielsweise zentrale Aspekte »öffentlicher Verwaltung« bewußt als im Kern »nichtöffentliche« konzipiert: In den Kämpfen um die soziale Vorherrschaft in der österreichischen Staatsverwaltung in der ersten Hälfte des 19. Jahrhunderts spielte das Instrument des Amtsgeheimnisses eine machtpolitische Schlüsselrolle. Mit dem Geheimnis wurde strategische Politik betrieben: Ein wichtiges Mittel zur Hervorbringung innerbürokratischer Disziplinierung bestand in geheimgehaltenen »Conduitlisten« (»Eigenschaftstabellen«) und Präsidialberichten. Unzufriedenheit der Bevölkerung mit absolutistischen und willkürlichen Politikformen sollte zudem auf niedere Beamte abgewälzt werden. Zur Verschleierung des geheimen »Polizeiterrorismus« nach innen sowie zur Absicherung aristokratischer Interessen in der Staatsverwaltung bedurfte es der Institutionalisierung des Amtsgeheimnisses, das keineswegs zum Schutze der Interessen der durch etwaige Amtshandlungen betroffenen Bevölkerung installiert wurde[8]. Das Amtsgeheimnis wurde ausschließlich deshalb kreiert, um Verwaltungshandeln potentieller kritischer Öffentlichkeit zu entziehen und Beamte unterer Hierarchiepositionen, die ja in aller Regel anderen sozialen Klassen entstammten, in Abhängigkeit zu halten (vgl. Kreisky 1974: 203f.):

»Es wurden (...) die vorbereiteten Regierungsakte geheimgehalten, bis sie als Gesetz oder Beschluß hervortraten, in welchem Falle es dann unwiderruflich war und niemand, ohne einer Renitenz gegen die Staatsverwaltung beschuldigt zu werden, es angreifen konnte. Dann aber wollte man keine Klagen gegen die geheimen Präsidialberichte, die geheimen Conduitlisten, die, wenn sie bekannt geworden wären, begründeten Anlaß zur Unzufriedenheit gegeben hätten. Man wollte nicht einmal, daß sich ein Beamter über Zurücksetzungen oder offenbare Parteilichkeit der Oberen beklage. Diesen Zweck erreichte man mittels des sogenannten Amtsgeheimnisses, denn wenn sich ein Beamter auf was immer für eine Art beklagt hätte, hätte er doch verschiedene Daten anführen müssen, von denen man sagen konnte, daß sie Amtsgeheimnisse enthüllten, und dann war der Beamte schon wegen der Mittel, welche er zur Begründung seiner Klagen anwendete, in Verlegenheit und konnte einer Disziplinaruntersuchung wegen Verletzung des Amtsgeheimnisses unterworfen werden.« (Beidtel 1898: 42)

Die wirkliche politische Idee des Amtsgeheimnisses bestand also darin, ein »Hauptmittel« zu schaffen,

»durch welches sich so viele ungeschickte oder schlechte Menschen auf hohen Beamtenposten halten konnten. Sie waren dadurch, wenn sie nur nach aufwärts gut standen, gegen alle Angriffe von unten gesichert.« (ebd.)

Auch heute sind zentrale Politikbereiche durch das »reflexive Geheimnis« konstituiert[9]. Nur ein Teil politischer Kommunikation spielt sich öffentlich ab – in Parlamenten, Parteien, Versammlungen und Medien. Öffentlich-politische Kommunikation hat aber offensichtlich Grenzen, denn sie läßt auch immer Nicht-Öffentlichkeit zu bzw. bedarf ihrer geradezu: in Parlamentsausschüssen, als geheime Staatstätigkeit oder in der internationalen Politik (vgl. Kleinsteuber 1985: 628). In der Diplomatie existiert die Gepflogenheit, politische Kontakte und Verhandlungen, aber auch völkerrechtlich wirksame Verträge vor der Öffentlichkeit verborgen zu halten (»Geheimverträge«, »Geheimdiplomatie«). In modernen Demokratien verknüpft sich das »Geheimnis« mit den Begriffen »Sicherheit« und »Schutz«: Offenlegung innen- wie außenpolitischen Wissens brächte innere bzw. äußere Unsicherheit. Staats- und Verfassungsschutz operieren deshalb notwendig *mit* dem Geheimnis.

Auch moderne Öffentlichkeit und Politik sind also durch das Geheimnis strukturiert, und Geheimnis ist historisch und begriffsgeschichtlich unmittelbar mit Politik verknüpft (vgl. Hölscher 1975). Alle Definitionen von Öffentlichkeit – der ja Politik in der Moderne automatisch zugeschlagen wird – werden über die Abtrennung des Privaten, des Heimes erst hergestellt:

»Der Begriff Öffentlichkeit ist mit der zunehmenden Scheidung einer öffentlich-politischen Sphäre von der privaten Sphäre aufgekommen« (Schmidt 1995: 672)[10].

Öffentlichkeit wird als der »nichtgeheime und nichtprivate« Bereich schlechthin gesehen (vgl. ebd.; vgl. kritisch dazu den Beitrag von *Sabine Lang* in diesem Band). Der Raum des Öffentlichen wird sowohl vom »Bereich der Privatheit« abgegrenzt, weil dieser nur dem einzelnen oder wenigen offensteht, wie auch »von den geheimen Vorgängen, (in die Teile des Staatsapparates, der Wirtschaft und der Gesellschaft verstrickt sein können)« (Kleinsteuber 1985: 627f.). Politik erscheint als gegen das Geheime gewendet, und »privat« wird zum Gegenbegriff par excellence zur öffentlichkeitsverbundenen Politik. Die Scheidung zwischen geheim und öffentlich, zwischen politisch und privat ist allerdings Fiktion; ihre »Verstrickung« ist Konstituens moderner Politik. Öffentlichkeit und Geheimnis sind zugleich »antagonistische und komplementäre Begriffe« (Westerbarkey 1991: 16).

Das gesamte Vokabular der Politikwissenschaft lebt von einer nichtexplizierten Dichotomie von öffentlich und geheim/privat. Im politikwissenschaftlichen Begriffsapparat ist nur der eine Aspekt des dichotomen Begriffspaares erläuterungswürdig (vgl. dazu den Beitrag von *Sieglinde Rosenberger* in diesem Band). Das »öffentliche Leben« bestehe aus staatlichen Einrichtungen, Parteien, Verbänden und Versammlungen an öffentlichen Orten. Es gibt den »öffentlichen Dienst«, der »geheime, private Dienst zu Hause« – die Hausarbeit – wird unterschlagen, der »Geheimdienst« findet politikwissenschaftlich nur randständig Berücksichtigung (zum Bereich innere Sicherheit vgl. Werkentin 1984). Die liberale ökonomische Theorie bezeichnet den Staat, der nimmt (Steuern) und gibt (Wohlfahrt), als »öffentliche« Hand, die Kräfte des Marktes hingegen sind die geheime oder »invisible hand« (Adam Smith).

Auch die Umkehrung des »Heimlichen«, nämlich »un-heimlich« im Sinne von »unbehaglich«, »nicht geheuer«, »nicht vertraut« oder »fremd«, gehört zum festen Vokabular von Politik und Politikwissenschaft: Politik und Gewaltenteilung, so Weiß in seinem Artikel über »Macht« im »Lexikon der Politik«, zielen auf Zähmung von Macht, was aber nicht immer gelingt und Macht »unheimlich« wirken läßt (vgl. Weiß 1995b: 311). Ebenso bietet der nach der Freund-Feind-Dichotomie stilisierte Politikbegriff (vgl. Schmitt 1963), der in der Politikwissenschaft ja nach wie vor größte Akzeptanz zu haben scheint, Schlupflöcher für strikt zuweisende »Unheimlichkeiten«. Es ist selbstverständlich, den »vertrauten« Freund vom »unheimlichen« Feind in unübersehbarer Rigidität positiv abzuheben. Dieser Zwang zur Differenz geht so weit, daß (Männer-)Freundschaften zwar politische Zusammenhänge und politische Dynamiken steuern, sie aber unsichtbar gehalten, also »verheimlicht« werden. Umgekehrt nützt eine möglichst »unheimliche« Imaginierung des Feindes oder politischen Gegners loyalitäts- und damit auch sinnstiftender Kohäsion.

Das Vexierhafte dieses begrifflichen Paradoxes von öffentlich und geheim spiegelt sich auch in Formulierungen wie »offenes« oder »öffentliches Geheimnis« wider, das im Kontext politischer oder militärischer Geheimhaltung durchaus auch zu einem direkten Politikmittel werden kann. Es wird dann also mit dem Geheimnis selbst Politik gemacht, mit etwas angeblich ungewollt Bekanntgewordenem, das aber in Wirklichkeit politisch gewollt in Umlauf gebracht wurde.

In einschlägigen Politiklexika finden sich weder »geheim« noch »privat« als Stichworte; sie bleiben abgespalten, verdrängt und verschleiert. Lediglich in Substantivverbindungen wie Geheimdienst, Geheimpolizei oder Geheimdiplomatie bzw. Geheimverträge findet der Begriff Erwähnung (vgl. z.B. Schmidt 1995: 334f.). Der semantischen Dimension von »geheim« in diesen Phänomenen wird aber nicht weiter auf den Grund gegangen; die Phänomene werden lediglich im institutionellen Set gegebener politischer Systeme erläutert. Im politikwissenschaftlichen »common sense« ist der wissenschaftliche Gegenstand – Politik – dem Geheimen wie dem Privaten entgegengesetzt. Um Geheimnisse kümmert sich die Wissenschaft von der Politik nicht, sie ignoriert und tabuisiert sie. Ein Phänomen wie Geheimbünde existiert eigentlich nur außerhalb des fest abgezirkelten Gesichtsfeldes politikwissenschaftlicher Kategorien, und selbst mafiose Heimlichkeiten in Gesellschaft, Politik und Wirtschaft werden in Wirklichkeit nur von Grenzgängern der Disziplin mit noch dazu politikwissenschaftlich unzureichend »geeichten« Begriffen behandelt. Es hat den Anschein, als ob an Geheimem interessierte Politikwissenschaft eben nur Para-Politikwissenschaft sein könnte[11].

Politikwissenschaft zeigt sich gegenüber der Geheimheit in der Politik reserviert bis negatorisch: Quasi-tautologisch wird Politik als das Öffentliche schlechthin begriffen. Diesen öffentlichen Bereich – »politische Institutionen und Prozesse, die Bewertung und Analyse von Politikfeldern, nationale und internationale Kooperationsformen und Konflikte (...) politische(r) Macht und das Problem der Friedenssicherung, Ideologien und politische Ordnungsentwürfe« – gelte es zu »durchleuchten« (Mols 1991: 504), mit Licht zu erfüllen. Politikwissenschaft erhebt – wie alle Wissenschaft – den Anspruch, Geheimnisse zu lüften und politische Zusammenhänge transparent und öffentlich zu machen. Sie versteht sich als Öffentlichkeitswissenschaft, als öffentliche und offene Wissenschaft. Und doch gehen der Disziplin das Gespür und die Kategorien für Geheimheit und Geheimnis ebenso wie für die Konstitutivität von Privatheit in der Politik verloren.

All unsere bisherigen Annäherungen an das Thema verdeutlichen, daß politikwissenschaftliche Begriffsbildung von der impliziten Dichotomie von öffentlich und privat bzw. geheim lebt, ohne aber die andere Seite der dichotomen Begriffsstruktur – nämlich das Private und Geheime – definitorisch zu erhellen. Politik, Öffentliches, Geheimes, Geheimnis und Privates bleiben in der Politikwissenschaft verschränkt, ihnen bleibt angemessene begriffliche Trennschärfe versagt. Die innere, in der Moderne gleichsam grundlegende Verschränkung von Geheimnis, Privatheit und Politik bleibt so unbegriffen. Sie wird entweder als historisch überwundene Entwicklungsstufe (der Geheimdiplomatie beispielsweise) oder als demokratisch noch nicht durchdrungener gesellschaftlicher Bereich aufgefaßt, den es noch zu erhellen gelte. Die Geheimheit als der unschöne Aspekt von politischer Öffentlichkeit wird auch von der Politikwissenschaft »abgespalten«, klassisch ver- bzw. an den Rand (der Disziplin) gedrängt. Peter Christian Ludz – einer der wenigen Politikwissenschaftler, der sich mit der Frage von Geheimnis und Geheimbünden befaßte – kam denn auch über die Organisationsform und Entscheidungsstrukturen der SED auf den Gedanken, daß Politik geheim(bündisch) verfaßt ist (vgl. Ludz 1979 und 1980); ein Ergebnis, dessen Übertragung auf westliche Demokratien dem politikwissenschaftlichen Mainstream schwerfällt[12]. Politikwissenschaft trägt somit zur »reflexiven Geheimhaltung« (Sievers zit. nach Westerbarkey 1991: 18) bei.

Öffentlicher Kanon – Politikwissenschaft ohne Geheimnisse?

Politikwissenschaft als Disziplin verfügt über ein anerkanntes Arsenal an Begriffen, Konzepten, Paradigmen und Theorien, das durchaus offen, was selbstverständlich meint: *öffentlich*, zutage liegt. Was Politikwissenschaft ist und wovon sie handelt, ist prima facie keinesfalls geheim. Die Bestimmung dieses kategorialen Arsenals findet ebenso wie Aus- und Weglassungen – ganz im Gegenteil – in aller Öffentlichkeit statt, in der mehr oder weniger ritualisierten »Öffentlichkeit« der politikwissenschaftlichen Community: in Lexika und Journalen, auf Tagungen und an Universitäten. So ist in jedem beliebig greifbaren Lexikon der Politikwissenschaft ebenso wie in den zahlreichen politikwissenschaftlichen Einführungsbänden nachzulesen, was Inhalt, Struktur und Denkhorizont der Disziplin ausmachen.

»Heimlichkeit« in der Politikwissenschaft heißt in unserem Zusammenhang also nicht Bezug auf einen geheim-verschworenen Ort oder auf kognitiv unzugängliche Wissensproduktion. Politikwissenschaftliche Geheimnisstruktur entsteht vielmehr entlang einer gleichsam transparenten Scheidelinie: In den kommunikativen Netzen einer (männlichen) Ingroup wird eine Art wissenschaftliche Privatheit und Vertrautheit entwickelt. Es entsteht ein »trautes Begriffs-Heim«, in dem sich *Heimelichkeit* und *Heimlichkeit* pflegen lassen, die »(politikwissenschaftliches) Glück allein« verheißen. Ausschluß aus dieser Kommunität ist somit in den seltensten Fällen intendierte Ausschlußhandlung, sondern vielmehr Effekt von konsensual-einschließender Begriffs-, Kategorie- und Theoriebildung. Das »Geheimnis« ist das Ungesagte, sind die Blindstellen der Disziplin, aber auch das Bestreiten solcher Blindstellen. Geheimnis bezieht sich so auf bestimmte, nicht benannte Inhalte, aber auch auf in- bzw. exkludierende Beziehungen des wissenschaftlichen Netzwerks.

Glossarien, Wörterbücher und Lexika dienen der Selbstverständigung der Disziplin, sie geben Wissensbestände an nachwachsende Wissenschaftlergenerationen weiter und legen damit auch den Stand des Wissens fest. Wörter-, Hand- und Lehrbücher haben also tradierenden, aber auch normierenden Charakter. Normierungen beinhalten zugleich auch immer Ausschliessungen. Im deutschsprachigen Raum übte man in der Herausgabe politikwissenschaftlicher Lexika in der Nachkriegszeit Zurückhaltung. Dieses vermeintliche Manko ließ sich freilich positiv deuten: *Die* Politikwissenschaft gebe es nicht, und auf einen »Kanon« von Stichwörtern (vgl. Nohlen/Schultze 1995a: 13) konnte und wollte man sich nur schwerlich einigen. Erst »*Pipers Wörterbuch zur Politik*« (1985) knüpfte Mitte der achtziger Jahre wieder an die Tradition politikwissenschaftlicher Definitionsfestschreibung an. Manfred G.

Schmidt aktualisierte mit seinem »Wörterbuch zur Politik« (1995) das »Sachwörterbuch der Politik« von 1977 (vgl. Schmidt 1995: VII), und Dieter Nohlen stellt das »Lexikon der Politik« in die Tradition des »Handbuchs zur Politik« von Laband, Jellinek, Anschütz u.a. aus dem Jahr 1911 (vgl. Nohlen 1995: XI).

Ein Verzicht auf begriffliche Festlegung scheint nunmehr nicht mehr geboten. Die in den vergangenen Jahren edierten Wörterbücher zur Politikwissenschaft scheuen eine »Kanonisierung« im Sinne einer definitorischen Festschreibung von Begriffsinhalten nicht länger. Sie legen damit auch den Umfang des politikwissenschaftlichen Begriffskorpus fest. Offensichtlich gibt es in der deutschsprachigen Politikwissenschaft Bedarf an Normierung und Normalisierung. Die Wörterbücher zeugen möglicherweise auch vom größer gewordenen Konsens und von gewachsenem Selbstverständnis deutschsprachiger Politikwissenschaft. Die Lexika lassen nun einen politikwissenschaftlichen Kanon entstehen, d.h. einen Bestand an Begriffen, Kategorien, Konzepten und Theorien, die zwar in sich heterogen sind und sich zu keinem einheitlichen politikwissenschaftlichen Paradigma bündeln lassen, die aber doch eine Richtschnur dafür bilden, was zum Gegenstands-, Fragen- und Denkbereich der Wissenschaft zählt und was nicht, was gleichsam »sub omnis canone« ist. Die Politikwissenschaft ist zwar keine normale Wissenschaft im Sinne von Thomas Kuhn, sie ist aber durchaus auf dem Wege, sich zu »normalisieren« (vgl. den Beitrag von *Birgit Sauer* in diesem Band) und gewisse Regeln zu akzeptieren.

Deutschsprachige Politikwissenschaft hat einen disziplinären Kanon herausgebildet. Ein Kanon ist eine Vorschrift oder eine Richtschnur, er ist die Gesamtheit der für ein bestimmtes Gebiet geltenden Regeln (vgl. Grebe 1963: 306). Kanonisierung, d.h. die Produktion von Vorschriften und Regeln, erfolgt durch Tradierung von Sichtweisen, Begriffen oder Konzepten – durch deren stetige Wiederholung und Benennung.

War feministische Arbeit bis zum Beginn der neunziger Jahre aus dem politikwissenschaftlichen Kanon ausgeschlossen, ist in den vergangenen Jahren ein Wandel feststellbar. Frauenbewegung oder Frauenpolitik, Gleichstellungsbeauftragte und Feminismus wurden in den Bestand politikwissenschaftlicher Wörterbücher inkorporiert (beispielsweise Wasmuht 1995). Auffallend ist gegenüber dieser eher politikfeldorientierten Aufschlüsselung des Begriffsfeldes »Frau - Feminismus« eine eigentümliche Form der Kanonisierung feministischer Theorie. Klaus von Beyme (1991a und b) war der erste deutschsprachige Politikwissenschaftler, der sich in einem längeren Aufsatz mit feministischer Theoriebildung beschäftigte. In seinem Text schlägt er feministische Theorie der Postmoderne zu und bescheinigt ihr weder ein gutes Zeugnis – so der Duktus des Textes -, noch sagt er ihr eine längerfristige Perspektive in der Disziplin voraus (vgl. von Beyme 1991b: 319ff.). Gerade dieser Text wird nun in von männlichen Kollegen verfaßten politikwissenschaftlichen Nachschlagewerken als Gewährstext für feministische Theorien (vgl. Weiß 1995a: 279; von Alemann 1995: 138f.) herangezogen. Informationen über feministische Theoriebildung werden so »aus zweiter Hand« in der Zunft kolportiert.

Allerdings gibt es inzwischen auch andere Formen der Kanonisierung feministischer Erkenntnisse in den Glossaren der Disziplin – sei es, daß dem Männerbund Politikwissenschaft eine Reflexion feministischer Themen durch »vertraute« Personen nahegelegt wird (siehe z.B. den Beitrag von Ebbecke-Nohlen/Nohlen 1994), sei es, daß sich Professoren mit Arbeiten ihrer feministischen Kolleginnen in Berufungsverfahren beschäftigen müssen[13].

Kanonisierung und Definitionen sind Prozesse politikwissenschaftlicher Benennungsmacht. Die Fähigkeit, etwas explizit zu machen und in Worte zu fassen, »stellt eine außergewöhnliche Macht dar«. Kategorisierungs-, Explizierungs- und Klassifizierungsarbeit verleiht die Fähigkeit und Macht, kraft Benennung und Namensgebung, etwas existent werden zu lassen – oder eben etwas verschwinden zu lassen (vgl. Bourdieu 1985: 19). Bei der Definition von Begriffen und Kategorien zur Erkenntnis der sozialen Welt geht es nach Bourdieu um den »Kampf um die Macht zum Erhalt oder zur Veränderung der herrschenden sozialen Welt durch Erhalt oder Veränderung der herrschenden Kategorien« (ebd.: 18f.). Es geht um Durchsetzung einer »legitimen Wahrnehmungsweise« bzw. um das »Monopol auf legitime Benennung«, um »Benennungsmacht« (ebd.: 20 und 23). In diesem Benennungskampf setzen die Akteure ihr früher erworbenes Kapital ein: institutionalisierte Taxonomien wie Titel, Verfügungsmacht über Öffentlichkeit bzw. über geeignete Publikationsmöglichkeiten. Bourdieu unterscheidet zwei Strategien der Durchsetzung legitimer Benennungen und Definitionen: die »Beleidigung oder Beschimpfung« nicht erwünschter Sichtweisen und die »offizielle Benennung oder Nomination« durch autorisierte Wortführer (ebd.: 23f.). Beide Strategien finden in der Wissenschaft wie auch in der Politik Anwendung. Politikwissenschaftliche Wörter- und Lehrbücher bilden also gewichtige Kapitale in der Auseinandersetzung um Wissen und Erkenntnis. Was sie verheimlichen bzw. nicht benennen, was sie nicht in den Kanon aufnehmen – und das Geschlecht ist eine solche Blindstelle – besitzt keinen Wert und keine Gültigkeit.

Ein »geheimes Glossar« der Politikwissenschaft entsteht mithin im öffentlichen Prozeß der Kategorien- und Konzeptbildung, im Definitions- und

Benennungsprozeß. Im folgenden sollen deshalb Prozeduren des Benennens, Definierens und theoretischen Abstrahierens dargestellt werden, um Scharniere nicht-intendierter begrifflicher Verheimlichung transparent zu machen sowie Strukturen und Funktionsweisen politikwissenschaftlicher Heimlichkeit zu veranschaulichen.

Begriffe – Kategorien – Theorien
Ausschließungen

Der folgende Exkurs in politikwissenschaftliche Methodologie intendiert, die Genese von Begriffen, Kategorien und Theorien der Politikwissenschaft geschlechterkritisch zu prüfen. Das Schaubild veranschaulicht – wenn auch in noch sehr rudimentärer Weise – den Konsens (politik-)wissenschaftlicher Begriffs- und Theoriebildung: eine aus der Wirklichkeit gleichsam aufsteigende und zunehmende Abstraktionshöhe und Komplexität von Benennungen. Sollen Begriffe Wirklichkeiten beschreiben und Definitionen diese Begriffe allgemein zugänglich und verständlich machen, so tendieren Kategorien und Konzepte stärker in Richtung Begriffs*systeme* und nehmen u.E. daher bereits eine Brückenstellung zwischen der Ebene der Begriffe und der Ebene der Theorien ein.

Zur Bedeutung und Funktion von Begriffen

Der »Begriff« wird von Kant (1990/1787) der »sinnlichen Anschauung« entgegengestellt. Als Begriff firmiert bei ihm jede »allgemeine Vorstellung« oder »eine Vorstellung dessen, was mehreren Objekten gemein ist, also eine Vorstellung, sofern sie in verschiedenen enthalten sein kann«. Eine Vorstellung jedoch, die »nur durch einen einzigen Gegenstand gegeben« ist, grenzt er davon als »Anschauung« ab, die »der Funktionen des Denkens auf keine Weise (bedarf)«; sie ist die »vor allem Denken gegebene« Vorstellung. Anschauungen machen also »das Feld, oder den gesamten Gegenstand möglicher Erfahrung« aus (Kant 1990/1787: 75, 132, 137 und 140). In den Anschauungen ist das »Mannigfaltige« zu entdecken, und erst in der durch den Verstand geschaffenen »Einheit der Anschauungen« hausen auch Begriffe (ebd.: 143).

Das Wesen des Begriffs besteht nach Kant darin, daß mit ihm etwas Allgemeines, Abstraktes, Generelles im Gegensatz zum Besonderen, Konkreten, Individuellen bezeichnet wird. Begriffe werden durch Abstraktion gewonnen.

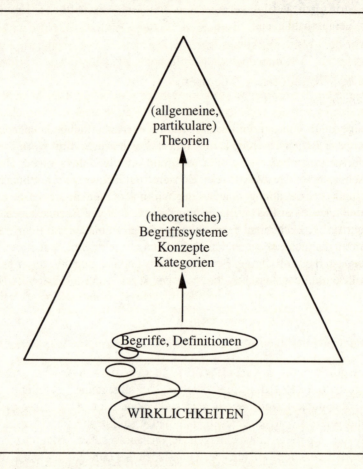

Abstraktion nun ist der Vorgang und das Ergebnis des »Abziehens« des Blicks vom Besonderen, Zufälligen, Unwesentlichen, um das Allgemeine, Notwendige, Wesentliche zu erhalten.

Diese Zweiteilung, ja Hierarchisierung bestimmt wissenschaftliche Begriffsbildung heute noch. Werner Patzelt unterscheidet beispielsweise »Alltagsbegriffe« und »wissenschaftliche Begriffe«[14]. Während sich in (politischen) Alltagsbegriffen und der aus ihnen aufgebauten (politischen) Alltagssprache

»das (politische) Selbstwissen sozialer bzw. politischer Wirklichkeit« findet (Patzelt 1992: 65), sind wissenschaftliche Begriffe der »Versuch der Emanzipation vom Alltagsdenken« in das Reich der Objektivität. In aller Regel bleibt nämlich die Alltagsbegriffen unterlegte »Perspektivität« – gerade wegen ihrer »Selbstverständlichkeit« – verborgen. Wissenschaftliche Begriffe wirken daher von der »Warte des Alltagsdenkens« aus meist wie »komplizierte *Verfremdung* dessen, ›was man doch auch einfacher sagen könnte‹« (ebd., Hervorhebung im Original).

In diesem Prozeß der Abstraktion gibt es »Verluste«. Das Abziehen und Subtrahieren von der Wirklichkeit läßt einen Restbestand an Wirklichkeit zurück, der nicht mit auf die nächste Stufe wissenschaftlichen Erkennens und Benennens getragen werden kann. Der Abstraktionsprozeß ist ein aufsteigender Filterungsprozeß, damit aber auch ein Ausschließungsprozeß. Dadurch werden komplizierte, nicht direkt beobachtbare Sachverhalte vereinfacht, begreifbar, vor allem aber verallgemeinerbar. In der Ordnungsarbeit, die Begriffe leisten, liegt ihre Fähigkeit, als unwichtig Erachtetes auszuscheiden.

Reinhart Koselleck unterscheidet das »Wort« vom »Begriff« und schreibt letzterem die Qualität der Vieldeutigkeit zu:

»Ein Wort kann eindeutig werden, weil es mehrdeutig ist. Ein Begriff dagegen muß vieldeutig bleiben, um Begriff sein zu können. Der Begriff haftet zwar am Wort, ist aber zugleich mehr als das Wort. Ein Wort wird (...) zum Begriff, wenn die Fülle eines politisch-sozialen Bedeutungszusammenhanges, in dem – und für den – ein Wort gebraucht wird, insgesamt in das Wort eingeht.« (Koselleck 1972: XXII)

Neben die Abstraktheit von Begriffen tritt als notwendige Voraussetzung die Qualität der Vieldeutigkeit. Begriffe bündeln viele Bedeutungen und kondensieren damit politisch-soziale Bedeutungskontexte. Begriffe haben einen Doppelaspekt: Sie sind historisch Gewordenes und in wissenschaftlicher Abstraktions- und Ziselierarbeit Hergestelltes. Damit hat die Begriffsdefinition sowohl den Aspekt der Institution und der Struktur wie auch der Strukturierung. Die »Mannigfaltigkeit geschichtlicher Erfahrung vergangener und gegenwärtiger Zeiten« hat sich in Begriffen niedergeschlagen (ebd.: XIII). Begriffsarbeit führt also »interpretierend heran an die in den Begriffen sich niederschlagende Erfahrung, und sie schlüsselt (...) die in den Begriffen enthaltenen theoretischen Ansprüche auf« (ebd.: XIX).

Über die Arbeit an Glossarien bekommt man Zugang zu den Regeln der »Selbstauslegung« (ebd.: XIII) einer Disziplin. Die Terminologie einer Wissenschaft ist »zugleich als Faktor und als Indikator« (ebd.: XIV) dieser Wissenschaft, aber auch des Gegenstandsbereichs, auf den sie sich bezieht, in unserem Fall also als Indikator für Politik schlechthin zu begreifen.

Alle Genres von »Texten« – ob geschriebener oder ungeschriebener Art – sind dazu da, gelesen, gedeutet, interpretiert und geklärt zu werden. Bedeutungen und Kontexte sind jedenfalls zu entschlüsseln, denn kein Text ist »unschuldig oder naiv« (vgl. Ball 1995: 21), ihm ist immer auch eine unsichtbare, geheime Textur unterlegt. Verschiedenartige Filterungen und Färbungen entstellen Texturen. Jede Erfahrung ist »theoriegeladen« und hat somit auch spezifische Interpretationen eingeschlossen (vgl. ebd.: 22). Überdies können Deutungen niemals für die Ewigkeit geschaffen werden, auch sie verändern sich oder müssen verändert werden im Zeitablauf.

Die Arbeit an Begriffen ist im Anschluß an Koselleck deshalb ergiebig, weil Begriffe das »politisch-soziale Vokabular« (Koselleck 1972: XIII) nicht allein gliedern, sondern diese Begriffe auch Wahrnehmungen und Analyseformen, Weite oder Enge des politischen Untersuchungsfeldes ordnen und definieren. Begriffe und Vokabularien sind in historisch-diachroner wie auch in synchroner Sicht Mittel theoretischer wie empirischer Erkenntnis- und Analysearbeit. Sie sind das Werkzeug des Politikwissenschaftlers und das Arbeitsinstrument des Politikers. Ein großer Teil politikwissenschaftlicher Forschung besteht in der Analyse von Begriffen (vgl. Nohlen 1985: 124).

Begriffe, Vokabularien und Begriffsbestände – Glossare – sind also wortgeronnene Erfahrungen der Wissenschaftler, sie sind Mittel der Konstruktion wissenschaftlicher Erkenntnis[15], sie entwerfen zugleich den Bauplan der wissenschaftlichen Community und legen damit auch Ausschlußregeln fest; sie definieren sowohl den Bestand an Untersuchungsgegenständen wie auch an nicht untersuchenswerten Gegenständen: Die »Arbeit am Begriff« macht also *Hergestelltheit* und *Vorgestelltheit* politikwissenschaftlicher Paradigmen nachvollziehbar.

Begriffe haben ordnende Bedeutung, weil sie »perspektivische Erkenntnismittel« (Patzelt 1992: 63) sind. Indem sie »die Art der aus ihnen aufbaubaren und ihrerseits wahrheitsfähigen Aussagen fest(legen)«, können sie »Blick verstellend« oder aber »erkenntnisträchtig« wirken (ebd.). Ein »wichtiger Teil der Emanzipation wissenschaftlichen Denkens vom Alltagsdenken« besteht nun darin, durch Abstraktionen von Alltagsvorstellungen »Neuordnung des Vorgestellten, Entdeckung bislang unbemerkter Zusammenhänge und neuartiger Sichtweisen möglich« zu machen (ebd.: 66).

Festschreibung von Bedeutungen: Definitionen

Wie werden Begriffsinhalte festgelegt? Wie wird der Abstraktionsprozeß festgehalten und verstetigt? Dies geschieht über Definitionen. Zu den wichtigsten Charakteristika politikwissenschaftlicher Sprache zählt »Mehrdeutigkeit und Unbestimmtheit« (vgl. Nohlen 1985: 124). Aus diesem Grunde sind Definitionen unabdingbar für politikwissenschaftliche Kommunikation. Definition ist »jede Art der Feststellung oder Festsetzung des Gebrauchs eines sprachlichen Ausdrucks« (Nohlen 1995: 68). Durch die Definition wird einem sprachlichen Ausdruck, einem Begriff »eine exakte Bedeutung gegeben« (ebd.). Für die Politikwissenschaft sind, folgt man den Bestimmungen F.E. Oppenheims, drei Definitionen besonders charakteristisch (zit. nach Nohlen 1985: 124)[16]:

– nominale Definitionen, die weder wahr noch falsch sind (Synonyme),
– explikative Definitionen, bei denen das Definiens eine Erklärung des Begriffs liefert und die Bedeutung präzisiert (vgl. dazu auch Mohr 1995: 88) und
– berichtende Definitionen, die Aussagen über Verwendungskontexte des Begriffs machen.

Definitionen sind in der Regel arbiträr, sie sind »Übereinkünfte über den Gebrauch von Begriffen« (ebd.: 69). Es geht also nicht um die »richtige« Bedeutung, sondern Definitionen sollen praktikable Verwendungsweisen von Begriffen bereitstellen.

Politikwissenschaftliche Begriffe müssen, um als wissenschaftliche gelten zu dürfen, den Kriterien von »Eindeutigkeit, Präzision, Konsistenz und theoretischer Fruchtbarkeit« genügen (ebd.: 91). Werden Begriffe unpräzise und inkonsistent, so sind sie intersubjektiv nicht nachvollziehbar. Demnach gäbe es freilich keinen »wissenschaftlichen« sozialwissenschaftlichen Begriff, da sich die Mehrheit der Begriffe durch Mehrdeutigkeit auszeichnet. Es kann deshalb, so Nohlen, »(i)n einer sozialwissenschaftlichen Definitionslehre (...) nicht um logisch stringente Definition und Entwicklung eines sprachanalytischen Vokabulars« gehen, sondern vielmehr nur darum, »Mehrdeutigkeit und Unbestimmtheit von Konzepten in den Griff zu bekommen, sie zu kontrollieren« (Ludz, zit. nach Nohlen 1985: 124). Definitionen haben also Ordnungs- und Kontrollfunktion; sie kontrollieren den Raum des Denk- und Benennbaren in der Politikwissenschaft – stets unter der Maßgabe der vereinfachten Kommunikation innerhalb der Disziplin.

So gibt es gewissermaßen einen Bedeutungsüberschuß von Begriffen, der durch Definitionen nicht abgedeckt werden kann. Anders ausgedrückt: Definitionen filtern den Begriffskontext und nehmen ihn nur selektiv wahr. Welche Definition nun aber als gültig anerkannt wird, ist ein sozialer Aushandlungsprozeß, in dem diejenige Definition sich durchsetzt, die mit Definitionsmacht verknüpft ist. Definieren – d.h. Benennen durch Abgrenzen – ist ein Prozeß, in dem Macht entsteht.

Definitionen enthalten im Unterschied zu Hypothesen keine Aussagen über die Realität, die daraufhin geprüft werden können, ob sie wahr oder falsch sind. Prüfkriterium einer Definition ist ihre Zweckmäßigkeit. Diesen Standpunkt Oppenheims gilt es für Politikwissenschaft zu bestreiten, »da es ihr darum geht, politische Wirklichkeit zu erfassen und auf den Begriff zu bringen. Das Verhältnis von Definition und Wirklichkeit ist zudem äußerst komplex, u.a. weil ein direkter Zusammenhang zwischen Definition und Interessen besteht« (Nohlen 1985: 124). Definitionen bewerten, und Bewertung ist immer Ausdruck politischen Interesses (vgl. Nohlen 1995: 70).

Warum aber werden manche Begriffe nicht definiert? Warum finden sie sich nicht in politikwissenschaftlichen Lexika? Patzelt spricht in solchen Fällen von »impliziter Definition«, bei der man sich auf die Verstehensleistung des Lesers verläßt (Patzelt 1992: 71). Dies heißt: Es gibt Begriffe, die man der Alltagswelt zuordnet, die nicht definitionsbedürftig sind, weil jeder weiß, was damit gemeint ist. Oder aber: Sie werden prinzipiell nicht dem politikwissenschaftlichen Begriffskanon zugeordnet, dann müssen sie für die Gemeinde der Politikwissenschaftler auch nicht geklärt bzw. definiert werden. Solche Begriffe können aus dem Wortschatz ausgeschieden werden.

Kategorien, Konzepte, Begriffssysteme

Kategorien, Konzepte und Begriffssysteme zeichnen sich durch einen weiteren Abstraktionsgrad und eine gesteigerte Komplexität als Begriffe aus. Kategorienbildung geht auf Max Webers Typenlehre zurück, die ein »Instrumentarium zur Präzisierung der Terminologie« ist (Winckelmann 1984: 10). Die Bildung von Idealtypen ist für Max Weber ein »methodisches Mittel der Erkenntnis von Wirklichkeit« (Weber 1984: 22). Der Idealtypus oder auch »reine Typus« »von Gebilden jeder Art« stellt dar,

»wie ein bestimmt geartetes menschliches Handeln ablaufen *würde*, wenn es streng zweckrational, durch Irrtum und Affekte ungestört, und *wenn* es ferner ganz eindeutig nur an *einem* Zweck (...) orientiert wäre.« (ebd.: 25 und 38, Hervorhebung im Original)

Der Idealtypus kann rational oder irrational sein, meist ist er, so Weber, rational. Im Vergleich mit dem Realtypus, durch den Abstand des Realtypus vom Idealtypus, kann der Wissenschaftler den Sinn menschlichen Tuns erkennen und die Kausalität der Wirklichkeit erklären (vgl. ebd.: 42).

Der Prozeß der Idealtypenbildung ist auch bei Weber als Abziehen von der Wirklichkeit beschrieben:

»Je schärfer und eindeutiger konstruiert die Idealtypen sind: je weltfremder sie also, in diesem Sinne, sind, desto besser leisten sie ihren Dienst, terminologisch und klassifikatorisch sowohl wie heuristisch.« (ebd.: 39)

Wissenschaftliche Konzepte sind deshalb »gegenüber der konkreten Realität des Historischen relativ inhalts*leer*«. Sie bieten dafür aber »gesteigerte *Eindeutigkeit*« und *Sinn*adäquanz« (ebd.: 38, Hervorhebung im Original).

Konzepte und Begriffssysteme umfassen – wie Kategorien – neben dem »puren« Begriff bereits Regeln der gedanklichen Verknüpfung, des Sinnzusammenhangs mehrerer Begriffe, eine Vermutung über den Sinnzusammenhang der Wirklichkeit also. Sie enthalten darüber hinaus Operationen und Verfahren, mit denen sich Strukturen und Handlungen der Wirklichkeit darstellen, verstehen und analysieren lassen.

Der Gipfel der Pyramide: Theoriebildung[17]

Der Theoriebegriff der Politikwissenschaft ist schillernd, offen und semantisch weit. Er wird flexibel und fließend gebraucht. Diese Unbestimmtheit läßt sich positiv als »Theorienpluralismus« deuten (vgl. Nohlen/Schultze 1995b: 655), sie läßt sich aber auch als mangelnde Trennschärfe zwischen historischen politischen Theorien (politische Ideengeschichte), allgemeiner politischer Theorie und Metatheorie sowie partikularen Theorien kritisieren. Theorien sollen drei Aussagentypen erlauben: Sie stellen erstens fest, *was ist*, sie versuchen zweitens Aussagen darüber zu treffen, *was sein wird*, und sie entwickeln drittens Vorstellungen darüber, *was sein soll* (vgl. von Beyme 1991b: 11). Die normative Orientierung der dritten Operation wird klassisch von der politischen Philosophie erfüllt; die beiden ersten Operationen sind als wertfrei gedacht und bilden in je unterschiedlicher Schwerpunktsetzung Perspektiven politikwissenschaftlicher Theoriebildung. In der Regel handelt es sich dabei eher um Konzepte mittlerer Reichweite denn um kohärente Theorien, die spezifisches Wissen über empirische Tatbestände kumulieren sollen (vgl. ebd.: 17f.).

Nach Manfred G. Schmidt ist eine Theorie die anhand »bestimmter bewährter Methoden und Kriterien erfolgende, nachprüfbare, geschulte Art und Weise des Beobachtens, des Fragens und des Antwortens eines Fachgelehrten« (Schmidt 1995: 957). Aufgabe von empirischen Theorien in diesem Sinne ist es, »Phänomene zusammenzufassen, zu koordinieren, zu erklären und vorauszusagen« (Mohr 1995: 100)[18]. Eine Theorie kann aber auch nur ein System von Aussagen zur Grundlegung empirischer Erklärung beinhalten (vgl. Schmidt 1995: 957f.). Theorien dienen darüber hinaus der »logisch-strukturellen Analyse der Begründung und Erklärung« eines Sachverhaltes; sie klären also Fragen der Methodologie (vgl. Mohr 1995: 100). Theorie kann schließlich als Theorietypus auch für eine wissenschaftstheoretische Grundposition stehen (also z.B. dialektisch-kritisch, empirisch-analytisch, normativ-ontologisch, postmodern).

Theorien sind »geschlossene Lehrgebäude« (Nohlen/Schultze 1995b: 650), die aus Axiomen bzw. Sätzen bestehen, die nicht bewiesen oder begründet werden müssen und als »die als wahr behaupteten allgemeinsten Aussagen einer Theorie« gelten (Mohr 1995: 98). Zu Gütekriterien einer Theorie zählt ihre logische Konsistenz, ihre Widerspruchsfreiheit und ihre Erklärungskraft, ihre Überprüfbarkeit und ihr Informationsgehalt bzw. empirischer Gehalt, d.h. ihre intersubjektive Verständlichkeit (vgl. ebd.: 97). Theorien sind der vermeintlich nicht mehr zu hinterfragende Bestand einer Disziplin bzw. eines Teiles der Disziplin. So ist es unabhängig davon, ob man von einer Metatheorie, einer Methodologie, von Konzepten oder von die Empirie leitenden Bereichstheorien ausgeht: Theorien sind geronnene Überzeugungen der Disziplin. Sie geben Sicherheit in der Erkenntnis und sind Voraussetzung für Intersubjektivität und Kommunizierbarkeit der Erkenntnis – sofern alle die Sätze und Axiome kennen bzw. anerkennen.

Eine der wichtigsten Leistungen empirischer Theorien ist die »Systematisierung der Erfahrung« (vgl. ebd.: 100). Da alle Wahrnehmungen immer »mehr oder minder theoriegeprägt« oder »theoretisch imprägniert« sind (vgl. ebd.: 111), hängt die Beschreibung von der Wahl der Begriffe und Theorien ab: Theorien sind Mittel der Erkenntnis, sie steuern die Forschungsarbeit, sie beeinflussen das Forschungsinteresse, die Fragestellung und die Interpretation der Forschungsergebnisse (vgl. Nohlen/Schultze 1995b: 653). Theorien wirken also wie Wahrnehmungsfilter oder Scheinwerfer, die manches erhellen – nämlich das, was in der Theorie konzeptualisiert ist –, die aber anderes im Dunkeln lassen – nämlich das, was das Lehrgebäude von vornherein nicht beinhaltet.

Gemessen an den eigenen Gütekriterien sind politikwissenschaftliche Theorien defizitär: Manfred G. Schmidt bezeichnet als ein solches Kriterium die »Aufnahmefähigkeit für andere, insbesondere konkurrierende Theorien« (Schmidt 1995: 958). Bezogen auf das Geschlechterparadigma eint politikwissenschaftliche Theoriebildung sowohl die Weigerung, konkurrierende Sichtweisen zu integrieren, wie auch Falsifikationen durch das Geschlechterparadigma anzuerkennen. Auch ihre empirische Erklärungskraft – ein weiteres Gütekriterium einer Theorie – ist in bezug auf Geschlechterverhältnisse bzw. die Geschlechtlichkeit von Politik deutlich reduziert.

Auseinandersetzungen um eine »Theorie der Politik« im deutschsprachigen Raum bemühen sich um Klärung, ob politische Theorie Eigenständigkeit für sich reklamieren kann, ob es die »eine« Theorie der Politik gibt oder geben solle und wie politikwissenschaftliche Theoriebildung auf gesellschaftliche und politische Wandlungsprozesse reagiert (vgl. von Beyme 1991b; von Beyme/Offe 1996). Klaus von Beyme beantwortet die erste Frage mit einem deutlichen ja und fordert in seiner »Standortbestimmung der Politikwissenschaft« (1991b), daß neben empirische Bereichs-, neben Mikro- und Mesotheorien auch eine »große Theorie der Politik als Gesellschaftstheorie« treten müsse (ebd.: 10). Eine solche politikwissenschaftliche Gesellschaftstheorie, die auch das Geschlechterverhältnis als ein grundlegendes Pattern gesellschaftlicher Strukturierung von Politik berücksichtigt, ist nach wie vor Desiderat politikwissenschaftlicher Theoriesuche.

Die Frage, ob es die »eine«, »große« politikwissenschaftliche Theorie gebe, wird in der deutschsprachigen Politikwissenschaft konsensual verneint: Heterogenität von Theorieverständnissen wird vielmehr als produktiv angesehen, weil sie die Vielfalt »sozialer, historischer, kultureller und geographischer« Faktoren reflektiert, die in den Wissenschaftsprozeß einfließen (vgl. Nohlen/Schultze 1995b: 650). Die Debatten um Stellenwert und Reichweite von Theorien in der Politikwissenschaft kreisen daher vornehmlich um Abgrenzung von soziologischen Makro- bzw. Metatheorien[19] wie Modernisierungs- oder autopoietische Systemtheorie. Letztlich werden Modernisierungs- und Systemtheorie als systemische Großtheorien, die keinen Spielraum für politisches Handeln lassen, verworfen. Die Ablehnung des Strebens nach der »einen« Theorie durch die Politikwissenschaft ist im Grunde auch ein Selbstbehauptungsgestus einer vergleichsweise jungen Disziplin. Trotz aller Theorienvielfalt besitzt auch die deutschsprachige Politikwissenschaft ein »Gebäude« zueinander systematisch in Beziehung gesetzter Begriffe, Konzepte, Ansätze und Regeln. Und trotz aller Heterogenität zeichnen sich politische Theorien durch ein einigendes Band der Geschlechtsblindheit aus: Da Geschlecht im politikwissenschaftlichen Theoriengebäude keinen Platz hat, können Geschlechterverhältnisse in ihrer Wirklichkeit und Wirksamkeit nicht erkannt werden.

Die Theorienvielfalt in der Politikwissenschaft hatte indessen einen positiven Effekt auf das theoretische Selbstverständnis der Disziplin: Sie verankerte Theoriebildung im gesellschaftlichen Kontext. Im Unterschied zu den »rationalistischen Illusionen der Popper-Schule«, die in der Wahrheitssuche die Haupttriebkraft der Theorieproduktion sah, geriet in den achtziger Jahren die Rolle von Interessen und normativen Zielsetzungen ins Blickfeld der Theoriengeschichte (vgl. von Beyme 1996: 15). Politische Theorien sind stets auch Antworten auf konkrete soziale und politische Problemlagen: »Sie sind kontextdefiniert und interessengeleitet« (Nohlen/Schultze 1995b: 655). So läßt sich von einem dialektischen Theorie-Praxis-Verhältnis ausgehen: Theorien grenzen sich nicht nur von Praxis ab, indem sie von ihr abstrahieren, sondern sie stehen in einem komplexen Verhältnis zu ihr: »Selbst hochabstrakte Theorien gehen letztlich auf praktische Erfahrungen zurück« (ebd.: 650). D.h. Theorieproduktion ist auch biographisch, durch die Erfahrung des Wissenschaftlers induziert. In Theorien spiegelt sich das »Welt- und Selbstverständnis von Kollektiven« wider, und sie dienen deshalb mittelbar der »Interpretation von gesellschaftlichen Interessenlagen, Aspirations- und Erwartungshorizonten« (Habermas 1981: 201).

Hier nun gäbe es Anschlußmöglichkeiten an feministische Epistemologie. Diesen Schritt allerdings wagt der Malestream deutschsprachiger Politikwissenschaft nicht. Nicht wahrgenommen wird, daß soziale Bedingungen wie Geschlechterverhältnisse wissenschaftliche Diskurse strukturieren und somit die Richtung der Theorieproduktion bestimmen (vgl. Harding 1990) oder daß wissenschaftliche Biographien auch Geschlechterbiographien sind und Geschlechteridentitäten immer in Theorieproduktion eingehen. Politikwissenschaftliche Theoriebildung ist bislang vornehmlich männliche Theoriebildung.

Feministische Arbeit an Begriffen

Begriffe, Konzepte und Theorien sind also weder »unschuldige« Erkenntnismittel noch neutrale Werkzeuge zur Analyse von Wirklichkeiten. Sie müssen vielmehr immer im sozio-historischen Verwendungs- und Entstehungskontext verstanden werden. Reinhart Koselleck diagnostiziert seit der »Sattelzeit« um die Mitte des 18. Jahrhunderts vier Einflüsse auf politische bzw. wissenschaftliche Begriffe: Sie wurden erstens demokratisiert, d.h. über den ständischen

Bereich hinaus verlängert (vgl. Koselleck 1972: XVI), sie wurden zweitens verzeitlicht (vgl. ebd.: XVIf.), also in einen Zusammenhang von Tradition, Moderne und Postmoderne gestellt, drittens wurden sie aufgrund des Bedürfnisses nach Verallgemeinerung und Verallgemeinerbarkeit ideologisierbar und ideologisiert (vgl. ebd.: XVII), und sie wurden schließlich viertens politisiert, d.h. »in praktischer Absicht geprägt oder verwendet« (ebd.: XVIII). Diesem Wandel der Bedeutung von Begriffen ist ihre Vergeschlechtlichung hinzuzufügen, denn die »Sattelzeit« ist auch die Zeit der Politisierung von Geschlecht und mithin der Vergeschlechtlichung politischer Begriffe[20].

In Begriffe, Konzepte und Theorien sind Erfahrungen der Gesellschaft, die sie beschreiben, aber auch der Wissenschaftler, die sie prägen und tradieren, eingegangen (vgl. Koselleck 1972: XV). Eine der Grundannahmen des vorliegenden Bandes, gleichsam der »heuristische Vorgriff« (ebd.: XIV) ist, daß politikwissenschaftliche Begriffe unzulänglich sind; sie lassen vieles unerklärt und widersprüchlich. Bei aller Schärfe und trotz aller Schärfungsbemühungen sind politikwissenschaftliche Begriffe, Konzepte und Theorien Mittel, um soziale und politische Tatbestände wegzueskamotieren. Weggezaubert wird – neben anderem – das Geschlecht politischer Gegebenheiten. Politikwissenschaftliche Begriffe reflektieren Eingeschlechtlichkeit des zugehörigen Erfahrungshorizonts und reproduzieren damit eine Geschlechtsblindheit, die nicht offen eingestanden, sondern verheimlicht wird, indem die Begriffe als geschlechtsneutral ausgegeben werden.

Die Autorinnen des vorliegenden Bandes machen die Unzulänglichkeiten politikwissenschaftlicher Begriffe sichtbar. Feministische Begriffsarbeit ist »Verfremdungsarbeit« im Brechtschen Sinne[21]. Bezeichnet Patzelt (1992: 65) als Aufgabe der Wissenschaft, den Alltag zu verfremden, so stellt sich feministische Begriffsarbeit die Aufgabe, das »wissenschaftliche Alltagsdenken«, dessen unbemerkte Selbstverständlichkeiten zu verfremden und damit sichtbar zu machen. Feministische Verfremdungsarbeit ist vornehmlich Vergeschlechtlichung gängiger, sich ungeschlechtlich gebender Begriffe und Konzepte, um sie aus der eingeschlechtlichen Selbstverständlichkeit herauszuheben. Feministische Begriffsarbeit macht dabei nicht mehr, aber auch nicht weniger, als die impliziten Geschlechterannahmen, seien sie männlich oder weiblich, explizit und damit das »eigene« Selbstverständliche zum »fremden« Unselbstverständlichen zu machen. Antipatriarchale Begriffsarbeit soll so gleichsam durch geschlechtliche »Verfremdungseffekte« die »Entfremdung« vom Geschlecht sichtbar machen und der Begriffs- wie der Bewußtseinsschärfung dienen.

Die Struktur des »geheimen Glossars«

Der politikwissenschaftliche Begriffsapparat ist, wie wir oben bereits darlegten, zweifältig: Er ist offenliegend, nachlesbar und mithin kommunizierbar, ihm korrespondiert aber ein Begriffsapparat, der in die offenen Begriffe eingelassen, in ihnen versteckt ist. Zum politikwissenschaftlichen Grundinventar zählen Begriffe wie Interesse (vgl. u.a. Massing 1985b und 1995), Macht, Herrschaft und Gewalt (vgl. u.a. Maluschke 1985; Massing 1985a; Leggewie 1995; Weiß 1995b), Institution (vgl. u.a. Waschkuhn 1985), Staat/Nationalstaat (vgl. u.a. Jänicke 1995), Krieg (vgl. u.a. Rudolf 1995), Öffentlichkeit (vgl. u.a. Kleinsteuber 1985), Demokratie und politisches System. In keinem Lexikon oder Handbuch zur Politikwissenschaft werden nun Begriffsinhalte oder -kontexte geschlechtlich ausgeleuchtet, sie erscheinen vielmehr als entsexualisierte Zusammenhänge. Eine Ausnahme diesbezüglich bildet der bereits erwähnte Artikel von Claus Leggewie (1995: 188) über »Herrschaft«, in dem er das Geschlechterverhältnis als ein staatliches Herrschaftsverhältnis benennt.

Das geheime Glossar	*Das veröffentlichte Glossar*
Dualität	Demokratie
Familialismus	Gewalt
Frau / Mann	Herrschaft
Individuum	Interesse
Kriegsfähigkeit	Institution
Männlichkeit	Konflikt
Maskulinismus	Krieg
Privatheit / Intimität	Macht
Sexualisierung	Öffentlichkit
Subjekt	Politik
	Staat / Nationalstaat
	System

Das »Glossar« arbeitet nun »geheime«, mit dem Geschlecht verknüpfte Begrifflichkeiten und Zugriffsweisen der Politikwissenschaft – ohne Anspruch auf Vollständigkeit – heraus: Maskulinismus und Männlichkeit, Familialismus, Dualismen wie der eine/die andere, Kriegs- und Waffenfähigkeit, Subjekt und Emotion sind Konzepte, die in den Zentralbegriffen der Politikwissenschaft zwar enthalten sind, deren Definition man in einem Lexikon allerdings vergeblich sucht. Sie sind aus dem Gegenstands- und Konzeptbereich der Politikwissenschaft hinausdefiniert.

Wie spürt man nun die Implizita, die Tabus im politikwissenschaftlichen Vokabular auf? Wie findet man »Geschlecht« im Begriffsarsenal der Politikwissenschaft? Eine geschlechtskritische Inspektion politikwissenschaftlicher Kategorien besteht aus einem mehrschichtigen Verfahren der Freilegung geschlechtlicher Geheimheit. Implizite sexualisierte und sexualisierende Verwendungen von Begriffen sind in unterschiedlichen Varianten im politikwissenschaftlichen Vokabular abgelagert: Zunächst gilt es, die verschütteten Genusgruppen »Männer« und »Frauen«[22] zu bergen, dann die Symbolsysteme »Männlichkeit« und »Weiblichkeit« und schließlich die gleichsam zu Ideologien geronnenen übersteigerten Symbole »Maskulinismus« und »imaginierte Weiblichkeit« (Bovenschen 1979). Darüber hinaus ist »Geschlecht« auch – aber eben nicht allein – in vermeintlich Frauen zugewiesenen Beziehungen und Bereichen des Privaten verborgen.

Antipatriarchaler Tabubruch bedeutet, gerade diese der vermeintlichen Privatsphäre zugeordneten Beziehungs-, Denk- und Handlungsmuster im *öffentlichen* Bereich offenzulegen: Emotionen, homo- und heterosexuelle Geschlechterbeziehungen und Geschlechterbilder. Methodisch bedeutet Vergeschlechtlichung politikwissenschaftlicher Kategorien, die historischen, sozialen, politischen und kulturell-diskursiven Entstehungs- und Verwendungskontexte der Kategorien und Institutionen als geschlechtliche Kontexte zu entschlüsseln, um dann die Vertuschungsprozesse geschlechtlicher Spuren nachzuzeichnen und implizite Geschlechterannahmen nach oben zu kehren.

Das vorliegende »Glossar« geht nun invers vor: Es »kanonisiert« die Implizita und diskutiert implizit das üblicherweise Explizite. Die folgenden kurzen Skizzen sollen das methodische Prinzip feministischer Begriffsarbeit verdeutlichen und aufzeigen, wie Zentralbegriffe politikwissenschaftlicher Geschlechterforschung ausgewählte Begriffe und Konzepte der Politikwissenschaft umstülpen, verfremden und entzaubern.

Familie und Familialismus

Eigentlich ist es paradox, daß weder Familie noch Familialismus Begriffe des öffentlichen politikwissenschaftlichen Glossars sind. Nur in der Substantivkombination von Familienpolitik erscheint Familie als Zentralbegriff der »modernen Lebenswelt« in politikwissenschaftlichen Lexika (vgl. Michalsky 1985; Schmidt 1995). Die mehr oder weniger heimlichen Politikstrategien des Familialismus bleiben aber ebenso wie häufige metaphorische Instrumentalisierungen von Familie politikwissenschaftlich unbedacht, d.h. vom »öffentlichen Glossar« ausgegrenzt. *Erna Appelts* Beitrag in diesem Band zeigt auf, wie moderne Vertragstheorien von Kant bis Rawls »Familie« als Zentralinstanz der Legitimierung männlicher politischer Suprematie benutzen. Auch an Beispielen politischer Praxis und empirischer Forschung treten jedoch augenscheinlich Elemente »familialistischer« Sichtweisen auf, die konträr einzuschätzen sind: Einesteils werden sie nämlich in ihrem sexistischen Politikgehalt von der Politikwissenschaft geflissentlich übersehen und verdeckt gehalten; hingegen wird aber Familie besonders gerne als beschreibende Metapher für familienfremde Sphären benutzt. In jedem Falle aber wird darüber kein reflektierendes politikwissenschaftliches Wort verloren:

– Im Zusammenhang des *Nach*-Denkens über die patriarchale Resistenz »realsozialistischer« Gesellschaften wurde offenbar, daß der Staatssozialismus im Familialismus einen getreuen Alliierten gefunden hatte. Das Ziel sozialistischer Frauenemanzipationstheorien, nämlich die volle Integration von Frauen ins Erwerbsleben, wurde durch den Staatssozialismus zwar eingelöst, ohne aber auch die lebensweltliche Ungleichheit der Geschlechter zu beseitigen. Und Familialismus gab das beständige Fundament für – antiemanzipatorische – Emanzipationsrhetorik im »Realsozialismus« ab. »Emanzipiert« wurde ja grundsätzlich nur »von oben«, von staatswegen. Totalitärer Staat und autoritäre Partei ergänzten »öffentlich« den »privaten« Autoritarismus familiärer Patriarchen. Erst aus diesem Zusammenspiel konstituierte sich der Staatssozialismus als Variante des strukturellen Patriarchats (vgl. die Beiträge in Kreisky 1996).
– Auch läßt keine Bearbeitung der politischen Kultur sowie des politischen Systems Japans außer Zweifel, daß dem japanischen Staat nicht nur eine »familialistische Konzeption« unterlegt ist, sondern daß überhaupt »Familismus als Grundprinzip« (vgl. Antoni 1995: 58) zu identifizieren ist. Die »japanische Nation« wird als »reale Familie«, als »japanische Nationalfamilie« angesprochen, wobei dem Tennô selbstverständlich die Rolle des »Famili-

enoberhauptes« zufällt (vgl. ebd.: 51f. und 61). Hier bedienen sich Politikanalysen bewußt »familiärer« Vertrautheiten, um libidinöse Bindungen an von Leben entkernte Bezugssysteme und Politikstrukturen zu begünstigen.

Subjekt und Subjektlosigkeit

Auch »Subjekt« fehlt als leitender Begriff in einschlägigen politikwissenschaftlichen Lexika: Im »*Wörterbuch zur Politik*« von Manfred G. Schmidt findet man an dieser Stelle lediglich eine pejorative Bedeutungsvariante, die »subject culture«, die Untertanenkultur (vgl. Schmidt 1995: 1003). Auch semantisch ähnliche Begriffe wie Individuum, Bürger oder Akteur werden in einschlägigen politikwissenschaftlichen Wörterbüchern – wie »*Pipers Wörtbuch zur Politik*« (1985) und dem »*Lexikon der Politik*« (1994f.) – als nichtpolitische oder nicht-politikwissenschaftliche Begriffe behandelt, und dies heißt: Sie zählen auch nicht zum zwingenden politikwissenschaftlichen Begriffsinventar. An der Stelle, an der beispielsweise der Begriff »Individuum« zu suchen wäre, findet sich das eine Mal nur das Stichwort »Individualdaten« als »Klasse von Daten, die Merkmale von individuellen Objekten (Personen, Ereignisse) kennzeichnen« (Schmidt 1985: 360), und das andere Mal »Individualismus« als soziales Verhalten, das die »Selbständigkeit und Freiheit« von Individuen betont (Schmidt 1995: 415).

Nicht einmal der für die öffentliche Sphäre des Politischen so zentrale Begriff des »Bürgers« findet in den angeführten Lexika Erwähnung, ebensowenig der Begriff des »Akteurs«. Handelnde Menschen, »behandelte« Menschen, agierende Frauen und Männer sind also im politikwissenschaftlichen Auslassungs- oder Unterlassungskontext nicht *denk*bar, mithin auch nicht konzeptualisierungsbedürftig. Eine Ausnahme – die vielleicht den allgemeinen Trend nur noch mehr verdeutlicht – bildet das »*Wörterbuch zur Politik*« (Schmidt: 1995): Schmidt fixiert den Begriff »Bürger« als Sammelbezeichnung für das »freie, privatautonome Wirtschaftssubjekt (bourgeois, E.K./B.S.)« sowie für den »freien, gleichberechtigten Staatsbürger (citoyen, E.K./B.S.)« (Schmidt 1995: 178), ohne auch nur den Frauenausschluß in der Genese des bourgeois wie des citoyens zu erwähnen. Auch beim Akteursbegriff rekurriert Schmidt auf den voraussetzungsvollen, aber nicht weiter definierten Individuumsbegriff: Der Akteur ist »in der Politik ein handelndes Individuum«, z.B. ein Staatsmann oder ein Interessenverband, jedenfalls aber ist er »der« Akteur (vgl. Schmidt 1995: 21).

Subjekt und Individuum werden also zur Definition anderer politikwissenschaftlicher Begriffe herangezogen – z.B. spielen in der Schmidtschen Definition Subjekte bei der Entstehung von Institutionen eine Rolle (Schmidt 1995: 428) -, die Begriffe selbst aber werden nur implizit gesetzt, ohne expliziert zu werden. Politik erscheint so als ein subjektlos ablaufender Prozeß (vgl. dazu den Beitrag von *Regina Köpl* in diesem Band).

Die Folge der Kaschierung politischer Subjekte und politischer Individuen für die Disziplin ist klar: Quasi »trittbrettfahrend« kann damit von der Politikwissenschaft bequem auch die Geschlechtlichkeit der Handelnden und des politischen Handelns genommen werden. Doch wie läßt sich dieser Ausblendungsmechanismus erklären? Entweder nimmt »man« an, daß Individuum, Subjekt und Bürger Begriffe sind, die »man« kennt, deren semantische Dimensionen geläufig sind und die deshalb keiner weiteren Erläuterung bedürfen. Oder aber »man« hält diese Begriffe – was wahrscheinlicher ist – für vorpolitische, mithin als politikwissenschaftlich nicht relevant und daher nicht explikationswürdig. Die Maskulinität des politischen Individuums, des Bürgers, die männlichen Interessen des Akteurs fallen der Heimlichkeit der Privatheit anheim und werden zum Paradigma »normaler« Wissenschaft (vgl. dazu den Beitrag von *Birgit Sauer*).

Dualität zwingt Vielfalt heraus

Für moderne Gesellschaften und moderne Wissenschaften – insbesonders in ihren naturwissenschaftlichen Ausprägungen und »technisch-digitalen« Weiterungen – ist binäre Logik in entscheidenden Formierungsperioden zum tragenden und gestaltenden Kennzeichen geworden. Denken in Polaritäten, Dichotomien und (zweipoligen) Widersprüchen wurde mithin auch für die vermeintlich adäquate Erfassung und Beschreibung moderner gesellschaftlicher Verhältnisse typisch (vgl. dazu den Beitrag von *Sieglinde Rosenberger*). So zählen u.a. folgende Dichotomien zum »bewährten« Set beschreibender Kategorien moderner gesellschaftlicher Verhältnisse und Strukturen: Tradition/ Moderne (vgl. Lenz 1995), Natur/Kultur, Körper/Geist, Rationalität/Irrationalität, Lohnarbeit/Kapital, Kopfarbeit/Handarbeit, Staat/Gesellschaft, Öffentlichkeit/Privatheit, Markt/Bürokratie, Demokratie/Totalitarismus, Autonomie/ Institution, Stadt/Land, Inland/Ausland, Mann/Frau, Hausfrau/Berufsfrau, Heterosexualität/Homosexualität. Charakteristisch für diese bipolare Aufspannung der Welt ist zudem, daß ein Pol jeweils negativer besetzt ist als der andere. Dieser Wertehierarchie fügt sich dann auch die dichotome Aufspaltung sozialen und politischen Bewußtseins zwischen »denen da oben« und »wir da unten« nahtlos ein.

Von dieser Weltsicht ab- und angeleitet findet sich die Dominanz dualer Denkkonstruktionen und Bewertungsmuster auch in den meisten sozial- und politikwissenschaftlichen Zugriffsweisen. Damit wird nämlich gesellschaftliche und politische Vielfalt begrifflich in duale Sichtweisen eingezwängt, und alle Gesellschafts- und Politikalternativen werden automatisch als »entweder-oder« konzeptualisiert (vgl. Beck 1993). Die Vielfalt, die sich aus einem »und« ergeben würde, muß vorgeblicher »Reinheit« von Begriffen und Typisierungen weichen: Politisch und gesellschaftlich wird immer noch vornehmlich in scharfen Schwarz/Weiß-Kontrasten gedacht, eventuelle Grau- oder andere weichere Zwischentöne haben sich dem »realpolitischen« und »normalwissenschaftlichen« Diktat der Dualitäten mit ihren bekannten Werteinschlüssen zu beugen.

Männlichkeit und Maskulinismus

Wenn Politikwissenschaft ihre Lernfähigkeit und Aktualisierungsbereitschaft unter Beweis stellen will, nimmt sie neuerdings auch Stichworte wie »Frauenbewegung/Feminismus«, »Frauenbeauftragte« oder »Frauenpolitik« in das Begriffsspektrum ihrer Lehrbücher und Lexika auf. Auch der politikwissenschaftliche Malestream hat zur Kenntnis nehmen müssen, daß damit bislang Ungewohntes und Nichtselbstverständliches, nämlich das Phänomen öffentlich und politisch agierender Frauen, anzuzeigen ist. Das muß also nun begrifflich angemessen, nämlich weiblich-bescheiden, gespiegelt werden. Politikwissenschaft »reflektiert« also bloß langsam vor sich gehende reale Veränderungen in der Sphäre der Politik.

Demgegenüber aber müssen »Männer« oder »Männlichkeit« überhaupt nicht mit politikwissenschaftlichen Lexika-Artikeln bedacht werden, ist doch ihr Bezug zum politischen und öffentlichen Leben offenbar viel zu banal und bedeutet daher auch zu wenig Herausforderung für politikwissenschaftliche Forschungsabenteuer: Politisch agierende Männer erscheinen durchwegs »unproblematisch« und sind infolgedessen nicht erklärungsbedürftig (vgl. dazu den Beitrag von *Eva Kreisky* in diesem Band).

Sollen wir uns etwa dem naiven Glauben hingeben, daß diese Exklusion – von Männern, von sozial und politisch konstruierter Männlichkeit, von männlich konfigurierter Politik und von zu hegemonialer Ideologie gesteigertem Maskulinismus – aus »öffentlichen Glossaren« der Politikwissenschaft bloß zufällig passiert? Oder ist sie nicht vielmehr systematische Konsequenz aus einer von »unsichtbarer Hand« angelegten politischen und wissenschaftlichen Taktik, den nachhaltig männlichen Unterbau der Politik zu tarnen? Das methodische Postulat vorgeblicher »Neutralität« soll entlasten; »Neutralität« ist jenes magische Wort, mit dem Männlichkeit als einseitige, hegemoniale Geschlechtlichkeit weggezaubert werden soll. Die spekulative Hoffnung auf Fortbestehen politischer Naivität der im Bann politischen und politikwissenschaftlichen Zaubers Stehenden ist aber nicht zuletzt wegen zunehmender geschlechtskritischer Inspektionen im Politikfeld an ihr Ende gelangt: Es wird für immer mehr BeobachterInnen offensichtlich, daß »der Stoff, aus dem die Staaten sind«, durch und durch »männlich« gewirkt ist (vgl. Kreisky 1995).

Politische Subjektwerdung und Kriegsfähigkeit

Waffenfähigkeit konstituierte im Werden des neuzeitlichen (National-)Staates politische Subjektfähigkeit. Mit der politischen Inklusion von Männern war also auch die politische Exklusion von Frauen fixiert (vgl. Hartsock 1995; Pateman 1992). Und in der Tat waren Militär und Wehrpflicht auffallende politische Innovationen des 19. Jahrhunderts. Dennoch bleibt aber die Genese politischer Partizipation im modernen Nationalstaat und ihr systematischer Zusammenhang zu Kriegs- und Waffenfähigkeit in den meisten politikwissenschaftlichen Begriffserörterungen frei von eventuellen Bezügen zur Geschlechtlichkeit. Aus der »vergeschlechtlichten« Rekonstruktion der politischen Institution Militär lassen sich also nationalstaatliche und internationale Begriffskontexte generieren, die auch politikwissenschaftliche Erkenntnishorizonte auszuweiten vermögen.

Idealisierung männlicher Waffenfähigkeit ist im 19. Jahrhundert politisch unumgänglich geworden: Bis dahin war Militärdienst in der Bevölkerung ja eher als etwas betrachtet worden, das familiäre Ökonomien und Arbeitszusammenhänge bloß störte, wurden ihnen doch wichtige Arbeitskräfte entzogen. Also mußte Militärdienst politisch aufgewertet und »unkriegerischer Habitus der Zivilisten« dementsprechend abgewertet werden (vgl. Frevert 1996: 81).

Die Wehrpflicht der Männer leitete eine neue Phase »männlicher Vergemeinschaftung« ein: Das Militär vermittelte sich als Institution, der Männer nur angehörten, weil sie Männer waren. Unterschiede zwischen Männern schienen im Medium Militär obsolet zu werden, nicht so Unterschiede zu Frauen, diese wurden nun erst unübersehbar. Im Militär fand – für alle öffentlich sichtbar – die Initiation zum Mann statt. Zudem löste das Militär Männer aus ihren privaten, nämlich familiären und sozialen Beziehungen und integrierte sie in ein »neues, vollkommen abstraktes Referenzsystem« (ebd.: 82): Vaterland, Nation und Staat bildeten nun den wesentlichen Bezugspunkt junger Männer. Das Militär machte also den Rekruten nicht nur zum Mann, sondern vor allem auch zum Staatsbürger (vgl. ebd.: 83). Politische und militärische Fähigkeiten wurden damals tendenziell kongruent, was Frauen keine politischen Chancen lassen sollte. Der Nationalsozialismus perfektionierte schließlich dieses Modell des politischen Mannes, der als Soldat und Staatsbürger der Nation und Volksgemeinschaft nicht nur loyal sein sollte, sondern sie letztlich auch »verkörperte« (vgl. ebd.).

Was Waffenfähigkeit des Mannes im Nationalstaat ausmacht, bedeutet Kriegsfähigkeit der Nationalstaaten im internationalen System, wie *Uta Rupperts* kritische Sicht auf Theorien Internationaler Beziehungen in diesem Band nachweist. Nationalismus bleibt ohne die Fundierung durch das maskuline Stereotyp letztlich unerklärbar, nationalistische Bewegungen haben in der Geschichte immer ideologische Anleihen am Maskulinismus genommen (vgl. Mosse 1996). Politikwissenschaftliche Thematisierungen der Kriegsfrage suggerieren zumeist die Möglichkeit einer Ursachenforschung, die sich in den Gründen der Vernunft, nicht aber in den Abgründen von Irrationalität, Emotionalität oder männlicher Identitätsstiftung zu bewegen hat (vgl. Rudolf 1995).

Privatheit/Intimität und Sexualisierung

Feministische Sozial- und Politikwissenschaftlerinnen haben inzwischen sattsam die Verschränkungen von politischer Öffentlichkeit und einer davon vermeintlich säuberlich geschiedenen Privatheit in ihren Konsequenzen für Frauen kritisiert (vgl. u.a. Pateman 1989; Lang 1995). Privatheit ist nun in der Politikwissenschaft ein durchaus schillernder, amorpher Begriff, der freilich in keinem Lexikon oder Handbuch definiert wird. Privatheit kann so den gesamten Bereich der Gesellschaft umfassen, der in der frühen Staatslehre vom Bereich des Staates getrennt wurde: die Ökonomie, Parteien, Verbände und soziale Bewegungen. Privatheit im politikwissenschaftlichen Common Sense ist aber wohl eher der Bereich bürgerlich-intimer Abgeschiedenheit: Freundschaft, Familie und Verwandtschaft als Beziehungsformen, Freizeit als temporale Form von Privatheit sowie spezifische Orte der Privatheit und Intimität wie die Wohnung. Diese Beziehungsformen, Orte und Zeiten gelten der Politikwissenschaft per definitionem als privat und intim, mithin als nicht-politisch, nicht erklärens- und analysierenswert.

Politikwissenschaft verbindet nun mit diesen privaten bzw. intimen Beziehungsformen die Fiktion, sie seien auf angebbare Orte und Zeiten reduzierbar. Anders ausgedrückt: Politik als Raum-Zeit-Beziehungsgefüge ist frei von privaten und intimen Einschlüssen. Im Anschluß an Max Weber geht Politikwissenschaft davon aus, daß Politik in der Regel rational verlaufe: Politische Verwaltungen haben durchschaubare Aufgaben, Ziele und Regeln, politische Akteure setzen ihre Interessen rational, d.h. nutzenorientiert und kostenminimierend durch.

Wenn man unter privat und intim spezifische Formen von Beziehungen versteht, so wird klar, weshalb Politikwissenschaft diese Dimensionen definitorisch ausscheidet: Politikwissenschaft relegiert diese Beziehungsformen und daran geknüpfte Emotionen wissenschaftlich in den Bereich von Soziologie und Psychologie, da sie selbst es mit Systemen einerseits und andererseits, auf der Handlungsebene, mit Kollektiven zu tun habe[23]. Systeme und Kollektive als Grundeinheiten politikwissenschaftlicher Begriffs- und Konzeptbildung können keine »intimen« Beziehungen, auch keine Emotionen entwickeln – sie aggregieren Interessen und setzen sie durch (vgl. dazu auch den Beitrag von *Sabine Lang* in diesem Band).

Solche Setzungen sind nicht allein normativ, sondern voluntaristisch und keineswegs geschlechtsneutral. Sie verlaufen vielmehr entlang geschlechtsspezifischer Linien: Politikwissenschaft lädt die Begriffe Privatheit, Intimität und Emotion ebenso geschlechtlich auf wie die Gegenbegriffe Öffentlichkeit und Rationalität: Erstere sind weiblich kodiert und abgewertet, letztere hingegen sind männlich beschrieben und aufgewertet.

Politikwissenschaftliche Begriffe bleiben somit in spezifischer Weise unterdeterminiert. Weder geraten Orte und Zeiten, die dem Privaten und Intimen zugeordnet sind, in den wissenschaftlichen Blick, noch werden privat-intime Phänomene des politischen Prozesses selbst versteh- und analysierbar. Offensichtliche Aspekte politischer Wirklichkeit sind aufgrund mangelnder analytischer Schärfe oder besser: wegen politikwissenschaftlicher Verschleierung nicht verstehbar. Welche Rolle spielen beispielsweise erotische Beziehungen in der Politik – und dies nicht allein in der Spionage? Welche Rolle spielen politische »Männerfreundschaften«? Selbst die Medien präsentieren ja inzwischen immer wieder Politikerpaare wie Michail Gorbatschow und Helmut Kohl. Wie läßt sich das aus der us-amerikanischen Tradition übernommene (klein-)familiäre, intime Ambiente erklären, das Politiker für öffentlich-mediale Präsentation um sich schaffen?

Weil es herkömmlichen politikwissenschaftlichen Konzepten an Begriffen für persönliche Beziehungen und deren geschlechtliche Kodierungen fehlt, laufen sie Gefahr, die Sexualisierungen des politischen Raums zu reproduzieren und das Geschlecht von Akteuren im Prozeß der »Rationalisierung« auszublenden. *Gerda Neyer* zeigt in ihrem Beitrag, wie Politiken sexualisiert, wie sie geschlechtlich kodiert werden, um der Durchsetzung der Interessen von Männern zu dienen. Politik wie auch Politikwissenschaft leisten ihren Beitrag dazu, daß solche Sexualisierungsstrategien Frauen fungibel, zum »Geschlecht« an sich machen, Männer hingegen zur ungeschlechtlichen Norm erheben.

Anmerkungen

1. Der Arbeitskreis »Politik und Geschlecht« innerhalb der »Deutschen Vereinigung für Politische Wissenschaft« (DVPW) wäre hier prominent anzuführen.
2. Erste Annäherungen gibt es jüngst zwischen dem »Netzwerk politikwissenschaftlich und politisch arbeitender Frauen« in Berlin, dem AK »Politik und Geschlecht« in der DVPW und dem gleichnamigen AK in der »Österreichischen Gesellschaft für Politikwissenschaft« (ÖGPW).
3. Workshop Feministische Politikwissenschaft: »*Die geheimen Paradigmen der Politikwissenschaft*«, veranstaltet am 6./7. Oktober 1995 von der Simone de Beauvoir-Gesellschaft in Wien. Erna Appelt war an der Konzeptualisierung dieser Tagung in entscheidender Weise beteiligt. Ihr sei daher an dieser Stelle ganz besonders gedankt. Zu danken haben wir auch Monika Strell, die die mühsame Organisationsarbeit der Tagung mit ausserordentlicher Zähigkeit und Kompetenz geleistet hat, sowie Pamela Schartner, die in umsichtiger und sachverständiger Weise nicht weniger hartnäckig die Endfertigung der Druckvorlage dieses Bandes realisierte.
4. Unsere sprachlich-inhaltliche Annäherung an den Titel dieses Buches schöpft aus folgenden »Wörterverzeichnissen«: Brockhaus Enzyklopädie (1989: 215ff. und 603); Drosdowski (1989: 246); Encyclopedia Britannica (1962: 431ff.); Etymologisches Wörterbuch (1993: 458).
5. Vgl. die Verwendung von »geheim« für Titel wie »Geheimer Rat«, seit dem 16. Jahrhundert »Geheimrat«.
6. Vgl. Phänomene vom Anfang des 19. Jahrhunderts wie Geheimbund, Geheimdienst und Geheimlehre.
7. Vgl. beispielsweise verschiedene Naturphilosophien, Theosophie oder Parapsychologie.
8. Vgl. die politische Programmatik bzw. »extrovertierte« Geschäftsphilosophie einer vorgeblich *öffentlichen* Verwaltung. »Geheime Verschlußsachen«, »vertrauliche« oder »nur für den Dienstgebrauch« zu verwendende Informationen sind Alltag in staatlichen Verwaltungen.
9. Sievers spricht von »reflexiver Geheimhaltung«, die im Unterschied zur einfachen Geheimhaltung auch den Fakt des Geheimnisses selbst verheimlicht (zit. nach Westerbarkey 1991: 18).
10. Neuerdings werden Korrekturen an dieser apodiktischen Trennung angebracht: Der Soziologe Ulrich Beck war einer der ersten, der mit dem Begriff der »Subpolitik« (Beck

1986 und 1993) dem Politischen einen Ort jenseits von politischen Institutionen zuwies. Inzwischen wird diese Transformation des Politischen auch in der Politikwissenschaft konzeptuell erfaßt: »Allgemein kann man sagen, daß die Grenze zwischen Politik (als Sphäre öffentlicher Herrschaftsausübung) und Nichtpolitik (als Privatsphäre) im Prozeß der ›reflexiven Modernisierung‹ (Beck) flüssiger und durchlässiger geworden ist« (Leggewie 1995: 187). Auch Michael Th. Grevens Begriff der »politischen Gesellschaft« (1993) indiziert – wenn auch mit kritischer Skepsis – eine konzeptuelle Veränderung.

11 Demgegenüber hat sich die Soziologie – und hier als einer der ersten Georg Simmel (1968) – mit der Funktion und Bedeutung von Geheimhaltung beschäftigt (vgl. Westerbarkey 1991).

12 Jüngst hat Herfried Münkler darauf aufmerksam gemacht, daß das moderne Konzept von Macht die Invisibilisierung bestimmter Machtaspekte notwendig beinhaltet. Offenlegung aller Machtressourcen würde das Ende von Macht bedeuten (vgl. Münkler o.J.: 7).

13 So läßt sich wahrscheinlich der Kreisky-Verweis bei Leggewie deuten (1995: 188).

14 Arno Mohr unterscheidet Beobachtungsbegriffe von theoretischen Begriffen. Beobachtungsbegriffe sind z.b. Alter und Geschlecht, Begriffe also, die sich aufgrund einfacher Beobachtung anwenden lassen; theoretische Begriffe hingegen bezeichnen Sachverhalte, die nicht direkt beobachtbar sind (vgl. Mohr 1995: 89f.). Geschlecht wird also dem Bereich der schieren Beobachtung zugeordnet, nicht aber als theoretisches Erkenntnisinstrument begriffen.

15 Peter L. Berger und Thomas Luckmann (1969) führten den Begriff der »gesellschaftlichen Konstruktion von Wirklichkeit« in die wissenschaftstheoretische Diskussion ein; geschlechterkritische Wissenschaft kann daran anknüpfen, indem sie »symbolische Sinnwelten«, vielfach als »Wirklichkeit« ausgegeben, als patriarchal dekonstruiert.

16 Nach Nohlen (1985: 123) lassen sich generell die folgenden Arten von Definitionen unterscheiden: etymologische Festlegungen, die konform zum alltäglichen Sprachgebrauch sind; festgesetzte, mithin willkürlich gesetzte Definitionen; explizite Definitionen, wenn das Definiens bereits bekannt ist; zirkuläre Definitionen; nominale Definitionen, d.h. die Rückführung eines Begriffs auf einen anderen bzw. das Ersetzen eines Begriffs durch einen anderen; reale oder beschreibende Definitionen durch Angabe von Merkmalen oder durch Bezeichnung des Gebrauchs eines Begriffs.

17 Dies ist eine Anspielung an Johan Galtungs (1983) »theoretische Pyramiden« des »teutonischen Wissenschaftsstils«.

18 Daß politikwissenschaftliche Theorie prognosefähig sein müsse, wurde inzwischen mit guten Argumenten – unterfüttert durch Chaosforschung – gegen die behavioralistische Tradition zurückgewiesen (vgl. z.B. von Beyme 1996: 12).

19 Wolfgang Zapf u.a.m. verwenden zur Kennzeichnung allgemeiner Theorien mit ihrem unübersehbaren Universalisierungsanspruch auch den Begriff Metatheorie. Metatheorien ergründen im allgemeinen die Bedingungen wissenschaftlicher Erkenntnisse. In diesem Sinne schließen also – gemäß ihrem Anspruch – die meisten allgemeinen Theorien tatsächlich auch die Reflexion der Konstituierungsbedingungen von Wissenschaft und Theorie mit ein, was aber nicht bedeuten kann, daß in weniger umfassend und weitreichend angelegten, das Universalisierungspostulat vielleicht sogar explizit zurückweisenden Theorien (wie z.B. postmoderne oder auch viele feministische Theorien) nicht auch metatheoretische Überlegungen angestellt würden (vgl. beispielsweise Harding 1990).

20 Obwohl Ute Frevert sich dem begriffsgeschichtlichen Programm Reinhart Kosellecks grundsätzlich anschließt, kritisiert sie die Nichtberücksichtigung eines Stichwortes »Geschlecht« im siebenbändigen Lexikon »Geschichtliche Grundbegriffe« (Brunner/Conze/

Koselleck 1972ff.), das offenbar aus Sicht der Herausgeber nicht zu den »zentralen Ordnungs- und Orientierungsbegriffen der Moderne« zählt (vgl. Frevert 1995: 16). Diese Unterlassung fordert Freverts Widerspruch heraus: »Auch das Geschlecht«, meint sie, »zählt zu jenen Ordnungbegriffen, die zwar älter als die moderne Zeit sind, im 19. Jahrhundert aber eine veränderte, radikalere Qualität erwarben« (ebd.). Frevert beharrt daher zurecht darauf, daß auch Geschlecht »ein Begriff (kein ›bloßes Wort‹)« ist, »in dem sich ›viele Bedeutungsgehalte‹ konzentrieren«. Auch der Begriff Geschlecht geht nämlich »mit einem ›konkreten Allgemeinheitsanspruch‹ einher«. Geschlecht ist also ebenfalls »Teil der ›politisch-sozialen Sprache‹, integrales Element jener ›Gesamtheit gesellschaftlicher Beziehungen‹ inklusive ihrer ›sprachlichen Artikulationen und Deutungssysteme‹, für die sich die Begriffsgeschichte zuständig erklärt« (ebd.: 16f.). Frevert versteht daher ihren Beitrag als systematischen Nachtrag zum begriffshistorischen Lexikon (vgl. ebd.: 17).

21 Koselleck wendet Verfremdung auf Begriffsanalyse generell an (vgl. Koselleck 1972: XIX).
22 Zum Begriff der »Genusgruppe« vgl. Regina Becker-Schmidt (1993: 44).
23 Der behavioralistische Strang der Politikwissenschaft untersucht zwar Individuen – allerdings als Ansammlung von Daten und Faktoren.

Literatur

Alemann, Ulrich von (1985), Politikbegriffe, in: *Pipers Wörterbuch zur Politik*, hg. von Dieter Nohlen, Bd. 1: Politikwissenschaft. Theorien, Methoden, Begriffe, hg. von Dieter Nohlen, Rainer-Olaf Schultze, München/Zürich, S. 705-707.
Alemann, Ulrich von (1995), *Grundlagen der Politikwissenschaft. Ein Wegweiser*, 2. Aufl., Opladen.
Antoni, Klaus (1995), Legitimation staatlicher Macht. Das Erbe der kokutai-Ideologie, in: Gesine Foljanti-Jost, Anna-Maria Tränhardt (Hg.), *Der schlanke japanische Staat. Vorbild oder Schreckbild?*, Opladen, S. 48-68.
Appelt, Erna, Gerda Neyer (1994), *Feministische Politikwissenschaft*, Wien.
Ball, Terence (1995), *Reappraising Political Theory*, Oxford.
Beck, Ulrich (1986), *Risikogesellschaft. Auf dem Weg in eine andere Moderne*, Frankfurt/M.
Beck, Ulrich (1993), *Die Erfindung des Politischen. Zu einer Theorie reflexiver Modernisierung*, Frankfurt/M.
Becker-Schmidt, Regina (1993), Geschlechterdifferenz – Geschlechterverhältnis: soziale Dimensionen des Begriffs »Geschlecht«, in: *Zeitschrift für Frauenforschung* 1/2, S. 37-46.
Beidtel, Ignaz (1898), *Geschichte der österreichischen Staatsverwaltung 1740 - 1848*, II. Bd., Innsbruck.
Bennholdt-Thomsen, Veronika (1985), Zivilisation, moderner Staat und Gewalt. Eine feministische Kritik an Norbert Elias' Zivilisationstheorie, in: *beiträge zur feministischen theorie und praxis* 13: Unser Staat?, S. 23-35.
Berger, Peter L., Thomas Luckmann (1969), *Die gesellschaftliche Konstruktion der Wirklichkeit*, Frankfurt/M.
Bergstrasser, Arnold (1961), *Politik in Wissenschaft und Bildung* (Freiburger Studien zu Politik und Soziologie), Freiburg.
Beyme, Klaus von (1991a), Feministische Theorie der Politik zwischen Moderne und Postmoderne, in: *Leviathan* 2, S. 208-228.
Beyme, Klaus von (1991b), Theorie der Politik im 20. Jahrhundert, Frankfurt/M.

Beyme, Klaus von (1996), Theorie der Politik im Zeitalter der Transformation, in: Klaus von Beyme, Claus Offe (Hg.) (1996), *Politische Theorien in der Ära der Transformation* (PVS Sonderheft 26), Opladen, S. 9-29.
Beyme, Klaus von, Claus Offe (Hg.), *Politische Theorien in der Ära der Transformation* (PVS Sonderheft 26), Opladen.
Bourdieu, Pierre (1985), *Sozialer Raum und »Klassen«. Leçon sur la Leçon. Zwei Vorlesungen*, Frankfurt/M.
Bovenschen, Silvia (1979), *Die imaginierte Weiblichkeit. Exemplarische Untersuchungen zu kulturgeschichtlichen und literarischen Präsentationsformen des Weiblichen*, Frankfurt/M.
Brockhaus Enzyklopädie (1989) in 24 Bänden, Bd. 8, 19., neu bearb. Aufl., Mannheim.
Brunner, Otto, Werner Conze, Reinhart Koselleck (Hg.) (1972ff.), *Geschichtliche Grundbegriffe. Historisches Lexikon zur politisch-sozialen Sprache in Deutschland*, Stuttgart.
Drosdowski, Günther (1989), *Etymologie. Herkunftswörterbuch der deutschen Sprache*, Duden Bd. 7, 2., neu bearb. u. erw. Aufl., Mannheim/Leipzig/Wien/Zürich.
Ebbecke-Nohlen, Andrea, Dieter Nohlen (1994), Feministische Ansätze, in: *Lexikon der Politik*, hg. von Dieter Nohlen, Bd. 2: Politikwissenschaftliche Methoden, hg. von Jürgen Kriz, Dieter Nohlen, Rainer-Olaf Schultze, München, S. 130-137.
Encyclopedia Britannica (1962), A New Survey of Universal Knowledge, Vol. 10, Chicago/London/Toronto.
Etymologisches Wörterbuch des Deutschen (1993), erarbeitet im Zentralinstitut für Sprachwissenschaft Berlin unter der Leitung von Wolfgang Pfeifer, Berlin.
Frevert, Ute (1995), Geschlecht – männlich/weiblich. Zur Geschichte der Begriffe (1730 - 1990), in: Dies., *»Mann und Weib, und Weib und Mann«. Geschlechter-Differenzen in der Moderne*, München, S. 13-60.
Frevet, Ute (1996), Soldaten, Staatsbürger. Überlegungen zur historischen Konstruktion von Männlichkeit, in: Thomas Kühne (Hg.), *Männergeschichte – Geschlechtergeschichte. Männlichkeit im Wandel der Moderne*, Frankfurt/M./New York, S. 69-87.
Galtung, Johan (1983), Struktur, Kultur und intellektueller Stil. Ein vergleichender Essay über sachsonische, teutonische und nipponische Wissenschaft, in: *Leviathan* 11, S. 304-338.
Greven, Michael Th. (1993), Ist die Demokratie modern? Zur Rationalitätskrise der politischen Gesellschaft, in: *Politische Vierteljahresschrift* 34, S. 399-413.
Grebe, Paul (1963), *Etymologie. Herkunftswörterbuch der deutschen Sprache*, Mannheim.
Habermas, Jürgen (1981), *Theorie des kommunikativen Handelns,* Bd. 1, Frankfurt/M.
Hagemann-White, Carol (1986), *Frauenbewegung und Psychoanalyse* , 2. Aufl., Berlin.
Harding, Sandra (1990), *Feministische Wissenschaftstheorie. Zum Verhältnis von Wissenschaft und sozialem Geschlecht*, Hamburg.
Hartsock, Nancy (1995), Feministische Forschung und Politikwissenschaft in den USA, in: Eva Kreisky, Birgit Sauer (Hg.), *Feministische Standpunkte in der Politikwissenschaft. Eine Einführung*, Frankfurt/M./New York, S. 63-80.
Hölscher, Lucian (1975), Öffentlichkeit, in: Otto Brunner, Werner Conze, Reinhart Koselleck (Hg.), *Geschichtliche Grundbegriffe. Historisches Lexikon zur politisch-sozialen Sprache in Deutschland,* Bd. 3, Stuttgart, S. 413-467.
Hölscher, Lucian (1979), *Öffentlichkeit und Geheimnis. Eine begriffsgeschichtliche Untersuchung zur Entstehung der Öffentlichkeit in der frühen Neuzeit*, Stuttgart.
Holland-Cunz, Barbara (1994), *Soziales Subjekt Natur. Natur- und Geschlechterverhältnis in emanzipatorischen politischen Theorien*, Frankfurt/M./New York.

Jänicke, Martin (1995), Staatstheorien der Gegenwart, in: *Lexikon der Politik*, hg. von Dieter Nohlen, Bd. 1: Politische Theorien, hg. von Dieter Nohlen, Rainer-Olaf Schultze, München, S. 605-611.
Kant, Immanuel (1990/1787), *Kritik der reinen Vernunft*, Neuaufl., Hamburg.
Kerchner, Brigitte, Gabriele Wilde (Hg.) (1996), *Staat und Privatheit. Aktuelle Studien zu einem schwierigen Verhältnis*, Opladen (im Erscheinen).
Kickbusch, Ilona, Barbara Riedmüller (Hg.) (1984), *Die armen Frauen. Frauen und Sozialpolitik*, Frankfurt/M.
Kleinsteuber, Hans J. (1985), Öffentlichkeit, in: *Pipers Wörterbuch zur Politik*, hg. von Dieter Nohlen, Bd. 1: Politikwissenschaft. Theorien, Methoden, Begriffe, hg. von Dieter Nohlen, Rainer-Olaf Schultze, München/Zürich, S. 627-628.
Kontos, Silvia (1986), Modernisierung der Subsumtionspolitik. Die Frauenbewegung in den Theorien neuer sozialer Bewegungen, in: *Feministische Studien* 2, S. 34-49.
Koselleck, Reinhart (1972), Einleitung, in: Otto Brunner, Werner Conze, Reinhart Koselleck (Hg.), *Geschichtlicher Grundbegriffe. Historisches Lexikon zur politisch-sozialen Sprache in Deutschland*, Bd. 1, Stuttgart, S. XIII-XXVVII.
Kreisky, Eva (1974), Zur Genesis der politischen und sozialen Funktion der Bürokratie, in: Heinz Fischer (Hg.), *Das politische System Österreichs*, Wien, S. 181-231.
Kreisky, Eva (1975), *Frauen im öffentlichen Dienst – Öffentliche Dienste für Frauen*, Wien.
Kreisky, Eva (1988), Bürokratie und Frauen, in: *Österreichische Zeitschrift für Politikwissenschaft* 1, S. 91-102.
Kreisky, Eva (1995), Der Stoff, aus dem die Staaten sind. Zur männerbündischen Fundierung politischer Ordnung, in: Regina Becker-Schmidt, Gudrun-Axeli Knapp (Hg.), *Das Geschlechterverhältnis als Gegenstand der Sozialwissenschaften*, Frankfurt/M./New York, S. 85-124.
Kreisky, Eva (Hg.) (1996), *Vom patriarchalen Staatssozialismus zur neuen patriarchalen Demokratie*, Wien (im Erscheinen).
Kreisky, Eva, Birgit Sauer (Hg.) (1995), *Feministische Standpunkte in der Politikwissenschaft. Eine Einführung*, Frankfurt/M./New York.
Kulawik, Teresa, Birgit Sauer (Hg.) (1996), *Der halbierte Staat. Grundlagen feministischer Politikwissenschaft*, Frankfurt/M./New York.
Lang, Sabine (1995), Öffentlichkeit und Geschlechterverhältnis. Überlegungen zu einer Politologie der öffentlichen Sphäre, in: Eva Kreisky, Birgit Sauer (Hg.), *Feministische Standpunkte in der Politikwissenschaft. Eine Einführung*, Frankfurt/M./New York, S. 83-121.
Leggewie, Claus (1995), Herrschaft, in: *Lexikon der Politik*, hg. von Dieter Nohlen, Bd. 1: Politische Theorien, hg. von Dieter Nohlen, Rainer-Olaf Schultze, München, S. 180-190.
Lenz, Ilse (1995), Geschlecht, Herrschaft und internationale Ungleichheit, in: Regina Becker-Schmidt, Gudrun-Axeli Knapp (Hg.), *Das Geschlechterverhältnis als Gegenstand der Sozialwissenschaften*, Frankfurt/M./New York, S. 19-46.
Lexikon der Politik (1994f.) hg. von Dieter Nohlen, München.
List, Elisabeth (1986), Homo Politicus – Femina Privata. Thesen zur Kritik der politischen Anthropologie, in: Judith Conrad, Ursula Konnertz (Hg.), *Weiblichkeit in der Moderne. Ansätze feministischer Vernunftkritik*, Tübingen, S. 75-95.
Ludz, Peter Christian (Hg.) (1979), *Geheime Gesellschaften*, Heidelberg.
Ludz, Peter Christian (1980), *Mechanismen der Herrschaftssicherung. Eine sprachpolitische Analyse gesellschaftlichen Wandels in der DDR*, München/Wien.

Maluschke, Günther (1985), Macht, Machttheorien, in: *Pipers Wörterbuch zur Politik*, hg. von Dieter Nohlen, Bd. 1: Politikwissenschaft. Theorien, Methoden, Begriffe, hg. von Dieter Nohlen, Rainer-Olaf Schultze, München/Zürich, S. 521-525.

Massing, Peter (1985a), Herrschaft, in: *Pipers Wörterbuch zur Politik*, hg. von Dieter Nohlen, Bd. 1: Politikwissenschaft. Theorien, Methoden, Begriffe, hg. von Dieter Nohlen, Rainer-Olaf Schultze, München/Zürich, S. 328-334.

Massing, Peter (1985b), Interesse(n), in: *Pipers Wörterbuch zur Politik*, hg. von Dieter Nohlen, Bd. 1: Politikwissenschaft. Theorien, Methoden, Begriffe, hg. von Dieter Nohlen, Rainer-Olaf Schultze, München/Zürich, S. 384-387.

Massing, Peter (1995), Interesse, in: *Lexikon der Politik*, hg. von Dieter Nohlen, Bd. 1: Politische Theorien, hg. von Dieter Nohlen, Rainer-Olaf Schultze, München, S. 217-225.

Michalsky, Helga (1985), Familienpolitik, in: *Pipers Wörterbuch zur Politik*, hg. von Dieter Nohlen, Bd. 1: Politikwissenschaft. Theorien, Methoden, Begriffe, hg. von Dieter Nohlen, Rainer-Olaf Schultze, München/Zürich, S. 225-227.

Mohr, Arno (1995), Zur Analyse und Geltung politikwissenschaftlicher Aussagesysteme, in: Ders. (Hg.), *Grundzüge der Politikwissenschaft*, München, S. 87-117.

Mols, Manfred (1991), Politikwissenschaft, in: Dieter Nohlen (Hg.), *Wörterbuch Staat und Politik*, Bonn, S. 503-507.

Mosse, George L. (1996), *The Image of Man. The Creation of Modern Masculinity*, New York/Oxford.

Münkler, Herfried (o.J.), *Die Visibilität der Macht und die Strategien der Machtvisualisierung*, Manuskript, o.O.

Nohlen, Dieter (1985), Definition, in: *Pipers Wörterbuch zur Politik*, hg. von Dieter Nohlen, Bd. 1: Politikwissenschaft. Theorien, Methoden, Begriffe, hg. von Dieter Nohlen, Rainer-Olaf Schultze, München/Zürich, S. 123-124.

Nohlen, Dieter (1995), Vorwort, in: *Lexikon der Politik*, hg. von Dieter Nohlen, Bd. 1: Politische Theorien, hg. von Dieter Nohlen, Rainer-Olaf Schultze, München, S. XI-XII.

Nohlen, Dieter, Rainer-Olaf Schultze (1995a), Einleitung, in: *Lexikon der Politik*, hg. von Dieter Nohlen, Bd. 1: Politische Theorien, hg. von Dieter Nohlen, Rainer-Olaf Schultze, München, S. 13-16.

Nohlen, Dieter, Rainer-Olaf Schultze (1995b), Theorie, in: *Lexikon der Politik*, hg. von Dieter Nohlen, Bd. 1: Politische Theorien, hg. von Dieter Nohlen, Rainer-Olaf Schultze, München, S. 650-657.

Pateman, Carole (1989), Feminist Critiques of the Public/Private Dichotomy, in: Dies., *The Disorder of Women. Democracy, Feminism and Political Theory*, Stanford, S.118-140.

Pateman, Carole (1992), Gleichheit, Differenz und Unterordnung. Die Mutterschaftspolitik und die Frauen in ihrer Rolle als Staatsbürgerinnen, in: *Feministische Studien* 1, S. 54-69.

Patzelt, Werner J. (1992), *Einführung in die Politikwissenschaft. Grundriß des Fachs und studiumbegleitende Orientierung*, Passau.

Pipers Wörterbuch zur Politik (1985), hg. von Dieter Nohlen, Bd. 1: Politikwissenschaft. Theorien, Methoden, Begriffe, hg. von Dieter Nohlen, Rainer-Olaf Schultze, München/Zürich.

Rudolf, Peter (1995), Krieg/Theorien über Kriegsursachen, in: *Lexikon der Politik*, hg. von Dieter Nohlen, Bd. 1: Politische Theorien, hg. von Dieter Nohlen, Rainer-Olaf Schultze, München, S. 279-284.

Schaeffer-Hegel, Barbara (1984a), Feministische Wissenschaftskritik. Angriffe auf das Selbstverständliche in den Geisteswissenschaften, in: Barbara Schaeffer-Hegel, Brigitte Wartmann (Hg.), *Mythos Frau. Projektionen und Inszenierungen im Patriarchat*, Berlin, S. 36-60.

Schaeffer-Hegel, Barbara (Hg.) (1984b), *Frauen und Macht. Der alltägliche Beitrag der Frauen zur Politik des Patriarchats,* Berlin.

Schmidt, Manfred G. (1985), Individualdaten, in: *Pipers Wörterbuch zur Politik,* hg. von Dieter Nohlen, Bd. 1: Politikwissenschaft. Theorien, Methoden, Begriffe, hg. von Dieter Nohlen, Rainer-Olaf Schultze, München/Zürich, S. 359-360

Schmidt, Manfred G. (1995), *Wörterbuch zur Politik,* Stuttgart.

Simmel, Georg (1968), Das Geheimnis und die geheime Gesellschaft, in: Ders., *Schriften zur Soziologie. Eine Auswahl,* Frankfurt/M., S. 256-304.

Waschkuhn, Arno (1985), Institution(en), Institutionentheorie, in: *Pipers Wörterbuch zur Politik*, hg. von Dieter Nohlen, Bd. 1: Politikwissenschaft. Theorien, Methoden, Begriffe, hg. von Dieter Nohlen, Rainer-Olaf Schultze, München/Zürich, S. 376-380.

Wasmuht, Ulrike C. (1995), Feminismus, in: *Lexikon der Politik,* hg. von Dieter Nohlen, Bd. 1: Politische Theorien, hg. von Dieter Nohlen, Rainer-Olaf Schultze, München, S. 95-102.

Weber, Max (1972), *Wirtschaft und Gesellschaft. Grundriß der verstehenden Soziologie,* Tübingen.

Weber, Max (1984), *Soziologische Grundbegriffe,* 6., erneut durchgesehene Aufl., Tübingen.

Weiß, Ulrich (1995a), Konstruktivismus – Dekonstruktivismus, in: *Lexikon der Politik,* hg. von Dieter Nohlen, Bd. 1: Politische Theorien, hg. von Dieter Nohlen, Rainer-Olaf Schultze, München, S. 274-279.

Weiß, Ulrich (1995b) Macht, in: *Lexikon der Politik,* hg. von Dieter Nohlen, Bd. 1: Politische Theorien, hg. von Dieter Nohlen, Rainer-Olaf Schultze, München, S. 305-315.

Werkentin, Falco (1984), Die Restauration der deutschen Polizei. Innere Rüstung von 1945 bis zur Notstandsgesetzgebung, Frankfurt/M./New York.

Westerbarkey, Joachim (1991), *Das Geheimnis. Zur funktionalen Ambivalenz von Kommunikationsstrukturen,* Opladen.

Winckelmann, Johannes (1996), Zur Einführung, in: Max Weber, *Soziologische Grundbegriffe,* 6., erneut durchgesehene Aufl., Tübingen, S. 7-16.

Geschlossene Öffentlichkeit
Paradoxien der Politikwissenschaft bei der
Konstruktion des öffentlichen Raumes

Sabine Lang

Vorbemerkung

Die Kategorie Öffentlichkeit, in den Sozialwissenschaften weitgehend unterbelichtet, wird in zentralen politikwissenschaftlichen Ansätzen meist unausgesprochen mit den bestehenden Formen von Partizipation ineinsgesetzt[1]. Instrumentelle Partizipationsbegriffe verstehen unter politischer Beteiligung »those legal activities by private citizens that are more or less directly aimed at influencing the selection of governmental personnel and/or the actions they take« (Verba et al. 1978: 46). Die Öffentlichkeit, die in dieser Partizipationslogik vorausgesetzt wird, beschränkt sich auf die individuelle Option zur Nutzung vorhandener und legaler Mittel, um per Wahl Personal- und Sachentscheidungen in den etablierten politischen Institutionen zu beeinflussen. Doch auch normativ orientierte Partizipationsbegriffe messen einer funktionsfähigen Öffentlichkeit nicht unbedingt einen expliziten eigenen Stellenwert bei der Gestaltung demokratischer Teilhabeformen zu. Partizipation wird hier definiert als »taking part in the process of formulation, passage and implementation of public policies« (Parry et al., zit. nach Schultze 1995: 397). Zwar wird in dieser Definition den Bereichen sowohl der Politikformulierung als auch der Umsetzung eigenständiges Gewicht beigemessen. Doch es wird nichts darüber ausgesagt, *in welcher Weise* ein öffentlicher Raum strukturiert sein müßte, damit er die *Voraussetzungen* für jene Teilhabe an der Politikformulierung und Implementation garantieren könnte. Eine breite und die zentralen gesellschaftlichen Bereiche umspannende Öffentlichkeit bildet hingegen die Voraussetzung für demokratische Teilhabe, sie stellt gleichsam den Nährboden für jegliche Form von – mehr oder weniger institutionalisierter – Partizipation dar. Die implizite Voraussetzungslosigkeit zentraler partizipatorischer Ansätze hat deshalb für die politologische Theoriebildung insgesamt Folgen: Es wird ein Bereich aus den Überlegungen ausgeklammert, ohne den demokratische Partizipation selbst sklerotisiert bleiben muß, während gleichzeitig diese Ausklammerung die Analyse jener demokratischen Ausdünnung substantiell behindert.

Öffentlichkeit, so lautet also der erste Befund, wird in der politikwissenschaftlichen Forschung kategorial marginalisiert. Relegiert vor allem in den Teilbereich der politischen Kommunikation, wird die öffentliche Sphäre im Kanon der Politikwissenschaft meist als zu amorpher, zu wenig institutionell ausgeprägter Bereich demokratischer Willensbildung ausgeklammert. Ungebrochen tradiert sich ein Konsens, nach dem die Disziplin sich mit politisch *institutionalisierten* Herrschaftsstrukturen zu befassen habe. Der gesellschaftliche Bereich von Öffentlichkeit wird in dieser Selbstdefinition als *vorpolitische* Sphäre allenfalls der Soziologie sowie den Medien- bzw. Kommunikationswissenschaften überlassen.

Doch auch wenn die Gleichung: Öffentlichkeit = staatlich garantierte Beteiligung + funktionsfähige und pluralistische Gruppierungen der Willensbildung (z.B. Parteien und Medien) implizit in der Mehrzahl der Beiträge zur westlichen Demokratieforschung reifiziert wird, so gibt es doch in den letzten zwei Jahrzehnten Ansätze, jene unbefragte Gleichung infragezustellen. Beginnend mit Jürgen Habermas' »Strukturwandel der Öffentlichkeit« sowie Oskar Negts und Alexander Kluges »Öffentlichkeit und Erfahrung« und ergänzt durch die Neue Soziale Bewegungs- und Geschlechterforschung wurde die Forderung nach einer Paradigmenerweiterung bzw. einem -wandel in der Partizipationsforschung laut (vgl. Habermas 1962; Negt/Kluge 1972; Holland-Cunz 1993; Sauer 1994; Lang 1994).

Insbesondere das Auseinanderfallen von institutionellen Vertretungsansprüchen und Interessen Ausgegrenzter wurde kritisiert, und es wurde moniert, daß gerade die vordringlichen Interessen politisch marginalisierter Bevölkerungsgruppen, also z.B. von Frauen, von Arbeitslosen, auch von Familien oder in gleichgeschlechtlichen Lebensgemeinschaften Lebenden, nur schwer verbandsförmig zu organisieren und zu institutionalisieren seien (vgl. Offe 1994: 46). Die in den nachfolgenden Überlegungen rezipierten neuen Öffentlichkeitstheorien geben jedoch keine befriedigende Antwort auf jene Kritik: Sie perpetuieren hingegen eine systemische bzw. akteursbezogene Exklusion, die insbesondere auch für eine kritische Infragestellung öffentlicher Geschlechterordnung wenig Raum läßt.

Die beiden zentralen Richtungen, die sich gegenwärtig sozialwissenschaftlich mit Öffentlichkeit befassen, werden Gegenstand nachfolgender Überlegungen sein, und zwar die systemtheoretischen Ansätze einerseits, Rational Choice-Modelle andererseits. Es wird gefragt, auf welche Weise komplexe

Modelle von Öffentlichkeit in ihnen Berücksichtigung finden und inwieweit sie männlich geprägte Paradigmen und Definitionen von Öffentlichkeit und Partizipation aufbrechen bzw. stabilisieren. Meine Überlegungen münden in die These, daß die gegenwärtige Hausse von systemtheoretischen und Rational Choice-inspirierten Ansätzen Öffentlichkeit allenfalls demokratisch »abgemagert« und damit verengt zu fassen vermag. Gleichwohl bedarf es der Auseinandersetzung mit diesen Ansätzen, um Chancen und Vorstellungen einer komplexen, die Geschlechterordnung dekonstruierenden Gestaltung von Öffentlichkeit stärker in die politikwissenschaftliche Diskussion zu bringen. Ich argumentiere, daß insbesondere feministische Ansätze einer Theorie von Öffentlichkeit sich kritisch mit system- und Rational Choice-theoretischen Überlegungen zu befassen haben, da beide Theorien im- oder explizit Ausgrenzung reifizieren und damit analytisch legitimieren. Abschließend skizziere ich als Alternative zu den analysierten Ansätzen die Grundlinien eines normativ-kritischen feministischen Modells von politischer Öffentlichkeit.

Was ist politische Öffentlichkeit?

Ich beschränke mich im folgenden auf die Beschäftigung mit dem, was ich *politische* Öffentlichkeit nenne; politische Öffentlichkeit ist Teil einer politischen Kultur, aber zu unterscheiden von Öffentlichkeit im weiteren Sinne dadurch, daß in der politischen Öffentlichkeit Akteure intentional oder aber in nichtintendierter Konsequenz ihres Handelns auf die politischen, kulturellen und symbolischen Prozesse in einem Gemeinwesen einwirken und so seine politische und kulturelle Verfassung, die gesetzgebenden und gesellschaftsbildenden Körperschaften, deren Regelungsprozesse und Effekte prägen.

Politische Öffentlichkeit wird hier definiert als ein gesellschaftliches Kommunikationssystem, in dem analytisch vier unterschiedlich institutionalisierte Kommunikationsformen zu unterscheiden sind:

1. individuelle politische Äußerungen bzw. Handlungen in nicht oder nicht hochgradig institutionalisierten Kontexten,
2. kollektive Akte politischen Handelns, die unterschiedlich spontan (Demonstration) bis institutionalisiert (Plebiszit), sowohl weitgehend dissoziiert (sexuelle Verweigerung) als auch organisiert (Blockaden) sein können,
3. professionalisierte und routinisierte Kommunikationspolitik/Öffentlichkeitsarbeit von etablierten politischen Akteuren und Institutionen,
4. mediengesteuerte Kommunikationsformen.

Die hier unterschiedenen Kommunikationsformen sind zwar grundsätzlich bestimmten Personengruppen zuzuordnen. Doch Rollenwechsel und -überschneidungen sind nicht nur geduldet, sondern idealiter als Bestandteile demokratischer Willensbildung erwünscht. Kommunikation in der politischen Öffentlichkeit ist vielfach von zweckrationalem und instrumentellem Handeln bestimmt. Teil öffentlicher Kommunikation sind jedoch genauso Diskurse und Handlungen, die zwar in ihren Auswirkungen, nicht aber in ihrem Ursprung und in ihrer Intention für eine größere politische Öffentlichkeit bestimmt sind. So beförderten zum Beispiel private Frauenselbsthilfegruppen in den siebziger Jahren die öffentliche Debatte um eine Revision der Geschlechterordnung intensiver, als zunächst im Konzept der Selbsthilfe angelegt war. Es müssen des weiteren im Bereich der politischen Öffentlichkeit, damit markiere ich normative Annäherungswerte, folgende Bedingungen erfüllt sein: prinzipielle Gleichheit der Zugangschancen inklusive materielle Garantien für diese Gleichheit; Durchlässigkeit und Flexibilität bezüglich individuell und temporär wechselnder aktiver und rezeptiver Partizipationsformen, unabhängige Justizorgane als Garanten freier Meinungsäußerung und letztlich transparente Einwirkungsmöglichkeiten in die institutionalisierten Politikforen der Gesellschaft hinein.

Das verdoppelte Paradox geschlossener Öffentlichkeit

Die politische Öffentlichkeit mit dem Attribut des Geschlossenseins zu belegen, scheint zunächst paradox. Öffentlichkeit firmiert üblicherweise unter dem aufklärerischen Diktum von Licht, Transparenz, Durchlässigkeit und offenem Zugang. Gleichwohl lassen sich heuristisch eine Reihe von empirischen Belegen zitieren, die auf die Hermetik gegenwärtig institutionalisierter Öffentlichkeit verweisen. Einige wenige seien hier genannt: So liefern die Medien- und Pressekonzentration Indikatoren für die kapitalistische Regulation medialer Öffentlichkeit; der nach wie vor signifikante Ausschluß von Frauen aus den Institutionen von Öffentlichkeit garantiert das Fortbestehen patriarchaler Kommunikations- und Entscheidungsstrukturen; die Ausgrenzung sozial stigmatisierter Gruppierungen, von Arbeitslosen oder Ausländern, aus den Medien öffentlicher Kommunikation indiziert die Exklusionsmacht hegemonialer Diskurse; und auch der Cyberspace, der neue Hoffnungsträger demokratiebewegter Enthusiasten, läßt sich schon jetzt als Demokratiefalle für all diejenigen beschreiben, die nicht über adäquate Ressourcen sowie technisches und zielgerichtetes Knowhow im Umgang mit elekronischen Verkehrswegen verfügen.

Statt, wie in Sartres »geschlossener Gesellschaft«, nur mit einer einzigen Tür und einem Zerberus konfrontiert zu sein, der Zugang und Ablehnung, Exklusion und Inklusion regelt, gibt es für die Bewohner und Bewohnerinnen westlich-demokratischer politischer Öffentlichkeit eine fast schon verwirrende Vielfalt von Eingängen und Ausgängen, unübersichtlichen Korridoren, von kleinen Zimmern und herrschaftlichen Anwesen. Die Zugangskontrollen sind auf unzählige Türen und Tore verteilt, und trotzdem funktionieren tradierte Sperrmechanismen in der Regel zuverlässig. Das hier konstatierbare Paradox lautet also: Das, was in den kapitalistischen Demokratien des Westens öffentlich, offen, publik und damit grundsätzlich für alle Bürgerinnen und Bürger transparent und zugänglich sein soll, findet weitgehend »unter Ausschluß« statt.

In der Fluchtlinie dieses Arguments harrt jedoch ein zweiter Problemkomplex, dem ich mich im folgenden widmen will: Ich meine damit die Gefahr der Verdoppelung jenes Ausschlußprinzips durch die Politikwissenschaft – eine Verdoppelung, die in den spezifischen Fragestellungen neuerer Theorieansätze implizit angelegt ist. Die gegenwärtige Wissenschaftstheorie bestätigt der Politikwissenschaft einen Fokus auf empirische und positivistische Betrachtungsweisen. Mit dem angeblichen Ende der Ideologien und Utopien sind denn auch viele derjenigen Fragestellungen aus dem politologischen Mainstream exkommuniziert worden, die einem normativ-systemkritischen Impetus verhaftet sind und nach institutionellen wie akteursbezogenen Rationalisierungen und Regulierungsmechanismen politischer Teilhabe fragen. An ihrer Stelle stehen in der aktuellen Debatte Rational Choice- und systemtheoretische Analysen, die entweder auf das interessengeleitete Individuum oder aber auf die Autonomie gesellschaftlicher Teilsysteme und auf die Effektivität ihrer Selbststeuerungskapazitäten abheben. Mit diesem Fokus drohen beiden Ansätzen jene gesellschaftlichen und systemisch-institutionellen Faktoren aus dem Blick zu geraten, die Exklusion und Inklusion, Schweigen und Stimme im politisch-öffentlichen Raum produzieren und den Akteuren spezifische Positionen in/am Rand/außerhalb der politischen Öffentlichkeit zuweisen.

Das systemtheoretische Spiegelmodell politischer Öffentlichkeit

»Funktionale Analyse ist eine
Technik der Entdeckung schon gelöster Probleme.
Die Welt (...) hat ihre Probleme immer schon gelöst.«
Luhmann 1981: 316

Niklas Luhmann ersetzt in der Systemtheorie die Definitionsmacht gesellschaftlicher Akteure und Institutionen durch die des Mediums Kommunikation (Luhmann1990: 173). Gleichwohl mißt er politischer Öffentlichkeit als Sphäre demokratischer Kommunikation nur eine eng funktionale Bedeutung zu. Zunächst finden systemzentrierte Selektionen durch Kommunikationen in allen Teilsystemen der Gesellschaft statt. Kommuniziert wird nicht nur im Medium der Sprache, sondern auch z.B. in den Medien des Geldes oder der Macht. Kommunikation wird hier demnach weiter gefaßt als in handlungstheoretischen Ansätzen. Sie schließt bei Luhmann einen dreistelligen Selektionsprozeß ein, und zwar 1. die Auswahl von Informationen, 2. die Mitteilung von Informationen und 3. das Verständnis beim Rezipienten/Zuteilung von Aufmerksamkeit (vgl. Marcinkowski 1993: 25).

Die Teilsysteme bedürfen allerdings der in und mittels einer Öffentlichkeit organisierten Kommunikation nur in eingeschränktem Maße, und zwar insofern, als Öffentlichkeit im Einzelfall die *Funktionsfähigkeit* der Teilsysteme garantieren helfen kann. Politische Kommunikation reduziert sich in der systemtheoretischen Analyse auf den Austausch unter politisch legitimierten Funktionsträgern innerhalb eines Teilsystems. Ansprüche zur kommunikativen Teilhabe von nicht innerhalb des Systems organisierter Seite erscheinen denn auch primär als dysfunktional und analytisch unbedeutsam. Daß politische Kommunikation bei Luhmann gleichsam auf die funktionale Anpassungsleistung einzelner Subsysteme reduziert wird, selbst jedoch nicht einmal in der Rolle eines eigenständigen Subsystems gewürdigt wird, hat zu Spekulationen verleitet, »daß Öffentlichkeit und öffentliche Meinung ihm nicht ins systemtheoretische Konzept passen« (Gerhards/Neidhardt 1990: 5). Diesem Eindruck versuchen hingegen einige der neueren systemtheoretisch grundierten Kommunikationsanalysen entgegenzuwirken, die Öffentlichkeit als eigenständiges Teilsystem funktional differenzierter Gesellschaften behandeln.

Öffentlichkeit wird in der Systemtheorie abgeglichen mit der modernen Massenkommunikation, deren gesellschaftliche Primärfunktion

»in der Beteiligung aller an einer gemeinsamen Realität liegt oder, genauer gesagt, in der Erzeugung einer solchen Unterstellung, die dann als operative Fiktion sich aufzwingt und zur Realität wird« (Luhmann 1981: 320).

Luhmann und in der Folge eine Reihe systemtheoretischer Analysen von politischer Kommunikation und Öffentlichkeit (vgl. Kepplinger 1985; Ronneberger/Rühl 1991; Weischenberg/Hienzsch 1991; Marcinkowski 1993) diagnostizieren, wenn auch in unterschiedlicher Schärfe, eine »Entwicklung zu mehr Autonomie (wenn nicht gar Autopoiesis)« des modernen Massenkommunikationssystems (Marcinkowski 1993: 17)[2]. Diese Öffentlichkeit entsteht im Übergang von der stratifikatorischen zu einer funktionalen Ausdifferenzierung moderner Gesellschaft, und sie markiert einen Prozeß, in dem die aufkommenden Massenmedien sich als autonomes Subsystem herausbilden. Öffentlichkeit wird damit reduziert auf »Publizität«. So versteht Marcinkowski unter Öffentlichkeit bzw. in dem zum

»Zwecke der Unterscheidung von anderen Theorievarianten verwendeten Begriff der ›Publizität‹ (...) keinen Vergesellschaftungsmodus von Personen, wie etwa bei Habermas (...), sondern einen binären Code, der zwischen öffentlich und (noch) nicht öffentlich unterscheidet und alles, was im Operationsbereich dieses Codes thematisiert wird, auf den positiven oder negativen Codewert dieser Unterscheidung bezieht.« (ebd.: 68)

Die Strukturrelevanz des binären Codes öffentlich/nicht öffentlich wiederum bezieht sich einzig auf die Unterscheidung zwischen massenmedialer Prozessierung und Sichtbarkeit auf der einen, medialer Exklusion auf der anderen Seite. Daß etwas öffentlich sein könnte, was nicht massenmedial verwertet wurde, hat in der systemtheoretischen Codierung keine Relevanz.

Öffentliche Kommunikation oder Publizität als autopoietisches Teilsystem (Luhmann 1990: 179) wird getragen von einem »Medium/Form-Komplex der öffentlichen Meinung«, der eine »eigenständige, sich selbst bewegende, ausdifferenzierte Realität« (ebd.) bildet. Die System/Umwelt-Differenz der Publizistik, d.h. die systeminterne Herstellung einer Trennschärfe zwischen systemimmanenten und umweltzentrierten Themen, verläuft entlang der »Unterscheidung von öffentlichen und nicht öffentlichen (...) Themen« (Marcinkowski 1993: 53). Nicht öffentliche Themen können durchaus Relevanz für eine gesellschaftliche Subgruppe haben, aber dadurch, daß sie nicht im publizistischen System aufgegriffen werden, entbehren sie jeglicher Chance, zu einem im systemtheoretischen Sinne wirklich *öffentlichen* Topos zu avancieren.

In ähnlicher Weise wie ein binärer Code öffentliche Themenselektion organisiert, werden auch öffentliche Akteure in zwei Arten von binären Codes systematisiert. Das Teilsystem Öffentlichkeit garantiert in der systemtheoretischen Analyse spezifische Produzenten- und Publikumsrollen; es gibt Abnehmer und Lieferanten publizistischer Leistungen (ebd.: 79), Konsumenten und Produzenten von Publizität. Des weiteren werden auch die Konsumenten in einen

Aktivposten und eine residuale Kategorie dividiert. Zwar ist das Teilsystem Öffentlichkeit prinzipiell für alle offen, aber sie treten gleichwohl nicht als Subjekte auf, sondern als Leser, Hörer, Zuschauer, als Träger des Bestimmungsmerkmals ›Aufmerksamkeit‹. Manfred Rühl zum Beispiel differenziert Öffentlichkeit in »Publika« auf der einen Seite, »beteiligte Unbeteiligte«, also unbeteiligte Dritte, auf der anderen Seite (zit. nach Marcinkowski 1993: 62). Dritte zeichnen sich dadurch aus, daß sie sich nicht aktiv als Publikum in die Öffentlichkeit einbinden lassen: Sie lesen, sehen, hören, konsumieren aktuell keine publizistischen Erzeugnisse und sind deshalb allenfalls »potentielle Publika«. Unter dem potentiellen Publikum verstehen systemtheoretische Ansätze die Öffentlichkeit bzw. die Bevölkerung insgesamt, und

»die Differenz von potentiellem und aktuellem Publikum markiert den momentan nicht inkludierten Teil der Bevölkerung, gewissermaßen die ›Dunkelziffer‹ der Leistungsberechtigten, die gleichwohl latent betroffen und/oder interessiert sein können« (ebd.: 63).

Öffentlichkeit wird damit zum »Kommunikationsnetz ohne Anschlußzwang« (Luhmann 1990: 172), selbstreferentiell also, ein Teilsystem mit eigener Stabilitäts- und Reproduktionsfähigkeit. Nur das System selbst entscheidet über die eigene thematische und personelle Reproduktion. Es bestimmt, was und wen es für relevant hält,

»für anschlußfähig im Hinblick auf weitere (öffentliche Kommunikation), also für adäquat bezüglich seiner autopoietischen Reproduktion.« (Marcinkowski 1993: 67)

In dieser Art der Öffentlichkeitsbetrachtung ist jegliche »Semantik des Geheimen zum Einsturz« gebracht (Luhmann 1990: 170). Die Betrachtung des Teilsystems »Öffentlichkeit« garantiert eine adäquate Momentaufnahme gesellschaftlicher Selbststeuerung, in dem sich Produzenten und Publika bzw. Leistungsberechtigte in einem für das System stabilen Verhältnis wiederfinden. Diese Positionsverteilung ist, weil real vorfindlich, auch nicht unterlegt mit »Geheimnis« im Sinne von nicht sichtbaren Verteilungs-, Status-, Exklusions- und Inklusionskämpfen. In der Systemtheorie ist das, was sich unterhalb und im Schatten systemischer Steuerungsleistung abspielt, nicht Teil eines legitimen politischen Konflikts, sondern das Teilsystem wird es als dysfunk-tional erkennen und auszuräumen suchen. Auf welche Weise die systemische Stabilität garantiert wird, ist der Systemtheorie aber wiederum kein zu entschlüsselndes Geheimnis, sondern ein zu vernachlässigendes Aperçu im Equilibrium der Teilsysteme.

Während Luhmann selbst sich in seinen Analysen kaum mit Öffentlichkeit auseinandersetzte und erst als Ausfluß der Schulenbildung der letzten 15 Jahre Öffentlichkeit ins Zentrum einiger systemtheoretischer Analysen rückte, hat er sich in mehreren Beiträgen mit der Funktion von öffentlicher Meinung beschäftigt (1981;1990). Dies erscheint insofern folgerichtig, als die öffentliche Meinung in seiner Definition eine Art Schließmechanismus des politischen Systems darstellt, der das System nach außen abdichtet. Öffentliche Meinung »dient nicht der Herstellung von Außenkontakten, sie dient der selbstreferentiellen Schließung des politischen Systems, der Rückbeziehung von Politik auf Politik« (Luhmann 1990: 181). Sie stellt gleichsam den thematischen Haushalt für die Entscheidungstätigkeit des politischen Systems bereit und fungiert dadurch als Teilsystem zum »Einfangen von Aufmerksamkeit« für politische Inhalte (vgl. Marcinkowski 1993: 37). »Für die Politik ist die öffentliche Meinung einer der wichtigsten Sensoren, dessen Beobachtung die Beobachtung der direkten Umwelt ersetzt« (Luhmann 1990: 180), eine Art Ersatzrealität, die aber erst gar nicht in den Verdacht gerät, manipuliert zu spiegeln. Natürlich würde Luhmann zugestehen, daß auch die öffentliche Meinung nur selektive Beobachtung spiegelt, aber er würde darin keine Frage von Macht oder kultureller Dominanz bzw. Hegemonie erkennen, sondern allenfalls eine funktionale Ressource, die in komprimierter Fassung den eigenen Stellenwert bzw. das eigene Image aus anderen Teilbereichen an die Politik spiegelt. Luhmann führt dann auch in der Tat hierfür die Metapher des Spiegels ein: »(E)s geht um die Möglichkeit, zu beobachten, wie der Beobachter selbst und andere in der öffentlichen Meinung abgebildet werden« (ebd.: 181).

Die in der systemtheoretischen Konstruktion von Öffentlichkeit und öffentlicher Meinung dominanten systemischen Selektivitäten leisten damit einen gewichtigen Beitrag zur Eigenstabilisierung von Teilsystemen. Nun ist dies zwar ein empirisch sicherlich verifizierbarer Beitrag zur Theorie von Öffentlichkeit, aber es wäre verfehlt, damit die Leistungen dieses Kommunikationssystems bereits adäquat umschrieben zu sehen. Weder die Frage nach den Hintergründen für die Selektivität in Produzenten und aktive respektive unbeteiligte Publika noch die nach den Motiven hinter Selektionsprozessen erfahren in der Systemtheorie Aufmerksamkeit. Eine Kritik der selektiven Steuerungsleistungen heutiger massenmedialer Öffentlichkeit findet so kein analytisches Instrumentarium in der Systemtheorie. Demokratische Zugangsbedingungen, adäquate Verteilung gesellschaftlich relevanter öffentlicher Ressourcen, institutionelle Organisation von politischen Kommunikations- und Beteiligungsprozessen jenseits von Wahlen sind Anathema. Letztlich regiert im systemtheoretischen Denken über Öffentlichkeit ein verbrämtes Ausschlußmotiv: Jene Prozesse und Akteure, die konträr zur systemischen Reproduktion verlaufen bzw. agieren könnten, dürfen in der Systemrationalität keinen wie auch immer prekären Platz im öffentlichen Raum innehaben. So scheinen denn auch z.B. die Protestbewegungen »keinen rechten Ort im Gefüge funktionaler Teilsysteme zu haben« (Rucht/Roth 1992: 26). Luhmanns Theorie stellt den in sich widersprüchlichen Versuch dar, »die administrativ-technischen Bedingungen der langfristigen Stablisierung des krisenhaften kapitalistischen Systems global zu formulieren« (Hirsch/Leibfried 1976: 147), ohne daß hierbei solche Faktoren in die Analyse integriert werden (können), die potentiell systemverändernde bzw. -destablisierende Wirkung haben.

Mit Hilfe des systemtheoretischen Apparats gelingt deshalb allenfalls eine unterkomplexe und insofern unzureichende Beschreibung von öffentlichen Strukturen sowie den Dynamiken von sozialer, politischer und vor allem auch ökonomischer Macht. »Die entscheidende Frage an Luhmanns Theorie ist nicht« – so hat Reinhard Münch formuliert – »ob moderne politische Systeme autopoietisch operieren oder nicht, sondern welche Defizite sie aufweisen, wenn sie dies tun, und ob sie notwendigerweise so arbeiten müssen« (Münch 1995: 634). Gleichlautend wäre die Frage an systemtheoretische Konzepte von Öffentlichkeit zu richten: Ihre zunehmende Ausdifferenzierung und zunehmende Eigensteuerung entlang von selbstgesetzten, in der Regel kommerziell bestimmten, Prämissen zu konstatieren ist eine Sache. Eine andere jedoch, und politikwissenschaftlich eine wesentlich ertragreichere, wäre es z.B., die systematisch-chronische Abschottung gegenüber bestimmten gesellschaftlichen Themen und Prozessen wie z.B. Arbeitslosigkeit und Frauenbewegung zu analysieren und nach den Faktoren zu fragen, die solche Selektivität befördern.

Da sich Politik bei Luhmann auf Handeln innerhalb des institutionellen politischen Systems und jenes wiederum auf die Herstellung bindender Entscheidungen reduzieren läßt, geht sein Konzept des Politischen in einer systemisch »verwalteten Welt« auf (Bonß 1976: 163). Öffentlichkeit wird jedes politisch-normativen Impetus entkleidet – sie wirkt sozialintegrativ, bleibt aber letztlich ein autonomes Teilsystem, das vom politischen System funktional benutzt wird. Aktivitäten in der Öffentlichkeit kosten »den Politiker so viel Zeit«, daß »für wirkliche Politik dann die Zeit fehlt« (Luhmann 1981: 320) – so lautet Luhmanns Verdikt moderner Öffentlichkeit. Eine Theorie demokratischer Politik müsse letztlich von Vorstellungen über Partizipation gänzlich abgekoppelt werden (vgl. Luhmann 1987: 160), weil damit die binäre Struktur von Regierung und Opposition subvertiert würde. Anhörung von Interessen im Rahmen eines »new corporatism« – ja (ebd.); demokratische Beteiligungsverfahren durch einen verstärkten öffentlichen Unterbau der Politik – nein.

Zwar weist auch Luhmann am Rande auf die »Kosten« der modernen Massenmedienöffentlichkeit hin, insbesondere darauf, daß das Prä systemischer Selektivität einzelnen Kommunikationen keine Chance zur Artikulation läßt. Doch genau an dieser Stelle, wo der Begriff der systemischen Selektivität kritische Widerhaken entfalten müßte, endet diese Reflexion Luhmanns so unvermittelt wie sie aufgetaucht war. Denn für sich allein genommen sei »das Wissen um disprivilegierte Kommunikation auch viel zu vage und unbestimmt, um eine sinnvolle Kritik zu fundieren.« (Luhmann 1981: 320) Luhmann schließt mit dem aufschlußreichen Hinweis, daß »jeder von uns noch über eine private Biographie disponiert, die er gelegentlich benutzen kann, um jene Gefilde zu erreichen« (ebd.) – diejenigen Gefilde, die in der öffentlichen Kommunikation kein Gehör finden.

Kritik am Luhmannschen Spiegelmodell von Öffentlichkeit muß deshalb auf drei Ebenen ansetzen:

1. heuristisch, da empirisch hinreichend erforscht ist, daß die aktuellen Medien der Öffentlichkeit sowohl mehr Eigengewicht als auch mehr Einfluß haben, als die Systemtheorie im Konstrukt autopoietischer Selbststeuerung sowie in der funktionalen Analyse spiegelbildlicher Rückkoppelung anderer Teilsysteme, z.B. des politischen Systems, zu suggerieren vermag;
2. funktional, da die Systemtheorie z.B. die Inanspruchnahme und Manipulation von Öffentlichkeit zum Zweck der Erzeugung von Massenloyalität kategorial nicht zu fassen vermag;
3. normativ, denn die Theorie von Öffentlichkeit als massenmediale Publizität impliziert nicht zuletzt die Aufgabe jeglicher Idee von Vergesellschaftung, von normativer Bindung zwischen Staat und Gesellschaft, wie sie historisch in der Vorstellung von Öffentlichkeit angelegt war. Luhmann besteht – systemimmanent richtig – auf jeglichem »Verzicht auf Rationalitätserwartungen und auf Hoffnungen auf eine Revitalisierung zivilrepublikanischen ›Lebens‹«(Luhmann1990: 181). Hierauf kann und sollte aber insbesondere auch die feministische Politikwissenschaft nicht verzichten.

Rational Choice-Theorie: Legitimation exklusiver Öffentlichkeit

Die zweite gegenwärtig dominierende Theorie moderner Öffentlichkeit hat sich in Anlehnung an den Rational Choice-Ansatz herausgebildet (vgl. Gerhards 1994). Rational Choice-Modelle, die insbesondere in Partizipationstheorien zur Anwendung gebracht werden (vgl. Whiteley 1995), versuchen, den Input von Individuen innerhalb des politischen Systems als rationale Akte zu erklären. Aufbauend auf den Postulaten des methodologischen Individualismus, will die Rational Choice-Theorie die Ausprägungen moderner Öffentlichkeit aus der Zusammensicht individueller Entscheidungen herleiten. Hierbei spielt die Annahme der individuellen Nutzenmaximierung eine zentrale Rolle: Ein Individuum wird – in und gegenüber der Öffentlichkeit – immer so handeln, daß es die eigenen Ziele bestmöglichst, allerdings unter Berücksichtigung äußerer Handlungsbeschränkungen, erreicht.

Bürger agieren rational, indem sie sich aus der Selektionsbreite medialer Angebote die für sie adäquaten komprimieren. Politiker wiederum,»wissend, daß die politische Öffentlichkeit von den Bürgern beobachtet wird« (Gerhards 1994: 99), agieren rational, indem sie diese Bürger mit ihren Themen und Meinungen via des Instruments »Öffentlichkeit« zu erreichen suchen. Die Schwächen der Rational Choice-Analyse werden hingegen dort offenbar, wo empirische Phänomene diese eingespielten Selektionshandlungen zuwiderlaufen.

Karl-Dieter Opp hat neben anderen den Versuch unternommen, mit dem Rational Choice-Ansatz Protestkulturen zu erklären (vgl. Opp 1994: 12ff.). Im Rational Choice-Modell gilt es zu verstehen, a. was individuelle Akteure zum gemeinsamen Handeln veranlaßt, b. unter welchen Bedingungen dieses gemeinsame Handeln, der Protest also, erfolgreich ist und c. inwieweit der Erfolg von Protesten deren Ausmaß verändert (vgl. ebd.: 19). Um Erklärungswert und -grenzen jenes Modells deutlich zu machen, will ich Opps Hypothesen im folgenden auf die feministische Kultur und Frauenbewegung transponieren.

Zunächst also zur Frage a.: Was veranlaßt Feministinnen zum gemeinsamen Handeln? Rational Choice-Ansätze führen hier unterschiedlich dichte ökonomistische Modelle der individuellen Nutzenmaximierung ins Feld. Bezüglich der Frauenbewegung läßt sich jedoch feststellen, daß ein enger Begriff gleichsam ökonomisch faßbarer Nutzenmaximierung den Sachverhalt nicht trifft. Der individuelle Nutzen für Frauen, öffentlich als Feministin aktiv zu werden, ist insbesondere im nach wie vor vorurteilsbeladenen Klima der bundesrepublikanischen Geschlechterordnung in der Regel mit mehr Nachteilen als Vorteilen behaftet: Frauen werden stigmatisiert, marginalisiert, zur blaustrümpfigen Emanze erklärt. Ganz im Gegenteil: Die erste Ministerpräsidentin in Schleswig-Holstein beeilte sich, bei Amtsantritt öffentlich zu versichern, daß sie keine Feministin sei. Und die Mehrheit junger Frauen in der Bundesrepublik lehnt das Label und ein Engagement für den Feminismus inzwischen ab. Wenn also nicht unmittelbar erkennbarer individueller Nutzen aus solchem Engagement resultiert, sondern im Gegenteil erwartbare Konflikte, welche »rationalen« Erwägungen würde die Rational Choice-Theorie dann solchem Tun unterstellen? Altruismus, so wird in bestimmten Theorievarianten dargelegt, widerspräche dem Rational Choice-Argument nicht, da auch der Verfolgung der Interessen anderer ein rationales Kosten-Nutzen-Profil unterlegt werden könne. Doch auch Altruismus greift in bezug auf die Frauenbewegung zu kurz. Engagement hängt, das hat z.B. Albert Hirschman mit dem Begriff der »Meta-Präferenzen« verdeutlicht (vgl. Hirschman 1984: 78), von normativen Sinnstrukturen ab, die konträr zum unmittelbaren individuellen Nutzen fungieren. Ihnen liegen Vorstellungen von Demokratie, Gleichheit bzw. Gerechtigkeit zugrunde, die fortlaufend individuell und lebensgeschichtlich kontextualisiert werden. Eigennutz wäre hier also allenfalls insofern zu konstatieren, als lebensgeschichtlich gewachsene normative Regeln und Prinzipien eigennützig umgesetzt, d.h. in gesellschaftliche und kollektive Aktionen transponiert werden. Mit einer solchen Ausweitung des Nutzenparadigmas jedoch benimmt sich die Rational Choice-Theorie gleichsam ihres heiligsten Prinzips, des hochgradig empirischen Erklärungswerts. Denn was sie im einzelnen als sogenannte »weiche« Anreize zu fassen versucht – also zum Beispiel moralische oder soziale Anreize (vgl. Opp 1994: 21)[3] – solche Handlungsalternativen sind über einen dekontextualisierten methodologischen Individualismus nicht zu erklären. Sie bedürfen der sozialen, politischen und kulturellen Verortung und eines Erklärungsansatzes, der Engagement als gesellschaftliches Phänomen jenseits individueller Profitmaximierung, als Äußerungsformen des demokratisch geschulten zoon politikon versteht.

Zu b. Unter welchen Bedingungen ist gemeinsames öffentliches Handeln unter Feministinnen erfolgreich? Auch hier hat die Rational Choice-Theorie eine klare Antwort: Der Erfolg hängt wesentlich von den »Politikern oder Beamten (ab), die über die Realisierung der Ziele entscheiden« (ebd.: 19), denn diese wählen in gleicher Weise wie die Teilnehmerinnen an feministischen Protestaktionen zwischen Handlungsalternativen aus und »entscheiden sich für diejenige Alternative, die aus ihrer Sicht ihren eigenen Nutzen maximiert« (ebd.). Letztlich handeln Politiker so, daß sie an der Macht bleiben. Die derzeitige Statik feministischer Bewegung scheint durch dieses Rational Choice-Modell zunächst einleuchtend erklärbar: Männliche Nutzenmaximierung kann nach wie vor davon ausgehen, daß eine nur vorsichtige und selektive Inkorporierung feministischer Anliegen bei gleichzeitiger Verweigerung grundsätzlicher gesellschaftlicher Veränderungen den Status Quo männlichen Machterhalts am besten stützt und dessen Ausbau befördert. Gleichwohl greift auch dieses Erklärungsmoment für den konstatierbaren Backlash feministischer Politik zu kurz: Es unterschlägt zum einen die Dynamik, in der auch eine nur selektive Inkorporierung zu subversiven Veränderungen der Geschlechterordnung beiträgt. Auch ohne einer durchweg positiven Bilanzierung das Wort zu reden, hat die neue Frauenbewegung doch einen der radikalsten Wandlungsprozesse in der deutschen politischen Kultur der Nachkriegszeit befördert. Zum anderen unterstellt das Prinzip konkurrierender Nutzenmaximierung implizit den »Nutzen der Macht« als oberstes Prinzip eines demokratisch konzipierten Willensbildungsprozesses. Die Rational Choice-Theorie kann zum Beispiel nicht nachvollziehen, daß und inwieweit die von feministischer Seite immer wieder geforderte und in Teilen gelebte Teilung und Rotation öffentlicher Macht von gesellschaftlichem Nutzen sein könnte – nicht nur für den einzelnen Mann, sondern für die soziale, kulturelle und symbolische Reproduktion von Gesellschaft im Ganzen.

Auch bezüglich der dritten hier relevanten Fragestellung, inwieweit also der Erfolg von Protesten das Ausmaß dieser Proteste verändert, ist das Rational Choice-Modell nur eingeschränkt auskunftsfähig. Simulationen haben, so Opp, ergeben, daß mit zunehmender Resonanz von Protest sich das Anspruchsverhalten erhöht und der Protest mehr Forderungen inkorporiert (vgl. ebd.: 20). Dies mag für einen eng begrenzten Protestanlaß festzustellen sein, läßt sich aber auf die feministische Bewegung nicht übertragen. Insbesondere stößt diese Variante der strategischen Nutzenmaximierung dort an ihre Grenzen, wo sie die unterschiedlichen Orte des Engagements und speziell das Verhältnis von privatem und öffentlichem Engagement nicht mit reflektiert. So läßt sich bezüglich der Frauenbewegung argumentieren, daß die »Resonanz« in Teilbereichen der Privatsphäre gegenwärtig am nachhaltigsten anhält. Hier haben sich kulturelle Muster und Stereotype am radikalsten gewandelt und finden ihren Ausdruck in zunehmender Erwerbstätigkeit, materieller und sexueller Selbstbestimmung sowie erhöhtem Selbstbewußtsein von Frauen. Doch andererseits ist die Geschlechterordnung nicht aus den Angeln gehoben, traditionelle Arbeitsteilungen existieren weiter und selektive Erfolge werden von erneuerter struktureller Marginalisierung feministischer Topoi begleitet[4]. Allein mit dem Prinzip der Nutzenmaximierung läßt sich die anhaltende öffentliche Diskriminierung von frauenspezifischen Themen und Anliegen genausowenig erklären wie das wieder ansteigende Nicht-Engagement von Frauen im politischen Raum. Strukturelle Faktoren, die trotz andersgelagertem Nutzen von öffentlichem Engagement abhalten, irrationale Ängste, die tiefer lagern als im bewußten Kampf gegen Machtverlust angedeutet, müßten hier z.B. Teil der Analyse werden.

Historisch unterstellt der Rational Choice-Ansatz, daß das Sammeln und die Publikation von Informationen als Voraussetzung politischer Öffentlichkeit erst dann überhaupt wirklichkeitsmächtig wurde, als es »Gewinne für diejenigen einbrachte, die das Geschäft betreiben« (Gerhards 1994: 86). Diese Gewinne wiederum konnten erst dann gemacht werden, als die kaufkräftige Nachfrage nach eben diesen Informationen zunahm. Die Inklusion des Publikums erfolgte schrittweise entlang der beiden Linien Stadt/Land und Oberschicht/Unterschicht (ebd.). Die hier zum Fakt erhobene Inklusionsthese kann jedoch nicht umstandslos verifiziert werden. Politische Öffentlichkeit entsteht historisch nicht erst, als in und mit ihr geschäftliche Gewinne zu erzielen sind, sondern sie entsteht mit den sogenannten Meta-Präferenzen, d.h. mit dem Bedürfnis nach Aufklärung, nach dem Aufbrechen der Hermetik staatlich-repräsentativer Öffentlichkeit, nach Teilhabe und nach selbstbestimmten Politikformen. Des weiteren gerät dem Rational Choice-Ansatz die Doppelgesichtigkeit des historischen Inklusionsprozesses gar nicht erst in den Blick. Denn hinter der Ausdehnung des inkludierten Publikums spielten sich mehrschichtige Exklusionsprozesse ab, die insbesondere auch Frauen sowie unterbürgerliche Schichten einschlossen.

Letztlich mündet die Rational Choice-Theorie von politischer Öffentlichkeit in die Apologie einer männlich-elitären Geschlechterordnung unter Einschließung des rationalen Nicht-Engagements großer Teile der Bevölkerung und insbesondere auch der Mehrheit von Frauen. Der Rational Choice-Ansatz reifiziert den apolitischen Grundtenor postfordistischer Demokratien, indem er den und die einzelne auf den individualistischen homo oeconomicus reduziert (vgl. Miller 1994: 6). Feministische Theoriebildung versucht hingegen bei allen Divergenzen sowohl in ihrer kritisch-normativen Insistenz auf Solidarität als auch in postmodernen Konzepten der Differenz das atomistisch männliche und exklusiv nutzengeleitete Individuum zu dekonstruieren. In gleicher Weise muß insbesondere die feministische Politikwissenschaft den engen Begriff des Politischen monieren, der mit Hilfe des Rational Choice-Ansatzes transportiert wird. Alle politischen Akteure richten sich, qua faktischem Machtgefüge innerhalb einer Gesellschaft, mit ihren Anliegen notwendigerweise an die politischen Machthaber in Kommunen, Ländern, auf Bundesebene und in den Parteien. Wo Politik sich andere Kanäle sucht, sei es hinein in die Privatsphäre der Familie, sei es über direkte aktionistische Konfrontation wie z.B. im Falle von Greenpeace, müssen dies notwendig blinde Flecken innerhalb des Nutzenkalküls bleiben.

Wenn also eine an Rational Choice-Modellen orientierte Politikwissenschaft die politische Öffentlichkeit mit rationalen Akteuren ausstattet, die allein ob der Chance individueller Nutzenmaximierung die Entscheidung treffen, sich öffentlich zu engagieren, dann bleiben einerseits Motive ausgeklammert, die jenseits quantifizier- oder qualifizierbarer Nutzenerwartung angesiedelt sind, andererseits werden damit aber auch Fragen nach dem strukturellen Unterbau von Inklusions- und Exklusionsprozessen, nach »decisions« und »nondecisions« und damit auch nach dem Einfluß von politischer, ökonomischer und korporatistischer Macht sowie von Männerkartellen bei der Berechnung jener »Erfolgschance« unterbelichtet. Genauso wenig werden individuelle Konfliktverarbeitungsmechanismen, Ambivalenzen und Erfahrungswerte in diesem behavioralistischen Nutzenmodell »kalkuliert« (vgl. Marx Ferree 1992: 35). Gleichwohl scheint im akteursbezogenen Ansatz des Rational Choice-Modells ein Teil der Kommunikations- und Medienwissenschaft adäquate analytische Instrumente gefunden zu haben. Da hier von interessenbewußt kalkulierenden Teilnehmern an öffentlichen Kommunikationsformen ausgegangen wird, Teilnehmern darüber hinaus, die in der Lage sind, aus der Angebotspalette medialer Vergesellschaftung die jeweils adäquaten Kommunikationsmittel zu extrahieren und für ihre Interessen zu funktionalisieren, wird ein Demokratieproblem in der medial überdeterminierten Öffentlichkeit faktisch nicht virulent. Formal, so wird argumentiert, sind die Kriterien der gleichen Zugangschancen erfüllt und ist ein individueller Selektionsvorbehalt gewährleistet. In gewisser Weise ist damit das Rational Choice-Modell die konsequente Fortsetzung der liberalen Elitetheorie von Öffentlichkeit.

Systemtheorie und Rational Choice-Ansatz: die Reifizierung politischer Exklusion

Im Mainstream von Systemtheorie und Rational Choice-Ansatz erliegt das Konzept politischer Öffentlichkeit gleichsam einem demokratischen Kollaps: Sie wird entweder als Spiegel für das politische System oder aber als Ort eines ökonomisch verengten rationalen Engagements vorgestellt. Ihre politisch-kollektive Willensbildungsfunktion, das also, was Hannah Arendt als Realitätsstiftung, als Genese eines »weltlich Gemeinsame(n)« (Arendt 1981: 52) bezeichnet, hat in den hier vorgestellten Theorien keinen analytisch relevanten Ort, sondern bleibt ein normativ belastetes Konstrukt, das die Sicht auf Wirklichkeit nur verstellt. Strukturell in die Öffentlichkeit eingelassene Exklusionsprozesse in Zugang, Verfahren, Auslese, Themen und Selektion von Kommunikationsmedien sind beiden Theorien weder als empirische Phänomene noch als Ausdruck gesellschaftlicher Machtstrukturen zentral. So kann man denn mit Fug und Recht infragestellen, ob die aktuelle politische Öffentlichkeit »die Selbstbeobachtung der Gesellschaft« tatsächlich ermöglicht (vgl. Gerhards 1994: 97). Durch die analytische Linse der Systemtheorie und des Rational Choice-Ansatzes beobachtet, ermöglicht sie allenfalls die äußerst selektive Selbstbespiegelung von Gesellschaft. Daß Öffentlichkeit jenseits der spiegelnden eine demokratiebildende und -fördernde Rolle als Kommunikationssystem unterschiedlich aggregierter Zusammenhänge und Äußerungsformen innewohnt, bleibt beiden Ansätzen äußerlich. Diese Seite von politischer Öffentlichkeit zu revitalisieren, wäre eine Forderung an die Politikwissenschaft.

Gegenwärtig finden sich in der soziologischen Öffentlichkeitstheorie Versuche, Systemtheorie mit der Akteurstheorie des Rational Choice zu verbinden (vgl. Gerhards 1994: 77ff.). Die systemtheoretische Beschreibung von Öffentlichkeit wird hier interpretiert als Constraints des Handelns von Akteuren (vgl. ebd.: 92), während die jeweils spezifische Ausgestaltung der Restriktionen sich aus den individuellen Präferenzen der Akteure ergibt. Doch was vordergründig als vielversprechender Ansatz zur Aufhebung der klassischen Dichotomie von Struktur und Handlung erscheinen mag, erweist sich im Ergebnis als doppelte Verkürzung: Den systemischen Restriktionen treten individuelle zur Seite, denn auch »die Verfolgung von mit dem Code des Systems konfligierenden Zielen« ist »nur begrenzt möglich« (ebd.). Der systemische Code als Rahmen und Vorgabe, das individuelle Movens ökonomisch geleitet und zudem auch noch dort behindert, wo es sich im Widerspruch zum systemischen Rahmen befindet – Öffentlichkeit scheint in diesem Szenario aller demokratiewirksamen Ansprüche entkleidet. Systemtheorie, die Institutionen und politische Strukturen nur auf hoher Abstraktionshöhe zu beschreiben vermag, und Rational Choice-Ansätze, die Handeln eingeschränkt als Maximierung bzw. Optimierung von individuellem Nutzen definieren, zeichnen auch als Korrelat ein abstrakt-verkürzendes Bild heutiger Öffentlichkeit.

Eine direkte Folge der Hypostasierung autopoietischer Systeme und der Unterstellung rationalen Kalküls ist denn auch die fragwürdige These, daß medienexterne Einflüsse zunehmend innerhalb der medialen Öffentlichkeit verschwinden:

»Unmittelbare staatliche Kontrolle und ideologische Selbstbindung der Medien lassen nach, das System gewinnt Autonomie gegenüber der Beeinflussung der Umweltsysteme, vor allem gegenüber dem politischen System« (Gerhards 1994: 87).

An die Stelle äußerer Beeinflussung treten, so Gerhards These weiter, konkurrenzbewußte interne Medienstrategien und -strategen. Wenn der Erfolg proportional zur Zahl der Rezipienten ansteigt, ist damit – so könnte man vermuten – die »Zuschauerdemokratie« (Rudolf Wassermann) eingeleitet.

Doch die Reduktion von Öffentlichkeit auf massenmediale Systemleistung birgt blinde Flecken: Als Beispiel sei ein Beitrag vom jüngsten Kongreß der Deutschen Vereinigung für Politische Wissenschaft zitiert: »Kann man das totale Desinteresse der Öffentlichkeit an der Verfassungsdiskussion der politischen Klasse in die Schuhe schieben?« fragt der Autor und setzt massenmediale Präsenz mit Herstellung von Öffentlichkeit gleich (vgl. Jann 1995: 60). Dies deutet darauf hin, daß dem Fragesteller zwar die massenmediale Unterbelichtung der Verfassungsdebatten aufgefallen war, nicht jedoch die ca. 200 000 eingegangenen Petitionen sowie insbesondere auch die massiven Protestaktionen von seiten feministischer Akteurinnen. Solche blinden Flecken resultieren, so meine These, aus einem Verständnis von Öffentlichkeit, das die Luhmannsche Selbstbespiegelung der politischen Entscheidungsträger exakt reproduziert und alles, was sich gleichsam jenseits dieser spiegelbildlichen Beziehung von institutionalisierter Politik und medialer Öffentlichkeit abspielt, all das also, was die Auseinandersetzungen um Exklusion und Inklusion jeweils verdeutlichen könnte, kaum zur Kenntnis nimmt. Wenn Öffentlichkeit ein autonomes Teilsystem ist, das zwar vom politischen System als Spiegelfläche gebraucht wird, aber kaum eigenständigen Input in den politischen Prozeß einbringt, dann hat sich im übrigen auch das alte Dogma der Politikwissenschaft bestätigt, Öffentlichkeit als vorpolitischen Raum vernachlässigen zu können.

Eine feministische Öffentlichkeitstheorie wird hingegen die systemische und funktional professionalisierte Dauerfeststellung von medialer Produzenten- und medial konsumierender Publikumsrolle der Kritik unterziehen müssen. Binäre Festlegungen ermöglichen genau nicht die von feministischer Theorie geforderte Flexibilität und Transparenz des öffentlichen Raumes, und sie verweigern auch das Fluktuieren zwischen unterschiedlichen Szenarien des Öffentlichen und Privaten.

Fazit: die Notwendigkeit eines Engendering von politischer Öffentlichkit in der Politikwissenschaft

Die Beschäftigung mit den Konstitutionsbedingungen und Normierungen von Öffentlichkeit wird in den kommenden Jahren zu einer zentralen Aufgabe sowohl frauenbewegter Praktikerinnen als auch sozialwissenschaftlicher Theoriebildung werden. Während in politisch-praktischer Hinsicht die bessere Plazierung feministischer Anliegen in der Öffentlichkeit gegenwärtig akut diskutiert und angegangen wird, muß es der feministischen Theoriebildung parallel hierzu zum einen um die Analyse öffentlicher Selektionsmechanismen in Themen- und Personalauswahl, zum anderen um die Konzeption alternativer Modelle von Öffentlichkeit und um Vorschläge zu ihrer Realisierung gehen. Der derzeitige Fokus in den gängigen politikwissenschaftlichen Theoriebildungen bietet wenig Anknüpfungspunkte für solche Vorhaben. Grundsätzliche Unterschiede ergeben sich in folgenden Punkten:

Erstens: Sowohl die Systemtheorie als auch Rational Choice-Modelle sind an Komplexitätsreduktion interessiert. Die feministische Theoriebildung hingegen muß an Komplexitätszugewinn interessiert sein. Sie insistiert darauf, daß die enge Zurichtung gesellschaftstheoretischer Modelle auf männlich-rationale Individuen zu einer Verkürzung lebensweltlicher wie auch systemischer Komplexitäten geführt hat – eine Verkürzung, die den Ausschluß von Frauen aus der öffentlichen Sphäre lange normiert und reproduziert hat.

Zweitens: In beiden hier vorgestellten Theorien wäre das Konzept einer alternativen feministischen Öffentlichkeit nur von begrenztem Interesse: In der Systemtheorie wäre es nur insoweit von Belang, als seine Inhalte absorbiert und für den systemischen Erhalt mobilisierbar gemacht werden können. Die Rational Choice-Vertreter hingegen würden den Nutzen von Aktivität innerhalb einer solchen Öffentlichkeit als vergleichsweise gering und deshalb ihre Marginalisierung als vergleichsweise wahrscheinlich erachten. Welche Exklusionsprozesse hier wirken, und auf welche Weise feministische Öffentlichkeiten systemische Veränderungen induzieren könnten, wird in beiden Paradigmen nicht betrachtet.

Drittens: Öffentlichkeit wird in beiden Theorien jeder demokratierelevanten Aufgabe beraubt. Während die Systemtheorie eine »Rechtfertigung systematischer Beschneidung solidarischen Handelns, praktisch folgenreicher Kommunikation« darstellt (Hirsch/Leibfried 1976: 153), mündet die Konsequenz der Rational Choice-Theorie in die Reifizierung von elitären Öffentlichkeitsstrukturen. Gegen beide Vorstellungen tritt eine feministische Politikwissenschaft an.

Viertens: Auch die Grundlagen funktionsfähiger demokratischer Öffentlichkeit – die prinzipielle Kritisierbarkeit von Entscheidungen sowie die Option zur diskursiven Klärung und zu gemeinsamer Konsensstiftung – sind in beiden Ansätzen bereits im Ansatz ausgehebelt. Der Rational Choice-Akteur hat keinerlei Interesse an diskursiver Klärung und langsamer Entwicklung eines konsensualen Meinungsbildes, die Systemtheorie betrachtet kommunikative Prozesse in der Regel nur unter dem funktionalen Effizienzaspekt des Systems.

Feministische Theoriebildung könnte zwar punktuell die Steuerungsmodelle der Systemtheorie sowie die Nutzenrationalität des Rational Choice-Ansatzes zur *Beleuchtung* zeitgenössischer Gesellschaft heranziehen – eine *Ausleuchtung* des sozialen Terrains, in dem strukturelle Ungleichheiten und Diskriminierungen einschlägig sind, findet mit diesen analytischen Instrumenten jedoch nur unzureichend statt. Es muß statt dessen gelingen, eine detaillierte institutionen- und herrschaftskritische Analyse der öffentlichen Sphäre zu betreiben, und zwar erstens in einer erweiterten Diskussion über die substantiellen Bedingungen für einen demokratischen Zugang zur Öffentlichkeit und zweitens in demokratietheoretischen Reflexionen sowie historischen und empirischen Studien über die Kommunikationsformen und institutionellen Kanäle, die zwischen Öffentlichkeit und ökonomischen sowie politischen Herrschaftsträgern jeweils vermitteln. Es gilt realistisch zu analysieren, wer unter gegebenen Zeitbudgets öffentlich agieren kann, wie unter der Bedingung einer Ausdifferenzierung von öffentlichen Diskursen Wissen demokratisiert und politische Kommunikation hierarchiefreier organisiert sowie formale Zugangsverfahren erleichtert werden können. Schließlich gilt es in gleicher Weise, die Kultur der in den Sphären von Politik, Wirtschaft und etablierter Öffentlichkeit oszillierenden Mannerbünde in Detailstudien zu beschreiben und die Art und Weise, wie die männlichen Akteure ihre öffentlichen Handlungen und Diskurse mit Sinn ausgestattet und legitimiert haben, auf ihren Demokratiegehalt hin zu befragen.

Eine feministische Theorie von Öffentlichkeit muß daran festhalten, daß der Status Quo selektiver und exklusiver Öffentlichkeit gemacht, produziert, hergestellt – und damit auch veränderbar – ist. Feministische Politikwissenschaft muß deshalb den Blick schärfen für die Formen und Regeln, in denen heute Öffentlichkeit erzeugt wird. Empowerment meint mehr als die verstärkte Inklusion als Publikum, die die beiden vorgestellten Theorien suggerieren. Es meint die Kritik existierender Inklusions- und Exklusionsprozesse als geronnene Herrschaftsbeziehungen. Unter den Bedingungen verknappter ökonomischer Ressourcen werden in den kommenden Jahren die Konflikte um das öffentliche Terrain, um Stimmbildung und Einfluß zunehmen. Chancen werden feministische Ansätze in Theorie und Praxis nur dann haben, wenn sie institutionen- und strukturkritisch die bestehende Öffentlichkeit auf ihre impliziten Ausschlußstrategien hin analysieren und die in Formen geronnenen patriarchalen Spielregeln entschlüsseln und skandalisieren. Partizipatorische öffentliche Artikulation und Einfluß auf staatlich-politische Institutionen müssen hierbei mit dem Ziel aufeinander bezogen werden, Inklusion nicht nur als Option zur öffentlichen Betätigung, sondern auch als reale Chance zur Durchsetzung politischer Strategien zu entwickeln.

Öffentlichkeit könnte in einer feministischen Utopie von der Veranstaltung für ein Publikum zur Gesellschaft von Bürgerinnen und Bürgern werden. So rührt denn auch die allseitig zitierte Politikverdrossenheit nicht von einem Zuviel an Politik, sondern von zuwenig politischer Teilhabechancen. Partizipation hört im Wahlakt auf; Öffentlichkeit als Legitimationsinstanz wird überwiegend funktional betrachtet. Depolitisierung – und auch die Depolitisierung von Frauen – erfolgt vor allen Dingen institutionell, d.h. entweder durch den Ausschluß aus oder durch das Vorenthalten von Institutionen. Nach diesen institutionellen und nicht-institutionellen Voraussetzungen des Instituts Öffentlichkeit muß gefahndet werden, um eine Reflexion über verbesserte Partizipationschancen in einer breiter strukturierten Öffentlichkeit in Gang zu bringen (vgl. Offe 1994: 47). In dieser Sicht kann die Enthaltsamkeit der an Systemtheorie und Rational Choice-Modellen geschulten Politikwissenschaft gegenüber komplexen Prozessen von öffentlichen Strukturen in Anlehnung an Christine Landfried als intellektuelle »Architektur der Unterkomplexität« (Landfried 1995: 31) beschrieben werden – eine Unterkomplexität, die es analytisch aufzufüllen gilt.

Anmerkungen

1 Im 1995 erschienen ersten Band des von Dieter Nohlen herausgegebenen Lexikons der Politik zu »Politische(n) Theorien« findet sich ein ausführlicher Bezug auf »Öffentlichkeit« nur im Rahmen der Abhandlung über Kommunikationstheorien in der Politik (vgl. Sarcinelli 1995: 241ff.) Desgleichen enthält das von Andersen/Woyke publizierte Handwörterbuch des politischen Systems der Bundesrepublik Deutschland aus dem Jahr 1995 zwar das Stichwort »öffentliche Meinung«, aber keine eigenständige Bezugnahme auf Öffentlichkeit. Die klassischen Diskussionen um den Stellenwert von öffentlicher Meinung ranken sich jedoch weniger um den partizipatorischen oder demokratischen Gehalt von politischer Interessenartikulation und Teilhabe, sondern sie definieren öffentliche Meinung als funktionales Element im Rahmen der Begründungs- und Rechenschaftspflicht demokratischer Systeme (vgl. Andersen/Woyke 1995: 411)
2 Zugegebenermaßen »irritierend« wirkt auf solche Ansätze zunächst die Tatsache, daß vor allem die empirische Kommunikationsforschung laufend Belege dafür liefert, daß sich sowohl Medien politisch instrumentalisieren lassen wie auch daß die Medien politische Systemprozesse stark beeinflussen bzw. »Prozesse ›symbiotischer Kooperation‹ zwischen

beiden Subsystemen« existieren (Marcinkowski 1993: 17). Doch derartige »Anomalien« (ebd.) erscheinen in der Systemtheorie allenfalls als Herausforderung an die eigene Abstraktionsleistung und nicht primär als Anlaß zur Modifikation theoretischer Prämissen.
3 Über den Stellenwert weicher Anreize, also z.b. auch sozialer Normen, sind sich die Vertreter von Rational Choice-Ansätzen jedoch nicht einig. Jon Elster z.b. argumentiert, daß soziale Normen keine Optimierungsmechanismen sind (Elster 1989).
4 Als Beispiele seien hier nur die politischen Entscheidungen zum § 218, zur Verfassungsdebatte und zur Quote genannt.

Literatur

Andersen, Uwe, Wichard Woyke (Hg.) (1995), *Handbuch des politischen Systems der Bundesrepublik Deutschland*, Bonn.
Arendt, Hannah (1981), *Vita activa oder Vom tätigen Leben*, München.
Bonß, Wolfgang (1976), Politik, Verwaltung, Planung – Zur systemtheoretischen Planungsanalyse bei Niklas Luhmann, in: Volker Ronge, Ulrich Weihe (Hg.), *Politik ohne Herrschaft? Antworten auf die systemtheoretische Neutralisierung der Politik*, München, S. 159-182.
Dammann, Klaus, Dieter Grunow, Klaus P. Japp (Hg.) (1994), *Die Verwaltung des politischen Systems*, Wiesbaden.
Deutsch, Karl W. (1952), On Communication Models in the Social Sciences, in: *The Public Opinion Quarterly*, 16. Jg., S. 356-380.
Druwe, Ulrich, Volker Kunz (Hg.) (1994), *Rational Choice in der Politikwissenschaft*, Opladen.
Elster, Jon (1989), *The Cement of Society. A Study of Social Order*, Cambridge.
Esser, Hartmut (1994), Von der subjektiven Vernunft der Menschen und von den Problemen der kritischen Theorie damit, in: *Soziale Welt* 2, S.16-32.
Fraser, Nancy (1992), Rethinking the Public Sphere: A Contribution to the Critique of Actually Existing Democracy, in: Craig Calhoun (Hg.), *Habermas and the Public Sphere*, Cambridge, S. 109-142.
Friedman, Debra, Carol Diem (1993), Feminism and the Pro-(Rational-)Choice Movement: Rational-Choice Theory, Feminist Critiques and Gender Inequality, in: Paula England (Hg.), *Theory on Gender/Feminism on Theory*, New York, S. 91-114.
Gerhards, Jürgen (1994), Politische Öffentlichkeit. Ein system- und akteurstheoretischer Bestimmungsversuch, in: Friedhelm Neidhardt (Hg.), *Öffentlichkeit, öffentliche Meinung, soziale Bewegungen* (Sonderband der Kölner Zeitschrift für Soziologie und Sozialpsychologie), Köln, S. 77-105.
Gerhards, Jürgen, Friedhelm Neidhardt (1990), *Strukturen und Funktionen moderner Öffentlichkeit. Fragestellungen und Ansätze*, WZB FS III 90-101, Berlin.
Habermas, Jürgen (1962), *Strukturwandel der Öffentlichkeit*, Darmstadt/Neuwied.
Hirsch, Joachim, Stephan Leibfried (1976), Die systemtheoretische Variante verwaltungswissenschaftlicher Theoriebildung, in: Volker Ronge, Ulrich Weihe (Hg.), *Politik ohne Herrschaft? Antworten auf die systemtheoretische Neutralisierung der Politik*, München, S. 143-158.
Hirschman, Albert O. (1984), *Engagement und Enttäuschung. Über das Schwanken der Bürger zwischen Privatwohl und Gemeinwohl*, Frankfurt/M.

Holland-Cunz, Barbara (1993), Öffentlichkeit und Privatheit – Gegenthesen zu einer klassischen Polarität, in: *Frei-Räume*, Sonderheft: Dokumentation der 1. Europäischen Planerinnenkonferenz, Zürich, S. 36-53.

Jann, Werner (1995), Politische Willensbildung und Entscheidungsstrukturen im Prozeß der deutschen Einigung – Im Osten nichts Neues? in: Gerhard Lehmbruch (Hg.), *Einigung und Zerfall. Deutschland und Europa nach dem Ende des Ost-West-Konflikts*, 19. Wissenschaftlicher Kongreß der Deutschen Vereinigung für Politische Wissenschaft, Opladen, S. 55-72.

Jarren, Otfried (1988), Politik und Medien im Wandel: Autonomie, Interdependenz oder Symbiose? Anmerkungen zur Theoriedebatte in der politischen Kommunikation, in: *Publizistik* 4, S. 619-632.

Kepplinger, Hans Mathias (1985), Systemtheoretische Aspekte politischer Kommunikation, in: *Publizistik* 4, S. 247-264.

Landes, Joan B. (1992), Jürgen Habermas. The Structural Transformation of the Public Sphere: A Feminist Inquiry, in: *Praxis International* 1, S. 106-127.

Landfried, Christine (1995), Architektur der Unterkomplexität, in: Gerhard Lehmbruch (Hg.), *Einigung und Zerfall. Deutschland und Europa nach dem Ende des Ost-West-Konflikts*, 19. Wissenschaftlicher Kongreß der Deutschen Vereinigung für Politische Wissenschaft, Opladen, S. 31-54.

Lang, Sabine (1994), Politische Öffentlichkeit und Demokratie. Überlegungen zur Verschränkung von Androzentrismus und politischer Teilhabe, in: Elke Biester, Barbara Holland-Cunz, Birgit Sauer (Hg.), *Demokratie oder Androkratie? Theorie und Praxis demokratischer Herrschaft in der feministischen Diskussion*, Frankfurt/M., S. 201-226.

Luhmann, Niklas (1981), Veränderungen im System gesellschaftlicher Kommunikation und die Massenmedien, in: Ders., *Soziologische Aufklärung* 3: Soziales System, Gesellschaft, Organisation, Opladen, S. 309-320.

Luhmann, Niklas (1987), Partizipation und Legitimation: Die Ideen und die Erfahrungen, in: Ders.: *Soziologische Aufklärung* 4: Beiträge zur funktionalen Differenzierung der Gesellschaft, Opladen, S. 152-160.

Luhmann, Niklas (1990) Gesellschaftliche Komplexität und öffentliche Meinung, in: Ders., *Soziologische Aufklärung* 5: Konstruktivistische Perspektiven, Opladen, S. 170-182.

Luhmann, Niklas (1994), Systemtheorie und Protestbewegungen. Ein Interview, in: *Forschungsjournal NSB* 2, S. 53-69.

Marcinkowski, Frank (1993), *Publizistik als autopoietisches System. Politik und Massenmedien. Eine systemtheoretische Analyse*, Opladen.

Marx Ferree, Myra (1992), The Political Context of Rationality: Rational Choice Theory and Resource Mobilization, in: Aldon D. Morris, Carol McClurg Mueller (Hg.), *Frontiers in Social Movement Theory*, New Haven, S. 29-52.

Miller, Max (1994), Ellbogenmentalität und ihre theoretische Apotheose. Einige kritische Anmerkungen zur Rational Choice Theorie, in: *Soziale Welt* 1, S. 5-32.

Münch, Reinhard (1995), Systemtheorie und Politik, in: Dieter Nohlen (Hg.), *Lexikon der Politik*, Bd. 1: Politische Theorien, S. 625-635.

Negt, Oskar, Alexander Kluge (1972), *Öffentlichkeit und Erfahrung*, Frankfurt/M.

Neidhardt, Friedhelm (1994), *Öffentlichkeit, öffentliche Meinung, soziale Bewegungen*, Sonderband der Kölner Zeitschrift für Soziologie und Sozialpsychologie, Köln.

Nohlen, Dieter (Hg.) (1995), *Lexikon der Politik*, München.

Offe, Claus (1994), *Der Tunnel am Ende des Lichts. Erkundungen der politischen Transformation im Neuen Osten*, Frankfurt/M.

Opp, Klaus-Dieter (1994), Der Rational Choice-Ansatz und die Soziologie sozialer Bewegungen, in: *Forschungsjournal NSB* 2, S. 11-26.

Peters, Bernhard (1994), Der Sinn von Öffentlichkeit, in: Friedhelm Neidhardt (Hg.) (1994), *Öffentlichkeit, öffentliche Meinung, soziale Bewegungen*, Sonderband der Kölner Zeitschrift für Soziologie und Sozialpsychologie, Köln, S. 42-76.

Ronge, Volker, Ulrich Weihe (Hg.) (1976), *Politik ohne Herrschaft*, München.

Ronneberger, Franz, Manfred Rühl (1991), *Theorie der Public Relations*, Opladen.

Rucht, Dieter, Roland Roth (1992), »Über den Wolken....«. Niklas Luhmanns Sicht auf soziale Bewegungen, in: *Forschungsjournal NSB* 2, S. 22-33.

Sarcinelli, Ulrich (1995), Kommunikationstheorien in der Politik, in: Dieter Nohlen (Hg.), *Lexikon der Politik*, Bd. 1: Politische Theorien, S. 241-247.

Sartre, Jean Paul (1954), *Geschlossene Gesellschaft*, Reinbek bei Hamburg.

Sauer, Birgit (1994), Was heißt und zu welchem Ende partizipieren wir? Kritische Anmerkungen zur Partizipationsforschung, in: Elke Biester, Barbara Holland-Cunz, Birgit Sauer (Hg.), *Demokratie oder Androkratie? Theorie und Praxis demokratischer Herrschaft in der feministischen Diskussion*, Frankfurt/M., S. 99-130.

Schultze, Rainer-Olaf (1995), Partizipation, in: Dieter Nohlen (Hg.), *Lexikon der Politik*, Bd. 1: Politische Theorien, München, S. 396-407.

Verba, Sidney et al. (1978), *Participation and Political Equality. A Seven-Nation Comparison*, Cambridge.

Weischenberg, Siegfried, Ulrich Hienzsch (1991), Neuigkeiten vom Fließband. Journalismus als soziales System, in: *Funkkolleg Medien und Kommunikation. Konstruktionen von Wirklichkeit*. Studienbrief 8, Weinheim/Basel, S. 44-85.

Whiteley, Paul F. (1995), Rational Choice and Political Participation – Evaluating the Debate, in: *Political Research Quarterly* 1, S. 211-233.

Tabuisiertes Subjekt
Strategien einer konzeptuellen Auflösung

Regina Köpl

Vorbemerkung

Obwohl weite Bereiche moderner Politik und Politikwissenschaft in ihrem Handeln und Denken eines Konzeptes des Subjekts bedürfen, stellt die Ausarbeitung eines politikwissenschaftlichen Subjektbegriffs eine Leerstelle in politikwissenschaftlicher Theorie und Empirie dar. Dennoch »menschelt es« – um mit Wolf-Dieter Narr zu sprechen – auch in den oft hochabstrakten Annahmen, Konzepten und Begriffen politikwissenschaftlicher Forschung, in die implizit Annahmen und zu Gewißheit erstarrte »Vermutungen über Bewußtsein und Verhalten von Menschen, über Bedingungen ihres Glücks und ihrer Zufriedenheit« (Narr 1988: 112) eingelassen sind. Viele der sozial- und politikwissenschaftlichen Zentralbegriffe sind tief durchtränkt von einer in den kapitalistisch-staatlich bestimmten Alltag eingelassenen Psychologie. Darin enthaltene Vorannahmen über Menschen und menschliches Handeln sind jedoch ins Selbstverständnis und damit ins Unterbewußte abgesunken (vgl. ebd.).

Der »homo politicus« oder das (politische) Subjekt entzieht sich also – so die Ausgangsthese dieses Beitrags – weitgehend politikwissenschaftlicher Reflexion. U.a. ist dieser Befund auch in der meist vergeblichen Suche nach dem Begriff, dem Forschungsstand und der Forschungsperspektive in politikwissenschaftlichen Enzyklopädien und Nachschlagewerken festzustellen. Eine theoretisch und empirisch fundierte »Politologie des Subjekts« (König 1989) bleibt ein Desiderat politikwissenschaftlicher Analyse. Im politologischen Jargon jedoch ist vom (politischen) Subjekt nur allzu häufig die Rede. Viele politikwissenschaftliche Theorien und Konzepte beziehen sich implizit auf das Subjekt als Ausgangs-, aber auch Endpunkt von Politik[1]. Auch weite Teile empirisch orientierter Politikwissenschaft – z.B. politische Soziologie – beschäftigen sich mit dem politischen Handeln von Subjekten. Was sich allerdings hinter dieser Kategorie politikwissenschaftlicher Analyse verbirgt, ihre Kontextualisierung und Konstruktion, bleibt genauso im Dunkeln, wie die Frage, ob es sich beim Subjektbegriff um reale Personen handelt und/oder auch um größere Aggregate menschlicher Interaktion handeln kann[2]. In diesem Beitrag konzentriere ich mich auf die personelle Ebene. Wenn ich vom Subjekt oder der konzeptuellen Auflösung des Subjekts spreche, meine ich zunächst den historisch konkreten, gesellschaftlichen Menschen als denkendes, fühlendes, urteilendes und wollendes Individuum. Philosophiegeschichtliche Grundlegungen und Diskussionen um den Subjektbegriff müssen hier genauso ausgespart bleiben, wie die ausführliche Behandlung verschiedener soziologischer und psychologischer Konzeptionen der Begriffe »Individuum«, »Ich« oder »Selbst«, die in der (wissenschaftlichen) Alltagssprache oft synonym verwendet werden.

Vorerst eine Warnung: Anliegen dieses Beitrags ist es nicht, einem alten Subjektivismus im neuen Gewand das Wort zu reden. Genausowenig beabsichtige ich, das Rad sozialwissenschaftlichen Denkes zurückzudrehen und dem Sozialen jegliches Eigenleben abzusprechen. Statt dessen geht es mir um die Skizze einer politikwissenschaftlichen Perspektive, die ohne einseitige Auflösung in die eine oder andere Richtung, Wechselbeziehung und vielfältiges Zusammenspiel von »objektiven« Strukturen und Individuen fokussiert. Mit einer solchen Perspektive wäre ein weiterer Zugang zu etablierten politikwissenschaftlichen Forschungsfeldern eröffnet. So ist z.B. die Herstellung politischer Wirklichkeit über die konkreten Alltagsroutinen der in politischen Institutionen tätigen Menschen noch weitgehend politikwissenschaftliches Brachland. Auch sind die subjektiven Lösungs- und Machtstrategien einzelner Akteure angesichts objektiver institutioneller Gegebenheiten – die »Widerständigkeit des Subjekts« (vgl. Nadig 1986) – bislang noch wenig beforscht. Im Rahmen dieses Beitrags wird zunächst der (konzeptuellen) Auflösung des Subjekts in gängigen politikwissenschaftlichen Konzepten nachgegangen. Nur die wenigsten Vertreter der Zunft, höchstens professionelle Grenzgänger[3], beschäftigen sich mit Subjekt und Subjektivität[4].

Denn: »Es sind eher *objektive Strukturen* und Verfahren als *subjektive Momente*, die üblicherweise politikwissenschaftliche Aufmerksamkeit erfahren« (Kreisky 1995: 39, Hervorhebung im Original). Umgekehrt sind (nicht nur) in der feministischen Diskussion der letzten Jahre heftige Auseinandersetzungen um Subjekt und Subjektkonzeptionen[5] geführt worden. Postmoderne und poststrukturalistische[6] Feministinnen stellten den universalistischen Subjektbegriff der Moderne und darauf beruhende Politikkonzeptionen[7] in Frage.

Dieser Aufsatz versteht sich als ein Beitrag zur vielfach eingeforderten Politologie des Subjekts unter besonderer Berücksichtigung des Geschlechterverhältnisses. Schlaglichtartig und exemplarisch wird versucht, die »Verrutschung des Subjekts« (Narr 1988: 115) in zentralen Konzepten und Begriffen der Disziplin – Institution, Interesse und kollektive Akteure – nachzuzeichnen. Am Beispiel des Systemansatzes wird aufgezeigt, wie politische Subjekte durch eine bestimmte Forschungsperspektive geradezu ausgelöscht werden[8]. Angefangen von Annahmen über Trennung von erkennendem Subjekt und zu erkennendem Objekt bis hin zur versuchten Ausschaltung jeglicher Subjektivität im Forschungshandeln reicht der Bogen der – einem noch weitgehend unhinterfragt gebliebenen Rationalitätskonzept geschuldeten – konzeptionellen Auflösung des Subjekts in den wissenschaftstheoretischen und methodologischen Grundlegungen des politikwissenschaftlichen Mainstreams.

Zentrierung auf staatliche Agenturen und Institutionen

In einer ersten Annäherung möchte ich die konzeptuelle Auflösung des Subjekts im politikwissenschaftlichen Mainstream zurückführen auf Schwierigkeiten, den Begriff des Politischen adäquat zu fassen. Wenn sich schon der Gegenstandsbereich politikwissenschaftlicher Analysen nicht eindeutig definieren läßt, wie sollen dann die dazugehörenden Basiskategorien verhandelt werden?

Als junge wissenschaftliche Disziplin befindet sich deutschsprachige Politikwissenschaft bis heute auf der Suche nach dem ihr eigenen Gegenstandsbereich – abzulesen an vielfältigen Versuchen, Konsens über Bereich und Begriff des Politischen herzustellen (vgl. Kreisky 1995: 30).

»Dies hat eine seiner Ursachen in der diskriminierenden Wissenschaftstradition – der *Streit der Fakultäten* ging stets nicht nur darum, welche die größte und schönste sei, sondern um Besitzstände. Und wo die vorhandenen *Claims* abgesteckt und verteilt waren, hatten es neue Wissenschaften stets schwer, sich zu etablieren, wurden *Grenzüberschreitungen* von den Betroffenen stets empört zurückgewiesen.« (Schülein 1990: 7, Hervorhebung im Original)

Ein Versuch, dem Dilemma der sich verflüssigenden Bestimmungsversuche von Politik zu entkommen, lag in der Festlegung des Ortes politikwissenschaflicher Analyse: Die Orientierung auf den engen Raum der politischen Institutionen und Prozesse im politisch-administrativen System, vornehmlich Staat und Verwaltung, kann als Versuch begriffen werden, den Gegenstandsbereich einzugrenzen und vor fremden Zugriffen zu schützen. Allerdings gelang dieses Unternehmen nur unter Vernachlässigung anderer Bereiche. So blieb u.a. die Analyse gesellschaftlicher Macht- und Herrschaftskonstellationen, die im Vorfeld von Institutionenbildung angesiedelt sind, weitgehend ausgespart. Die Reproduktion von Geschlechterdisparität, die in der gesellschaftlichen Situiertheit von Männern und Frauen (mit)begründet ist, kann damit analytisch gar nicht gefaßt werden (vgl. Sauer 1996).

Für »Institutionalisten« findet Politik fein säuberlich getrennt von anderen menschlichen Tätigkeiten und Formen der Vergesellschaftung in eigens dafür geschaffenen Institutionen und Apparaten statt, die als Medien der Transformation gesellschaftlicher Bedürfnisse in konkrete Politik fungieren. In der deutschsprachigen Politikwissenschaft dominierte zunächst das Studium von Institutionen, die im Zentrum (westlicher) demokratischer Regierungsprozesse stehen. Prätorius erklärt das Entstehen dieser »erfahrungsgesättigten Verfassungslehre« in Deutschland nach 1945 mit biographischen Prägungen – Rückkehr von Exil-Politologen aus angelsächsischen Ländern mit oft juristischer Erstausbildung und Kenntnissen einer eher empirisch ausgerichteten Wissenschaftskultur im angelsächsischen Raum – und institutionellen Rahmenbedingungen wie Förderung institutionenbezogener Forschungsprojekte mit US-Geldern (vgl. Prätorius 1995: 493). Auf die sich in den Folgejahren entwickelnde Diskussion, die diversen Schulen mit ihren je spezifischen Forschungsinteressen und -schwerpunkten bis hin zur heute festgestellten Vernachlässigung dieses Bereiches politikwissenschaftlicher Analyse (u.a. Prätorius 1995) wird im folgenden nicht weiter eingegangen[9].

Im Mittelpunkt des hier interessierenden Zusammenhangs steht die »Verrutschung des Subjekts in die Institution« (Narr 1988: 115) und ihre Auswirkungen für die Geschlechtsblindheit der Politikwissenschaft. Denn die politikwissenschaftliche Konzentration auf das Institutionelle ließ all das im Dunkeln, »worauf die Institutionen soziokulturell aufruhen und was ihr Innenleben wesentlich mitbestimmt: Mentalitäten und Interaktionsformen, zu denen bestimmte Qualifikationen, Erwartungen und Abwehrformen gehören« (Christoph 1995: 437). Zu den institutionellen Abwehrformen, die klassische Institutionenanalyse nicht berücksichtigt, zählen die vielfältigen Ausschliessungsmechanismen von Frauen, die Feministinnen – u.a. Eva Kreisky mit ihrem Konzept des Männerbundes (vgl. Kreisky 1994 und 1995) – aufgezeigt haben.

Bis heute ist eine Konzeption von politischen Institutionen ausständig, die gesamtgesellschaftliche Machtverhältnisse, institutionelle Arrangements und individuelle Normierung aufeinander bezieht.

»Denn politische Institutionen erschöpfen sich nicht in der äußeren Exekution von Macht zum Zweck der technischen Organisation einer Gesellschaft. Sie haben auch eine innere Seite, eine Psychologie. Sie formieren, disziplinieren, richten zu, grenzen aus, tabuieren, verteilen Gratifikationen, kurz: sie konstituieren das eine Gesellschaft grundlegend strukturierende Verhältnis von (psychischer) Normalität und Anormalität, und zwar sowohl bei ihrer Klientel als auch bei denen, die in staatlichen Institutionen im engeren Sinn arbeiten« (König 1989: 58).

Narr betont, daß der zentrale Ansatz einer solchen Institutionenanalyse beiderseitig informiert sein muß – von der Institution her und von den Personen aus (vgl. Narr 1988: 133). Sein Erkenntnisinteresse bringt er auf folgendes Kürzel: »Die Institution in der Psyche und die Psyche in der Institution, ja die Psyche der Institution.« (ebd.)

Interessen und kollektive Akteure

Für die moderne Politikwissenschaft stellt Henning Behrens einen inflationären Gebrauch des Interessenbegriffs fest, der der zugenommenen Komplexität moderner Gesellschaften geschuldet ist (vgl. Behrens 1987: 166). Weiters bemängelt Behrens begriffliche Unschärfe in der Verwendung dieses Terminus (vgl. ebd.). In der Geschichte der politischen Philosophie und Theorie erfuhr der Interessenbegriff unterschiedliche Wertungen und Interpretationen, auf die hier nicht detailliert eingegangen werden kann[10].

Stand zunächst das individuelle Interesse einzelner Menschen im Vordergrund, werden deren Interessen mit dem Übergang zu modernen Industriegesellschaften zunehmend als kollektive Interessen (z.B. Klasseninteressen) politisch gefaßt. Für moderne liberale, pluralismustheoretische oder marxistische politikwissenschaftliche Ansätze gilt, daß sie sich fast ausschließlich auf Machthandeln und kollektive Interessen beziehen.

In seiner Geschichte der Wissenschaftsentwicklung bedauert Edmund Husserl (1982) das unheilvolle Vergessen unserer alltäglichen Lebenswelt in den modernen Wissenschaften, sichtbar an der Abstraktion von Subjekten als Personen eines personellen Lebens. Ausschlaggebend für diese Entwicklung war und ist die Ausrichtung immer mehr menschlicher Beziehungen an abstrakter Fortschritts- und Machbarkeitslogik.

»In der kapitalistischen Ökonomie subsumiert der Wert den Gebrauchswert, in der Politik verschwinden die unmittelbaren Lebensinteressen in den Prinzipien der abstrakten Allgemeinheit staatlichen Handelns, in der Wissenschafts- und Technikentwicklung wird Subjektivität als Störfaktor tabuisiert und eliminiert.« (Rauschenbach 1988: 161f.)

Kern des modernen Interessenbegriffs ist die reflexive Vermittlung zwischen Individuum und Gesellschaft. Denn Anpassung an Interessenlagen bedingt und erlaubt die reflexive Beziehung subjektiver Neigungen und Absichten auf die Interessen anderer Handelnder. Aufschub und/oder Verdrängung momentaner Bedürfnisbefriedigung durch Perzeption und Orientierung an Interessen oder Verhaltenserwartungen anderer machen Handeln erst zu rationalem Handeln. Interesse wird zum »zentralen Modus bürgerlicher Vergesellschaftung« und zum »Paradigma des bürgerlichen Zeitalters« (ebd.: 165). In radikaler Einseitigkeit werden Politik und Herrschaft (seit Hobbes) immer stärker auf Interessen gegründet (vgl. Guggenberger 1985: 502).

In Bezug auf politisches, aber auch staatliches Handeln wird der Interessenbegriff vor allem im liberalen politischen Denken zur »Vermittlungsfigur des besonderen Vorteils mit dem Allgemeinwohl, des subjektiven Affekts mit der Anteilnahme am Ganzen, der persönlichen Leidenschaft mit der distanzierten Betrachtungsweise des unparteiischen Zuschauers« (Rauschenbach 1988: 165). Der Idee des liberalen Rechtsstaats liegt das demokratische Ideal der im staatlichen Handeln verallgemeinerten Interessen zugrunde. Staatliches Handeln sollte idealiter nicht an Einzelinteressen bestimmter Individuen oder Interessengruppen ausgerichtet sein, sondern sich am Gemeinwohl i.S. der Aggregation von individuellen Interessen zu Gesamtinteressen orientieren. Herrschaft wird nicht länger unter Bezug auf einen übergreifenden umfassenden Zweck legitimiert – sei es als Teil oder Abbild göttlicher Herrschaft oder als Unterfall des universalen kosmischen Ordnungsgefüges (vgl. Guggenberger 1985: 500). Indem Herrschaft die Form der Verallgemeinerung gesellschaftlicher Interessen annimmt, wurde Herrschaft im bürgerlich-liberalen Politikmodell entpersonalisiert. Nicht umsonst spricht Heide Gerstenberger (1990) in Bezug auf die Entstehung bürgerlicher Staatsgewalt von »subjektloser Gewalt«.

Auch in der Marxschen Bestimmung des Interesses als Klasseninteresse wird vom konkreten empirischen Subjekt abstrahiert. Vielfalt, Heterogenität und Widersprüchlichkeit individueller Betroffenheiten und Bedürfnisse werden auf vorrangig ökonomische Interessen zugespitzt. Kritik an der Subsumption spezifischer Anliegen von Frauen unter ein Klasseninteresse sowie am sogenannten Hauptwiderspruch hat mit unterschiedlichen Schwerpunktsetzungen die feministisch-marxistische Diskussion geprägt[11]. Nicht zuletzt vor diesem Hintergrund kennzeichnet Brigitte Rauschenbach den Prozeß der Zurichtung individueller Erfahrungen und Bedürfnisse zu Interessen und das Entstehen eines an Interessendurchsetzung orientierten Politikverständnisses als Entwicklung, in der das »Unpersönliche politisch« wird (vgl. Rauschenbach 1988: 162).

Für moderne liberale, pluralismustheoretische oder marxistische politikwissenschaftliche Ansätze gilt, daß sie sich fast ausschließlich auf Machthandeln und kollektive Interessen beziehen. So griffen u.a. Teile der für die moderne Politikwissenschaft bedeutsamen Forschungsdimension der Policy-Analyse[12] die Ausweitung des Interessenbegriffs auf kollektive Akteure auf. In der an Politikinhalten und Politikvermittlungsprozessen interessierten Policy-Forschung beziehen sich vor allem zwei Schulen explizit auf den Interessenbegriff.

In der »Theorie gesellschaftlicher Interessen« (Schmidt 1995: 579) werden Policies nicht vorrangig auf strukturelle Entwicklungstendenzen und strukturelle Problemstände rückgeführt, sondern in Tradition marxistischer und Weberscher Klassensoziologie auf das Wirken und Kräftemessen von gesellschaftlichen Interessen, organisiert und zusammengeführt zu Klassen oder Verbänden (vgl. ebd.). Staatshandeln und -tätigkeit wird, vor allem in den marxistischen Varianten dieses Theorieansatzes, als durch Klassen determiniertes Handeln begriffen. Daher interessieren Fragen der Machtverteilung zwischen sozialen Klassen und Klassenfraktionen. Wirtschaftliche und gesellschaftliche Machtverteilung beeinflußt die politische Machtverteilung und diese wiederum Inhalt und zeitliche Plazierung von Staatstätigkeiten. Pluralismustheoretische Varianten beziehen sich weniger auf klassensoziologische Kollektive, sondern auf Gruppen und Interessenverbände »unterschiedlichster Couleur« (ebd).

Die zweite Perspektive innerhalb des Policy-Ansatzes, in deren Mittelpunkt Interessen stehen, bezeichnet Manfred G. Schmidt als Schule oder »Richtung der an Wiederwahl interessierten Akteure« (ebd.: 580). Policy wird dort vor allem als Funktion der Machterwerbs- und Wiederwahlinteressen von Parteien oder politischen Eliten begriffen. Neben externen Faktoren wird Politik im Sinne von Policy aus der Logik und Interessenstruktur des politischen Systems selbst – z.B. aufgrund des Parteienwettbewerbs – abgeleitet und rekonstruiert. Politische Akteure, meist Parteien oder Regierungen, sind beispielsweise an Sicherung und Ausweitung der eigenen Organisation, an Stimmenmaximierung bei Wahlen interessiert.

Interessenbegriff und politisches Subjekt

Am liberalen Interessenbegriff wird vor allem die Zuspitzung auf rationales Kalkül und Nutzenmaximierung kritisiert. So wird u.a. von Schülein/Brunner (1994) und Narr (1988) auf das pessimistische Menschenbild hingewiesen, das bereits dem Hobbesschen Denken zugrundelag und später in das Konstrukt des »homo oeconomicus« als rational handelndem Nutzenmaximierer einfloß.

Wenn Politik zu einer Sache von (männlichen) Interessen erklärt wird, die zu Superstrukturen geronnen sind und im Namen von Sachzwängen Unterwerfung und Anpassung verlangen (vgl. König 1989: 57), »gelangen nur einzelne subjektive Bedürfnisse, nämlich diejenigen, die sich qua Macht, sei sie ökonomischer Art oder in Großgruppen als Masse organisiert, am leichtesten artikulieren können, zur Geltung« (Claußen 1995: 381). Bedürfnisse oder Betroffenheitslagen, die sich nicht zu Interessenverbänden organisieren lassen, bleiben damit dem politologischen Blick verschlossen. Damit verschwinden die Bedürfnisse all jener Menschen, deren »Fehler« darin liegt, daß sich ihre individuellen und kollektiven Bedürfnisse nicht in artikulations-, organisations- und konfliktfähige Interessen übersetzen lassen – wie z.B. die Anliegen von Frauen. Von feministischen Theoretikerinnen wird der oben skizzierte Interessenbegriff als »male biased« abgelehnt und durch das Alternativkonstrukt gemeinsam geteilter weiblicher Bedürfnisse (needs) ersetzt (vgl. Diamond/Hartsock 1981)[13].

Im Rahmen eines an kollektiven Interessen und Bedürfnissen ausgerichteten Denkens setzt Politikfähigkeit immer Verallgemeinerungen in Form eines Kollektivsubjekts voraus. Der Preis eines solchen gemeinsamen »Wir« ist jedoch hoch: So gelingt die Konstruktion einheitlicher Kollektivsubjekte nur auf Basis hochgradiger Abstraktion von lebensweltlichen Bezügen. Vielfalt und Heterogenität von Lebenswelt mit all ihren Widersprüchen – u.a. auch auf individueller Ebene – muß unter ein wie immer konstituiertes gemeinsames Interesse subsumiert werden, was nur um den Preis massiver Abspaltungen und Ausschlüsse gelingt. Konstitutionsprozessen von Kollektivsubjekten wird jedoch bislang von politologischer Seite theoretisch und empirisch wenig Aufmerksamkeit geschenkt.

Mit der Konzentration auf Aushandlungs- und Vermittlungsprozesse kollektiver interessenpolitischer Akteure[14] bestätigen weite Teile der Politikwissenschaft, insbesondere in der Politischen Soziologie, ein dominantes Politikmuster und Politikverständnis, statt es kritisch zu hinterfragen. Wie Helmut König meint, protokolliere die Politikwissenschaft damit den Zustand einer Gesellschaft, die tatsächlich als weitgehend subjektloser Automatismus beschreibbar ist (vgl. König 1989: 57). Allerdings greift diese Kritik zu kurz: Es handelt sich nicht nur um Verdoppelung von Realität durch politikwissenschaftliche Analyse, sondern um das Verschwinden eines am einzelnen Individuum orientierten Subjektbegriffs, indem der Subjektbegriff in neutralisierender Weise auf kollektive Akteure mit vorgeblicher Geschlechtslosigkeit ausgedehnt wird.

Die Systemperspektive[15]

Um der Verengung von Politikbegriff und Analyse auf den Staat sowie auf staatliche Institutionen gegenzuwirken[16], wurde Ende der sechziger Jahre im deutschen Sprachraum ein neues, aus der anglo-amerikanischen Politikwissenschaft kommendes Denkmodell aufgegriffen:

»Fast schien es so, als ob in den siebziger Jahren mit dem Siegeszug des systemtheoretischen Denkens der Begriff ›Staat‹ aus der politikwissenschaftlichen Diskussion ganz verschwinden würde. An seine Stelle trat in weiten Teilen der Politikwissenschaft der Begriff ›politisches System‹ oder – etwas sperriger, aber genauer – der des ›politisch-administrativen Systems‹ (PAS).« (Voigt 1993: 10)

Zu Beginn der fünfziger Jahre unterzog David Easton (1953) die (us-amerikanische) Politikwissenschaft einer Bestandsaufnahme. Easton glaubte, Orientierungslosigkeit und mangelnde Zuverlässigkeit vorherrschender Forschungsansätze feststellen zu können, die er auf das Fehlen eines allgemeinen theoretischen Bezugsrahmens für politikwissenschaftliche Forschung zurückführte: »For a variety of reasons a theoretical framework is essential to an adequate analysis of the political system« (Easton 1953: 60). Easton ist an einer raum- und zeitunabhängigen systematischen allgemeinen Theorie der Politik interessiert, die bar jedes philosophischen oder moralischen Erbes auf einigen »basic principles« gegründet ist[17]:

»A general theory is a type of causal theory that differs from singular generalizations and partial theories (...) In politics, it seeks to illuminate the functioning of political systems in their entity. It would not be confined to any special aspect of a political system or any of its segments« (Easton 1965: 8).

Für Easton läßt sich der Arbeitsbereich der Politikwissenschaft klar von dem anderer (sozialwissenschaftlicher) Disziplinen trennen. Das politische System wird als ausdifferenziertes gesellschaftliches Teilsystem betrachtet, dessen funktionale Leistung in der Herstellung verbindlicher Entscheidungen für andere (Sub-)Systeme liegt. Nur hier fallen (autoritative) Entscheidungen über gesellschaftlich verbindliche Werte und Güter (vgl. ebd.). Das politische System ist als offenes System konzipiert, d.h. es befindet sich in ständigem Austausch mit seiner Umwelt.

Die Wechselbeziehung zwischen System und Umwelt wird als Rückkoppelungsschleife beschrieben (vgl. ebd.: 372). Inputs[18] werden an das politische System herangetragen, von diesem in Outputs (bindende Entscheidungen) umgesetzt und an die Umwelt zurückgegeben[19]. Inputs können die Form von Unterstützungsleistungen (supports) oder auch von Wünschen/Forderungen (demands) annehmen. Die Unterstützung darf nie soweit absinken, daß das System in seiner Existenz bedroht ist. Mittels Feedback erhält das System Informationen über die Auswirkungen seiner Outputs/Entscheidungen: »(F)eedback can be shown to be fundamental (...) for error-regulation, (...) preservation of the status quo – or for purposive redirection« (ebd.).

Zum politischen System zählt Easton die »political community« als Gruppe von Personen, die auf Grundlage eines gemeinsam geteilten Wir-Gefühls politische Probleme arbeitsteilig bearbeitet, das Regime, verstanden als Regelwerk an Werten, Normen und Strukturen zur Bewältigung von Interaktionen, und die »authorities« als Funktionsträger. Das politische System droht dann zusammenzubrechen, wenn Anforderungen und Unterstützungsleistungen nicht ausbalanciert sind und/oder Ansprüche nicht in angemessener Weise verarbeitet werden können.

Eastons Modell der Analyse politischer Systeme stieß in ein »theoretisches Vakuum vor und setzte sich mangels konkurrierender Konzeption« (Buczylowski 1975: 116) insbesondere als heuristisches Modell immer mehr durch. Vor allem aber fand der Begriff »Politisches System« als Terminus technicus Eingang in die Politikwissenschaft[20]. Systemanalysen wie die Eastons stellten eine Gegenposition zur vorherrschenden Tradition der klassischen Staatslehre dar (u.a. Voigt 1993). Im Unterschied zu akteursbezogenen politikwissenschaftlichen Ansätzen konnte die Eigendynamik komplexer sozialer Systeme aufgezeigt werden und damit auch die Grenzen von Steuerung. Hauptproblem politikwissenschaftlicher Systemanalysen war jedoch die Entkoppelung von Systemdenken und Herrschaftsanalyse.

»Die Analyse der verschiedenen, das politische System betreffenden Prozesse bleibt merkwürdig starr, da der Herrschafts-, Entscheidungs- und Willensbildungsprozeß im System abgekapselt und den gesellschaftlichen Kräften soweit wie möglich entzogen wird. Letztere sind Adressaten und Behandlungsfälle, das Eigenrecht des entpersonalisierten, selbst zur Person gewordenen politischen Systems steht nicht in Frage.« (Narr 1969: 179)

Die Beziehung von System und Umwelt stand zunächst auch bei Niklas Luhmann an zentraler Stelle; die ältere Variante der Luhmannschen Systemtheorie ist noch als System-Umwelt-Theorie konzipiert (vgl. Luhmann 1970). Verändern sich Umwelteinflüsse oder -anforderungen, verändern sich auch interne Systemstrukturen und -prozesse. Das System ist gegenüber seiner Umwelt relativ »offen«. Systembildung erfolgt, indem sich eine Grenze zwischen System und Umwelt stabilisiert. Mit der Grenzziehung entsteht eine Sinngrenze, insofern als das System aus einem potentiell unendlichen Möglichkeitsraum diejenigen Möglichkeiten auswählt, die für es selbst sinnhaft sind (vgl. ebd.: 115f.). Haben sich Systemgrenzen stabilisiert, sind soziale Systeme relativ autonom gegenüber ihrer Umwelt. Sie entwickeln eigene Regeln und spezifische Strukturen – z.B. Ablaufroutinen und Umgangsformen – zur Erfassung, Verarbeitung und Reduzierung von Umweltkomplexität nach systemeigenen Kriterien. Strukturbildung geschieht durch Generalisierung von systemkonformen Verhaltenserwartungen.

Luhmann bestimmt Komplexitätsreduktion als wesentliche Funktion sozialer Systeme. Da der einzelne Mensch nur sehr begrenzte Fähigkeiten zur Erfassung und Reduktion von Weltkomplexität hat, übernehmen soziale Systeme diese Funktion.

Systemziel ist Systemerhaltung. Ab einem gewissen Punkt steht das System vor dem Problem, daß es selbst zu komplex wird. Seine Handlungsfähigkeit, d.h. die Fähigkeit zur Komplexitätsreduktion, stellt es über interne Differenzierung wieder her. Teile werden gleichsam ausgegliedert (ausdifferenziert) und stellen in der Folge ein neues, eigenes (Sub-)System dar.

In den achtziger Jahren kam es – ausgehend von der Biologie – zu einem Paradigmawechsel in der allgemeinen Systemtheorie. Die Theorie offener Systeme wurde ersetzt durch die Theorie autopoietischer, selbstreferentieller Systeme. In seinem Hauptwerk »Soziale Systeme« (1984) bestimmt Luhmann auch soziale Systeme als autopoietisch. Autopoiesis bezeichnet den Prozeß der ständigen Selbsterzeugung und -erneuerung[21]. Systeme reproduzieren sich selbst, indem sie die Elemente, aus denen sie bestehen, selbst herstellen. Mit dem Paradigmawechsel verlagerte sich der Schwerpunkt von Systemanalysen auf die interne Funktionsweise von Systemen. Soziale Systeme werden als Kommunikationssysteme[22] betrachtet (vgl. ebd.), die sich in einem selbstbezüglichen (selbstreferentiellen) Prozeß der Erzeugung von Kommunikation durch Kommunikation reproduzieren. Kommunikationsanweisungen erfolgen über Codes; Steuerungsmedium der Kommunikation sind bestimmte »Währungen«, z.B. Geld für das Wirtschaftssystem oder Macht für das politische System. Selbstreferentielle Systeme sind in Bezug auf ihren Operationsmodus unabhängig von ihrer Umwelt. Natürlich tauschen Systeme mit ihrer Umwelt z.B. Informationen aus, allerdings entscheiden systemeigene Verarbeitungsregeln über Einbindbarkeit oder Nichteinbindbarkeit von Informationen aus der Umwelt. Helmut Willke spricht in diesem Zusammenhang von Barrieren, die auch die Steuerung von Systemen erschweren (vgl. Willke 1987: 540)[23]. So können z.b. rechtliche Interventionen zwar ökonomisches oder wissenschaftliches Handeln konditionieren – aber nicht determinieren.

Zur Dekonstruktion des Subjekts in der Systemtheorie

»Die Systemtheorie gibt Vorstellungen vom individuellen Subjekt, von einer Gesellschaft, die aus handelnden Menschen besteht, auf und beschreibt Gesellschaft satt dessen als *subjektlos* funktionierende Systeme« (Henkenborg 1995: 364, Hervorhebung im Original). Reale Personen und deren Handlungen verstellen in der Systemperspektive nur den Blick auf das genuin Soziale, das mehr ist als die Summe oder Kombination individueller Handlungen.

»Erst wenn die Eigenständigkeit des Sozialen (...) strikt auf soziale Tatbestände gegründet wird, wenn als Basiseinheit soziologischer Theorie das minimale ›soziale‹ Ereignis gilt, rückt mit Kommunikation eine Alternative ins Blickfeld, welche die genuine Eigenständigkeit sozialer Systeme in den jeweiligen Besonderheiten der Semantik, der Kommunikationsstrukturen und der Kommunikationsregeln eines bestimmten Sozialsystems sieht.« (Willke 1996: 318)

In der Systemtheorie Luhmanns werden soziale Systeme selbst als handelnde oder kommunizierende Einheiten gedacht; ihren Subjektcharakter erhalten sie, indem ihnen menschliche Eigenschaften zugesprochen werden. So beschreibt Luhmann in einem neueren Aufsatz das Gedächtnis der Politik, dessen Funktion im

»Diskriminieren von Vergessen und Erinnern (von vergangenen Wünschen und Forderungen, R.K.) besteht, und zwar so, daß der Schwerpunkt in der Auslöschung des Vergangenen und im Wiederherstellen der Kapazität des Systems für neue Operationen liegt« (Luhmann 1995: 120).

So sehr sich Systemtheorie bemühte, von Individuen und ihren Handlungen zu abstrahieren, bedarf es in mancher Hinsicht doch noch menschlicher Subjekte. So kann – um ein Beispiel von Beymes zu zitieren – eine Fußballmannschaft ihre Spieler nicht selbst erzeugen (vgl. von Beyme 1992: 224). Im systemtheoretischen Denken interessieren Menschen jedoch nur als Rollen- bzw. Funktionsträger sowie in Hinblick auf ihre stellen- oder positionsbezogenen Aufgaben. Als solche nehmen sie gleichzeitig an verschiedenen sozialen Systemen mit je spezifischen Verhaltenserwartungen und Handlungsanforderungen teil. Da im Systemdenken immer streng die Perspektive des jeweils zu untersuchenden Systems eingenommen wird, interessieren daraus resultierende Rollenkonflikte oder -interferenzen nicht. Genauso bleiben die vielfältigen Wechselbeziehungen zwischen Menschen und Organisationen/ Strukturen in der theoretischen Reflexion ausgespart.

Systemtheorie und Politik[24]

Systemtheoretiker denken das politische System als Subsystem, das bestimmte Aufgaben für die Gesellschaft erfüllt. Jeder Primat der Politik ist ungerechtfertigt, da es in einer funktional differenzierten Gesellschaft weder Zentrum noch Peripherie gibt. Jedes Teilsystem hat seine eigenen Zuständigkeiten und Wirklichkeiten. Keines kann jedoch für sich in Anspruch nehmen, die »Gesellschaft in der Gesellschaft zu repräsentierten« (Luhmann zit. nach Willke 1996: 43).

Fragen politischer Ethik, etwa nach Zielen von politischen Handlungen, spielen in einer systemtheoretischen Sichtweise keine Rolle (vgl. Narr 1969: 177). Ausgespart bleiben im systemtheoretischen Denken auch handlungstheoretische Grundbegriffe der Politikwissenschaft, denen auf Meso- und Mikroebene empirische Bedeutung zukommt, wie Interessen, Motive und Ziele politischer Akteure.

Auch mißt sich die Rationalität von Politik nicht länger an klassischen universalistischen politischen Prinzipien, etwa dem Prinzip Gemeinwohl[25], sondern daran, ob das politische System in der Lage ist, die Differenz zwischen System und Umwelt operativ zu verarbeiten.

Im Vordergrund systemtheoretischen politikwissenschaftlichen Interesses stehen Funktions- und Sachlogiken, womit die Begrenzung des Politischen auf Staats- und Verwaltungshandeln einmal mehr bestätigt wird[26]. Die vielfältigen Erscheinungsformen und Orte von Politik – die durch einen weiter gefaßten Politikbegriff[27] politikwissenschaftlicher Analyse zugänglich werden – gehen somit verloren oder werden unter die Logik anderer Teilsysteme subsumiert. Jeder Art von Machtanalyse, die sich auf eine gesamtgesellschaftliche Herrschaftsstruktur bezieht, wird unter der Systemperspektive der Boden entzogen. Herrschaftsverhältnisse wie das Geschlechterverhältnis[28] und Machtbeziehungen zwischen den Geschlechtern bleiben blinde Flecken eines sich auf Teilbereichsanalysen beschränkenden Systemdenkens[29].

Subjekt und politikwissenschaftliche Forschungslogik

Die Politikwissenschaft im deutschen Sprachraum kennzeichnet das Aufeinanderprallen verschiedener Denk- und Erkenntnistraditionen, deren Integration und Umsetzung zu einem einheitlichen politikwissenschaftlichen Methodenbegriff[30] ausblieb (vgl. Patzelt 1992; von Alemann/Tönnesmann 1995). Die Trickkiste potentiell möglicher Wege zur Konstruktion politikwissenschaftlicher Erkenntnisse (d.h. Methoden) umfaßt eine Fülle unterschiedlicher Vorgehensweisen und Verfahren – einen Königsweg gibt es nicht. Statt dessen läßt sich ein steter, Geschichte und Entwicklung der deutschen Politikwissenschaft prägender, Import von Zauberformeln aus Vorläufer- und Nachbardisziplinen feststellen[31].

In den späten sechziger und frühen siebziger Jahren mauserte sich die Politikwissenschaft zu einer modernen Sozialwissenschaft:

»Erst mit der zunehmenden Normalisierung und Professionalisierung der Politikwissenschaft als einer modernen Sozialwissenschaft entstand eine Ausdifferenzierung auch des politikwissenschaftlichen Methodeninstrumentariums, wie es sich heute präsentiert« (von Alemann/Tönnesmann 1995: 22).

Dennoch konnten sich in der politikwissenschaftlichen Alltagspraxis weiterhin auch »andere« Zugänge der Konstruktion wissenschaftlicher Erkenntnisse halten. Sozialwissenschaftliche Grundsatzdiskussionen, die in Nachbardisziplinen (z.B. der Soziologie) zu heftigen methodologischen Auseinandersetzungen geführt hatten[32], hatten – wie von Alemann/Tönnesmann meinten – in der Politikwissenschaft eine vergleichsweise geringe Bedeutung (vgl. ebd.: 18)[33]. Der Mainstream der empirischen Politikforschung verstand sich vornehmlich als empirisch-analytische Sozialforschung mit einem an die Naturwissenschaften angelehnten Wissenschaftsverständnis (Auffinden von Gesetzen) und einer Methodologie, die an Standards wie Werturteilsfreiheit, weitgehende Standardisierung von Erhebungssituation und -instrumenten sowie statistischer Auswertung der Daten orientiert war.

Zu den politikwissenschaftlichen Varianten dieses streng auf Erklärung derjenigen Ausschnitte sozialer Wirklichkeit reduzierten Wissenschaftsmodells, die sich in Meßvorgänge übersetzen lassen, zählt der aus der us-amerikanischen Politikwissenschaft importierte Behavioralismus. Ursprünglich als Protestbewegung gegen den vorherrschenden Institutionalismus entstanden, kennzeichnet den Behavioralismus ein Verständnis von Politikwissenschaft als empirische und theoretische Gesetzeswissenschaft mit dem Ziel der möglichst quantitativen Beschreibung, Erklärung und Prognose politischer Vorgänge. Auch der sogenannte Rational Choice-Ansatz ist der Formalisierung von sozialwissenschaftlichen Erkenntnissen in deduktiv konstruierte Theorien verpflichtet. Individuelles und kollektives Handeln – egal, ob es dabei um Organisationen, Staaten oder einzelne Menschen geht – wird in mathematische Operationen übersetzt, um Verhalten, Strukturen und Prozesse modellhaft abzubilden.

Subjektive Faktoren und Mitreflektieren von Prozessen von Subjektivität, fremder wie eigener, stehen im empirisch-analytischen Wissenschaftsmodell nicht an. Genauso wenig ist es möglich, politische Subjekte jenseits ihrer Rolle als Träger einer Summe oder eines Sets von computerisierbaren (standardisierbaren) Merkmalen in ihren politischen Praxen verstehend nachzuvollziehen, wenn man den Standpunkt eines neutralen, über den Dingen stehenden Beobachters einnimmt, der angesichts der Gebote Werturteilsfreiheit und Beobachterneutralität mit Pokerface – so die methodologische Handlungsanweisung – die Ordnung des gesellschaftlichen Zusammenlebens analysiert. Erst in den letzten Jahren werden wissenschaftstheoretische Grundlegungen – u.a. die starre Trennung von erkennendem Subjekt und Objekt der Erkenntnis – auch in politikwissenschaftlichen Beiträgen zur Methodologie gleichsam selbstverständlich aufgegriffen und diskutiert[34]. Auch finden vermehrt interpretative Ansätze Eingang in die empirische Politikforschung[35].

Feministische Wissenschaftskritik

Feministische Wissenschaftskritik stellt die neuzeitliche Idee eines – meist männlich gedachten – Subjekts der Vernunft in Frage. In den aus der Aufklärung stammenden Wurzeln abendländischer Wissenschaft wird der/die Erkennende oder das Subjekt der Erkenntnis immer als abstraktes Individuum konstruiert, das seine spezifisch historische, kulturelle, soziale oder geschlechtliche Identität zu transzendieren vermag. Leidenschaftslos und unparteiisch verschreibt es sich der Entdeckung universell gültiger, allumfassender Prinzipien, mit deren Hilfe grundlegende Eigenschaften von Natur und sozialer Realität bloßgelegt werden.

Gegen dieses Wissenschaftsbild wird von der feministischen Wissenschaftstheoretikerin Sandra Harding eingewendet:

»Wissenschaft ist seit ihren Anfängen ein umstrittenes Terrain. Gruppen mit gegensätzlichen sozialen Interessen haben darum gekämpft, die Kontrolle über die sozialen Ressourcen zu gewinnen, die die Wissenschaften bereitstellen (...) (F)ür diejenigen, die an den Auswirkungen der Wissenschaften, ihrer Technologien und ihrer Formen von Rationalität gelitten haben, mutet es absurd an, Wissenschaft als den wertfreien, unparteiischen, interesselosen, archimedischen Schiedsrichter zwischen widersprüchlichen Anliegen, als der sie gerne hingestellt wird, zu betrachten.« (Harding 1994: 22)

Feministische Theoretikerinnen denken das erkennende Subjekt nicht länger als abstrakte, von jeglichen Alltagserfahrungen (einschließlich körperlichen) abgehobene Einheit. Wie jeder andere Mensch auch, ist das Subjekt der Erkenntnis in eine bestimmte gesellschaftliche Situation eingebettet und kann die Welt stets nur mit den Augen seiner Kultur sehen; sein Denken bewegt sich im Rahmen der jeweiligen hegemonialen kulturellen Annahmen.

Damit werden Normen wie Objektivität, Beobachterneutralität und Kontextunabhängigkeit genauso in Frage gestellt, wie die Idee universeller Wahrheit. Gleich dem Subjekt von Erkenntnis sind auch seine Produkte nicht ohne Bezug auf ihren historischen und räumlichen Kontext zu interpretieren. Auf methodologischer Ebene schlägt sich eine solche Konzeption von wissenschaftlicher Erkenntnis und erkennendem Subjekt u.a. in folgenden Handlungsanleitungen nieder: Reflexion und Offenlegung der eigenen Parteilichkeit, Einbeziehung subjektiver Faktoren bei Erhebung und Interpretation von Daten (u.a. auch durch Supervision), tendenzielle Aufhebung der strikten Trennung von Subjekt und Objekt in der analytischen Methodologie durch Demokratisierung der Beziehung zwischen Forschern und Beforschten.

Daß Objektivität, Repräsentativität und Validität als strenge Gütekriterien empirisch-analytischer Forschung keinesfalls vor androzentristischen Verzerrungen schützen, haben feministische Politikwissenschaftlerinnen aufgezeigt. So kritisiert z.B. Kathleen Jones (1989) die Geschlechterblindheit weiter Teile politikwissenschaftlicher Partizipationsforschung, wo männliche Beteiligungsformen und -muster unhinterfragt als allgemeinmenschlicher Maßstab für politische Beteiligung genommen wurden. Ob diese Kategorien für die Beschreibung der politischen Einstellungen, Verhaltensweisen und Interessen von Frauen überhaupt geeignet sind, wurde von den meist männlichen Partizipationsforschern schlichtweg nicht gefragt (vgl. Jones 1989: 108). Birgit Sauer (1994) führt die politikwissenschaftliche Bestätigung des Mythos von der unpolitischen Frau auf Androzentrismen im Partizipationskonzept selbst zurück:

»Erstens wird das den Begriffen Politik und Öffentlichkeit zugrundeliegende Ideal des männlichen Aktivbürgers nicht expliziert. Zweitens bezieht sich politische Partizipation auf den öffentlichen Raum, der von der Privatheit gereinigt ist, und drittens schließlich findet Geschlecht lediglich als unabhängige Variable, nicht aber als strukturelle Gesellschaftskategorie Berücksichtigung«. (Sauer 1994: 102)

Subjektperspektive und Politikwissenschaft

Welche Orientierung bietet sich nun einer politikwissenschaftlichen Perspektive, die – so die Zwischenbilanz dieses Beitrags – a) institutionellen Sachlogiken entkommen, b) Interessenartikulation nicht mit (Zwangs-)Kollektivierung gleichsetzen sowie c) Systeme nicht frei von menschlichen Leidenschaften halten will?

Ein mögliches Forschungsziel beschreibt Matthias Pfüller (1989). Es gehe darum, »im Detail zu untersuchen, was die für den Alltag der Subjekte konstitutiven Bedingungen in ihrer jeweiligen Konkretion an Konsequenzen mit sich brachten« (ebd.: 69). Daß es dazu einer mikropolitisch ausgerichteten Forschungsstrategie bedarf, ist einsichtig. Auf methodologischer Ebene ist bei dieser Orientierung der/die Forscher/in als »ganzer Mensch« gefordert und nicht als emotionsloser Halbleiter, der nur Ja/Nein-Zustände kennt. Soziale und kommunikative Kompetenz sind dabei genauso wichtig wie Kennen und Reflektieren eigener »Untiefen«, die in Forschungssituationen genauso miteinfließen, wie in jede andere soziale Situation auch.

Eine Orientierung politikwissenschaftlichen Forschungsinteresses an der Erfahrung konkreter Subjekte hat u.a. auch eine Öffnung des Politikbegriffs zur Folge, insofern als politisches Handeln nun auch in jenen Bereichen verortet werden muß, die im politikwissenschaftlichen Mainstream als politikferne Räume gelten. Auch für die Politikwissenschaft gilt, was Maria Millmann und Rosabeth M. Kanter für die Soziologie feststellen:

>»When focusing only on ›official‹ actors and actions, sociology has set aside the equally important locations of private, supportive, informal, local social structures in which women participate most frequently« (Millman/Kanter 1987: 32).

In Hinblick auf eine Ausweitung des Politikbegriffs finden sich feministische Theoretikerinnen heute durchaus nicht allein. U.a. tritt der deutsche Demokratietheoretiker Michael Greven (1994) für einen vergleichsweise weiten Politikbegriff ein. Als paradoxe Auswirkung staatlicher Interventionen stehen wir heute vor einer Allgegenwart des Politischen. Die heutige Gesellschaft stellt sich als politische Gesellschaft dar. Die vielfältigen Erscheinungsformen des Politischen können auch jenseits des Aktionsradius' klassischer politischer Akteure liegen (vgl. ebd.: 291). Ulrich von Alemann wiederum führt den Begriff der »Schattenpolitik« für das Nichtöffentliche, das Informelle, Unregelmäßige, Personale, ja auch das Illegitime und Illegale in der Politik ein – und schlägt eine Expedition in diese Grauzonen von Schattenpolitik vor (vgl. von Alemann 1994: 136). Dazu bedarf es jedoch einiger Voraussetzungen – wie z.B. Offenheit gegenüber einer Subjektkonzeption, die sich wie von

Alemanns Expedition in die Grauzonen dem »Scheinwerfer klarer Kategorien oder sauberer Vierfeldertafeln entzieht« (ebd.).

Feministische Beiträge zum Subjektbegriff und die Neuvermessung des Politischen

Im postmodern-feministischen Denken wird die Idee des autonomen, selbstreflektiven und vernunftbegabten Subjekts verabschiedet[36]. Das bislang hegemoniale Konzept des Subjekts als festgefügtem stabilen Kern und einheitlichem Partikel der Gesellschaft mit allgemeingültigen Vertretungsansprüchen wird als Konstrukt und Ausdruck männlicher Allmachtsphantasien entlarvt (vgl. Benhabib et al. 1993; Butler 1991). Dem wird eine Subjektkonzeption gegenübergestellt, die Subjekt als vielschichtiges, fragmentiertes Gefüge gesellschaftlicher Praxen sowie als Effekt sozialer und politischer Prozesse versteht (vgl. Butler 1991). Konkret stellt sich die us-amerikanische Politikwissenschaftlerin Jane Flax Subjektivität als heterogenen Prozeß vor, der niemals vollständig oder abgeschlossen ist:

»Relation with others and our feelings and fantasies about them, along with experiences of embodiment also mediated by such relation, contribute to the constitution of subjectivity. This subjectivity is simultaneously embodied, gendered, social, unique, bounded, determined, open, and unfinished.« (Flax 1993: 119)

Findet dieses Konzept von Subjekt und Subjektivität nun Anschlußstellen im Kanon anerkannten politikwissenschaftlichen Denkens – oder handelt es sich um reine Hirngespinste? Mögliche Anknüpfungspunkte sehe ich dort, wo versucht wird, den Politikbegriff aus seiner traditionellen Verklammerung mit dem Staat und den Institutionen des politischen Systems herauszulösen. Die meiste Entsprechung findet sich bei Claus Leggewie, der eine epochale Veränderung politischen Handelns erwartet und die Vision einer »multiplen, chaotisch wirkenden Konstellation von Personen und Gemeinschaften« beschwört, »die zueinander in einem Verhältnis struktureller Fremdheit und situativer Vergemeinschaftung stehen« (Leggewie 1994: 128).

Anmerkungen

1 So ist z.B. liberale politische Theorie eng mit dem Entstehen des modernen Subjektbegriffs verbunden: Seit der Aufklärung, also seit rund 250 Jahren haben sich Individuen zum bürgerlichen politischen Subjekt emanzipiert. Eigentlich war dies ein doppelläufiger

Prozeß: Einerseits wurde Herrschaft von personalen Zuschreibungen abgekoppelt und verallgemeinert, etwa von der Person eines Monarchen oder Grundherrn (vgl. Gerstenberger 1990). Andererseits entstand das politische Subjekt der Moderne in Gestalt des (zunächst) männlichen Aktivbürgers/Staatsbürgers in der liberalen Theorie (zum Ausschluß von Frauen vgl. Pateman 1988). Der politische Aktivbürger hat Rechte und Pflichten, z.B. subjektive Rechte, die auf die Person bezogen sind. Beteiligen an Herrschaft kann er sich nur über Verfahren zur Durchsetzung von Interessen, die immer als kollektive gedacht sind.

2   So unterscheidet z.B. Hans Buchheim zwischen personalen Subjekten i.S. realer Personen und nicht-personalen Subjekten, wie politischen Verbänden von Parteien bis hin zu Staaten (vgl. Buchheim 1990: 97f.). Buchheim interessieren Unterschiede, Eigenarten und Wechselbeziehungen zwischen personalen und nicht-personalen Subjekten in Hinblick auf die Bestimmung des Begriffs Politik (vgl. ebd.: 97).

3   Eine Ausnahme stellen im Bereich der Politischen Psychologie tätige PolitikwissenschaftlerInnen dar. Ein Überblick über Arbeitsgebiete der Politischen Psychologie findet sich bei König (1988a).

4   U.a. sei hier an Klaus Horn (1990) erinnert, der Subjektivität, Demokratie und Gesellschaft – so der Titel des zweiten Bandes seiner Schriften zur Kritischen Theorie des Subjekts – vor dem Hintergrund emanzipatorischer politischer Praxis zusammenzudenken versucht.

5   Vgl. Benhabib et al. (1993), Feministische Studien (2/1993), Wobbe/Lindemann (1994), Benjamin (1995).

6   Die Verwirrung um den Begriff »Postmoderne« und das Subsumieren sehr heterogener Ansätze unter den Sammelbegriff »Postmoderne« ist mir bewußt, läßt sich aber im Rahmen dieses Beitrages nicht auflösen. Ich kann in diesem Zusammenhang nur auf Welsch und dessen Konzeption verweisen (vgl. Welsch 1993: 1-8).
Auch stellen die Bezeichnungen »postmodern« und »poststrukturalistisch« vor allem im anglo-amerikanischen Kontext keine klar trennbaren Denkschulen dar und werden oft als synonym betrachtet: »Also the two are not identical, they overlap considerably and are sometimes considered synonymous. Few efforts have been made to distinguish between the two, probably because the differences appear to be of little consequence (...) As I see it the major difference is one of emphasis more than substance: Post-modernists are more oriented toward cultural critique while the post-structuralists emphasize method and epistemological matters. For example, post-structuralists concentrate on deconstruction, language, discourse, meaning, and symbols while post-modernists cast a broader net« (Rosenau 1992: 3).
Andreas Huyssen plädiert für eine »Non-Identity« dieser zwei Phänomene: »Summing up then, we face the paradox that a body of theories of modernism and modernity, developed in France since the 1960s, has to be viewed, in the U.S., as the embodiment of the postmodern in theory. In a certain sense, this development is perfectly logical. Poststructuralism's readings of modernism are new and exciting enough to be considered somehow beyond modernism as it has been perceived before; in this way poststructuralist criticism in the U.S. yields to the very real pressures of the postmodern. But against and facile conflation of poststructuralism with the postmodern, we must insists on the fundamental non-identity of the two phenomena. In America, too, poststructuralism offers a theory of modernism, not a theory of the postmodern« (Huyssen 1990: 264f.).

7   Vor allem jene Konzeptionen von Politik wurden kritisiert, die Subjektivität mit der Möglichkeit emanzipatorischen politischen Handelns unter Zugrundelegung eines gemeinsamen »WIR« gleichsetzen. Als Gegenstrategie empfiehlt z.B. Butler (1991) das Spiel mit

wechselnden Geschlechtsidentiäten. Dabei handelt es sich um eine feministische Politikstrategie, die nicht auf Repräsentation einer wie immer gearteten Geschlechtskategorie Frau abzielt, sondern Geschlechterbinarität auflösen will. »Queer« steht als Kürzel für performative Praktiken, die auf der Ebene symbolischer Repräsentation agieren und durch Verfehlung, Deformation oder parodistische Wiederholung den »phantasmatischen Identitätseffekt als eine politisch schwache Konstruktion« (Butler 1991: 207) entlarven wollen.

8 Jedoch sind auch Ansätze, die explizit von menschlichem Handeln ausgehen, wie z.B. behavioralistisch ausgerichtete handlungstheoretische Ansätze, hinsichtlich des ihnen zugrundeliegenden Subjektbegriffs keineswegs gefeit vor groben Verengungen. So werden Subjekte in weiten Teilen der Politischen Soziologie – etwa in der Partizipationsforschung – ausschließlich als »Träger computerisierbarer Merkmale« (König 1989: 54) begriffen. Im Rational Choice-Ansatz wird menschliches Handeln ausschließlich als rationales Entscheidungshandeln aufgefaßt, abbildbar als mathematische Gleichungen. Gefühle, Träume, Werte als Motivation von Handeln bleiben dabei auf der Strecke.

9 Einen Überblick und Einstieg bieten u.a. Fetscher/Münkler (1985), Görlitz/Prätorius (1987), Prätorius (1995).

10 An dieser Stelle möchte ich nur kurz darauf hinweisen, daß sowohl die klassischen Vertragstheoretiker Hobbes, Locke, aber auch der schottische Aufklärer Adam Smith Interesse als anthropologische Kategorie begriffen.

11 Einen Überblick über aktuelle feministisch-marxistische Theorieansätze gibt Young (1995).

12 Im Rahmen dieses Beitrags ist es nicht möglich, auf alle Varianten und Verschiebungen in der politikwissenschaftlichen Verwendung des Interessenbegriffs einzugehen. Auch wenn ich mich im folgenden auf Policy-Forschung konzentriere, möchte ich doch zumindest kurz auf ein vor allem im Bereich der internationalen Politik relevantes Konzept verweisen: Relevant für die Nachkriegspolitikwissenschaft wurde u.a. die Ausweitung des Interessenbegriffs der realistischen Schule der internationalen Politik. Ihr bekanntester Vertreter, Hans- Joachim Morgenthau, faßt Interesse als die Gesamtheit der zur Interessensdurchsetzung erforderlichen Machtmittel (»the concept of interest defined in terms of power«). Mit dem so gefaßten Konzept wurde politisches Handeln zu Machthandeln erklärt. Als Arena des Machtkampfes verschiedener Interessengruppen konnte Politik damit von anderen Bereichen gesellschaftlichen Handelns abgegrenzt werden (vgl. Morgenthau 1963).

13 Zur Problematik eines solchen – letzlich essentialistisch ausgerichteten – Ansatzes sowie der feministischen Diskussion um Fraueninteressen und eine mögliche Umdeutung des Interessenbegriffs vgl. Kenngott (1995).

14 Theo Schiller zählt zu den Akteuren der Interessenvermittlung vor allem: Wirtschaftsunternehmen, Verbände der Wirtschaftsunternehmen, Arbeitnehmergewerkschaften, Berufsständische Interessenvertretungen, Religionsgemeinschaften, Vereinigungen ethnischer oder kultureller Minderheiten, Protest- und Initiativgruppen, Parteien (mit Einschränkung) etc. (vgl. Schiller 1995: 455). »Die einzelnen Wähler/Bürger (soweit sie nicht Mitglieder von Organisationen sind) können ganz überwiegend nur auf öffentliche Angebote der Interessenrepräsentation (durch Parteien, Verbände, Advokaten, Medien) reagieren (...) doch verfügen sie über aktive Artikulationsfähigkeit nur insoweit, als organisierte Sprecher mit hinreichender Legitimation vorhanden sind« (ebd.: 456).

15 Unter den z.T. konkurrierenden systemtheoretischen Entwürfen werden an dieser Stelle der für die Politikwissenschaft der späten sechziger und frühen siebziger Jahre relevante funktionalistische Systemansatz David Eastons sowie die für die achziger Jahre bestim-

mende funktionale »Theorie Sozialer Systeme« Niklas Luhmanns exemplarisch aufgegriffen.
16 Zur »Modernisierungsfunktion« funktionalistischer Ansätze vgl. u.a. Naschold (1971), Senghaas (1971), von Beyme (1992), Willke (1996).
17 Es geht also nicht um Verstehen des Operationsmodus eines bestimmten politischen Systems, etwa des französischen oder amerikanischen, oder um Aufzeigen der Unterschiede zwischen demokratischen Verfassungsstaaten und totalitären Regimen, sondern um das Herausarbeiten der Funktionslogik von Politik auf möglichst breiter Basis.
18 Inputs kommen aus der innergesellschaftlichen Umwelt, z.B aus anderen Subsystemen wie dem ökonomischen oder dem kulturellen, oder werden aus der internationalen Umwelt an das politische System herangetragen.
19 Das politische System verfügt allerdings über genug Autonomie, um nicht alle »demands« (Forderungen) gleich wichtig nehmen zu müssen. Umgekehrt kann es auch selbst »demands« aufstellen und in Entscheidungen umsetzen.
20 Gantzel, Müller und Naschold (1971) weisen darauf hin, daß die Ursprünge der Vorstellung von sozialen Gebilden als Systeme bereits in den Anfängen der politischen Philosophie überhaupt aufspürbar sind. »Mit kaum einem Wort verfahren wir so freizügig, wenngleich in der Regel unspezifisch und oft nur aus Verlegenheit, wie mit der Bezeichnung ›System‹ für alle möglichen Aggregate von Einheiten, die durch vielfältige Interdependenzen und Interaktionen dynamisch miteinander verflochten sind. Weder methodologische Traditionalisten noch Avantgardisten der Sozialwissenschaften unterscheiden sich hierin« (Gantzel/Müller/Naschold 1971: 1). Mehr als 20 Jahre später – als sich der Begriff politisch-administratives System längst durchgesetzt hat – kritisiert Voigt, daß mit Übernahme der Kategorie »System« zumindest implizit die Anerkennung der – sozialwissenschaftlich im übrigen heftig umstrittenen – systemtheoretischen Ausgangspositionen verbunden war, ohne daß dies freilich jedem Autor stets bewußt gewesen sei (vgl. Voigt 1993: 10). »Danach bestehen soziale Systeme nicht aus Menschen, sondern aus Kommunikation und sind durch Sinn organisiert« (ebd.).
21 Alle lebenden Systeme weisen eine identische autopoietische Organisation auf. Sie sind dadurch charakterisiert, daß ihre Bestandteile Relationen erzeugen. Relationen erzeugen wiederum Bestandteile. Die Wechselwirkungen zwischen Bestandteilen und Relationen erzeugen erst das System. Es stellt sich also selbst her.
22 In der Theorie offener Systeme faßt Luhmann Handlungen als Elemente von sozialen Systemen. Da Handlungen aber immer auf Einzelpersonen bezogen werden und Kommunikation immer schon auf mindestens zwei psychische Systeme verweist, werden in der Theorie autopoietischer Systeme Kommunikationen als Letzteinheiten sozialer Systeme gefaßt.
23 Denn »jede Intervention von außen muß über die Barriere einer eigengesetzlichen Kausalstruktur (genauer: selbst gesetzter Leitdifferenzen als Raster der Informationsaufnahme) hinweg und macht sich damit in ihren Wirkungen vom interen Operationsmodus des betreffenden Teilsystem abhängig« (Willke 1987: 540).
24 Der Nutzen der Theorie autopoietischer Systeme für die Politikwissenschaft lag bislang eher in einer heuristischen Funktion. Zu Problemen der Übertragung naturwissenschaftlicher Selbstorganisationskonzepte bzw. ihrer mathematischen Methoden sowie eine Skizze erster Anwedungsmöglichkeiten in Teilbereichen der Politikwissenschaft siehe Druwe (1994). Politikwissenschaftliche Umsetzung und Weiterentwicklung erfährt die Theorie autopoietischer Systeme auch in den Arbeiten Willkes (u.a. 1996).

25 Z.B. läßt Willke in diesem Zusammenhang nur mehr das Prinzip der Legitimität zu: »In Begriff und Konzept der Legitimität vereint sich ein spezifisch politischer Gesichtspunkt der Beurteilung oder Bewertung kontingenter Entscheidungen mit der universalen Beschreibung der Eigenleistung (oder genauer: des Eigenwertes) der Politik« (Wilke 1996: 44).
26 Auf den schmalen Begriff des Politischen in systemtheoretischen Ansätzen weist auch Wolf-Dieter Narr hin: »Die Politik wird auf einen schmalen Entscheidungssektor reduziert, derselbe zum System erhoben, objektiviert, in seiner Rationalität fixiert und somit unproblematisch« (Narr 1969: 180).
27 Ich denke hier z.B. an Robert Dahl, dessen Politikverständnis »any persistent pattern of human relationships that involves, to a significant extent, control, influence, power, or authority« (Dahl 1984: 9f.) miteinschließt.
28 Zum Begriff des Geschlechterverhältnisses, aber auch zum Begriff Geschlechterbeziehungen vgl. Becker-Schmidt/Knapp (1995: 17f.).
29 Allgemein kann die Beziehung zwischen Systemtheorie und feministischer Theorie als »unterkühlt« bezeichnet werden. Seltene Versuche einer Annäherung werden aber von beiden Seiten unternommen (vgl. u.a. Luhmann 1988; Pasero 1994; Runte 1994).
30 Die nicht eindeutige Verwendung des Methodenbegriffs in der Politikwissenschaft führt häufig zu Unklarheiten und Verwirrung (vgl. Patzelt 1992: 193f.). So ist es in Teilen der Politikwissenschaft üblich, Forschungsansätze – wie z.b. die Netzwerkanalyse – als Methode zu bezeichnen. Patzelt schlägt vor, auch für die Politikwissenschaft den viel engeren Methodenbegriff der übrigen Sozialwissenschaften zu benutzen und als Methoden die konkreten Verfahren der Informationsgewinnung zu bezeichnen (ebd.).
31 Verständlich wird dieser Befund durch einen kurzen Blick auf die Geschichte der Disziplin im deutschen Sprachraum: Im 17./18. Jahrhundert entstehen Polizeywissenschaft und Kameralistik vor dem Hintergrund neuer staatlicher Anforderungen und Politik (vgl. Patzelt 1992; von Alemann 1995; Mohr 1995). Im vorigen Jahrhundert spaltet sich die Vorgängerwissenschaft Staatslehre auf in die akademischen Disziplinen Volkswirtschaftslehre, Verwaltungsrecht, Staatsrechtslehre. Neben der Staatslehre befassen sich nun auch Soziologen, Nationalökonomen oder Historiker mit Problemen der Politik. Eine eigenständige Wissenschaft von der Politik konnte sich im Kanon der neuen akademischen Disziplinen nicht etablieren. »Der Objektbereich des Politischen hatte aber im 19. und in weiten Teilen (...) auch noch im 20. Jahrhundert noch keinen eigenen akademischen Bezirk. Diese Sphäre blieb in verschiedenen Einzelwissenschaften aufgehoben, von denen jede mit den ihr eigentümlichen Mitteln einen Zugang zum Politischen zu finden trachtete« (Mohr 1995: 11). Nach dem zweiten Weltkrieg wird in Deutschland die Politikwissenschaft als Demokratie- und Demokratisierungswissenschaft universitär verankert. Die ersten Vertreter der Politikwissenschaft auf den neugeschaffenen Lehrstühlen sind zwar alles andere als »traditionslose Gesellen«, aber sie sind auch keine ausgebildeten Politologen und bringen die Denkmodelle und Methoden ihrer Herkunftsdisziplinen in die junge Politikwissenschaft mit ein (vgl. ebd.).
32 Stichwort: Positivismusstreit in der deutschen Soziologie.
33 Winkler und Falter widmen in einem neueren Beitrag zur politikwissenschaftlichen Forschungslogik und Methodenlehre wissenschaftstheoretischen und methodologischen Streitfragen immerhin ein eigenes Kapitel (vgl. Winkler/Falter 1995). Bei Darstellung der Streitpunkte verweisen auch sie vor allem auf soziologische Literatur, bemühen sich jedoch, die dortigen Debatten in die Politikwissenschaft zu übertragen (vgl. ebd.: 132ff.).
34 Vgl. u.a. Patzelt (1992); Winkler/Falter (1995); von Alemann (1995).

35 So war z.B. Werner Patzelts (1987) Skizze einer ethnomethodologisch orientierten Politikwissenschaft lange ein Geheimtip unter Methodenfreaks.
36 Die postmoderne These vom Tod des Subjekts steht für Auflösung oder Verflüssigung jeglicher essentialistischer Auffassung von menschlicher Subjektivität als vorkulturell. Denn typisch für die abendländische Moderne war ein Konzept von Subjektivität, dem die Fähigkeit zu Denken und Vernunft unabhängig von sozialen oder körperlichen Erfahrungen zu Grunde liegt. Das erkennende Subjekt der Philosophie, das souveräne Subjekt der Politik sind zentrale Figuren europäischen Denkens seit der Aufklärung.

Literatur

Adorno, Theodor W. (1984), Zu Subjekt und Objekt, in: Theodor W. Adorno, *Philosophie und Gesellschaft. Fünf Essays*, Stuttgart, S.74-93.
Alemann, Ulrich von (1994), Schattenpolitik. Streifzüge in die Grauzonen der Politik, in: Claus Leggewie (Hg.), *Wozu Politikwissenschaft? Über das Neue in der Politik*, Darmstadt, S.135- 144.
Alemann, Ulrich von (Hg.) (1995), *Politikwissenschaftliche Methoden. Grundriß für Studium und Forschung*, Opladen.
Alemann, Ulrich von, Wolfgang Tönnesmann (1995), Grundriß: Methoden in der Politikwissenschaft, in: Ulrich von Alemann (Hg.), *Politikwissenschaftliche Methoden. Grundriß für Studium und Forschung*, Opladen, S. 17-141.
Becker-Schmidt, Regina, Gudrun-Axeli Knapp (1995), Einleitung, in: Regina Becker-Schmidt, Gudrun-Axeli Knapp (Hg.), *Das Geschlechterverhältnis als Gegenstand der Sozialwissenschaften*, Frankfurt/M./New York, S. 7-18.
Behrens, Henning (1987), Interesse, in: Axel Görlitz, Rainer Prätorius (Hg.), *Handbuch Politikwissenschaft. Grundlagen – Forschungsstand – Perspektiven*, Reinbek bei Hamburg, S.166-172.
Benhabib, Seyla et al. (1993), *Der Streit um Differenz. Feminismus und Postmoderne in der Gegenwart*, Frankfurt/M.
Benjamin, Jessica (Hg.) (1995): *Unbestimmte Grenzen. Beiträge zur Psychoanalyse der Geschlechter*, Frankfurt/M.
Beyme, Klaus von (1992), *Theorie der Politik im 20. Jahrhundert. Von der Moderne zur Postmoderne*, 2. Aufl., Frankfurt/M.
Buchheim, Hans (1990), Person und Politik, in: Volker Gerhardt (Hg.): *Der Begriff der Politik. Bedingungen und Gründe politischen Handelns*, Stuttgart, S. 95-108.
Buczylowski, Ulrich (1975), Das »Politische System« David Eastons, in: Wilfried Röhrich (Hg.), *Systemtheoretische Modellvorstellungen*, Darmstadt, S. 110-124.
Butler, Judith (1991), *Das Unbehagen der Geschlechter*, Frankfurt/M.
Christoph, Klaus (1995), Zur Vergesellschaftung von Subjektivität. Ansätze Politischer Psychologie, in: Franz Neumann (Hg.), *Handbuch Politische Theorien und Ideologien 1*, Opladen, S. 409-444.
Claußen, Bernhard (1995), Mikro- und Mesopolitik, in: Arno Mohr (Hg.), *Grundzüge der Politikwissenschaft*, München, S. 327-412.
Dahl, Robert A. (1984), *Modern Political Analysis*, 4. Aufl., London et al.

Diamond, Irene, Nancy Hartsock (1981), Beyond Interests in Politics: A Comment on Virginia Sapiro's »When are Interests Interesting? The Problem of Political Representation of Women«, in: *The American Political Science Review 75,* S. 717-721.

Druwe, Ulrich (1994), Selbstorganisation.Vom Nutzen naturwissenschaftlicher Konzepte für die Politikwissenschaft, in: Claus Leggewie (Hg.), *Wozu Politikwissenschaft? Über das Neue in der Politik,* Darmstadt, S.145-154.

Easton, David (1953), *The Political System: An Inquiry into the State of Political Science,* New York.

Easton, David (1965), *A Systems Analysis of Political Life,* New York/London/Sidney.

Feministische Studien (1993), *Kritik der Kategorie »Geschlecht«, H. 2.*

Fetscher, Iring, Herfried Münkler (Hg.) (1985), *Politikwissenschaft. Begriffe – Analysen – Theorien. Ein Grundkurs,* Reinbek bei Hamburg.

Flax, Jane (1993), *Disputed Sujects: Essays on Psychoanalysis, Politics and Philosophy,* New York/London.

Gantzel, Klaus Jürgen, Norbert Müller, Frieder Naschold (1971), Anwendbarkeit und Anwendung von Systemtheorien zur Analyse politischer Prozess (in Demokratien). Vorbemerkung, in: *Probleme der Demokratie heute – Tagung der Deutschen Vereinigung für Politische Wissenschaft in Berlin,* Herbst 1969, PVS-Sonderheft 2, Opladen.

Gerstenberger, Heide (1990), *Die subjektlose Gewalt. Theorie der Entstehung bürgerlicher Gewalt,* Münster.

Görlitz, Axel, Rainer Prätorius (Hg.) (1987), *Handbuch Politikwissenschaft. Grundlagen – Forschungsstand – Perspektiven,* Reinbek bei Hamburg.

Greven, Michael Th. (1994), Die Allgegenwart des Politischen und die Randständigkeit der Politikwissenschaft, in: Claus Leggewie (Hg.), *Wozu Politikwissenschaft? Über das Neue in der Politik,* Darmstadt, S. 285-298.

Guggenberger, Bernd (1985), Parlamentarische Parteiendemokratie, Bürokratie und Justiz. Aspekte der Theorie und Praxis politischer Institutionen in der Bundesrepublik, in: Iring Fetscher, Herfried Münkler (Hg.), *Politikwissenschaft. Begriffe – Analysen – Theorien. Ein Grundkurs,* Reinbek bei Hamburg, S. 494-544.

Harding, Sandra (1994), *Das Geschlecht des Wissens. Frauen denken die Wissenschaft neu,* Frankfurt/M./New York.

Henkenborg, Peter (1995), Politische Ethik: Paradoxien der Moral der Moderne, in: Franz Neumann (Hg.), *Handbuch Politische Theorien und Ideologien 1,* Opladen, S. 343-374.

Horn, Klaus (1990), *Subjektivität, Demokratie und Gesellschaft. Schriften zur kritischen Theorie des Subjekts II,* Frankfurt/M.

Husserl, Edmund (1982), *Die Krisis der europäischen Wissenschaften und die transzendentale Phänomenologie,* Hamburg.

Huyssen, Andreas (1990), Mapping the Postmodern, in: Linda Nicholson (Hg.): *Feminism/ Postmodernism,* New York, S. 234-280.

Jones, Kathleen B.(1989), Der Tanz unter dem Lindenbaum. Eine feministische Kritik der traditionellen politischen Wissenschaft, in: Barbara Schaeffer-Hegel, Barbara Watson-Franke (Hg.), *Männer Mythos Wissenschaft. Grundlagentexte zur feministischen Wissenschaftskritik,* Pfaffenweiler, S. 99-116.

Kenngott, Eva-Maria (1995), Feminismus und Demokratie. Über die Verwandlung der Frau zur Bürgerin, in: *Leviathan 3,* S. 351-375.

König, Helmut (Hg.) (1988a), *Politische Psychologie heute,* Leviathan Sonderheft 9, Opladen.

König, Helmut (1988b), Wider die Politische Psychologie als Befragungswissenschaft. Kritischer Literaturbericht, in: Helmut König (Hg.), *Politische Psychologie heute,* Leviathan Sonderheft 9, Opladen, S. 36-52.

König, Helmut (1989), Politologie des Subjekts, in: Ulrich Albrecht, Elmar Altvater, Ekkehart Krippendorf (Hg.), *Was heißt und zu welchem Ende betreiben wir Politikwissenschaft? Kritik und Selbstkritik aus dem Otto-Suhr-Institut,* Darmstadt, S. 53-65.

Köpl, Regina (1995), Das Subjekt ist tot – es lebe das Subjekt! Zum Ende des Universalismus in der feministisch-postmodernen Diskussion, in: *Österreichische Zeitschrift für Politikwissenschaft* 2, S. 169-181.

Kreisky, Eva (1994), Das ewig Männerbündische? Zur Standardform von Staat und Politik, in: Claus Leggewie (Hg.), *Wozu Politikwissenschaft? Über das Neue in der Politik,* Darmstadt, S. 191-210.

Kreisky, Eva (1995), Gegen »geschlechtshalbierte Wahrheiten«. Feministische Kritik an der Politikwissenschaft im deutschsprachigen Raum, in: Eva Kreisky, Birgit Sauer (Hg.), *Feministische Standpunkte in der Politikwissenschaft. Eine Einführung,* Frankfurt/M./New York, S. 27-62.

Leggewie, Claus (1994), Fuzzy Politics. Weltgesellschaft, Multikulturalismus und Vergleichende Politikwissenschaft, in: Claus Leggewie (Hg.), *Wozu Politikwissenschaft? Über das Neue in der Politik,* Darmstadt, S. 120-134.

Luhmann, Niklas (1970), *Soziologische Aufklärung,* Opladen.

Luhmann, Niklas (1984), *Soziale Systeme,* Frankfurt/M.

Luhmann, Niklas (1988), Frauen, Männer und George Spencer Brown, in: *Zeitschrift für Soziologie* 1, S. 47-71.

Luhmann, Niklas (1995), Das Gedächtnis der Politik, in: *Zeitschrift für Politik. Zeitschrift der Hochschule für Politik München* 2, S. 109-121.

Millmann, Maria, Rosabeth Moss Kanter (1987), Introduction to Another Voice: Feminist Perspectives on Social Life an Social Science, in: Sandra Harding (Hg.), *Feminism and Methodology,* Bloomington, S. 29-36.

Mohr, Arno (1995), Politikwissenschaft als Universitätsdisziplin in Deutschland, in: Arno Mohr (Hg.), *Grundzüge der Politikwissenschaft,* München, S. 1-64.

Morgenthau, Hans-Joachim (1963), *Macht und Frieden,* Gütersloh.

Nadig, Maya (1996). *Die verborgene Kultur der Frau,* Frankfurt/M.

Narr, Wolf-Dieter (1969), *Theoriebegriffe und Systemtheorie,* Band 1 von: Wolf-Dieter Narr, Frieder Naschold (Hg.), *Einführung in die moderne politische Theorie,* Stuttgart.

Narr, Wolf-Dieter (1971), Systemzwang als neue Kategorie in Wissenschaft un Politik, in: Claus Koch, Dieter Senghaas (Hg.), *Texte zur Technokratiediskussion,* Frankfurt/M., 2. Aufl., S. 219-245.

Narr, Wolf-Dieter (1988), Das Herz der Institution oder strukturelle Unbewußtheit – Konturen einer Politischen Psychologie als Psychologie staatlich-kapitalistischer Herrschaft, in: Helmut König (Hg.), *Politische Psychologie heute,* Leviathan Sonderheft 9, Opladen, S. 111-146.

Naschold, Frieder (1970), Die Systemtheoretische Analyse demokratischer Politischer Systeme. Vorbemerkungen zu einer systemanalytischen Demokratietheorie als politischer Wachstumstheorie mittlerer Reichweite, in: *Probleme der Demokratie heute. Tagung der Deutschen Vereinigung für Politische Wissenschaft in Berlin, Herbst 1969,* PVS-Sonderheft 2, S. 3-39.

Negt, Oskar, Alexander Kluge (1992), *Maßverhältnisse des Politischen. 15 Vorschläge zum Unterscheidungsvermögen,* Frankfurt/M.

Pasero, Ursula (1994), Geschlechterforschung revisited: konstruktivistische und systemtheoretische Perspektiven, in: Theresa Wobbe, Gesa Lindemann (Hg.), *Denkachsen. Zur theoretischen und institutionellen Rede vom Geschlecht*, Frankfurt/M., S. 264-297.

Pateman, Carole (1988), *The Sexual Contract*, Cambridge/Oxford.

Patzelt, Werner J. (1987), *Grundlagen der Ethnomethodologie. Theorie, Empirie und politikwissenschaflicher Nutzen einer Soziologie des Alltags*, München.

Patzelt, Werner J. (1992), *Einführung in die Politikwissenschaft. Grundriß des Faches und studiumbegleitende Orientierung*, Passau.

Pfüller, Matthias (1989), Faktoren einer Konstitution des Subjekts in der vorbürgerlichen und bürgerlich-kapitalistischen Gesellschaft – Beitrag zu einer »Politologie des Subjekts«, in: Ulrich Albrecht, Elmar Altvater, Ekkehart Krippendorf (Hg.), *Was heißt und zu welchem Ende betreiben wir Politikwissenschaft? Kritik und Selbstkritik aus dem Otto-Suhr-Institut*, Darmstadt, S. 66-80.

Prätorius, Rainer (1995), Institutionen und Regierungsprozeß, in: Arno Mohr (Hg.), *Grundzüge der Politikwissenschaft*, München, S. 487-566.

Rauschenbach, Brigitte (1988), Betroffenheit als Kategorie der Politischen Psychologie, in: Helmut König (Hg.), *Politische Psychologie heute*, Leviathan Sonderheft 9, Opladen, S. 147-170.

Rosenau, Pauline Marie (1992), *Post.Modernism and the Social Sciences. Insights, Inroads, and Intrusions*, Princeton.

Runte, Anette (1994), Die »Frau ohne Eigenschaften« oder Niklas Luhmanns systemtheoretische Beobachtung der Geschlechter-Differenz, in: Theresa Wobbe, Gesa Lindemann (Hg.), *Denkachsen. Zur theoretischen und institutionellen Rede vom Geschlecht*, Frankfurt/M., S. 297-326.

Sauer, Birgit (1994), Was heißt und zu welchem Zwecke partizipieren wir? Kritische Anmerkungen zur Partizipationsforschung, in: Elke Biester, Barbara Holland-Cunz, Birgit Sauer (Hg.), *Demokratie oder Androkratie? Theorie und Praxis demokratischer Herrschaft in der feministischen Diskussion*, Frankfurt/M./New York 1994, S. 99-130.

Sauer, Birgit (1996), Transition zur Demokratie? Die Kategorie »Geschlecht« als Prüfstein für die Zuverlässigkeit von sozialwissenschaftlichen Transformationstheorien, in: Eva Kreisky (Hg.), *Vom patriarchalen Staatssozialismus zur patriarchalen Demokratie*, Wien 1996, S. 131-167.

Schiller, Theo (1995), Politische Soziologie, in: Arno Mohr (Hg.), *Grundzüge der Politikwissenschaft*, München, S. 413-486.

Schmidt, Manfred (1995), Policy-Analyse, in: Arno Mohr (Hg.), *Grundzüge der Politikwissenschaft*, München, S. 567-604.

Schülein, Johann August (1988), Veränderungen der Konstitutions- und Reproduktionsbedingungen von Subjektivität, in: Helmut König (Hg.), *Politische Psychologie heute*, Leviathan Sonderheft 9, Opladen, S. 387-410.

Schülein, Johann August (1990), Vorwort. Gesellschaftstheorie und Psychoanalyse – Klaus Horn und die Vermittlung verschiedener Diskurse, in: Klaus Horn, *Subjektivität, Demokratie und Gesellschaft. Schriften zur kritischen Theorie des Subjekts II*, Frankfurt/M., S. 7-14.

Schülein, Johann·August, Karl-Michael Brunner (1994), *Soziologische Theorien. Eine Einführung für Amateure*, Wien/New York.

Senghaas, Dieter (1971), Systembegriff und Systemanalyse: Analytische Schwerpunkte und Anwendungsgebiete in der Politikwissenschaft, in: Claus Koch, Dieter Senghaas (Hg.), *Texte zur Technokratiediskussion*, Frankfurt/M., 2. Aufl., S.174-195.

Voigt, Rüdiger (1993), Einleitung, in: Rüdiger Voigt (Hg.), *Abschied vom Staat – Rückkehr zum Staat?*, Baden-Baden, S. 9-24.

Waschkuhn, Arno (1995), Politische Systeme, in: Arno Mohr (Hg.), *Grundzüge der Politikwissenschaft,* München, S. 237-326.

Welsch, Wolfgang (1993), *Unsere postmoderne Moderne*, 4. Aufl., Berlin.

Willke, Helmut (1987), System, in: Axel Görlitz, Rainer Prätorius (Hg.), *Handbuch Politikwissenschaft. Grundlagen – Forschungsstand – Perspektiven*, Reinbek bei Hamburg, S. 534-541.

Willke, Helmut (1996), *Ironie des Staates. Grundlinien einer Staatstheorie polyzentrischer Gesellschaft,* Frankfurt/M.

Winkler, Jürgen R., Jürgen W. Falter (1995), Grundzüge politikwissenschaftlicher Forschungslogik und Methodenlehre, in: Arno Mohr (Hg.), *Grundzüge der Politikwissenschaft,* München, S. 65-142.

Wobbe, Theresa, Gesa Lindemann (Hg.) (1994), *Denkachsen. Zur theoretischen und institutionellen Rede vom Geschlecht,* Frankfurt/M.

Young, Brigitte (1995), Staat, Ökonomie und Geschlecht, in: Eva Kreisky, Birgit Sauer (Hg.), *Feministische Standpunkte in der Politikwissenschaft. Eine Einführung*, Frankfurt/M./New York, S. 255-280.

Zürn, Michael (1994), Das Projekt »Komplexes Weltregieren«. Wozu Wissenschaft von den internationalen Beziehungen?, in: Claus Leggewie (Hg.), *Wozu Politikwissenschaft? Über das Neue in der Politik,* Darmstadt, S.77-88.

Die Eine / die Andere
Zur Kritik einer modernen Setzung

Sieglinde Rosenberger

Nicht Neutralität, sondern Dualität

Zum Paradigma der Blindheit gegenüber dem Geschlechtlichen, der Beseitigung der Frauen aus dem politischen Diskurs und über Modi der Verdrängung und Verschleierung der Geschlechterdifferenz im politikwissenschaftlichen und philosophischen Denken liegen zahlreiche Untersuchungen vor. Insbesondere zwei epistemologische Positionen werden von feministischer Seite kritisiert: a) die männliche Kurzsichtigkeit, die »geschlechtshalbierte Wahrheiten« produziert und diese unbescheiden als »ganze« Wahrheit offeriert, und b) das politische und erkenntnistheoretische Subjekt, das durch die Universalisierung des Männlichen als das Menschliche konstituiert wird. Frauenforscherinnen sprechen bezüglich dieser Blindheiten, Verkürzungen, Verzerrungen und gleichzeitigen Generalisierungen im traditionellen politischen Denken von einer androzentrischen Universalität wissenschaftlicher Erkenntnisse (vgl. Becker-Schmidt 1990; Schissler 1993; Kreisky 1995; Kahlert 1995).

In diesem Artikel wird nun nicht primär dieses eingeschlechtliche, allerdings geschlechtsneutral vermittelte Wissen, das Geschlechterdifferenzen nicht erkennt, sondern verschwinden läßt, problematisiert. Das Interesse gilt vielmehr den explizit sexualisierten Annahmen und Konstruktionen der Politikwissenschaft, die als Fach von dichotomen Strukturprinzipien geprägt ist.

Einiges spricht dafür, die in der Politikwissenschaft gängige Praxis, wie Organisation und Relationalität des Geschlechterverhältnisses wahrgenommen wird, mit dem Sprachspiel *der Eine/die Andere* zum Ausdruck zu bringen. *Der Eine/die Andere* strukturiert androzentristisches Wissen und vermag die Ordnung der Geschlechter nicht lediglich als duales Beziehungsgefüge, insbesondere nicht als Pluralität oder Gleichwertigkeit des Differenten, sondern als System von Norm und Abweichung, von Allgemeinem und Besonderem anzudeuten. Es eignet sich als diskursiver Modus zur Repräsentation der soziostrukturell eingebetteten und in sozialer Hinsicht hierarchisch situierten Geschlechter.

Die auf die Beziehung der Geschlechter verwendete Metapher *der Eine/die Andere* beschreibt keinen Gegensatz, sondern sie drückt aus, daß in diesem Denken beide Teile einander benötigen – der Eine als das Männliche stützt sich auf die Andere als das Weibliche. Trotzdem aber wird durch die gängige Gleichsetzung des Männlichen mit dem Menschlichen der Eindruck vermittelt, als ob das Männliche ein gegensatzloses Eines sei und nur die Andere den Einen bräuchte.

Mit der Codierung der Geschlechter entlang von *der Eine/die Andere* wird die Ordnung der Geschlechter deutlich – die Zuschreibung unterschiedlicher Handlungsspielräume ebenso wie die Begründung der idealtypischen Trennung des Öffentlichen vom Privaten. Die hierarchische Verortung des Weiblichen bzw. die residuale Bestimmung der Gruppe Frauen erfolgt über die gedankliche Konstruktion, in der der Eine die Gestalt einer totalisierenden Grösse, dem die Andere untergeordnet ist, annimmt. Die Andere ist anders als der Eine, sie ist nicht identisch. Das Nicht-Identische aber wird nicht als Verschiedenheit oder Pluralität erkannt, sondern als nachrangig gedacht (vgl. Pieper 1993: 95).

Besonders charakteristisch für die hier zur Diskussion gestellte geschlechtsspezifizierende Grundlegung der Politikwissenschaft ist, neben der im Gefüge von Norm und Abweichung eingebauten Hierarchisierung, das Verschwinden des Weiblichen auf der Ebene des Öffentlichen. Die Dualität Mann/Frau, die für den privaten Bereich geradezu als konstitutiv erachtet werden muß, gerät hinsichtlich der Betrachtung des politischen Subjekts und der öffentlichen Sphäre aus dem Blick. Es scheint, als ob das Männliche, das zum gesellschaftlichen und politischen Selbst stilisierte, lediglich auf der Ebene des Privaten auf die Andere angewiesen sei. Die Öffentlichkeit (der Staat) ist der Raum des Politischen, der sich in Abgrenzung zur Privatheit definiert. In dieser Logik, die insbesondere liberale Theorien kennzeichnet, entzieht sich die Privatheit (die Familie) als das Vor-Politische aus konzeptimmanenten Gründen der politikwissenschaftlichen Betrachtung (vgl. Benhabib/Nicholson 1987).

Mit diesen hier aufgeworfenen Sichtweisen zur Geschlechterdifferenz beschäftigt sich der erste Teil der Ausführungen. Exemplarisch werden pointierte Positionen der Ideengeschichte, der Forschung zur politischen Kultur und Positionierungen politischer Institutionen, denen die Logik *der Eine/die Andere* eingeschrieben ist, beleuchtet. Im zweiten Teil werden feministische Theorierichtungen im Hinblick auf die konzeptionelle Fassung des Phänomens *der Eine/die Andere* untersucht. Denn gerade am spezifischen Umgang mit diesem gesellschaftlichen und philosophischen Fundament lassen sich Positionen innerhalb der feministischen Forschung deutlich erkennen. Ich unterscheide drei Richtungen, die zwar weniger zu unterschiedlichen Analyseergebnissen, aber zu recht divergierenden Vorstellungen zur Überwindung der sozialen Geschlechterdifferenz kommen: strukturell-funktionalistische Ansätze, sexuelle Differenztheorien und postmoderne-feministische Diskussionen. Die Unterscheidung zwischen sexuellen Differenztheorien, die die Geschlechterordnung in ein System der separierten Dualität stellen, und postmodernem Differenzdenken, das Hierarchien in viele Differenzen auflösen will, ist im Hinblick auf die Analyse und Überwindung der Geschlechterdifferenz erkenntnisreich. In der zweiten Theorierichtung wird das einheitslogische Denken, in dem die Andere auf den Einen bezogen ist, überwunden; in der ersten jedoch wird die Andere als die Eigene, die Andersart als die Eigenart gedacht.

Der Eine/die Andere in Politikwissenschaft und politischer Praxis

Zweigeschlechtlichkeit, Polarisierung und Hierarchisierung, Ungleichheit und Ungleichwertigkeit sind konstitutiv für das moderne politikwissenschaftliche Denken. Denn bekanntlich sind mit der Moderne nicht nur die emanzipatorischen Ideen zur naturrechtlichen Gleichheit und Freiheit der Menschen (Hobbes, Locke, Rousseau), sondern auch die Überlegungen zur natürlichen Andersartigkeit der Frauen (Fichte) zu verbinden. Mit der Idee der Andersartigkeit war der Eine geboren. Bis heute finden wir forschungspraktische Entsprechungen ebenso wie institutionelle Verankerungen dieses in der politischen Ideengeschichte offen und deutlich dargelegten Denkens zu hierarchischen, aber auf Komplementarität angelegten Geschlechterbeziehungen.

Politische Ideen

Als Vertrags- und Naturrechtstheorien des 18. und 19. Jahrhunderts die naturrechtliche Gleichheit aller (männlichen) Menschen zum Dogma der Aufklärung machten und die bürgerlich-liberalen Emanzipationsbewegungen für politische Rechte sich auf diese Überlegungen stützten, entstand und verfestigte sich der Mythos einer natürlichen physischen Ungleichheit der Geschlechter. Unter dem Eindruck naturrechtlicher Gleichheitspostulate mußte die Andersbehandlung von Frauen erstmals in der Geschichte legitimiert werden. Die Polarisierung der Geschlechtercharaktere und die Annahmen der »Natur der Frau« und des »weiblichen Wesens« führten zur Herausbildung einer ganz bestimmten weiblichen Eigenart – zur geschlechtlichen Andersartigkeit der

Frau (vgl. Jones 1989). Hannah Arendt stellt fest, daß die Andersheit im Paradigma der Gleichheit bereits enthalten sei, ja daß diese eine Art Kind der Idee der politischen Gleichheit darstelle. Sie begründet diese Feststellung damit, daß erst ab jener Zeit, als Gleichheit verlangt worden war, Andersheit zur Verweigerung der Gleichheit legitimatorisch notwendig wurde (vgl. Arendt 1986: 108f.).

Wesentlich festzuhalten ist, daß diese Andersartigkeit nicht Resultat von Beobachtung und Beschreibung war, sondern Fiktion, die in der Ontologisierung des Weiblichen und in biologischen Imperativen ihre Begründung fand (Annerl 1991: 51).

Die Erfindung der natürlichen Verschiedenheit und des Gattungswesens *Frau*, diente vor allem zur Legitimation der Verweigerung der Menschen- und Staatsbürgerrechte für Frauen, zur Begründung ihrer Exklusion aus dem Politischen sowie zur Begründung für den Einschluß von Frauen in Ehe und Familie. Bei Thomas Hobbes schließen sich die Rollen der Frau und Mutter und die des Bürgers gegenseitig aus; bei John Locke besteht eine Unvereinbarkeit von Familienautorität und politischer Autorität. Die Rolle der Frauen, die mittels Natur bestimmt wird, liegt konträr zu einer aktiven politischen Rolle in der bürgerlichen Gesellschaft (vgl. Jones 1989: 103; vgl. Maihofer 1994: 239). Carole Pateman (1988) betont, daß die Gesellschaftsvertragskonzeptionen, in denen das Gemeinwesen durch die Zustimmung der Bürger legitimiert ist, auf einem Geschlechtervertrag basieren. In diesem Geschlechtervertrag erfolge die Unterordnung der Frau unter die Autorität des Mannes jedoch nicht aufgrund freiwilliger Zustimmung, sondern durch Zwang. Der Geschlechtervertrag, mit dem die privaten Beziehungen geregelt werden, korrespondiert auf der nächsten Ebene mit der Dichotomisierung von Öffentlichkeit und Privatheit. Diese Sphären, in die die Geschlechter idealtypischerweise abkommandiert sind, stehen in einem Rangverhältnis: Das Öffentliche als das Politische steht über dem Privaten als dem Naturhaften, dem Vorpolitischen (vgl. Elshtain 1981)[1].

Das Denkmuster *der Eine/die Andere* birgt die Vorstellung von der Frau als das Objekt des Subjektes Mann. Dabei definiert das Subjekt (der Eine) sein Objekt (die Andere), und eben dieses abgeleitete Objekt ist für das Subjekt machtbegründend. Die Konstruktion der Anderen verhilft dem Einen zu Identität und Dominanz. In der Philosophie Hegels folgt der Geschlechterdualismus exakt dieser Subjekt-Objekt-Relation. Hegel spricht vom Mann als dem menschlichen Prinzip. Er ist der Träger des Gemeinwesens und herrscht. Die Frau firmiert als das göttliche Prinzip und ist dem natürlichen Gemeinwesen, der Familie zugeordnet. Sie ist das natürliche Substrat und die Zulieferantin des gesellschaftlichen Subjekts (vgl. Woesler de Panafieu 1990: 168).

Politikwissenschaftliche Forschung

Ich greife hier zwei politikwissenschaftliche Forschungsfelder, nämlich sozial- und wohlfahrtsstaatliche Konzeptionen sowie die politische Kulturforschung, heraus. Erstere illustrieren, wie durch die spezifische Darstellung und Analyse der Geschlechterdifferenz eine Reifizierung eben dieser einhergeht. Letztere gilt als Beispiel für eine politikwissenschaftliche Ausrichtung, die nur am Rande von feministischen Erkenntnissen gestreift werden will. Denn wenn die Kategorie Geschlecht lediglich im Sinne einer weiteren Variablen die Forschungsdesigns ergänzt bzw. erweitert, ohne jedoch einen Zusammenhang von Gesellschaftsstruktur bzw. Politik und der Organisation der Geschlechterverhältnisse herzustellen, dann bleibt das Männliche dem Konzept des Politischen und dem politikwissenschaftlichen Instrumentarium tief eingeschrieben. Denn das Hinzufügen von *Frauen* liefert noch keinen Aufschluß über Machtstrukturen, über Ex- und Inklusionen in den politischen Willensbildungs- und Entscheidungsprozeß, sondern erst Ansätze des sozialen Geschlechts als Strukturkategorie erlauben das Erkennen gesellschaftlicher Ordnungsmuster. Wenn ignoriert wird, daß Geschlechterverhältnisse Arrangements von Macht und Herrschaft sind, dann werden Hierarchisierungen in die Forschungskonzeption unreflektiert eingebaut.

Kathleen Jones (1989: 99) kritisiert, daß jene Forschung, die Geschlechterverhältnisse als politische Verhältnisse für politisch irrelevant erklärt, die Beobachtung von andersgearteten Beteiligungsmustern und -raten als Beweis für die relative politische Apathie von Frauen erscheinen läßt. Denn Konzepte und Indikatoren zur Erforschung des politischen Interesses bzw. der politischen Beteiligung speisen sich aus Kriterien, die dem traditionell männlichen Lebens-, Arbeits- und Politikentwurf entnommen sind. So wird politisches Interesse und Verhalten in bezug auf männlich konzipierte und nach wie vor überwiegend männlich dominierte Institutionen der Politik, in bezug auf männliche Strukturen im Entscheidungsprozeß und in bezug auf eine überwiegend männlich geprägte Öffentlichkeit untersucht. Daß Frauen angesichts der sozialen Geschlechterdifferenz (geschlechtsspezifische Arbeitsteilung, Politik als überwiegend männliches Betätigungsfeld), die jedoch im androzentristischen Forschungsdesign verschwindet, als Resultat politisch weniger interessiert sind, kann daher nicht überraschen. Das erforschte politische Interesse der Frauen ist methodisch Ausdruck einer Abweichung von einem männlich konstruierten Norminteresse (vgl. Sauer 1994).

In sozial- und wohlfahrtsstaatlichen Politikanalysen des Mainstreams ist die Geschlechterdifferenz als Thema präsent. Die Orientierung der Politik der sozialen Sicherheit an männlichen Erwerbsbiographien einerseits und an Familienverhältnissen andererseits wird kritisch beleuchtet, die Implikationen für die ungleiche Ordnung der Geschlechterbeziehungen jedoch oft nicht ausreichend reflektiert. Duale Denkansätze wie »Mütter-Bürger« und »Staats-Bürger« widerspiegeln die Logik *der Eine/die Andere* (kritisch Rosenberger 1995).

Politische Praxis

Der Eine/die Andere als Kategorisierung politischen Denkens findet konkrete politische Entsprechungen[2], institutionelle Verankerungen und rechtliche Entscheidungen[3]. Der Ansatz von Abweichung und Norm ebenso wie jener des Allgemeinen und des Besonderen ist im politisch-institutionellen Bereich präsent. Das moderne Geschlechterdifferenzdenken verschafft der Anderen einen anderen Platz als der Eine ihn einnimmt. *Die Präsenz des Anderen* (List 1993) bringt und hält Frauen an Orten, die nicht Zentrum, sondern vom Zentrum entfernt sind. Der angestammte Ort der Anderen ist das Zuhause. Dieses apolitische Zuhause agiert aber als politisches Vorfeld, das das eigentliche politische Feld insoferne stützt, als es reproduktive Zuarbeit leistet (vgl. Klinger 1994).

Auf dem politischen Feld selbst sind einige Orte für die Andere eingerichtet. Durch die reformistische Bezugnahme auf Frauenfragen hat sich ein Typus von Institutionen herausgebildet, der als Appendixformation zu parodieren ist. Die intermediären Einrichtungen in Politik und Bürokratie liegen zwar innerhalb des politisch-institutionellen Rahmens, sie agieren aber weitgehend in abgeschotteter Form. Ihre Aufgabe ist es, emanzipatorische Anliegen von Frauen nach innen zu kanalisieren und nach außen zu vertreten. Die sogenannten »Frauen-und«-Einrichtungen wie Frauenorganisationen der politischen Parteien oder Frauenreferate in der Verwaltung haben das politisch-institutionelle Ensemble erweitert bzw. ergänzt. Sie behandeln Frauenfragen als eine Art Besonderheit – dies korrespondiert mit der Sichtweise des weiblichen Geschlechts als das Besondere und des Männlichen als das Allgemeine –, aber nicht als Querschnittsmaterie, die das bisher als das Allgemeine erachtete verändern sollte.

Die Institutionen und Handlungsmuster des Politischen, die historisch einseitig aus männlichen Politik- und Lebensentwürfen entstanden sind, ändern sich alleine durch die zusätzliche Präsenz dieser frauen- oder gleichstellungspolitischen Stellen nicht grundlegend. Das »Herrenhaus« der Politik reformiert nicht seine Grundlegungen, es wird lediglich durch »Frauenzimmer« erweitert. Solange Politik aber nicht der Tatsache der Geschlechterdifferenz, sondern der Andersheit, die in Abweichung zu einem (männlichen) Referenten bewertet ist, Rechnung trägt, solange werden »Frauen-und«-Einrichtungen Frauen als etwas Besonderes in bezug auf das Allgemeine/Eine/Männliche konstruieren. Der sogenannten allgemeinen Politik wird durch die integrierte Separierung eine Auseinandersetzung mit Geschlecht als politischem Konflikt daher letztlich erspart (vgl. Bovenschen 1979; Rosenberger 1991).

Feministische Grenzverschiebungen: Egalitätskonzept

Von der Frau als der Anderen ...

Die Situierung des Weiblichen als die originär Andere an der Seite des Einen innerhalb eines androzentristischen Ganzen hat Charlotte Perkins Gilman bereits im Jahre 1911 mit folgenden Worten festgehalten:

» (...) man being held the human type; woman a sort of accompaniment and subordinate assistant, merely essential to the making of people. She has held always the place of a preposition in relation to man (...) before him, behind him, beside him, a wholly relative existence« (zit. nach Jamieson 1995: 102).

Klassiker der Kritik an der Geschlechterpolarisierung, in der die Frau durch die Mythologisierung des Weiblichen den Platz der Anderen einnimmt, ist aber Simone de Beauvoirs existenzialistisches Werk *Das andere Geschlecht* (1949/1983). De Beauvoir spürte jenem Phantom der patriarchalen Weiblichkeit nach, das die Frau, die nicht als Frau geboren wird, zur Frau, die die Andere des Einen ist, macht. Sie zeigt, wie die Geschlechterordnung an männlichen Maßstäben und Werthaltungen ausgerichtet ist, wie, ausgehend vom männlichen Selbst, die weibliche Andere definiert ist, wie die Frau durch Eingrenzung und Einschränkungen im Leben zum andersartigen, unterlegenen Geschlecht wird (vgl. Hagemann-White 1992).

Im deutschsprachigen Raum hat Silvia Bovenschen (1979) mit Studien über patriarchale Ergänzungs- und Reduktionstheorien die Prinzipien der Aufklärung, die die Frau als die Andere setzen, feministisch kritisiert.

Geschlecht als Organisations- und Arbeitsteilungsprinzip wird in den letzten Jahren in strukturtheoretischen feministischen Arbeiten besonders herausgestellt. Das duale Denkschema *der Eine/die Andere* wird dabei auf Orte, die Männern und Frauen im Denken und in der Politik zugeschrieben werden, bezogen. Der jeweilige Ort ist eng mit einer hierarchischen Ordnung, die den Stellenwert der Männer und Frauen widerspiegelt, verknüpft (vgl. Becker-Schmidt 1993; List 1993: 25).

Der Eine und die Andere, Männlichkeit und Weiblichkeit, gehören in der gesellschaftlichen Konzeption von Zweigeschlechtlichkeit zusammen: »Sie ist die Andere innerhalb eines Ganzen, in dem beide Extreme einander nötig haben« (de Beauvoir 1983: 13). Charakteristisch für die Zweiheit der Geschlechter in der Moderne ist, daß die Frau als die Andere nicht an sich, sondern aus der männlichen Perspektive definiert ist. Der Mann ist Subjekt, die Frau Objekt. De Beauvoir beschreibt die dem Subjekt innewohnende Eigenheit, sich als wesentlich zu setzen und vice versa das Nicht-Subjekt als Nicht-Wesentlich zu verstehen. Die Konstruktion der Frau als die Andere setzt eine Konstruktion des Mannes als der Eine voraus. Der Eine ist der Standard, die Norm, der Referent, von dem aus Abweichungen beobachtet und gemessen werden. Die Andere funktioniert als Bekräftigung des zur universellen Norm avancierten Männlichen, wobei die Fiktion der Anderen eine zweifache Funktion erfüllt: Wer nämlich die Andere definiert, legt sowohl die Abweichende fest und nimmt gleichzeitig eine Selbstdefinition vor. Die Andere enthält einen dichotomischen Aufbau von Fremd- und Selbstbildern (vgl. Mayrhofer/Prakash-Özer/Salgado 1994).

Ein zweites Charakteristikum dieses feministischen Diskurses über die Geschlechterdifferenz ist zu erwähnen: Der Eine ist nicht benannt, die Andere ist markiert. Dem nicht benannten Einen fehlt das Geschlecht. Er versteht sich und wird als geschlechtsneutral verstanden. Das Geschlechtsunspezifische hypostasiert im Allgemeinen, das Existieren des Mannes als Mann ist identisch mit dem Existieren als Mensch. Die Andere aber ist das Geschlecht. Die Frau wird folglich besonders bestimmt, sie existiert als Frau und nicht als Mensch (vgl. Pieper 1993: 19).

Jegliches Denken, ob »herkömmlich« oder feministisch, das Frauen als die Anderen analysiert, setzt bzw. unterstellt einen Maßstab. Denn die Frau als die Andere ist mit der Frage zu konfrontieren, inwiefern sie als different, als anders oder als gleich in bezug auf wen gedacht ist. Dies ist auch ein Problem feministischer Theoriebildung. Feministische Forschung beschäftigt sich mit der Realität der Geschlechterverhältnisse, sie gebraucht Kategorien und Instrumentarien, die aus der Empirie resultieren. Gleichzeitig sind auch diese Kategorien und Begriffe an der Herstellung von Realität beteiligt (vgl. Gildemeister/Wetterer 1992). Am Beispiel »Die Frau als die Andere« wird diese Problematik der Reifizierung virulent.

... Frauen als die Gleiche

Die Andere, die über den Status der Andersheit zur Ungleichen gemacht wird, wird an Orten der hierarchischen Differenz festgehalten. Biologische Imperative und zugeschriebene Mängel definieren sie als defizitäres Wesen. Der Deformation durch Andersheit wohnen Mechanismen der Negation inne: Sie ist nicht gleich, weil sie sich nicht anpassen kann, weil sie nicht ausgebildet ist, weil sie nicht flexibel oder mobil ist etc. (Mayrhofer/Prakash-Özer/Salgado 1994: 241). Das Denken *der Eine/die Andere* enthält nicht die Möglichkeit der Gleichheit oder der Gleichbehandlung. Im Gegenteil, die Idee »die Andere« macht es erst möglich, nicht gleich, sondern unterschiedlich zu (be-)handeln.

Auf der Grundlage dieser feministischen Kritik an »herkömmlichen« Theorietraditionen wird »die Andere« nicht mehr anders, sondern gleich, nämlich wie der Eine, gedacht. Feministische Darstellungen und Analysen über gesellschaftliche Strukturen und politische Mechanismen, in denen die Frau als die Andere konzipiert ist, münden daher nicht selten in der Zielvorstellung der Gleichheit. Insbesondere liberal-feministische Positionen betonen die Irrelevanz des Geschlechterunterschiedes, des Frauseins und Mannseins für die Partizipation und Repräsentation in Einrichtungen des öffentlichen Raumes (Bildung, Berufsarbeit, Politik).

Feministische Grenzziehungen: sexuelles Differenzkonzept

Am egalitären Zielkonzept, das die Emanzipation in der Beseitigung jener Mechanismen, die die Frauen »anders« machen, erachtet, entzündet sich die Kritik des sexuellen Differenzansatzes. Er kritisiert das politische Postulat der Gleichheit aber nicht nur hinsichtlich seiner Effizienzdefizite, sondern auch weil es die körperliche Differenz und mit ihr die weibliche Erfahrungswelt ignoriere, zumindest aber sekundarisiere. Gleichheit im Sinne der Unterstellung von *sameness* (Ähnlichkeit) sei deshalb unzulänglich, weil sie, ohne es offen zu legen, den männlichen Körper zum Maßstab mache und dadurch die weibliche Differenz verschwinde bzw. Weiblichkeit als Devianz erscheine.

Gleichheit als politisches und philosophisches Dogma wird als androzentristisch kritisiert. Denn obwohl Frauen irreduzibel und ursprünglich anders sind, werden sie im aufklärerischen Denken dem männlichen Subjekt des Diskurses einverleibt (vgl. Cavarero 1989 und 1990; Irigaray 1977). Im Ansatz der Veroneser Differenztheoretikerin Adriana Cavarero wird durch das Differenzprinzip die phallozentrische Definition der Frau als das relationale Gegenüber des Mannes unterminiert. Die Frau löst sich vom Referenten Mann und eine eigenständige weibliche Eigenart, die nicht einer männlichen Perspektive des Begehrens bzw. die keinem Androgynitätsideal verhaftet ist, wird in Aussicht gestellt.

Die Perspektive der sexuellen Differenztheorien ist ein Zwei-Geschlechter-Modell. Entsprechend der Grundannahme *Der Mensch ist Zwei* (Diotima 1989) bzw. *Das Geschlecht, das nicht eins ist* (Irigaray 1977) könne keines der beiden biologischen Geschlechter das ganze menschliche Subjekt repräsentieren. Der grundlegende sexuelle, körperliche Unterschied der Geschlechter, mit dem grundsätzlich unterschiedliche gesellschaftliche Erfahrungen korrespondieren, solle auch eine grundsätzlich vergeschlechtlichte Welt zur Folge haben (vgl. Irigaray 1990). In dieser Welt der zwei Geschlechter ist in der Welt der Frau das Weibliche zentriert. Die Hervorhebung der fundamentalen Geschlechterdifferenz ermöglicht das Werden des weiblichen Subjekts. Kennzeichnend für ein Subjekt ist nach Adriana Cavarero (1989: 74), daß es sich »von sich ausgehend denkt und in der Folge wiedererkennt«.

Mit unseren Worten: Die Eine wird zentriert – ohne daß die Eine allerdings einen gegengeschlechtlichen Anderen zur Seite hätte: ein feministisches Subjekt, das nicht von einem Objekt abhängt, das kein Objekt zum herrschen braucht. Nichtsdestotrotz aber ist in sexuellen Differenzansätzen die Vorstellung einer weiblichen Überlegenheit gegenüber dem Männlichen zu finden. Anklänge an eine hierarchische Struktur im Verhältnis der Geschlechter sind durchaus zu finden (vgl. Annerl 1991).

Die Gefahren dieser feministischen Richtung liegen darin, daß sie die weibliche Eigenart denken, ohne sich möglicherweise auf der politischen Bühne ausreichend von der modernen Andersartigkeit der Frau abgrenzen zu können,

> »ohne sich in tradierten komplementär-hierarchischen Zuschreibungen zu verfangen. Wenn die Geschlechterdifferenz, wie im traditionellen einheitslogischen Denken, inhaltlich bestimmt wird, besteht unter gegebenen Bedingungen die Gefahr, den herkömmlichen unterdrückerischen Charakter von Geschlecht zu affirmieren und (neo-)konservative Tendenzen im Umgang mit Geschlechtlichkeit zu unterstützen.« (Kahlert 1995: 7)

Feministische Grenzauflösungen: Dekonstruktion

Bekanntlich befindet sich der Feminismus mit der Postmoderne nicht nur in einer harmonischen Liaison. Feminismus und Postmoderne teilen nach Judith Butler (1993) zwar »kontingente Grundlagen«, sie stehen aber nach Seyla Benhabib (1993) in einem »prekären Bündnis«. Inwieferne nützt nun postmodernes Erkennen dem feministischen Dekonstruieren dualer und hierarchischer Geschlechtersysteme? In der Moderne ist der Eine das Subjekt der Repräsentation. Wie bereits erwähnt, ist dieses Subjekt in den aufklärerischen Ideen der westlichen Welt zentriert, einheitlich und männlich definiert. Postmodernes Denken hakt bei der Tatsache der Repräsentation eines als homogen vermittelten und universell angelegten Herrschaftssubjekts ein. Das autonome Subjekt, das nach Susan Hekman (1992) ein Objekt zum beherrschen braucht, wird aber nicht nur als androzentristisch wie in strukturfunktionalistischen Ansätzen kritisiert, sondern es wird als an sich nicht modifizierbar abgelehnt. Es wird dekonstruiert. An die Stelle des Denkens über Homogenität und Zentrierung tritt Heterogenität und Dezentrierung; an die Stelle von Gleichheitspostulaten für die einen und Andersheit für die anderen tritt ein Programm der Differenzen ohne eine a priori festgestellte Rangordnung. Ein Insistieren auf Differenzen mache Beschreibungen des politischen Alltags möglich, so Hassauer (1990: 55), die die asymmetrische Stellung der Frau als *die Andere* dezentrieren und gegenüber *dem Einen* rekonstruieren.

Die »großen Erzählungen« der Geschichte lassen die Differenzen im Ideal der Gleichheit verschwinden (z.B. im Ideal Mensch); sie finden die Erklärung von Diskriminierung in monokausalen Ansätzen (z.B. in der Arbeitsteilung). Seyla Benhabib (1993: 16) meint, daß postmodernes Denken deshalb so interessant für Feministinnen sei, weil über die Verkündung des Todes der »großen Erzählungen« auch eine Zurückweisung der hegemonialen Ansprüche jener Gruppen und Organisationen, die vorgeben, die Kräfte der Geschichte zu repräsentieren bzw. in deren Namen zu handeln, verbunden sein könnte[4].

Judith Butler verlangt im Sinne der Heterogenität, daß selbst der Schlüsselbegriff des Feminismus, *Frauen*, dekonstruiert wird, um ihn

»in eine Zukunft vielfältiger Bedeutungen (zu) entlassen, ihn von den maternalen oder rassischen Ontologien (zu) befreien und ihm freies Spiel (zu) geben als einem Schauplatz, an dem bislang unvorhergesehene Bedeutungen zum Tragen kommen können.« (1993: 50)

Die Frau als epistemische Entität wird in postmodernen Denkansätzen mit dem Hinweis kritisiert, die idealtypischen Stereotypisierungen des Weiblichen, aber auch die feministisch-identitätsgebundenen Essentialisierungen aufzubrechen. Das monolithische Bild von der Anderen, von der Figur *die Frau* als

Modell für die Gruppe Frauen insgesamt, wird zerstört. Durch diese Auflösung kommen sozio-kulturelle Differenzen zwischen Frauen in den Blick.

Der dekonstruktive Feminismus bringt also nicht nur die patriarchal definierte weibliche Andersheit als fixe Idee zu Fall, sondern er setzt mit seiner Kritik auch dort an, wo sich Frauenpolitik und Frauenforschung in seltener Eintracht ein Subjekt zur Repräsentation kreiert haben; er setzt auch dort an, wo von einem strategischen Essentialismus bei der Bildung der Gemeinschaft *Frauen* die Rede ist. Die konsequente Hinwendung zu Differenzen macht selbst an der Grenze der Geschlechterdifferenz, die als unergiebige Bipolarisierung der gedanklichen Aufhebung preisgegeben wird, nicht Halt.

Schlußbemerkung: politikwissenschaftliche Frauenforschung in der Falle der Anderen?

Abschließend ist die Frage zu stellen, ob nicht insbesondere die universitär verankerte Frauenforschung selbst auf einem organisationslogischen Denken, das als *der Eine/die Andere* identifizierbar ist, basiert. Diese Frage ist insofern von praktischer Bedeutung, weil gerade der deutschsprachigen Politikwissenschaft eine feministische Reformulierung der Disziplin nicht nachgesagt werden kann. Vielmehr konnten sich inhaltlich gesehen erst Bereichsstudien und universitär gesehen einzelne Einrichtungen etablieren. Die feministische Kritik verbleibt meist in feministischen Zirkeln, abseits vom politikwissenschaftlichen Mainstream (vgl. Kreisky 1995: 28). Die Frauenforschung selbst erweist sich als eine Schwerpunktbildung, als eine Besonderheit innerhalb der »allgemein-männlichen« Politikwissenschaft.

Ein zweiter Aspekt, der Ähnlichkeiten und Konvergenzen mit der kritisierten Logik birgt, ist die feministische Anrufungs- bzw. Bekenntnispraxis *Frauen sind anders*. Diese postulatsähnliche Rede war frauenbewegungshistorisch einer der ersten Schritte zur positiven Findung der Geschlechterdifferenz, und sie ist bis heute Teil des feministischen Selbstverständnisses (vgl. Brückner 1991; Wolf 1995). *Frauen sind anders* hatte subversiven Charakter, da *das Andere* für das Establishment nicht kalkulierbar war. Trotzdem ist heute eine (unbeabsichtigte) Verfangenheit im geschlechterdualen, hierarchisierten Denken deshalb nicht auszuschließen, weil es nicht ausschließlich im Definitionsbereich des Feminismus liegt, wie seine Äußerungen über die Geschlechterbeziehungen interpretiert werden. *Frauen sind anders* verweigert sich zwar einer inhaltlichen Präzisierung, der Vergleich mit dem Männlichen bzw. die

Bezugnahme auf das Männliche ist aber (zumindest) latent vorhanden. Denn ein Denken der Andersheit kann sich von der Logik des Einen, d.h. von einem Maßstab, nicht gänzlich absentieren. Bevor nicht inhaltlich-substantiell das Andere geklärt ist, sind Konsequenzen eines insgeheimen Denkens à la männlicher Norm und weiblicher Abweichung nicht auszuschließen. Es müßte daher verstärkt darauf geachtet werden, daß das feministisch verkündete *Frauen sind/arbeiten/denken/politisieren anders* nicht in den Sog der misogynen Logik weiblicher Andersheit gerät. Denn durch diesen Sog könnte, trotz anderslautender Argumentationen und Anliegen, *Frauen sind anders* konservativ-patriarchalisch gewendet werden.

Das feministische Andere gilt als Motiv für eine Frauensubkultur und gegen die Anpassung und Integration in männlich dominierte und konzipierte Arbeits- und Politikzusammenhänge. Das patriarchal-misogyne Andere ist eine Konstruktion, mit deren Hilfe Frauen aus eben diesen männlich-dominierten Sphären ausgegrenzt werden. In beiden Fällen fungiert das Andere als Gegnerschaft zum öffentlichen Bereich. Insbesondere die Idee der weiblichen Eigenheit im gynozentrischen Feminismus, die Ästhetisierung und Positivierung der als weiblich erkannten Eigenschaften und Fähigkeiten, zeigt Ähnlichkeiten mit der Positivierung und Ästhetisierung des Weiblichen in der bürgerlichen Geschlechterordnung. Durch diese Nähe ist eine Instrumentalisierung des ersteren durch das letztere nicht auszuschließen (Rosenberger 1996: 206f.).

Wie diese Hinweise demonstrieren, sind mindestens zwei potentiell problematische Implikationen der Frauenforschung zu beachten. Zum einen der Ort innerhalb des akademischen Kanons und zum anderen der Gegenstand, das Subjekt des Feminismus: *Frauen*. Das Konzept *Frauen* folgt möglicherweise einer Besonderung des Weiblichen im Vergleich zum Allgemein-Männlichen insoferne, als durch den Rückzug auf das Andere keine Dezentrierung des Einen stattfindet. Man könnte auch sagen, weil dadurch keine Reform des heterosexuellen Allgemeinen, dem Frauen sich selbst dann, wenn sie sich partiell auf frauenzentrierte Zusammenhänge (Frauenkultur) beziehen, keineswegs völlig entziehen können.

Noch einmal zur Lokation der Frauenforschung im akademischen System. Der Ort der feministischen Politikwissenschaft liegt in der Regel an der Peripherie – er erweist sich als eine Art Frauenzimmer im Herrenhaus der Universität[5]. Diese Peripherisierung resultiert aus den Machtverhältnissen, die lediglich eine Besonderung von *Frauen* und nicht die konsequente Berücksichtigung von Geschlechterverhältnissen als Gegenstand bedingen. Die Perspektive der Besonderheit, ja der Andersheit war es aber schließlich, die historisch erst die Frauenforschung ermöglichte und die Argumentationslinien für die

Institutionalisierung lieferte. Sie bleibt aber vor dem Hintergrund der Latenz von *der Eine/die Andere* problematisch. Dazu ein ausführliches Zitat von Barbara Vinken:

> »Für die Probleme einer konstruktiven Frauenpolitik wird das feministische Potential in dem Moment interessant, in dem ›Frauenforschung‹ zum ungefährlichen Alibi geworden und im Ghetto unmaßgeblicher Beschäftigungs-Therapie gelandet ist. Frauenforschung bestätigt die phallozentrische Ordnung der Dinge am eigenen Leib; unfähig, sie zu durchschauen, ist sie auch unfähig, sie zu unterlaufen. Indem sie das ausgeschlossene Weibliche nach dem Muster des Männlichen zentral zu machen versucht, übersieht sie die strukturellen Gründe, aus denen die androzentrische Perspektive die Marginalisierung braucht. Frauenforschung kann in der herrschenden Perspektive der Dinge nicht von allgemeinem Interesse sein, weil es in ihr per definitionem um das Erforschen des Partikulären geht« (1992: 22).

Barbara Vinken stellt in Aussicht, daß Frauenforschung vor der androzentristischen Logik *der Eine/die Andere* nicht gefeit ist. Ja sie meint sogar, daß Frauenforschung aufgrund der gesellschaftlich-strukturellen Bedingtheiten gar nicht anders kann, als in die androzentristische Falle zu tappen.

Es wird nun an der Rekonzeptualisierung der Disziplin liegen, ob Vinken recht behält oder ob sich die Frauenforschung von den strukturellen Beschränkungen befreien kann. Ob dies mit der Hinwendung zur Geschlechterforschung als Forcierung des eher akademischen Feminismus, der sich von politischen Tagesfragen abhebt, gelingt, bleibt dahingestellt. Abschließend sei aber darauf hingewiesen, daß für die politikwissenschaftliche Frauenforschung zwar die akademische Rekonstruktion des Faches ansteht, daß sie sich aber nichtsdestotrotz vor einer Entscheidung befindet. Um die Optionen dieser Entscheidungssituation zu benennen, sei noch einmal Seyla Benhabib (1995: 222) bemüht. Sie unterscheidet zwischen Feminismus als theoretischer Position und Feminismus als Theorie des emanzipatorischen Kampfes der Frauen. Dies sind insbesondere auch die zielbezogenen Optionen der feministischen Politikwissenschaft.

Anmerkungen

1 Das Sprachspiel *der Eine/die Andere* ist Ausdruck dieser Struktur, jedoch bereits in abgemilderter Dramatik. Denn populärer als *der Eine/die Andere* ist *das andere*, das nicht einmal mehr grammatikalisch von Frauen als die eigentlich Gemeinten kündet. *Das andere* verweist radikal auf den Objektstatus von Frauen.

2 Wenn erklärt wird, daß Frauen sich nicht um politische Mandate oder um Leitungspositionen bewerben und sich deshalb die Dominanz der Männer immer wieder herstelle, dann wiederholt sich das Muster der hegemonialen Setzung der männlichen Normalbiographie, an der sich der weibliche Lebenszusammenhang zu bewehren hat. Dabei wird nicht der

Geschlechterdifferenz Rechnung getragen, sondern sie wird ausgeblendet, und Frauen werden als Gleiche, die sie weder sozial noch biologisch sind, behandelt.
3 Ein Beispiel für das Denkmuster im Recht ist die Namensgesetzgebung, die in Österreich bis 1977 vorsah, daß der gemeinsame Familienname ausschließlich der Name des Mannes sei. Der Name der Frau verschwand bei der Heirat, sie erhielt den Namen des Subjekts.
4 Eine Konkretisierung dieses Vorhabens findet sich im Forschungsprogramm von Bettina Menke. Nicht von der Frau als Objekt oder als Subjekt der Rede ist auszugehen, sondern davon, wie Weiblichkeit konstituiert ist, nämlich »nicht als selbstidentische Entität, sondern als Effekt kultureller, symbolischer Anordnungen« (Menke 1992: 436).
5 Bei Konferenzen der »scientific community« oder in der Zusammensetzung der nationalen wie internationalen Fachgesellschaften wird diese Peripherisierung deutlich. Als z.B. im Jänner 1995 bei der Tagung der drei nationalen politikwissenschaftlichen Gesellschaften (Deutschland, Österreich, Schweiz) in Bern ein Podiumsgespräch mit den jeweiligen Präsidenten und Rapporteuren zum Stand der Disziplin abgehalten wurde, realisierte sich diese Veranstaltung ohne die Präsenz auch nur einer einzigen Frau. Ebenso waren an der gesamten Tagung feministische Themen höchstens marginal vertreten.

Literatur

Annerl, Charlotte (1991), *Das neuzeitliche Geschlechterverhältnis. Eine philosophische Analyse*, Frankfurt/M./New York.
Arendt, Hannah (1986), *Elemente und Ursprünge totalitärer Herrschaft*, München.
Beauvoir, Simone de (1949/1983), *Das andere Geschlecht. Sitte und Sexus der Frau*, Reinbek bei Hamburg.
Becker-Schmidt, Regina (1990), Hegemonie und Agonalität. Kategorien einer feministischen Machtkritik, in: Ute Gerhard et al. (Hg.), *Differenz und Gleichheit. Menschenrechte haben (k)ein Geschlecht*, Frankfurt/M., S. 299-303.
Becker-Schmidt, Regina (1993), Geschlechterdifferenz – Geschlechterverhältnis: soziale Dimensionen des Begriffs »Geschlecht«, in: *Zeitschrift für Frauenforschung* 1/2, S. 37-46.
Benhabib, Seyla (1993), Feminismus und Postmoderne. Ein prekäres Bündnis, in: Seyla Benhabib, Judith Butler, Drucilla Cornell, Nancy Fraser, *Der Streit um Differenz. Feminismus und Postmoderne in der Gegenwart*, Frankfurt/M., S. 31-58.
Benhabib, Seyla (1995), *Selbst im Kontext*, Frankfurt/M.
Benhabib, Seyla, Linda Nicholson (1987), Politische Philosophie und die Frauenfrage, in: Iring Fetscher, Herfried Münkler (Hg.), *Pipers Handbuch der politischen Ideen*, Bd. 5, München/Zürich, S. 527-540.
Bovenschen, Silvia (1979), *Die imaginierte Weiblichkeit. Exemplarische Untersuchungen zu kulturgeschichtlichen und literarischen Präsentationsformen des Weiblichen*, Frankfurt/M.
Braun, Kathrin (1995), Frauenforschung, Geschlechterforschung und feministische Politik, in: *Feministische Studien* 2, S. 107-116.
Brückner, Margrit (1991), Reflexionen über das »Andere« der Frauenprojekte: Frankfurter Studie über Frauenprojekte und soziale Arbeit, in: *Zeitschrift für Frauenforschung* 1/2, S. 117-124.
Butler, Judith (1991), *Das Unbehagen der Geschlechter*, Frankfurt/M.

Butler, Judith (1993), Kontingente Grundlagen: Der Feminismus und die Frage der »Postmoderne«, in: Seyla Benhabib, Judith Butler, Drucilla Cornell, Nancy Fraser, *Der Streit um Differenz. Feminismus und Postmoderne in der Gegenwart*, Frankfurt/M., S. 9-30.

Cavarero, Adriana (1989), Ansätze zu einer Theorie der Geschlechterdifferenz, in: Diotima, Philosophinnengruppe aus Verona, *Der Mensch ist Zwei. Das Denken der Geschlechterdifferenz*, Wien, S. 65-102.

Cavarero, Adriana (1990), Die Perspektive der Geschlechterdifferenz, in: Ute Gerhard et al. (Hg.), *Differenz und Gleichheit. Menschenrechte haben (k)ein Geschlecht*, Frankfurt/M., S. 95-111.

Diotima, Philosophinnengruppe aus Verona (1989), *Der Mensch ist Zwei. Das Denken der Geschlechterdifferenz*, Wien.

Elshtain, Jean Bethke (1981), *Public Man, Private Woman. Women in Social and Political Thought*, Oxford.

Gerhard, Ute (1990), *Gleichheit ohne Angleichung. Frauen im Recht*, München.

Gildemeister, Regine, Angelika Wetterer (1992), Wie Geschlechter gemacht werden. Die soziale Konstruktion der Zweigeschlechtlichkeit und ihre Reifizierung in der Frauenforschung, in: Gudrun-Axeli Knapp, Angelika Wetterer (Hg.), *Traditionen–Brüche. Entwicklungen feministischer Theorie*, Freiburg, S. 201-254.

Gilman, Charlotte Perkins (1911), *The Man-Made World: Or Our Androcentric Culture*, New York.

Hagemann-White, Carol (1992), Simone de Beauvoir und der existentialistische Feminismus, in: Gudrun-Axeli Knapp, Angelika Wetterer (Hg.), *Traditionen–Brüche. Entwicklungen feministischer Theorie*, Freiburg, S. 21-64.

Hassauer, Friederike (1990), Flache Feminismen, in: *Die Philosophin. Forum für feministische Theorie und Philosophie* 2, S. 51-57.

Hekman, Susan (1992), *Gender and Knowledge. Elements of a Postmodern Feminism*, Boston.

Irigaray, Luce (1977), *Das Geschlecht, das nicht eins ist*, Berlin.

Irigaray, Luce (1990), Über die Notwendigkeit geschlechtsdifferenzierter Rechte, in: Ute Gerhard et al. (Hg.), *Differenz und Gleichheit. Menschenrechte haben (k)ein Geschlecht*, Frankfurt, S. 338-350.

Jamieson, Kathleen Hall (1995), *Beyond the Double Bind. Women and Leadership*, New York.

Jones, Kathleen B. (1989), Der Tanz um den Lindenbaum. Eine feministische Kritik der traditionellen politischen Wissenschaft, in: Barbara Schaeffer-Hegel, Barbara Watson-Franke (Hg.), *Männer Mythos Wissenschaft. Grundlagentexte zur feministischen Wissenschaftskritik*, Pfaffenweiler, S. 99-116.

Kahlert, Heike (1995), Demokratisierung des Gesellschafts- und Geschlechtervertrages. Noch einmal: Differenz und Gleichheit, in: *Zeitschrift für Frauenforschung* 4, S. 5-17.

Klinger, Cornelia (1994), Zwischen allen Stühlen. Die politische Theoriediskussion der Gegenwart in einer feministischen Perspektive, in: Erna Appelt, Gerda Neyer (Hg.), *Feministische Politikwissenschaft*, Wien, S. 119-144.

Kreisky, Eva (1995), Gegen »geschlechtshalbierte Wahrheiten«. Feministische Kritik an der Politikwissenschaft im deutschsprachigen Raum, in: Eva Kreisky, Birgit Sauer (Hg.), *Feministische Standpunkte in der Politikwissenschaft. Eine Einführung*, Frankfurt/M./New York, S. 27-62.

List, Elisabeth (1993), *Die Präsenz des Anderen. Theorie und Geschlechterpolitik*, Frankfurt/M.

Maihofer, Andrea (1994), Geschlecht als hegemonialer Diskurs. Ansätze zu einer kritischen Theorie des »Geschlechts«, in: Theresa Wobbe, Gesa Lindemann (Hg.), *Denkachsen. Zur theoretischen und institutionellen Rede vom Geschlecht*, Frankfurt/M., S. 236-263.

Mayrhofer, Eva, Selin Prakash-Özer, Rubia Salgado (1994), Weiße Frauen – Schwarze Frauen. Rassismus und Frauenbewegung, in: Barbara Trost, Ursula Floßmann (Hg.), *Aktuelle Themen der Frauenpolitik*, Linz, S. 223-250.

Menke, Bettina (1992), Verstellt: Der Ort der ›Frau‹ – ein Nachwort, in: Barbara Vinken (Hg.), *Dekonstruktiver Feminismus. Literaturwissenschaft in Amerika*, Frankfurt/M., S. 436-476.

Pateman, Carole (1988), *The Sexual Contract*, Stanford.

Pieper, Annemarie (1993), *Aufstand des stillgelegten Geschlechts. Einführung in die feministische Ethik*, Freiburg/Basel/Wien.

Rosenberger, Sieglinde (1991), Geschlechterarrangements in der politischen Öffentlichkeit. Frauenorganisationen in Parteien, in: Maria-Luise Angerer et al. (Hg.), *Auf glattem Parkett. Feministinnen in Institutionen*, Wien, S. 35-56.

Rosenberger, Sieglinde (1995), Auswirkungen sozialpolitischer Maßnahmen auf die Gestaltung der Geschlechterverhältnisse, in: *Bericht über die Situation der Frauen in Österreich*, hg. von der Bundesministerin für Frauenangelegenheiten, Wien, S. 387-397.

Rosenberger, Sieglinde (1996), *Geschlechter, Gleichheiten, Differenzen. Eine Denk- und Politikbewegung*, Wien.

Sauer, Birgit (1994), Was heißt und zu welchem Zwecke partizipieren wir? Kritische Anmerkungen zur Partizipationsforschung, in: Elke Biester, Barbara Holland-Cunz, Birgit Sauer (Hg.), *Demokratie oder Androkratie? Theorie und Praxis demokratischer Herrschaft in der feministischen Diskussion*, Frankfurt/M./New York, S. 99-130.

Schissler, Hanna (1993), Soziale Ungleichheit und historisches Wissen. Der Beitrag der Geschlechtergeschichte, in: Hanna Schissler (Hg.), *Geschlechterverhältnisse im historischen Wandel*, Frankfurt/M./New York, S. 9-36.

Vinken, Barbara (1992), Dekonstruktiver Feminismus – Eine Einleitung, in: Barbara Vinken (Hg.), *Dekonstruktiver Feminismus. Literaturwissenschaft in Amerika*, Frankfurt/M., S. 7-32.

Woesler de Panafieu, Christine (1990), Patriarchale Ideologien in der bürgerlichen Gesellschaft, in: Barbara Schaeffer-Hegel (Hg.), *Vater Staat und seine Frauen. Beiträge zur politischen Philosophie*, Pfaffenweiler, S. 166-174.

Wolf, Maria (1995), *... quasi irrsinnig. Nachmoderne Geschlechter-Beziehung*, Pfaffenweiler.

Familialismus
Eine verdeckte Struktur im Gesellschaftsvertrag

Erna Appelt

Betreiben Frauen als Studierende, Lehrende oder Forschende Politikwissenschaft, so sind sie damit konfrontiert, daß ihre politische Erfahrung, ihre Geschichte, ihre Lebenszusammenhänge entweder ignoriert werden oder lediglich als Randphänomene Berücksichtigung finden. Ein eindrückliches Beispiel dafür ist die Gleichsetzung des Männerwahlrechts mit dem allgemeinen Wahlrecht, die bis heute in einschlägigen Hand- und Lehrbüchern zu finden ist. Feministische Politikwissenschaft beginnt daher mit einem Perspektivenwechsel: Der androzentrischen Perspektive wird eine Frauenperspektive entgegengesetzt, aus der heraus Forschung und Lehre, Theorien und Methoden kritisch analysiert werden. Dabei ergeben sich sehr grundlegende Fragen:

Verbergen sich hinter der politikwissenschaftlichen Terminologie Annahmen über die soziale und politische Wirklichkeit, die nicht transparent gemacht werden? Anders gefragt, verhindert das Glossar der Politikwissenschaft die politische Wahrnehmung von Frauen? Entpolitisiert die politikwissenschaftliche Terminologie das Geschlechterverhältnis? Reproduziert diese Terminologie jene Verhältnisse, die sie kritisch zu analysieren vorgibt? Welche Begrifflichkeit befähigt uns, androkratische Verhältnisse zu analysieren und zu kritisieren?

Diesen Fragen möchte ich mich im folgenden annähern. Um zu illustrieren, was die Ausblendung von Frauen aus der Theoriebildung bedeutet, greife ich eines der klassischen Konzepte der politischen Philosophie heraus: das Konzept des Gesellschaftsvertrages. Hobbes, Locke, Rousseau und Kant zählen zu den prominentesten Theoretikern dieses Theoriefundaments der politischen Philosophie der Neuzeit. Die philosophische Idee des Gesellschaftsvertrages darf nicht mit realen Verträgen verwechselt werden. Der Gesellschaftsvertrag ist zunächst nichts weiter als ein Gedankenkonstrukt, das dazu dienen soll, Grundsätze aufzustellen, die beanspruchen, allgemein akzeptiert zu werden und vernünftig begründet zu sein. Die unterschiedlichen Konzeptionen des Gesellschaftsvertrages beanspruchen, »Letztbegründungen« politischen

Handelns bereitzustellen, die als *aufgeklärte, moderne* Begründungen die theologischen Rechtfertigungen eines Gottesgnadentums oder irgendeiner anderen Herrschaftsform ablösten. Verschiedentlich ist der Einwand gegen liberale Philosophiekonzepte vorgebracht worden, sie seien wirklichkeitsfremd. Hier scheint mir aber eine Verwechslung von politischer Philosophie mit politischer Soziologie vorzuliegen. Der Realitätsgehalt von politischer Philosophie ist eher mit dem Realitätsgehalt der höheren Mathematik zu vergleichen; bis zu einem gewissen Grad muß er sich der Alltagserfahrung entziehen.

Die oben erwähnten politischen Philosophen entwickelten im Rahmen eines androkratischen Denksystems »Letztbegründungen« der politischen Ordnung bzw. von Herrschaft. In mancher Hinsicht variieren ihre Vorstellungen hinsichtlich der politischen Anthropologie; das androkratische Denksystem steckte jedoch die Grenzen ihrer politischen Philosophie ab: So liegen allen Versionen des Gesellschaftsvertrages Annahmen über Männer als autonome Individuen resp. Staatsbürger sowie über Frauen als Unterworfene und Abhängige zugrunde. Wird dies zur Kenntnis genommen, dann muß der Gesellschaftsvertrag als androkratisches Programm gelesen werden. In diesem Zusammenhang drängt sich die Frage auf, was es bedeutet, wenn praktisch in allen gängigen Lehrbüchern bzw. Handbüchern der politischen Theorie, aber auch in anspruchsvollen wissenschaftlichen Auseinandersetzungen mit dem Gesellschaftsvertrag diese Dimension von Herrschaft unterschlagen wird. Feministische Dekonstruktionen etwa von Carole Pateman (1988) werden fast ausschließlich von Feministinnen rezipiert (vgl. u.a. den Sammelband von Herta Nagl-Docekal und Herlinde Pauer-Studer (1996)) und nur vereinzelt von der nichtfeministischen Politikwissenschaft (vgl. von Beyme 1991) zur Kenntnis genommen. Im Vergleich zu den oben erwähnten Klassikern der politischen Theorie gibt es im aktuellen Theoriediskurs eine interessante Veränderung: In den denotativen Sprachspielen der Klassiker war die Position der kompetenten Sprecher und Empfänger Männern vorbehalten, in der Position des Referenten tauchten Männer wie Frauen auf. Im Gegensatz dazu sind Frauen als Referenten aus den gegenwärtigen Sprachspielen der politischen Theoriebildung – soweit diese nicht explizit feministisch ist – verschwunden. So widmet etwa John Rawls (1979) dem Generationenkonflikt, aber nicht dem Geschlechterkonflikt seine Aufmerksamkeit.

Aufgrund dieser Situation verwundert es nicht, daß feministische Wissenschaftlerinnen in Bezug auf die Dekonstruktion politikwissenschaftlicher Konzepte unterschiedlicher Meinung sind. Ihnen stellt sich die Frage, ob androzentrische/androkratische Begriffe und Konzepte etwa des »Staatsbürgers« oder des »Gesellschaftsvertrages« für feministische Anliegen reformuliert werden können, ob der androkratische Gehalt dieser Begrifflichkeit überwunden werden kann oder ob diese Konzepte im Rahmen einer feministischen Theorie der Politik vielmehr endgültig verworfen werden müssen.

Um diese Fragen zu diskutieren, werde ich meinen Beitrag in drei Teile gliedern: Im ersten Teil geht es darum, den androkratischen Gehalt des Konzeptes der Staatsbürgerschaft und des Gesellschaftsvertrages offenzulegen. Im zweiten Teil steht die androzentrische Generalisierung des Staatsbürgerstatus im Zentrum; im dritten Teil diskutiere ich die Frage, ob moderne Versionen des Gesellschaftsvertrages für eine feministische Theoriebildung herangezogen werden können. Ich gehe der Frage nach, ob das Konzept des Vertrages als androzentrische Konzeption für eine feministische Theoriebildung als unbrauchbar abgetan werden sollte oder ob es vielmehr Sinn macht, feministische Versionen des Gesellschaftsvertrages zu entwickeln und zu diskutieren. Letzteres hieße, nach Konzeptionen zu suchen, die Frauen in den fiktiven »Urvertrag« mit einbeziehen, und zu fragen, welche Konsequenzen aus dieser Inklusion gezogen werden müßten.

Der androkratische Gesellschaftsvertrag

Da jede politische Philosophie bis zu einem gewissen Grad die Gedanken und Vorurteile der eigenen Zeit widerspiegelt, liegt es auf der Hand, daß alle aufklärerischen Theorien des Gesellschaftsvertrages Formen der Geschlechterherrschaft legitimieren. Hier liegen bereits feministische Analysen vor (vgl. u.a. Shanley/Pateman 1991; Jauch 1989). Von besonderem Interesse ist daher die Weiterentwicklung des Konzepts des Gesellschaftsvertrages im 20. Jahrhundert. Die erste *Ausgangsthese* meiner Ausführungen lautet:

Das Konzept des Gesellschaftsvertrages und die Institution der neuzeitlichen Staatsbürgerschaft sind Fundamente der neuzeitlichen Verfassungen. Bis zum Beginn des 20. Jahrhunderts waren diese Verfassungen ausnahmslos als Androkratien konzipiert; das heißt, daß Frauen aus dem Bereich des Politischen verbannt worden waren. Hinsichtlich politischer Rechte hatten Frauen den Status von Staatenlosen oder Verbrechern.

Im 20. Jahrhundert wird die Geschichte komplizierter. Mit dem Zugeständnis des Frauenwahlrechts setzt ein Prozeß der politischen Re-Konstruktion ein: Die bis dahin verfassungsmäßig abgesicherten Androkratien werden zum Gegenstand politischer Auseinandersetzungen, zu einem politisch verhandelbaren Thema.

Dem steht aber die Persistenz androkratischer Strukturen gegenüber, die nicht zuletzt durch jenes gesellschaftliche Phänomen, das ich als *Familialismus* kennzeichnen möchte, gewährleistet und abgesichert wird. Vorweg daher eine sehr knappe Definition von Familialismus:

Unter Familialismus subsumiere ich jenes ideologisierende Familienverständnis, das auf »Gemeinwohl« abzuzielen vorgibt, tatsächlich aber Geschlechterhierarchie im Sinn hat. Familialistische Ideologien sind antiindividualistisch, wenn es um die Bedürfnisse von Frauen geht; sie sprechen von Familie und vom Wohl der Kinder, meinen aber männliche Ansprüche und weibliche Unterordnung.

Da ich eine historisch-analytische Konzeption bereits an anderer Stelle vorgelegt habe (Appelt 1994a und b; 1995), möchte ich mich in diesem Beitrag auf zusammenfassende Thesen bezüglich der sozioökonomischen Entwicklung sowie der Positionen der Vertragstheoretiker beschränken. Im Anschluß daran werde ich den Zusammenhang zwischen Gesellschaftsvertrag und familialistischer Ideologie darlegen.

Der androkratische Gesellschaftsvertrag der Neuzeit
Thesen zur sozioökonomischen Entwicklung

a) Neuzeitliche Staatenbildung zielte auf höchste Machtkonzentration bzw. auf die Institutionalisierung des Gewaltmonopols im Staat ab. Das wirtschaftspolitische Denken des 17. und 18. Jahrhunderts war in erster Linie auf Staatsbildung, das heißt auf Vereinheitlichung in politischer wie in volkswirtschaftlicher Hinsicht ausgerichtet (Matis 1981).

b) Die politische und wirtschaftliche Vereinheitlichung erforderte ein (ver-)einheitlichtes Bewußtsein der Zusammengehörigkeit. Die vereinheitlichte Staatsuntertänigkeit bzw. Staatsangehörigkeit implizierte freilich lediglich Inklusion, jedoch keine Formen der Partizipation.

> »Die Durchsetzung einer einheitlichen Landeszugehörigkeit – einer landesweiten Untertänigkeit – geht auf die armenrechtliche Politik des 16. Jahrhunderts zurück. Ziel dieser Politik war es, das Bettel- und Vagabundenwesen landesweit zu steuern, indem die zum Betteln und zur Unterstützung Berechtigten auf den Kreis der Einheimischen begrenzt wurden. Solange Grund- und Landesherrschaft nebeneinander existierten, gab es auch mehrere Angehörigkeitsbeziehungen zu verschiedenen Herrschaftsträgern. Entsprechend der Ausweitung der Herrschaftsbefugnisse des Landesherrn setzte sich demgegenüber seit dem 16. Jahrhundert der Status einer allgemeinen, d.h. landesweiten Untertänigkeit und völkerrechtlichen Zuordnung durch, der die geltenden landes- und lehnsrechtlichen Ver-

schiedenheiten verdrängte« (Handwörterbuch der Deutschen Rechtsgeschichte 1990: 1800f.).

c) Die *von oben* durchgesetzte Abgrenzung *nach außen* einerseits und Vereinheitlichung *nach innen* andererseits waren Bestandteile absolutistischer Herrschaftsstrategie. Das Postulat der »Gleichheit« aller Untertanen konstituierte eine *moderne* Herrschaftsbeziehung gegenüber patrimonial konzipierten Abhängigkeits- und Herrschaftsbeziehungen ständisch-feudaler Gesellschaften.

Der androkratische Gesellschaftsvertrag der Neuzeit
Zusammenfassende Thesen

a) Alle Vertragstheoretiker treffen eine Unterscheidung zwischen dem Volk resp. den Untertanen oder Staatsangehörigen einerseits und den Staatsbürgern andererseits:

»Soweit die Menschen im Rahmen des Gemeinwesens (civitas) aller Vorteile des positiven Rechts anteilhaft sind, nennen wir sie Bürger; soweit sie verpflichtet sind, den Gemeinschaftsgesetzen und -institutionen zu gehorchen: Untertanen«, schrieb Spinoza im Jahre 1677 (Spinoza 1944/1677, eigene Übersetzung).

Spinoza benennt hier zwei öffentliche Rollen, die des Bürgers und des Untertanen. Er unterscheidet zwischen rechtlich-politischer Teilhabe und Inklusion. In derselben Tradition steht Rousseau, wenn er schreibt:

»Der Akt des Zusammenschlusses schafft augenblicklich anstelle der Einzelperson jedes Vertragspartners eine sittliche Gesamtkörperschaft, die aus ebenso vielen Gliedern besteht, wie die Versammlung Stimmen hat. (...) Was die Mitglieder betrifft, so tragen sie als Gesamtheit den Namen Volk, als Einzelne nennen sie sich Bürger, sofern sie Teilhaber an der Souveränität, und Untertanen, sofern sie den Gesetzen des Staates unterworfen sind« (Rousseau 1993/1762: 18f.).

b) Die Mitwirkung an der Gesetzgebung war keineswegs für alle vorgesehen; sie ist an den Staatsbürgerstatus gebunden.

»Die zur Gesetzgebung vereinigten Glieder einer solchen Gesellschaft (societas civilis), d.i. eines Staates, heißen Stimmbürger (cives), und die rechtlichen, von ihrem Wesen (als solchem) unabtrennlichen Attribute derselben sind: gesetzliche Freiheit, keinem anderen Gesetz zu gehorchen, als zu welchem er seine Beistimmung gegeben hat; bürgerliche Gleichheit, keinen Oberen im Volk in Ansehung seiner zu erkennen als nur einen solchen, den er ebenso rechtlich verbinden kann; drittens das Attribut der bürgerlichen Selbständigkeit, seine Existenz und Erhaltung nicht der Willkür eines anderen im Volke, sondern seinen eigenen Rechten und Kräften als Glied des gemeinen Wesens verdanken zu können, folglich die bürgerliche Persönlichkeit, in Rechtsangelegenheiten durch keinen anderen vorgestellt werden zu dürfen« (Kant 1990/1797: 170).

c) Voraussetzung für den Staatsbürgerstatus sind demnach: Zugehörigkeit zum männlichen Geschlecht, die Position des Familienoberhauptes sowie wirtschaftliche Selbständigkeit.

Den Theoretikern des Gesellschaftsvertrages geht es um die inhaltliche Bestimmung des Begriffs »Staatsbürger« bzw. um die Unterscheidung zwischen aktiven und passiven Staatsbürgern, die nach und nach die Unterscheidung zwischen Bürgern und Untertanen ablöst.

>»Nur die Fähigkeit zur Stimmgebung macht die Qualifikation zum Staatsbürger aus; jene aber setzt die Selbständigkeit dessen im Volk voraus, der nicht bloß Teil des gemeinen Wesens, sondern auch Glied desselben, d.i. aus eigener Willkür in Gemeinschaft mit anderen handelnder Teil desselben sein will« (ebd.: 171).

Kant präzisiert die Unterscheidung zwischen aktiven und passiven Stimmbürgern:

»Die letztere Qualität macht aber die Unterscheidung des aktiven vom passiven Staatsbürger notwendig; obgleich der Begriff des letzteren mit der Erklärung des Begriffs von einem Staatsbürger überhaupt im Widerspruch zu stehen scheint. – Folgende Beispiele können dazu dienen, diese Schwierigkeit zu heben: der Geselle bei einem Kaufmann oder bei einem Handwerksmeister; der Dienstbote, der nicht im Dienste des Staates steht, der Unmündige (naturaliter vel civiliter); alles Frauenzimmer, und überhaupt jedermann, der nicht nach eigenem Betriebe, sondern nach der Verfügung anderer genötigt ist, seine Existenz zu erhalten, entbehrt der bürgerlichen Persönlichkeit, und seine Existenz ist gleichsam nur Inhärenz« (ebd.).

d) Nach der Auffassung von Kant soll sich der Staatsbürgerstatus also auf den wirtschaftlich selbständigen, erwachsenen Mann, der über Stimmrechte verfügte, erstrecken. Die Idee einer grundsätzlichen Gleichheit der Menschen und ungleichem Rechtsstatus ist für Kant bemerkenswerterweise kein Widerspruch, im Gegenteil, ungleicher Rechtsstatus wird als politisch konstitutiv angesehen:

»Diese Abhängigkeit von dem Willen anderer und Ungleichheit ist gleichwohl keineswegs der Freiheit und Gleichheit derselben als Menschen, die zusammen ein Volk ausmachen, entgegen; vielmehr kann bloß den Bedingungen derselben gemäß dieses Volk ein Staat werden und in eine bürgerliche Verfassung eintreten« (ebd.: 172).

Ungleicher Rechtsstatus zwischen Männern und Frauen, zwischen Besitzenden und Abhängigen sind so für Kant Voraussetzungen einer bürgerlichen Verfassung:

»In dieser Verfassung aber das Recht Stimmgebung zu haben, d.i. Stimmbürger, nicht bloß Staatsgenosse zu sein, dazu qualifizieren sich nicht alle mit gleichem Recht. Denn daraus, daß sie fordern können, von allen anderen nach Gesetzen der natürlichen Freiheit und Gleichheit als passive Teile des Staats behandelt zu werden, folgt nicht das Recht, auch als aktive Glieder den Staat selbst zu behandeln, zu organisieren oder zu Einführung gewisser Gesetze mitzuwirken« (ebd.).

e) Das Postulat der bürgerlichen Männerselbständigkeit ist ident mit dem Postulat der Unselbständigkeit, der »Inhärenz« von Frauen. Darauf hat vor allem Pateman hingewiesen, wenn sie analysiert, daß Kant seine Behauptung, Frauen seien wie Männer Individuen bzw. Personen, sofort wieder zurücknimmt. Frauen entbehren – nach Kant – der Attribute der bürgerlichen Persönlichkeit, sie sind von der Kategorie der Person bzw. des Individuums ausgeschlossen (vgl. Pateman 1988: 169f.).

f) Der politische Transformationsprozeß, der im 18. Jahrhundert eingeleitet wurde, verknüpfte die Institution des Bürgers mit einem modernen Konzept männlicher Identität, die über zwei idealtypische Rollen verfügt: die öffentliche Rolle des Bürgers, des Gleichen unter Gleichen und die Rolle des Familienoberhauptes, dem die Familienmitglieder unterworfen sind. Dem steht eine idealtypische Rolle der Frau gegenüber, die private Rolle der Ehefrau, Hausfrau und Mutter.

Die Auffassungen von Kant sind in unserem Zusammenhang aus zwei Gründen von besonderer Bedeutung: Erstens hatte das Kantsche Rechts- und Ethikverständnis einen maßgeblichen Einfluß auf die Kodifikationen des Privatrechts und damit auf das europäische Rechtsdenken des 19. Jahrhunderts. Zweitens bietet sich für eine Analyse androkratischer Denksysteme die Kantsche Theorie wegen ihrer Widersprüchlichkeit an: Es läßt sich sehr leicht mit Kant gegen Kant argumentieren. Bezüglich des Geschlechterverhältnisses birgt die Kantsche Theorie bereits ihre Überwindung in sich.

Zusammenfassend kann daher festgehalten werden: Der neuzeitliche Gesellschaftsvertrag wurde als »Männervertrag« konzipiert. In den klassischen Theorien des Gesellschaftsvertrages sind die männlichen Familienoberhäupter die Vertragsparteien. Über das neuzeitliche Konzept des *Staatsbürgers*, des *citoyen*, des *citizen* sicherten sich besitzende Männer politische, rechtliche und ökonomische Privilegien gegenüber Frauen sowie gegenüber besitzlosen Männern; Privilegien, die dazu beitrugen, das *moderne* Mann-Frau-Verhältnis als bürgerlich-männliches Anspruchssystem zu universalisieren. Diese neue »Ordnung der Geschlechter« (Honegger 1991), die im öffentlichen Bereich als Konzept des Staatsbürgers, des citoyen, des citizen ihren Ausdruck fand und mit der im sozialen Bereich die Etablierung der bürgerlichen Privatsphäre korrespondierte, zählt zu den epochemachenden Veränderungen des Zeitalters der Aufklärung und der Französischen Revolution. Die Zugehörigkeit zum männlichen Geschlecht und wirtschaftliche Unabhängigkeit waren Voraussetzungen für den Staatsbürger, vice versa konstituierte der Staatsbürgerschaftsstatus bürgerliche Männlichkeit, die als Unabhängigkeit vom Willen anderer formuliert wurde.

Prominente Kritikerin des Gesellschaftsvertrages ist Carole Pateman:

»Textkommentare übergehen elegant die Tatsache, daß die klassischen Theoretiker ihre patriarchale Geschichte von Männlichkeit und Weiblichkeit darüber konstruieren, wie sie den Unterschied zwischen Männern und Frauen interpretieren. Nur männliche Wesen verfügen demnach über die Eigenschaften und Fähigkeiten, die notwendig sind, um vertragsfähig zu sein, darunter ganz zentral Eigentum und Besitz an der eigenen Person; nur Männer sind also Individuen. (...) Mit Ausnahme von Hobbes behaupten die Klassiker, daß den Frauen die Eigenschaften und Fähigkeiten von ›Individuen‹ von Natur aus fehlen. (...) Die Lehre vom Gesellschaftsvertrag wird in der konventionellen Politikwissenschaft als eine Geschichte der Freiheit dargestellt.« (Pateman 1994: 78f.)

Der Kern des Geschlechtervertrags liegt für Pateman darin, daß die Subordination der Frauen nun, anders als früher, vertraglich besiegelt wird. Das Wesen der bürgerlichen Freiheit kann, so schreibt sie, nicht adäquat erfaßt werden, wenn nicht auch die zweite Hälfte der Geschichte erzählt wird, aus der hervorgeht, wie die patriarchalen Rechte der Männer über die Frauen auf dem Vertragswege begründet werden:

»Der Gesellschaftsvertrag ist eine Geschichte der Freiheit; der Geschlechtervertrag ist eine Geschichte der Unterwerfung. Der Grundvertrag beinhaltet Freiheit und Herrschaft gleicherweise. Der Grundvertrag regelt die Freiheit der Männer und die Unterwerfung der Frauen.« (ebd.: 74)

Pateman ist überzeugt, daß eine Allianz zwischen Feminismus und Vertragsdenken zum Scheitern verurteilt ist. Zum einen vertritt sie die These, es sei unzulässig, den Begriff »Individuum« auf Frauen anzuwenden: »Das ›Individuum‹ ist ein Mann, der Gebrauch vom Körper einer Frau macht«, für den seine Ehefrau »sexueller Besitz« ist. Dem hält Herta Nagl-Docekal (1996: 22) entgegen, daß die Argumente feministischer Rechtstheorie, auf die Pateman hier anspielt, ja nicht fordern, die Frauen am traditionellen Begriff des männlichen Staatsbürgers, der zugleich Familienoberhaupt ist, zu orientieren; sie operieren vielmehr mit einem reformulierten Begriff des Individuums.

Staatsbürgerstatus und Familialismus

Eine Dekonstruktion des Gesellschaftsvertrages muß diesen als androkratisches Konzept kennzeichnen, darüber hinaus aber den Zusammenhang zwischen Gesellschaftsvertrag und Familialismus thematisieren. Daher werde ich meine Ausgangsthese um Aspekte ergänzen, die alle am Begriff »Familialismus« ansetzen. Vorweg zunächst vier Erweiterungsthesen:

1. These: Die Konzepte des Gesellschaftsvertrages und der neuzeitlichen Staatsbürgerschaft basieren auf familialistischen Ideologien.
2. These: Der verdeckte Familialismus der neuzeitlichen Konzepte des Gesellschaftsvertrages und der Staatsbürgerschaft »naturalisieren« und »funktionalisieren« Geschlechterhierarchien.
3. These: Die Ideologie des Familialismus überlebt die verfassungsmäßig legitimierten Androkratien und konserviert männliche Stellvertretungsansprüche gegenüber Frauen.
4. These: Die Ideologie des Familialismus verhindert, daß die Kategorie »Geschlecht« zu einer politischen Kategorie wird. Politik bleibt eingeschlechtlich, männlich.

Was hier gemeint ist, soll beispielhaft an Rousseau sowie an zwei Theoretikern des 20. Jahrhunderts, nämlich T. H. Marshall und John Rawls, gezeigt werden.

Republikanische Mutterschaft und Staatsbürgertugend

Es war einer der prominentesten Theoretiker des Gesellschaftsvertrages, nämlich Jean Jacques Rousseau, der eine moderne Auflösung des Paradoxes zwischen (universalistisch gedachter) bürgerlicher Gleichheit und privater Herrschaft vorlegte: Gegenüber dem Argument der natürlichen Unterlegenheit der Frau oder ihrer Unfähigkeit, in den Krieg zu ziehen, entwickelte er eine moderne Legitimationsfigur – die Idee der republikanischen Mutterschaft.

Während bei den Naturrechtlern der Vertragsgedanke bzw. die Idee eines Unterwerfungsvertrages im Vordergrund steht, entwickelt Rousseau – der bedeutsamste neuzeitliche Theoretiker der Männer-Gleichheit – eine moderne Theorie der Unterordnung des weiblichen unter das männliche Geschlecht. Rousseau geht es um mehr als um die Begründung von männlichen Vorrechten; in seiner Kontrastierung des bürgerlichen gegenüber dem natürlichen Menschen geht es ihm um geschlechtshierarchische Gesellschaftlichkeit.

Einflußreich war vor allem – gerade auf der Folie des Gleichheitsgedankens – die Rousseausche Vorstellung, daß öffentliche männliche Tugenden nur auf dem Hintergrund privater weiblicher Tugenden entstehen und aufrechterhalten werden könnten. Mit seinem Konzept der republikanischen Mutterschaft legitimierte Rousseau in funktionalistischer Weise die Unterordnung und politische Rechtlosigkeit von Frauen. Insbesondere im fünften Kapitel von »Emile oder Über die Erziehung« kontrastiert Rousseau »Männlichkeit« mit seinem Räsonnement über »die Frauen«. Die Rousseausche Theorie der Weiblichkeit kann als Konzept der Exklusion von all jenen Eigenschaften und Tugenden gelesen werden, die den Rousseauschen Mann zum Bürger machen. Die explizit postulierte Unterwerfung des weiblichen Geschlechts unter das männliche leitet Rousseau von der »natürlichen« Geschlechterdifferenz ab. Dabei konstituiert der männliche Bürgerstatus das hierarchische Verhältnis zwischen den Geschlechtern, in das sich Frauen im Bewußtsein ihrer Differenz freiwillig begeben würden – ein Gedanke, der von zahlreichen Philosophen des 19. Jahrhunderts bereitwillig aufgegriffen worden ist. Der Gleichheitstheoretiker Rousseau, der Wegbereiter der Französischen Revolution, lieferte somit eine elaborierte ideologische Rechtfertigung für die Abhängigkeit und Unterordnung der Frauen, für ihren Ausschluß aus dem politischen Leben.

Der rigide Ausschluß von Frauen aus dem politischen Leben fällt in dieselbe Zeit, in der in den europäischen Nationalstaaten das Privatrecht kodifiziert wurde (Allgemeines Preußisches Landrecht 1794, Code Civil 1804, Allgemeines Bürgerliches Gesetzbuch 1810), das den männlichen Stimmbürger mit bürgerlichen Rechten ausstattete und die Geschlechterhierarchie auf eine neuzeitliche Grundlage stellte. Wenn Heide Wunder für die frühe Neuzeit formuliert:

> »Die Ehe wurde zum neuen Ordnungsfaktor des entstehenden modernen Staates, die zunächst ›bürgerliche‹ Institution erhielt einen staatlich-öffentlichen Status, für dessen ›Ordentlichkeit‹ sich die weltlichen und geistigen Obrigkeiten zuständig fühlten« (Wunder 1992: 43),

so gilt dies erst recht für die nachrevolutionäre Ära, in der diese Ordnung in den Privatrechtskodifikationen festgeschrieben wurde. Bürgerliche Ehe und männlicher Staatsbürgerschaftsstatus waren nicht nur zwei Seiten einer Medaille, sie waren konstituierende Faktoren des Staatsbildungsprozesses (Rumpf 1992).

Verallgemeinerter Staatsbürgerschaftsstatus und Familialismus

Soziale Inklusion war ein Leitthema von (konservativen) Sozialreformern, philanthropischen Unternehmern und Soziologen des 19. Jahrhunderts. Die Ideologie des Familialismus spielte dabei eine ebenso bedeutende Rolle wie die Durchsetzung des bürgerlich konzipierten Geschlechterverhältnisses (vgl. Honegger 1991). Im 20. Jahrhundert dominierte nicht mehr einfach die Frage nach den politischen Rechten der besitzenden Klassen einerseits und nach der sozialen Inklusion der Besitzlosen andererseits, sondern es wurde eine neue Dynamik vorangetrieben: die Generalisierung des Staatsbürgerstatus. Die tatsächliche Generalisierung des Staatsbürgerstatus ist eine Antithese zum Familialismus; sie stellt auf das Individuum ab, das heißt, sie löst den Konnex zwischen familialen Bindungen und politischen Rechten und damit tendenziell und langfristig die androzentrischen Prämissen des Staatsbürgerstatus auf. Diese formale Generalisierung des politischen und rechtlichen Status bedeutet jedoch eine umfassende Transformation der Gesellschaft – eine Transformation, die im Kern das Geschlechterverhältnis tangiert und damit den gesamten Bereich der sozialen Reproduktion auf die politische Tagesordnung bringt. Die geschlechtsspezifischen Implikationen dieser Transformation zu thematisieren, heißt auch zu analysieren, in welchem Ausmaß und in welcher Form »öffentliche Verantwortung« transformiert und »private Verantwortlichkeit« »vergesellschaftet« worden ist und neu zu definieren ist. Öffentliche und private Verantwortung stehen auch heute zur Disposition.

Die Anfänge der modernen Sozialpolitik Ende des 19. und Anfang des 20. Jahrhunderts fallen in jene Zeit, in der die Grenze zwischen der öffentlichen Welt der Erwerbsarbeit sowie der politischen Partizipation und dem privaten Bereich vor allem für Frauen des Bürgertums neuerlich rigide festgeschrieben worden ist. Die starre Teilung zwischen männlicher Erwerbsarbeit und weiblicher Hausarbeit war jedoch Resultat einer viel grundlegenderen geschlechtsspezifischen Teilung zwischen dem öffentlichen und dem privaten Bereich, die im Anschluß an John Locke zu einem Topos der politischen Theorie avanciert ist. Realisiert wurde diese patriarchale Geschlechtertrennung freilich immer nur in Teilen des Besitz- und Bildungsbürgertums (vgl. Appelt 1994b).

Zunächst aber zur androzentrischen Generalisierung des Staatsbürgerstatus. T. H. Marshall gilt als der erste Soziologe des Staatsbürgerstatus. Die Abhandlungen von Marshall machen deutlich, in welchem Ausmaß eine androzentristische Sichtweise auch bei Theoretikern dominiert, die den Widerspruch zwischen formaler Gleichheit und sozialer Ungleichheit zu ihrem Thema machen. Frauen werden hierbei noch lange nicht als kompetente Sprecherinnen angenommen; das Geschlechterverhältnis bleibt weiterhin der blinde Fleck männlicher Theorien, die sich zwar um die soziale und politische Organisation unserer Gesellschaften kümmern, dabei aber das Geschlechterverhältnis – zentrale Grundlage der sozialen und politischen Verhältnisse – ausblenden.

Marshall unterschied in seiner berühmt gewordenen Abhandlung »Citizenship and Social Class« (1992/1949) drei Elemente des Staatsbürgerstatus, das bürgerliche, das politische und das soziale Element (vgl. Marshall 1992/1949: 53). Damit lenkte er als einer der ersten die Aufmerksamkeit auf die in den wohlfahrtsstaatlichen Einrichtungen zu verankernden sozialen Rechte und die damit verbundenen Vorstellungen über die Rolle des Staates bei der Bestimmung der Lebenslage breiter Bevölkerungsgruppen; im Vordergrund seiner Analyse steht die Frage nach der Verteilung von Lebenschancen in einer kapitalistischen Marktwirtschaft. Staatsbürgerschaft ist für Marshall ein soziologischer und politischer Schlüsselbegriff, der jenen Komplex von Rechten und Pflichten bezeichnet, der für den Status und das Lebensschicksal der Mitglieder einer modernen Gesellschaft von fundamentaler Bedeutung ist. Im Blick hat Marshall dabei die männlichen Mitglieder der Gesellschaft. Der androzentristisch konzipierte Staatsbürgerstatus verweist auf jene Dimension des gesellschaftlichen Lebens, in der sich die Vorstellungen über die Grundlagen einer androkratischen Ordnung in den Jahrzehnten nach dem Zweiten Weltkrieg durchsetzten, wobei diese geschlechtshierarchische Ordnung das große Tabu der Demokratietheoretiker geblieben ist.

Während die ersten Klassiker der Soziologie wie Durkheim oder Comte die Voraussetzungen und Konsequenzen des Durchbruchs der Industriegesellschaft zum Ausgangspunkt ihrer Analysen nahmen, ist Marshalls Abhandlung »Staatsbürgerrechte und soziale Klassen« der erste grundlegende Versuch einer soziologischen Analyse der Bedeutung der staatlichen Sozialpolitik für die soziale Struktur und politische Ordnung der demokratisch verfaßten Industriegesellschaften. Zentrale Annahme Marshalls war, daß im Gefolge des Aufbaus des Wohlfahrtsstaates den Staatsbürgern auf der Grundlage der Gleichheit soziale Rechte eingeräumt worden waren, die die Lebenschancen insofern modifizierten, als sie den Wirkungen kapitalistischer Arbeitsmärkte Grenzen setzten. Wohlfahrtsstaatliche Institutionen, soziale Rechte auf der Grundlage einer formalen Gleichheit aller Mitglieder der Gesellschaft, sind nach Marshall zentrale Strukturmerkmale demokratischer Industriegesellschaften, sie sind ein spannungsgeladener, im Rahmen der gesellschaftlichen Ordnung aber unverzichtbarer Gegenpol zu der über Marktprozesse erzeugten und reproduzierten Ungleichheit.

Marshall erwähnt zwar kursorisch die Geschlechterproblematik, bleibt jedoch in seiner Argumentation androzentristisch. Im Blickfeld hatte auch er in erster Linie den männlichen Bürger:

»Bürgerliche Rechte«, schreibt er, »waren für die Entwicklung der Marktwirtschaft unverzichtbar. Sie gaben jedem Mann als Teil seines individuellen Status die Macht, sich als selbständige Einheit am wirtschaftlichen Kampf zu beteiligen« (Marshall 1992/1949: 57).

Der Staatsbürgerstatus sei eine expansive Institution, die Gleichheit in einem auf Ungleichheit basierenden System erzeuge.

»Die Geschichte der bürgerlichen Rechte ist in ihrer formgebenden Phase eine Geschichte der schrittweisen Hinzufügung neuer Rechte zu einem Status, der bereits existierte und von dem man annahm, daß er allen erwachsenen Mitgliedern der Gemeinschaft zustehe – oder man sollte vielleicht sagen allen männlichen Mitgliedern, weil der Status der Frau, zumindest der verheirateten Frauen, einige Besonderheiten aufwies« (ebd.: 45).

Die von Marshall erwähnten Besonderheiten bleiben Nebensache, sie bedürfen offensichtlich keiner Analyse. Seltsam genug, daß dieses Kernstück der liberalen politischen Doktrin, nämlich die Privatsphäre und der damit verbundene Status von Ehefrauen, lediglich in einem Nebensatz erwähnt wird. Die politische Analyse wie das Gerechtigkeitsdenken hören wieder einmal in Bezug auf Frauen und insbesondere auf Ehefrauen auf. Generalisierung des Staatsbürgerstatus bezieht sich auch bei den Demokratietheoretikern des 20. Jahrhunderts zunächst ausschließlich auf Männer. Die integrierende Wirkung staatsbürgerlicher Rechte galt den männlichen Staatsangehörigen, während für Frauen Verwandtschaft und Ehe die wichtigsten Sozialbeziehungen sein sollten.

Die soziologische Hypothese Marshalls war die Annahme einer Art grundsätzlicher Männergleichheit, die mit der Vorstellung einer vollen Mitgliedschaft aller erwachsenen Männer in der Gemeinschaft bzw. mit dem Staatsbürgerstatus verbunden ist, die nicht mit jenen Ungleichheiten unvereinbar ist, die die zahlreichen wirtschaftlichen Ebenen einer Gesellschaft von einander unterscheiden. Das heißt, Marshall akzeptiert die Ungleichheit eines Systems unter der Voraussetzung, daß gleichheitsfördernde Mechanismen für männliche Staatsbürger (etwa über Sozialversicherungen) institutionalisiert werden. Die grundlegende Gleichheit der Mitgliedschaft wurde in geschlechtsspezifischer Weise mit neuen Inhalten angereichert und mit Männerrechten ausgestattet.

Tatsächlich bauten die europäischen Wohlfahrtsstaaten in den Jahrzehnten nach dem Zweiten Weltkrieg durchwegs auf dem Familienerhalter/Hausfrauen-Modell auf. Erwerbsarbeit sollte Männern vorbehalten bleiben. Am wirksamsten perpetuierte sich dabei die Geschlechterhierarchie durch Sozialversicherungssysteme, die auf dem erwähnten Modell aufbauten und der männlichen Arbeitnehmerklasse einen sozialen Bürgerstatus garantierten, während der weiblichen Hausfrauenklasse ein vom Mann abgeleiteter sekundärer sozialer und politischer Bürgerstatus vorbehalten blieb.

Die Erweiterung des Staatsbürgerstatus vollzog sich für Frauen in grundsätzlich anderer Weise als für Männer. Der rechtliche Status von Frauen war bis zu den Eherechtsreformen in den siebziger Jahren grundsätzlich von dem der Männer verschieden, und die Einführung des allgemeinen Wahlrechts war nirgendwo mit einer Institutionalisierung von Frauenmacht verbunden. Die Politikbereiche, die bis weit in die Jahrzehnte nach dem Zweiten Weltkrieg das Leben von Frauen am meisten betrafen, waren kein Ergebnis der politischen Partizipation von Frauen. Frauen wurden als Töchter, Ehefrauen und Witwen von erwerbstätigen Männern angesehen, und die Sozialpolitik in den meisten europäischen Ländern unterstützte Männer in ihrer Rolle als Versorger. Insofern waren Frauen, auch nachdem sie das Wahlrecht erlangt hatten, Objekte der Politik, lange bevor sie jemals Subjekte jener politischen Entscheidungen wurden, die ihr Leben unmittelbar betrafen.

Es waren feministische Theoretikerinnen wie Carole Pateman (1988), Nancy Fraser (1994) und andere, die darauf hingewiesen haben, daß die hier diskutierten Fragen in engem Zusammenhang mit der politischen Ordnung der gesellschaftlichen Räume der Öffentlichkeit und Privatheit analysiert werden müssen. Nicht zuletzt als Versorgungsinstitution ist die Familie zentraler und lebenswichtiger Bestandteil jeder bürgerlichen Gesellschaft. Nun wurde die Grenze zwischen Privat- und öffentlichem Bereich im Laufe des 20. Jahrhunderts zwar sukzessive neu gezogen und neu definiert; das *liberale Dilemma* (vgl. Okin 1989), das durch die Gleichsetzung von Individuen mit Männern entsteht, existiert jedoch nach wie vor.

Den Gesellschaftsvertrag neu denken

Vertragstheorien für feministische Zwecke zu nutzen, mag ein fragwürdiges Unterfangen sein. Die Idee des Gesellschaftsvertrages sei von Männern für Männer konzipiert und diene letztlich der Unterwerfung der Frauen, so die feministische Kritik (vgl. Pateman 1988). Die bisherigen Ausführungen haben deutlich gemacht, daß Frauen in keiner der klassischen Versionen des Gesellschaftsvertrages als politische Akteurinnen aufscheinen. Die gesellschaftlichen Verhältnisse, für die Frauen verantwortlich sind und verantwortlich gemacht werden, werden vorausgesetzt; sie sind nicht Gegenstand des Gesellschaftsvertrages, sie sind aus dem Vertrag ausgeschlossen.

Im Gegensatz zu Carole Pateman schlage ich vor, nicht das Vertragsdenken als solches fallen zu lassen, sondern Frauen als kompetente Sprecherinnen in die Konzeption des Vertrages einzubeziehen. Wenn ich im folgenden die Frage stelle, ob das Konzept des Gesellschaftsvertrages für feministische Ziele angeeignet werden kann, dann beziehe ich mich nicht auf die Klassiker des Gesellschaftsvertrages, sondern auf die Theorie von John Rawls, dem prominentesten Vertragstheoretiker des zwanzigsten Jahrhunderts.

Gesellschaftsvertrag und Verteilungsgerechtigkeit

Im 20. Jahrhundert war es John Rawls, der in seinen Abhandlungen »Theory of Justice« (1971, deutsch 1979) bzw. in seinen Theorien über den politischen Liberalismus (1993) den Gesellschaftsvertrag neu formulierte. Rawls baut mit seiner Theorie auf den klassischen Varianten des Gesellschaftsvertrages auf und versucht, eine Theorie der Gerechtigkeit zu entwickeln, die den Verhältnissen des 20. Jahrhunderts angemessen scheint. Von feministischer Seite wurde John Rawls vor allem kritisiert, weil er die Familie einerseits als eine zentrale gesellschaftliche Institution anführt, andererseits aber nicht in seine Theorie der Gerechtigkeit mit einbezieht.

Im diesem abschließenden Teil des Aufsatzes stelle ich daher im Anschluß an Susan Moller Okin (1989) und Janna Thompson (1996) die Frage, welche Elemente der Rawlssche Version des Gesellschaftsvertrages für eine feministische Theoriebildung aufgegriffen bzw. weiterentwickelt werden können.

John Rawls nähert sich seinem Thema sehr grundsätzlich; seine Theorie ist daher komplex und um eine systematische Aufbereitung seiner Fragestellung bemüht. Für feministische Theoriebildung ist die Rawlssche Theorie unter anderem insofern von Interesse, als er sich vom Utilitarismus abgrenzt:

»Das Nutzenprinzip scheint unvereinbar zu sein mit der Vorstellung gesellschaftlicher Zusammenarbeit zwischen Gleichen zum gegenseitigen Vorteil, mit dem Gedanken der Gegenseitigkeit, der im Begriff einer wohlgeordneten Gesellschaft enthalten ist. (...) Es ist vielleicht zweckmäßig, aber nicht gerecht, daß einige weniger haben, damit es anderen besser geht« (Rawls 1979: 32).

Ansatzpunkt einer feministischen Kritik sind einerseits die Konzeption des Urzustandes, andererseits die Rawlsschen Gerechtigkeitsgrundsätze selbst. Für Rawls ist der erste Gegenstand der Gerechtigkeit die Grundstruktur der Gesellschaft, genauer die Art, wie die wichtigsten gesellschaftlichen Institutionen Grundrechte und -pflichten verteilen. Unter den wichtigsten Institutionen versteht Rawls die Verfassung und die wichtigsten wirtschaftlichen und sozialen Verhältnisse. Als Beispiele nennt er die gesetzlichen Sicherungen der Gedanken- und Gewissensfreiheit, Märkte mit Konkurrenz, das Privateigentum an den Produktionsmittel und die monogame Familie (vgl. ebd.: 23). Schon diese Annahmen werfen einige Probleme auf: So kann heute kaum mehr davon ausgegangen werden, daß alle Menschen in Familienverbänden leben. Hier sei nur die zunehmende Zahl von Singles, aber auch der steigende Anteil nicht im Familienverband lebender älterer Menschen erwähnt.

Rawls formuliert zunächst bestimmte Ausgangsannahmen: Er nimmt an, daß die Menschen im Urzustand gleich seien; daß sie bei der Wahl der Grundsätze alle die gleichen Rechte haben. Er formuliert also Bedingungen, die die Gleichheit der Menschen als moralische Subjekte darstellen, als Wesen mit Vorstellungen von ihrem Wohl und mit Gerechtigkeitssinn ausgestattet.

Rawls geht davon aus, daß die Menschen im Urzustand folgende zwei Grundsätze wählen würden: einmal die Gleichheit der Grundrechte und -pflichten; zum anderen den Grundsatz, daß soziale und wirtschaftliche Ungleichheiten, etwa verschiedener Reichtum oder verschiedene Macht, nur dann gerechtfertigt sind, wenn sich aus ihnen Vorteile für jedermann ergeben, insbesondere für die schwächsten Mitglieder der Gesellschaft.

Wie die klassischen Theoretiker des Gesellschaftsvertrages setzt Rawls die Familie als grundlegende Institution der Gesellschaft voraus, thematisiert jedoch nicht die Frage der Gerechtigkeit zwischen den Geschlechtern.

Frauen als kompetente Sprecherinnen

Susan Moller Okin hat sich in »Justice, Gender and the Family« (1989) ausführlich mit Rawls auseinandergesetzt. Dabei kommt sie zu dem Schluß, daß Rawls' Ansatz, seiner männlichen Voreingenommenheit entkleidet und auf Verhältnisse und Institutionen angewandt, die die Lebenschancen von Frauen betreffen, durchaus eine vernünftige Grundlage für feministische Forderungen bilden kann (vgl. ebd: 109). Sie fordert drei wesentliche Änderungen in Rawls' Konzeption des Gesellschaftsvertrages (vgl. ebd.: 192f.):

Erstens müsse sichergestellt sein, daß nicht die Familienoberhäupter, sondern alle Erwachsenen als Vertragsabschließende gedacht werden und daß sich der Schleier des Nichtwissens auch auf die Geschlechtszugehörigkeit beziehe.

Zweitens müsse das soziale Wissen, das bei der Formulierung der allgemeinen Gerechtigkeitsgrundsätze Berücksichtigung findet, auch das Wissen über die Benachteiligung von Frauen umfassen.

Und drittens, für Susan Moller Okin am wichtigsten, dürfe die Familie selbst nicht von den Gerechtigkeitsüberlegungen ausgenommen sein. Menschen, die im Urzustand davon ausgehen, daß die Rolle der Frau in der Familie eine Hauptquelle für ihre Benachteiligung ist, werden Gerechtigkeit in der Familie wesentliche Beachtung schenken. Wissen diejenigen, die hinter dem Schleier des Nichtwissens nach Gerechtigkeitsgrundsätzen suchen, über ihre Geschlechtszugehörigkeit nicht Bescheid, dann wird es nach Okin zu einer Neuorganisation von Kinderbetreuung und Erwerbsarbeit kommen.

Nun werden die Überlegungen Okins von mehreren Seiten kritisiert. Die einen betonen, daß die traditionellen Geschlechterrollen moralisch wünschenswert seien (McMillan 1988); Kommunitaristinnen betonen, daß niemand von seiner Geschlechtsidentität absehen könne. Beide Argumente sind nicht sehr stichhaltig, da der Gesellschaftsvertrag weder von Rawls noch von Okin als ein reales sozialhistorisches Ereignis gedacht wurde. Die Überlegung besteht einfach darin, daß Gerechtigkeitsvorstellungen nur dann entwickelt werden können, wenn wir so tun, als ob wir unseren gesellschaftlichen Platz nicht kennen würden. Das Gedankenspiel besteht eben darin, daß Männer sich Gerechtigkeitsgrundsätze überlegen, die sie auch akzeptieren würden, wenn sie Frauen wären bzw. vice versa Frauen sich für Gerechtigkeitsgrundsätze entscheiden, die sie akzeptieren würden, wenn sie Männer wären.

Aus der Geschichte der Sozialpolitik lassen sich viele Beispiele dafür anführen, daß die Frage der Versorgung von Hilfebedürftigen oft losgelöst von dem Anliegen einer partizipatorischen Bürgerschaft gelöst wurde. Ein aufgeklärter Absolutismus oder eine Ein-Parteien-Bürokratie können in gewisser Weise sehr wohl mütterfreundliche Maßnahmen dekretieren oder sich für Kinder oder hilfebedürftige Personen engagieren. Für Feministinnen ist aber nicht nur entscheidend, ob Kinder betreut werden, sondern wie und durch wen dies bestimmt wird. Erst das aktive Engagement in diesen Belangen, erst wenn Frauen als kompetente Sprecherinnen gedacht werden, kann eine feministische Politik formuliert werden.

Der Gesellschaftsvertrag als Frauenvertrag

Maternalistinnen wie Sarah Ruddick (1993) oder Jean B. Elshtain (1982) argumentieren gegen die VertreterInnen der Vertragstheorie, daß die Individuen, die einen Vertrag schließen, als machthungrige Individuen konzipiert seien, die keine sozialen Bindungen hätten und nur selbstsüchtige Motive verfolgten. So formulieren amerikanische Maternalistinnen radikale Kritik am liberalen Politikkonzept. Sie fordern, daß Frauen als Mütter angesehen werden müßten, nicht nur als »Reproduzenten«, sowie als Teilnehmerinnen am politischen Leben und nicht nur als Mitglieder einer sozialen und wirtschaftlichen Ordnung.

Die Auffassung, daß Bürger subjektive Träger von durch den Staat geschützten Rechten seien, weisen die Maternalistinnen als Leerformel zurück:

»The problem – or one of the problems – with a politics that begins and ends with mobilising resources, achieving maximum impacts, calculating prudentially, articulating interest group claims (...) and so on, is not only its utter lack of imagination but its inability to engage in the reflective allegiance and committed loyalty of citizens. Oversimplify, no substantive sense of civic virtue, no vision of political community that might serve as the groundwork of a life in common, is possible within a political life dominated by a self interested, predatory, individualism« (Elshtain 1982: 617).

Die maternalistischen Feministinnen wollen zuallererst den moralischen Primat der Familie etablieren. Die rigide Trennung zwischen Privatheit und Öffentlichkeit müsse revidiert werden, das Private wird als ein möglicher Ort öffentlicher Moralität, als Modell für öffentliche Aktivitäten von BürgerInnen gedacht.

Problematisch ist hierbei die Annahme, daß in unserer (westlichen, kapitalistischen) Gesellschaft die private Sphäre der öffentlichen a priori überlegen sei. Für Maternalistinnen sind Frauen moralischer als Männer, weil sie Mütter sind und weil »mothering« eine notwendige universelle affektive Tätigkeit ist.

Janna Thompson (1995) sieht das größte Problem des Gesellschaftsvertrages und der politischen Realität, die er widerspiegelt, darin, daß er den Bereich der Reproduktion und damit die Voraussetzungen der Fürsorge nicht für ein zentrales politisches Anliegen hält. Janna Thompson entwickelt daher eine eigene Version eines Gesellschaftsvertrages, einen Vertrag zwischen Frauen. Dabei geht sie davon aus, daß Frauen in vielfältiger Beziehung zueinander stehen: als Mütter, Töchter, Freundinnen oder Schwestern. Die Beziehungen dieser Frauen untereinander können nicht als Geschäftsbeziehungen begriffen werden. Frauen sehen ihre sozialen Beziehungen als ihre Verpflichtung. Die

Vertragsvorstellung von Janna Thompson gleicht eher einem Ehevertrag als einem Geschäftsvertrag:

»Von den Parteien dieses speziellen Vertrages wird erwartet, daß sie sich bemühen, Individuen zu werden und zu bleiben, die bereit sind, eine enge Beziehung miteinander einzugehen und die damit einhergehenden Verantwortungen willig zu übernehmen.« (Thompson 1995: 507)

Das Hauptanliegen der vertragsschließenden Frauen ist, wie sie ihre persönlichen Pflichten als Sorgende zu einer allgemeinen gesellschaftlichen Verantwortung machen können. Dafür führt Janna Thompson zwei Motive an: erstens das Motiv, Verantwortung besser zu teilen und zweitens Bedingungen zu schaffen, die gewährleisten, daß Fürsorgeleistungen auch in Not- oder Krisenzeiten erbracht werden.

Das Modell von Janna Thompson setzt andere Prioritäten als die klassischen Gesellschaftsverträge; es will nicht in erster Linie Gerechtigkeit stiften. Priorität hat die Übereinkunft darüber, für welche Aufgaben die Gesellschaft als ganze verantwortlich sein sollte. Im allgemeinen scheint es wahrscheinlich, daß die Vertragsabschließenden, was immer sie der Gesellschaft sonst übertragen, in erster Linie sicher stellen wollen,

»daß für Kinder gut gesorgt wird und sie die Nahrung, Erziehung und Leistungen erhalten, die sie brauchen, um zu sozial verantwortlichen Erwachsenen heranzuwachsen, die ihrerseits fähig sind, sich als Individuen zu entfalten und auszudrücken.« (ebd.: 509)

Gesellschaftsvertrag und Versorgungsgerechtigkeit

Ein Staatsbürgerstatus, mit dem sich Frauen ebenso wie Männer identifizieren können, impliziert, daß Kindererziehung sowie die Betreuung von pflegebedürftigen Personen als gesellschaftliche Aufgabe wahrgenommen wird. Mary Dietz (1992) insistiert darauf, daß demokratische Bürgerschaft in diesem Sinn eine Praxis sei, die sich von jeder anderen unterscheide. Die wichtigste Beziehung ist die zwischen Gleichen; die wichtigste Haltung ist der gegenseitige Respekt; ihr erstes Prinzip ist die positive Freiheit zur Demokratie und zur Selbstverwaltung und nicht einfach die (liberale) negative Freiheit. Diese Eigenschaften und Prinzipien entstehen weder in der Welt des Marktes noch in der Welt des »Mutterns« (vgl. Dietz 1992: 182).

Ich möchte im folgenden eine Konzeption des Gesellschaftsvertrages vorschlagen, die (analog zu Okin) Frauen als kompetente Sprecherinnen (Vertragspartnerinnen) auffaßt. Ähnlich wie Okin und Thompson gehe ich davon aus, daß die Einbeziehung von Frauen als kompetente Sprecherinnen sowohl die Voraussetzungen sowie den Inhalt des Urvertrages neubestimmt.

Im Gegensatz zu Thompson meine ich jedoch, daß auch das Grundanliegen des Frauenvertrages die Konzeption einer gerechten Gesellschaft ist. Um den Bedürfnissen und Lebenszusammenhängen von Frauen aber tatsächlich gerecht zu werden, schlage ich vor, daß der Versorgungsgerechtigkeit gegenüber der Verteilungsgerechtigkeit der Vorrang eingeräumt werden müßte.

Im Gegensatz zu Okin identifiziere ich in diesem neuen Modell nicht mehr Hierarchie mit Geschlecht. Wenn Okin schreibt, »eine gerechte Zukunft wäre eine ohne Geschlecht. Das Geschlecht wäre für die gesellschaftlichen Strukturen und Praxen ebenso unerheblich wie die Augenfarbe oder die Zehlänge« (Okin 1989: 171), dann wird deutlich, daß sie Geschlecht und Hierarchie in eins setzt. Differenz wird hierarchisch gedacht. Mit veränderter Zusammensetzung der SprecherInnen bzw. mit neuen Spielregeln wird es jedoch möglich, Differenzen als Vielfalt und nicht als Hierarchie zu denken; dann könnten wir formulieren: Eine gerechte Zukunft wäre eine ohne Geschlechterhierarchie; in einer gerechten Gesellschaft erzeugt Geschlechterdifferenz Vielfalt. Die Geschlechtszugehörigkeit wäre für die Positionierung in gesellschaftlichen Strukturen unerheblich.

Mit Okin gehe ich davon aus, daß der Rawlssche Schleier der Unwissenheit auch die Frage der Geschlechtszugehörigkeit umfassen muß. Unter dieser Voraussetzung nehme ich an, daß die Frage der Fürsorge und der Betreuung als zentrales Problem einer Gerechtigkeitkonzeption aufgefaßt wird und daß sich diese Gerechtigkeitskonzeption auf Betreuende/Sorgende, Nichtbetreuende/Nichtsorgende und schließlich auf betreute/umsorgte Personen beziehen wird. Die gerechte Lösung der Betreuungs- und Versorgungsaufgaben von Gesellschaften steht also im Zentrum, sie ist Voraussetzung für alle weiteren Gerechtigkeitsüberlegungen.

Ähnlich wie Susan Moller Okin und Janna Thompson knüpfe ich hierbei an die Gedankenfigur des Urzustandes an. Die Bedingung, die Rawls für den Urzustand formuliert[1], muß jedoch neu konzipiert werden. Das Problem der Rawlsschen Ausgangsannahme scheint mir nicht in erster Linie in der Annahme der Homogenität zu liegen. Hier liegt eine viel grundsätzlichere Verkürzung vor. Um eine umfassende Gerechtigkeitsvorstellung zu entwickeln, muß die Ausgangsannahme folgendermaßen neuformuliert werden: In einem bestimmten geographischen Gebiet leben Menschen, von denen etwa die Hälfte in irgendeiner Form auf die Pflege, Sorge, Fürsorge, Betreuung und Erziehung der anderen Hälfte angewiesen ist.

Das ist nicht nur ein sehr allgemeiner soziologischer Befund unserer Gesellschaft, der sehr vage und unvollständig auch mit Erwerbsquoten belegt werden kann; das ist vielmehr auch eine anthropologische Annahme: Es ist für menschliche Gesellschaften unabdinglich, institutionelle Vorsorge für jene Gesellschaftsmitglieder zu treffen, die entweder noch nicht oder vorübergehend nicht oder nicht mehr selbst für sich sorgen können. Wenn dieser Gedanke in allen bisherigen Gesellschaftsverträgen fehlt, so hängt dies genau mit dem verdeckten Familialismus dieser Theorien zusammen bzw. mit der stillschweigenden oder auch explizit ausgeführten Annahme zusammen, daß Frauen im Rahmen von Familien sich dieses Problems der Versorgung annehmen.

Nun ist jeder Mensch, bevor er eine selbständige Person wird, unselbständig; bevor Menschen ein gewisses Maß an Autonomie erlangen, sind sie in einem hohen Ausmaß dependent. Daher müssen Gerechtigkeitsgrundsätze formuliert werden, die das Verhältnis von dependenten und weniger dependenten Menschen regeln. Es geht darum, für alle Menschen das Konzept des autonomen Subjekts um den Begriff des dependenten Subjekts zu erweitern. Autonomie und Dependenz können nicht idealtypisch auf Männer einerseits und Frauen andererseits und auch nicht einfach auf Erwachsene einerseits und Kinder und Alte andererseits projiziert werden, sondern wir müssen davon ausgehen, daß Autonomie und Dependenz notwendige Attribute aller Menschen sind. Alle Gerechtigkeitsgrundsätze sind daher für den Fall zu überprüfen, ob sie auch in Situationen oder Lebensphasen greifen, in denen die Dependenz von Personen gegenüber den autonomen Gestaltungsmöglichkeiten überwiegt.

Den Gerechtigkeitsgrundsätzen, die Rawls formuliert, müssen daher zwei weitere Grundsätze vorangestellt werden:

- Jeder Mensch hat ein Recht auf Grundversorgung. Die Inanspruchnahme der Grundfreiheiten darf das Recht auf Grundversorgung nicht verletzen.
- Daraus, daß Personen die Grundversorgung anderer Personen übernehmen, darf ihnen kein Nachteil erwachsen.

Zusammenfassung

Politikwissenschaft beansprucht, Instrumentarien für die Analyse politischer Institutionen sowie politischer Praxis bereitzustellen. Ein Streifzug durch das Feld der politikwissenschaftlichen Forschung ergibt, daß in den letzten Jahrzehnten die androkratische Rede einer »geschlechtsblinden« Zugangsweise gewichen ist. Am Beispiel des Gesellschaftsvertrages kann gezeigt werden, daß es dabei um die Festschreibung und gleichzeitig um die Tabuisierung der Geschlechterhierarchie geht. Eine Enttabuisierung müßte bedeuten, daß Frauen wie Männer als kompetente SprecherInnen in die Sprachspiele der Sozialwissenschaften und der Politik einbezogen werden. Werden Frauen konsequent als kompetente Sprecherinnen der Theoriebildung, aber auch der Politikformulierung gedacht, dann verändern sich auch die denotativen Aussagen über die möglichen Referenten dieser Wissenschaften. Anders ausgedrückt: Die Einbeziehung von Frauen als kompetente Sprecherinnen in das Gedankenspiel des Gesellschaftsvertrages verändert sowohl die fiktive Zusammensetzung der Vertragspartner als auch die Inhalte des Grundvertrages.

Anmerkungen

1 »So leben viele Menschen in einem bestimmten geographischen Gebiet. Sie haben einigermaßen ähnliche körperliche und geistige Kräfte; jedenfalls soweit, daß keiner von ihnen die übrigen beherrschen kann.« (Rawls 1979: 81)

Literatur

Appelt, Erna (1994a), Bürgerrechte – Feministische Revisionen eines politischen Projektes, in: Dies., Gerda Neyer (Hg.), *Feministische Politikwissenschaft*, Wien, S. 97-117.
Appelt, Erna (1994b), *Staatsbürgerschaft und soziales Geschlecht. Zur politischen Transformation des Geschlechterverhältnisses*. Unveröffentlichte Habilitationsschrift, Innsbruck.
Appelt, Erna (1995), Staatsbürgerin und Gesellschaftsvertrag, in: *Das Argument* 4, S. 539-554.
Beyme, Klaus von (1991), *Politische Theorie der Gegenwart*, Frankfurt/M.
Dietz, Mary (1992), Context is All: Feminism and Theories of Citizenship, in: Chantal Mouffe (Hg.), *Dimensions of Radical Democracy*, London, S. 176-201.
Elshtain, Jean Bethke (1982), Feminist Discourse and its Discontents: Language, Power and Meaning, in: *Signs 3*.
Fraser, Nancy (1994), *Widerspenstige Praktiken. Macht, Diskurs, Geschlecht*, Frankfurt/M.
Handwörterbuch der deutschen Rechtsgeschichte (1990), Berlin.
Honegger, Claudia (1991), *Die Ordnung der Geschlechter. Die Wissenschaften vom Menschen und das Weib*, Frankfurt/M.
Jauch, Ursula Pia (1989), *Immanuel Kant zur Geschlechterdifferenz. Aufklärerische Vorurteilskritik und bürgerliche Geschlechtsvormundschaft*, Wien.
Kant, Immanuel (1990/1797), *Metaphysik der Sitten*, Stuttgart.
Marshall, Thomas H. (1992/1949), *Bürgerrechte und soziale Klassen*, Frankfurt/M./New York.
Matis, Herbert (1981), *Von der Glückseligkeit des Staates. Staat, Wirtschaft und Gesellschaft in Österreich im Zeitalter des aufgeklärten Absolutismus*, Wien.

McMillan, Carol (1988*): Women, Reason and Nature: Some Philosophical Problems with Feminism*, Oxford.

Nagl-Docekal, Herta (1996), Gleichbehandlung und Anerkennung von Differenz: Kontroversielle Themen feministischer politischer Philosophie, in: Dies., Herlinde Pauer-Studer (Hg.), *Politische Theorie. Differenz und Lebensqualität*. Frankfurt/M., S. 9-53.

Nagl-Docekal, Herta, Herlinde Pauer-Studer (Hg.) (1996), *Politische Theorie. Differenz und Lebensqualität*, Fankfurt/M.

Okin, Susan Moller (1989), *Justice, Gender and the Family*, New York.

Pateman, Carole (1988), *The Sexual Contract*, Oxford.

Pateman, Carole (1994), The Rights of Man and Early Feminism, in: *Frauen und Politik*, Schweizer Jahrbuch für Politikwissenschaft 34, Bern, S. 19-31.

Rawls, John (1979), *Eine Theorie der Gerechtigkeit*, Frankfurt/M.

Rawls, John (1993), *Political Liberalism*, New York.

Rousseau, Jean-Jacques (1993/1762), *Emile oder Über die Erziehung*, Stuttgart.

Ruddick, Sarah (1993), *Das mütterliche Denken*. Frankfurt/M./New York.

Rumpf, Mechthild (1992), Staatliches Gewaltmonopol, nationale Souveränität und Krieg. Einige Aspekte des »männlichen Zivilisationsprozesses«, in: *L'Homme. Zeitschrift für Feministische Geschichtswissenschaft* 3, Wien, S. 7-30.

Shanley, Mary Lyndon, Carole Pateman (1991), *Feminist Interpretations and Political Theory*, Cambridge.

Spinoza, Baruch de (1944/1677): *Traité de l'autorité politique*, Paris.

Thompson, Janna (1995), Wollen Frauen den Gesellschaftsvertrag neu fassen? in: *Das Argument* 210, S. 497-512.

Wunder, Heide (1992), *»Er ist die Sonn, sie ist der Mond«. Frauen in der frühen Neuzeit*, München.

FeMale

Geschlechterkonstruktionen in der Sozialpolitik
Das Beispiel der Lohnarbeitsmarkt- und Sozialpolitikformierung in Österreich im 18. und 19. Jahrhundert

Gerda Neyer

Von der Notwendigkeit, die politischen Konstruktionen von Geschlecht, Gleichheit und Differenz zu dekonstruieren

Ausgangspunkt für diesen Beitrag bildeten die sozialpolitischen Entwicklungen in Europa in den letzten Jahren, durch die im Zuge der Umstrukturierungen der Arbeitsmärkte und der Sozialstaaten auch das Verhältnis zwischen Frauen und Sozialstaat neu bestimmt wird. Diese Re/Formierung, die partiell in scheinbarem Konsens mit feministischen oder frauenspezifischen Forderungen geschieht, markiert eine Wende hin zu einer »post-patriarchalen« Sozialpolitik, in der Gleichheit und Differenz als Konstruktionsprinzipien neuer Formen patriarchal-sexistischer Vergeschlechtlichungen figurieren. Im Bereich geschlechterdifferenzierender Sozialpolitik zeigt sich, daß die von feministischer Seite geforderte geschlechtsdifferente Sozialpolitik, die über die Anerkennung der Differenz die Bedingungen für die Autonomie von Frauen schaffen sollte, in eine familialisierende Sozialpolitik gewendet wird. Diese bindet sozialpolitische Maßnahmen und Leistungen implizit oder explizit stärker an die Existenz einer Ehe bzw. heterosexueller Lebensgemeinschaften und vergrößert die ökonomischen und sozialrechtlichen Differenzen zwischen Frauen und Männern. Auf den Differenzbegriff wird in der jüngeren sozialpolitischen Gesetzgebung und im sozialpolitischen Begründungszusammenhang dann zurückgegriffen, wenn durch die getroffenen Maßnahmen die gesellschaftlichen Geschlechterdifferenzen selbst abgesichert werden können. Im Bereich der geschlechteregalisierenden Sozialpolitik zeigt sich gegenwärtig eine Tendenz, das Gleichheitsprinzip zur Legitimierung von Sozialabbau, neoliberalen Deregulierungen und verstärkten Individualisierungen von Risiken heranzuziehen. Der Gleichheitsbegriff wird zum einen dann mobilisiert, wenn es um Einschränkung von sozialpolitischen Leistungen für Frauen oder um Liberalisierungen am Arbeitsmarkt geht. Zum anderen sind gegenwärtig Verschiebungen der Gleichheitsdiskussionen im Geschlechterkontext – von der Geschlechterdualität hin zur Dualität Mütter/Väter versus Nicht-Mütter/Nicht-Väter – zu beobachten, wobei das Gleichheitsprinzip insbesondere dann sozialpolitisch richtungsweisend wird, wenn eine Gleichstellung unter verschiedenen Gruppen von Männern, vorwiegend solchen mit »Familienpflichten« und solchen ohne »Familienpflichten« erzielt werden soll. Die patriarchal-sexistische Vernutzung der Prinzipien Gleichheit und Differenz offenbart sich sowohl in den geschlechterdifferenzierenden als auch in den geschlechter-egalisierenden Sozialpolitikkonzeptionen in ihrem Rückgriff auf Geschlechterkonstrukte, in denen die Frau nicht als autonomes Subjekt, sondern stets »im Paar« (Prokop 1991: 8) imaginiert wird, einem heterosexuellen Paar, dessen private Beziehung sozialpolitisch als abhängige Beziehung konzipiert wird.

Wiewohl auf politischer Ebene Gleichheit und Differenz im Geschlechterkontext bereits seit längerem wesentliche Konstruktionsprinzipien der Sozialpolitik bilden, blendet die traditionelle Politikwissenschaft diese Aspekte aus ihren Sozialstaatsanalysen weitgehend aus[1]. Zwar verweisen einzelne Autoren auf die geschlechterdifferenten Wirkungen sozialpolitischer Maßnahmen. Doch werden dadurch lediglich Differenzen zwischen Frauen und Männern konstatiert. Sozialpolitik kommt solcherart weder als eine Politik zur Strukturierung des Geschlechterverhältnisses in den Blick, noch werden Geschlecht, Differenz und Gleichheit selbst als jeweils kontextabhängige und damit veränderliche Konstitutionsprinzipien von Sozialpolitik erfaßt[2].

Für die feministische Politikwissenschaft bilden dagegen Gleichheit und Differenz zentrale Begriffe in der Analyse von Politik. Doch sind gerade in den letzten Jahren – nicht zuletzt aufgrund ihrer antifeministischen Vernutzung – beide Begriffe wiederholter Kritik unterzogen worden[3]. Die Dekonstruktion der Gleichheits- und Differenzkonzeptionen entledigte auch die Konstruktionen von Geschlecht ihrer scheinbaren Invarianz. Was jeweils als weiblich/Frau oder männlich/Mann figuriert und den Bezugspunkt für Gleichheits- oder Differenzdiskurse bildet, ist im politischen Kontext keineswegs eindeutig fixiert und festgelegt. Die politischen Konstrukte von Geschlecht lassen sich nicht auf eine bloß binäre Differenzierung zwischen den Geschlechtern reduzieren, sondern weisen in ihren Vercodungen – etwa in den Konzepten von Staatsbürgerschaft, Lohnarbeiterschaft, Mutterschaft/Vaterschaft, Familie – eine Vielzahl von Bedeutungsgehalten auf, in denen »männlich«/»weiblich« unterschiedlich differenziert, aber auch fusioniert sind[4]. Diese Vielfalt findet ihre Entsprechung in den unterschiedlichen Bedeutungsschichten von Gleichheit und Differenz und deren Verortungen im politischen Kontext. Das Beharren auf der Invarianz dualistischer Geschlechterkonstruktionen und definitorisch fixierter Gleichheits- und Differenzkonzeptionen verwischt nicht nur deren inhärente Diversifikationen, Fusionierungen und Verschiebungen; es erweist sich auch immer mehr als analytische Schranke und konzeptionelle Falle für eine feministische Politik/Wissenschaft, die sich gegen die Instrumentalisierung ihrer Forderungen durch eine sexistisch-patriarchal orientierte Sozialpolitik wehren muß. Angesichts der im Namen von Gleichheit und Differenz vollzogenen post-patriarchalen Restrukturierungen des Geschlechterverhältnisses bedarf es meines Erachtens auch einer kritischen Reflexion der Begrifflichkeiten und einer Schärfung des analytischen Instrumentariums, auf das sich die feministische Politikwissenschaft stützt. Dies beinhaltet, die politischen Kategorialisierungen von Geschlecht, Gleichheit und Differenz zu dekonstruieren, ihre verdeckten Bedeutungsinhalte und deren politisches Nutzungspotential offenzulegen. Indem die Dekonstruktion der Begriffe Geschlecht, Gleichheit und Differenz in die feministische Analyse von Politik miteinbezogen wird, kann der durch Geschlecht, Gleichheit und Differenz abgesteckte Rahmen der feministischen Politikwissenschaft selbst erweitert und in der Folge der theoretischen und politischen antifeministischen Vernutzung dieser Begriffe begegnet werden.

Im folgenden möchte ich am Beispiel der politischen Konstituierung des Lohnarbeitsmarktes und der Anfänge der österreichischen Sozialpolitik die Notwendigkeit einer differenzierenden Analyse der Geschlechterkonstruktionen, der Gleichheits- und Differenzkonzeptionen für ein feministisches Verständnis der Geschlechterpolitik in der sozialpolitischen Gesetzgebung erläutern. Die Darstellung skizziert zunächst die Geschlechterpolitik Maria Theresias und Josefs II. in bezug auf die Entwicklung der Lohnarbeit in der zweiten Hälfte des 18. Jahrhunderts und die Gleichheitskonzeptionen hinsichtlich Geschlecht und Erwerbsarbeit in der liberalen Ära (1867-1879). Danach werden anhand der Forderungen nach einer geschlechterdifferenzierenden Sozialpolitik die politischen Geschlechterkonstruktionen in den männlichen Entwürfen und Forderungen beleuchtet, um solcherart die politischen Instrumentalisierungen von Geschlechterbildern, Gleichheits- und Differenzforderungen zu verdeutlichen.

Staatliche Haltung zur Frauenarbeit von der Mitte des 18. Jahrhunderts bis zum Ende der liberalen Ära 1879

»Erwachsene Frauenspersonen haben ohne Zweifel das nämliche Recht, über ihre Arbeitskraft frei zu verfügen wie die männlichen Arbeiter und es stellte sich daher nur die Notwendigkeit heraus, dem Mißbrauche dieses Rechtes bei Schwangeren oder Wöchnerinnen zu steuern, welche vielleicht von ihren Gatten wider ihren Willen und zum offenbaren Nachteil der Mutter und des Kindes genötigt werden könnten oder selbst unverständig genug wären, um auf ihren Zustand keine Rücksicht zu nehmen.«[5]

Mit diesen Worten begründete das österreichische Handelsministerium 1869 seine Absicht, im Zuge einer Novellierung der Gewerbeordnung ein insgesamt sechswöchiges Beschäftigungsverbot für Arbeiterinnen in Fabriken »vor und nach der Niederkunft« einzuführen. Erstmals erwog damit die Regierung, Forderungen der Arbeiterschaft nach einer Regulation der Frauenarbeit entgegenzukommen. Bis dahin hatte der Staat nicht nur jegliche Eingriffe der Gesetzgebung in das »freie« Verhältnis zwischen Arbeitgebern und ArbeiterInnen grundsätzlich abgelehnt, sondern die Frauenlohnarbeit gegen den Widerstand der Arbeiterschaft gefördert.

Von der Mitte des 18. bis in die zweite Hälfte des 19. Jahrhunderts war die Förderung der Frauenlohnarbeit integraler Bestandteil der staatlichen Wirtschaftspolitik. Der Staat trachtete, durch Aufhebung der gewerblich-zünftigen Beschränkungen, durch Ausweitung der Produktion und durch Reduktion der Lohnkosten eine gegenüber dem Ausland konkurrenzfähige Industrie aufzubauen (vgl. Mises 1905: 210). Das wirtschaftspolitische Ziel, die »Schaffung einer mächtigen Großindustrie« (ebd.), die Sicherung der Konkurrenzfähigkeit der heimischen Produktion, die Vermehrung des Reichtums und des »Wohlstandes« des Staates[6], schienen Herrschenden des 18. und 19. Jahrhunderts nur durch die »Heranziehung der billigen Arbeitskraft der Frauen« (ebd.) verwirklichbar[7]. Die sukzessive Aufhebung von Verboten und Beschränkungen der Frauenlohnarbeit im gewerblichen Produktionsbereich[8] und die solcherart betriebene »Liberalisierung« der Frauenarbeit dienten primär dem Zweck, die Löhne zu senken (vgl. Deutsch 1909: 69). So begründete Kaiserin Maria Theresia 1751 die Zulassung von Frauen zur Webstuhlarbeit in der Seidenindustrie damit, daß »›der Winderlohn allzu hoch‹ sei und man danach trachten müsse, ›zu [sic!] Herabsetzung desselben Weibspersonen zur Stuhlarbeit zu verwenden‹« (ebd.). In der Folge verfügte die Kaiserin für eine Reihe von Gewerben zur »Mäßigung« der Arbeitslöhne »Weibspersonen« zu spezifischen bislang ausschließlich Männern vorbehaltenen Arbeiten heranzuziehen. Die Erzeugung »gewisser geringer, den Gesellenlohn nicht ertragender« Gewerbegattungen, wurde ebenfalls für Frauen freigegeben (ebd.: 107). Gewerben, die »einer Erweiterung bedürfen, weil sie gegen das Ausland zurückstehen«, räumte die Kaiserin generell das Recht zur Beschäftigung von Frauen ein (Ott 1977: 6). Mit der Zulassung von Frauen zu vormals zünftig geregelten Produktionsbereichen konnten nicht nur die Löhne gedrückt, sondern zugleich weitere in den Zunftordnungen festgelegte Schutzbestimmungen hinsichtlich Arbeitszeit, Arbeitsbedingungen, sozialer Rechte und kollektiver Lohnfestsetzung unterlaufen und schließlich außer Kraft gesetzt werden[9]. Die seit der zweiten Hälfte des 18. Jahrhunderts betriebene und mit der Gewerbeordnung von 1859 gesetzlich vervollständigte »Liberalisierung« der Frauenerwerbstätigkeit[10] erwies sich somit als eines der wirksamsten Mittel des Staates zur »Verbilligung der Arbeitskraft« und zur Schaffung der »freien« Lohnarbeiterschaft.

Der Förderung der Frauenlohnarbeit lagen jedoch nicht nur wirtschaftspolitische, sondern auch heeresfiskalische Überlegungen zugrunde. Durch die Heranziehung von Soldaten sowie Soldatenfrauen und -töchtern zur Fabriksarbeit könnten die Unterhaltskosten der Militärangehörigen reduziert werden, argumentierten die Heeresverwaltungen und setzten hinzu, daß erstere nur in Friedenszeiten, letztere aber auch in Kriegszeiten einer gewerblichen Beschäftigung nachgehen und damit zu ihrem eigenen Unterhalt beitragen könnten (vgl. Mises 1905: 214). Das entlaste die Staatskassen, wurde betont[11]. Man möge »die Soldatenmädchen, weil für diese künftig kein anderes [sic!] Versorgungsort in dem Militare mehr vorhanden ist, vorzüglich in Fabriken unterzubringen trachten«[12], lautete eine Verordnung Josefs II. aus dem Jahre 1782, die zugleich vorsah, daß Soldatensöhne fortan nicht mehr in Fabriken oder in Dienst gegeben, sondern in Regimentsknabenerziehungshäusern zu Unteroffizieren herangebildet werden sollen (vgl. ebd.). Von der Erwerbstätigkeit weiblicher Familienmitglieder von Heeresangehörigen erwartete sich der Staat nicht nur eine Reduktion der Heereskosten und ökonomischen Profit in Krisenzeiten, sondern auch wirtschaftlichen Bestand im Kriegsfalle, zumal »das weibliche Geschlecht (...) in Kriegszeiten bey dem Mangel an Arbeitern männlichen Geschlechtes, die Fabriken aufrecht erhalten könne« (Deutsch 1909: 175). Zudem bildete die Fabriksarbeit eine der zentralen Maßnahmen des Staates des 18. Jahrhunderts zur Verringerung der Armen- und Wohlfahrtsausgaben. Viele Frauen und Kinder, die in Textilmanufakturen arbeiteten, waren Insassen von Armen- und Waisenhäusern (vgl. Otruba 1981: 86)[13]. Bis ins 19. Jahrhundert galten dem Staat die Fabriken als »»die besten Versorgungsanstalten‹ für Weiber und Kinder« (Mises 1905: 216).

Die Forcierung der Frauenarbeit durch den Staat, die steigende Zahl an lohnarbeitenden Frauen im Produktionsbereich[14] und die »Erniedrigung der Löhne« durch die Heranziehung der billigeren weiblichen Arbeitskraft (Verkauf 1917: 208) führten in der Folge zu wiederholten Protesten der Gesellen, zur »Zusammenrottung und Entweichung aus der Arbeit« (Deutsch 1909: 107) und zu »flehentlichsten Ansuchen« an die Regierung, »daß die Weibspersonen, die dermal alle jene Artikel bearbeiten, welche Gesellen zustehen, ganz abgestellt werden« [sic!][15]. Die Forderungen nach staatlicher Regulation der Frauenarbeit umfaßten eine ganze Reihe von Maßnahmen, die vom Verbot der Frauenarbeit, dem Ausschluß von Frauen von bestimmten Arbeiten, der Einschränkung der Frauenarbeit auf spezifische Tätigkeitsbereiche, bis zur Zulassung von Frauen lediglich zu gewissen Hilfsarbeiten reichten[16]. Die Forderungen der Arbeiter waren nicht vom Schutzgedanken für Frauen getragen, sondern vom Schutzgedanken für ihre eigenen Arbeitsplätze und Löhne, die sie über Verbote von Frauenarbeit sichern wollten[17]. Die Regierungen ihrerseits sahen keine hinlänglichen Beweggründe, den Forderungen nach Einschränkung der Frauenarbeit nachzukommen, zumal sie dadurch – im Widerspruch zu den eigenen wirtschaftspolitischen und fiskalischen Zielsetzungen – der expandierenden Industrie Beschränkungen auferlegt hätten. Die Regierungen beriefen sich auf das durch die sukzessive Freigabe von Gewerben geschaffene »freie Vertragsverhältnis« zwischen Unternehmern und LohnarbeiterInnen, in das die öffentliche Verwaltung nicht einzugreifen habe, da jeder Eingriff der Regierung »durch die Verrückung des natürlichen Verhältnisses seinen Zweck verfehlen« und »die Hemmung der Entwicklung der Industrie« zur Folge haben würde[18]. Man müsse in dieser Frage mit der »größten Vorsicht vorgehen«, meinte etwa 1837 der nachmalige österreichische Handelsminister und Konzipient der Gewerbeordnung von 1859 Ritter von Toggenburg-Sargans in einem Gutachten über die Notwendigkeit staatlicher Regulation der Arbeitszeit, »denn es handelt sich hier um die Lebensfrage für die Fabrikanten; (...) man hat es mit einem zarten Ding, mit der Industrie zu thun, die äußerst empfindlich ist gegen alles, was einem Gewaltstreich ähnlich sieht«[19]. Die Regierungen waren nicht am Schutz der Arbeitskräfte, sondern am Schutz der Industrie interessiert und beharrten aus diesem Grunde auf der Liberalisierung der Frauenlohnarbeit. Während somit die Arbeiterschaft selbst auf eine differenzierende Behandlung von Frauen und Männern drängte, beharrten die Regierungen auf dem Prinzip der Gleichbehandlung von weiblichen und männlichen Arbeitskräften[20].

Gleiches Recht, ausgebeutet zu werden: zum Gleichheitskonzept der liberalen Lohnarbeitspolitik des 19. Jahrhunderts

Die Aufnahme eines Wöchnerinnenschutzes in den Entwurf zur Novellierung der Gewerbeordnung 1869 stellt aus der Sicht des Staates keine Abkehr vom liberalen Prinzip der gleichen Behandlung weiblicher und männlicher Arbeitskräfte dar. Der Entwurf proklamiert auch keine besondere Schutzbedürftigkeit von Schwangeren, Wöchnerinnen oder gar von Frauen insgesamt. Vielmehr wird mit dem – eingangs zitierten – Hinweis auf das gleiche Recht der Frauen, über ihre Arbeitskraft frei zu verfügen[21], festgehalten, daß die für eigenberechtigte Arbeiter konstatierten Rechte sich auch auf Frauen erstrecken. Die Notwendigkeit zum Schutze von Schwangeren und Wöchnerinnen erwächst aus staatlicher Sicht nicht aus den negativen Auswirkungen der Lohnarbeit, wie beispielsweise einer bis zu 14-stündigen Fabriksarbeit[22]. Der Motivenbericht vermeidet es explizit, die Einführung eines Beschäftigungsverbotes für schwangere und entbundene Frauen als staatlichen Eingriff in die Arbeitsverhältnisse und in die Vertragsfreiheit zwischen Arbeitgebern und Arbeiterinnen zu werten. Er vermeidet es somit auch, Arbeiterinnen von Arbeitern zu scheiden, also dem Vorschlag auf Einführung eines Beschäftigungsverbotes für werdende bzw. entbundene Mütter eine geschlechtsspezifische Differenzierung zugrunde zu legen. Es sei die Willkür von Ehemännern oder die Unvernunft von Frauen, die staatliches Eingreifen erfordere[23], wird argumentiert. Der Staat definiert sich mithin nicht als eine Instanz, die die Konflikte zwischen Lohnarbeit und Kapital regelt, sondern als eine Instanz, die – zum Schutze von Frauen vor ihren Gatten oder vor ihnen selbst – paternalistische Pflichten für sich reklamieren muß. Die sozialstaatlichen Intentionen waren somit auf die Sphäre des Privaten und nicht auf die Sphäre der Arbeitswelt gerichtet[24]. Im Bereich des Privaten wurde Ungleichheit konstatiert; diese mache staatliches Handeln notwendig. Dem Lohnarbeitsbereich wurde dagegen Gleichheit der VertragspartnerInnen unterstellt, und diese gebiete staatliche Zurückhaltung.

Der Entwurf von 1869 erlangte aufgrund der Verfassungskrise von 1870 keine Gesetzeskraft. Die Regierung beharrte in der Folge auch gegenüber den in den 1870er Jahren immer drängenderen Forderungen nach Regulation der Frauenarbeit[25] auf ihrer Position der gleichen Rechte von Frauen und Männern, die Einschränkungen der Frauenlohnarbeit nicht zuließen. Der Motivenbericht zu einem weiteren 1875 vorgelegten Entwurf der Gewerbeordnungsnovelle vermerkt dazu, es werde

»gegenüber der allerdings begründeten Erwägung, daß das Weib vermöge seiner Bestimmung in erster Linie zur Pflege der Familie, zur Heranbildung eines gesunden und kräftigen Nachwuchses berufen ist, und an diesem Berufe nicht durch übermäßige gewerbliche Arbeit Abbruch leiden soll, gleichwohl nicht zu verkennen sein, daß es ein charakteristischer Zug unserer Zeit ist, die Theilnahme des weiblichen Geschlechtes am Erwerbsleben und die Schaffung einer selbständigen, von dem Erwerbe Anderer unabhängigen Stellung für dasselbe zu fördern, die Schranken, welche durch bisherige sociale Anschauungen der Thätigkeit der Personen weiblichen Geschlechtes nach manchen Richtungen im Wege gestanden waren, fallen zu machen und sohin das Selbstbestimmungsrecht desselben zu wahren«[26].

Weiters wird ausgeführt, daß manche der vorgebrachten Vorbehalte gegen eine Gleichbehandlung von Frauen nicht zuträfen, weil viele Frauen unverheiratet seien, zudem nur zu solchen Arbeiten herangezogen würden, die ihren physischen Kräften entsprächen und schließlich der gewerbliche Verdienst die Möglichkeit zu einer besseren Existenz biete[27]. Die Regierung verteidigte auf der Basis des Prinzips der Gleichheit die Unabhängigkeit und das Selbstbestimmungsrecht der Frau gegen alle Versuche einer »bestimmungsmäßigen« Festschreibung von Frauen auf Haushalt, Familie und Nachwuchs. Mit dem Verweis auf alleinlebende bzw. unverheiratete Frauen sowie auf die Notwendigkeit mehrerer Einkommen zur Sicherung einer Familie entlarvt der Motivenbericht die »wesensmäßige« Festschreibung sogar als bloße Ideologie.

Alle Entwürfe der liberalen Ära zur Novellierung der Gewerbeordnung hielten an der Idee der Vertragsfreiheit zwischen Arbeitgebern und ArbeiterInnen fest, in die der Staat nicht intervenieren dürfe. Frauen wurden hinsichtlich dieser Vertragsfreiheit dieselben Rechte zuerkannt wie Männern; mehr noch: Der Staat selbst verteidigte diese Gleichheit gegen alle Forderungen nach Beschränkung der Frauenarbeit. Die staatliche Betonung der Gleichheit von Frauen und Männern hinsichtlich ihrer Position als Arbeitskräfte war jedoch nicht von der Überzeugung realer Gleichheit zwischen Frauen und Männern getragen. Diese herzustellen lag nicht in der Absicht des Staates des 19. Jahrhunderts. Der Gleichheitsgedanke wurde lediglich in bezug auf die Lohnarbeitsverhältnisse strapaziert und zielte auf die »Ökonomisierung der Person«, auf die Schaffung der »freien« Lohnarbeitskraft. Es war die »Gleichheit vor der Ausbeutung«, die Rechtsgleichheit aller, ausgebeutet zu werden, die der Staat mit seiner Proklamation der Geschlechtergleichheit herstellte.

Die Gleichheit zwischen Frauen und Männern hinsichtlich ihrer Erwerbsmöglichkeiten wurde staatlicherseits gerade deshalb betont, weil dieser Gleichheit geschlechtsspezifische Ungleichheiten hinsichtlich Lohnhöhe und Arbeitsrechten zugrundelagen. Auf dieser Differenz fußten sowohl die staatlichen Aktivitäten zur Förderung der Frauenlohnarbeit als auch das staatliche Bekenntnis zur Erwerbsfreiheit von Frauen. Beide, die Förderung der Frauenlohnarbeit und die Betonung der Erwerbsfreiheit von Frauen, dienten als politisches Mittel, um eine Reduktion der Löhne und die Aufhebung existierender Arbeitsrechte und -schutzbestimmungen zu erwirken und richteten sich in erster Linie gegen männliche Arbeitskräfte. Das liberale Gleichheitprinzip mobilisierte die bestehenden Geschlechterunterschiede in der Lohnarbeit nicht zur Angleichung der Erwerbssituation von Frauen an jene von Männern, sondern zur Angleichung der Erwerbssituation von Männern an jene von Frauen. Das Gleichheitsprinzip bildete die argumentative Basis zur Entrechtung von Männern und einer »Verbilligung« der männlichen Arbeitskraft. Die paradigmatische »ökonomische Person«, die »Norm« für die »Normal-Arbeitskraft« war somit nicht der Lohnarbeiter, sondern die Lohnarbeiterin. In ihr verwirklichten sich die wirtschaftspolitischen Zielsetzungen des Staates, an sie hefteten sich die fiskalischen Vorstellungen einer Reduktion der Staatskosten durch »Ökonomisierung« von Frauen.

Die Einführung einer geschlechterdifferenten Sozialpolitik mit der Gewerbeordnungsnovelle 1885

Mit dem Wechsel von einer liberalen zur – 14 Jahre dauernden – klerikalkonservativen Regierung Graf Taaffes im Jahre 1879 vollzog sich eine Abkehr vom Prinzip der Nicht-Einmischung des Staates in Lohnarbeitsverhältnisse. Die in der Regierungszeit Taaffes grundgelegte österreichische Sozialpolitik war getragen von der Absicht, über Interventionen in die Arbeitsbeziehungen die ökonomisch-gesellschaftlichen Verhältnisse in christlich-konservativem Sinne zu re-strukturieren. Die ideologische Grundlage der sozialen Gesetzgebung bildeten die Vorstellungen der katholisch-christlichen Sozialreformer[28], die die Lösung der sozialen Probleme in der Rückkehr zu einer korporativen, paternalen Organisation der Gesellschaft und in der Verwirklichung christlich-sozialer Werte in Familie und Gesellschaft sahen. Die Politik Taaffes im wirtschaftlichen Bereich war gekennzeichnet durch Antiindustrialismus, Antiliberalismus, Entproletarisierung sowie Förderung des (kleinbäuerlichen und kleingewerblichen) Mittelstandes (vgl. Tálos 1981: 43ff.), im sozialen Bereich dominierten Antiindividualismus und patriarchaler Familialismus[29]. Dementsprechend vollzog sich mit dem Regierungswechsel eine Abkehr von jener Politik, die die Gleichheit der Geschlechter als Lohnarbeitskräfte proklamiert hatte. In christlich-konservativem Sinne wurde nicht das Individuum, sondern die patriarchal strukturierte Familie als Basis der ökonomischen Existenz des/der einzelnen aufgefaßt. Die Sozialpolitik richtete sich daher auch nicht an das Individuum als solches, sondern an die (patriarchale) Familie. Die staatliche Regulation der Arbeitsverhältnisse beinhaltete somit zwei für das Geschlechterverhältnis wesentliche Aspekte: Sie erfolgte über geschlechterdifferenzierende sozialpolitische Maßnahmen im Lohnarbeitsbereich und zielte zugleich auf die Restauration patriarchaler Familienstrukturen im Privatbereich. Die Konstituierung der staatlichen Sozialpolitik in der Ära Taaffe markiert somit die Konstituierung der österreichischen Sozialpolitik als Geschlechterpolitik und als Familialisierungspolitik, also einer Geschlechterpolitik, die Frauen ihres liberalen Subjektstatus beraubt.

Geschlechtsspezifische Bestimmungen in den Entwürfen zur Gewerbeordnungsnovelle 1885

Bereits bei den unmittelbar nach dem Regierungsantritt Taaffes beginnenden interministeriellen Verhandlungen über eine Novellierung der Gewerbeordnung wurde die Aufnahme weitreichender Verbots- und Schutzbestimmungen für Frauen in die Gewerbeordnung reklamiert, die Begrenzung der täglichen Arbeitszeit auf zehn Stunden, Verbot der Nachtarbeit, Beschäftigungsverbote für bestimmte Industriebereiche und ein insgesamt sechswöchiger Mutterschutz vor und nach der Niederkunft[30]. Diese Vorschläge stießen jedoch auf Widerstände von seiten des Handelsministers, der aus Rücksicht auf die Industrie und die Konkurrenzfähigkeit der Wirtschaft eine Abschwächung der Arbeitszeitbeschränkung für Frauen durchsetzen konnte. Der nach längeren Verhandlungen von der Regierung 1880 vorgelegte Entwurf sah schließlich für Frauen im Alter zwischen 16 und 21 Jahren eine Beschränkung der täglichen Arbeitszeit auf zehn Stunden[31], ein Verbot der Nachtarbeit sowie der Sonn- und Feiertagsarbeit vor. Weiters durften Wöchnerinnen erst sechs Wochen nach der Entbindung wieder zu regelmäßigen gewerblichen Arbeiten verwendet werden. Der Entwurf war ein Kompromißvorschlag der Regierung, der jedoch aufgrund der mangelnden Berücksichtigung der Interessen des Kleingewerbes nicht den Vorstellungen der christlich-konservativen Mehrheit in Regierung und Parlament entsprach. Bei den Verhandlungen im Gewerbeausschuß legte Graf Belcredi, einer der führenden katholischen Sozialreformer, einen von ihm ausgearbeiteten Entwurf vor, der schließlich zur Grundlage der weiteren parlamentarischen Verhandlungen wurde. Vordringlichstes Ziel des Entwurfs von Belcredi war die Reorganisation des Handwerks und die Verwirklichung des katholisch-konservativen Gesellschaftsmodells (vgl. Ebert 1975: 140). In bezug auf die Frauenerwerbstätigkeit erweiterte Belcredi die Beschränkungen der Regierungsvorlage, indem er das Nachtarbeitsverbot auf Frauen jeden Alters ausdehnte und für Frauen bis zum Alter von 21 Jahren die Verwendung nur in einer Weise, »die ihrer körperlichen Entwicklung nicht nachtheilig ist«, vorsah[32]. Gleichzeitig wurde das Verbot der Sonn- und Feiertagsarbeit auf alle gewerblichen ArbeiterInnen ausgedehnt, weiters die wöchentliche Arbeitszeit generell mit 60 Arbeitsstunden beschränkt und der 10-Stunden-Arbeitstag bzw. das Nachtarbeitsverbot auf Jugendliche bis zum 18. Lebensjahr erstreckt. Belcredi hielt zwar an geschlechterdifferenzierenden Verbots- und Schutzbestimmungen fest und erweiterte diese sogar; im Vergleich zur Regierungsvorlage sah sein Entwurf aber auch erstmals eine Normierung der Arbeitszeit sowie Sonn- und Feiertagsruhen für alle ArbeiterInnen im Gewerbe vor. Diese weitreichenden Vorschläge einer Reorganisation der Arbeitsverhältnisse wurden allerdings im Zuge der Verhandlungen im Gewerbeausschuß so abgeschwächt, daß sie letztlich die Zustimmung sowohl der katholisch-konservativen Sozialreformer als auch der Unternehmervertretung finden konnten. Die 1885 in Kraft getretene Gewerbeordnungsnovelle enthielt[33]

- den 11-Stundentag für alle ArbeiterInnen ohne Unterschied des Geschlechts in fabriksmäßig betriebenen Gewerbebetrieben (§96a)[34],
- das Verbot der Sonntagsarbeit in allen Gewerben (§75),
- ein Nachtarbeitsverbot für Frauen in fabriksmäßig betriebenen Gewerbebetrieben (§96b),
- ein gegenüber allen vorangegangenen Entwürfen verkürztes, nur vierwöchiges Beschäftigungsverbot für Wöchnerinnen nach der Entbindung in allen Gewerben (§94),
- ein Nachtarbeitsverbot für unter 14jährige Jugendliche in allen Gewerben und für Jugendliche im Alter zwischen 14 und 16 Jahren in fabriksmäßig betriebenen Gewerbebetrieben (§95).

Auf dem Verordnungswege konnten überdies Beschäftigungsbeschränkungen oder -verbote für Frauen und Jugendliche in gefährlichen oder gesundheitsschädlichen Tätigkeitsbereichen erlassen werden (§94), aber auch »Kategorien von fabriksmäßigen betriebenen Gewerbeunternehmungen bezeichnet« werden, in denen aufgrund ihrer Beschaffenheit oder der zwingenden »Notwendigkeit zur Schichtarbeit mit Rücksicht auf die Bedürfnisse dieser Industriezweige« die Nachtarbeit von Frauen (und Jugendlichen) erlaubt wird. Ausnahmen vom Verbot der Nachtarbeit wurden u.a. einer Reihe von Gewerbezweigen gewährt, die einen hohen Anteil an Arbeiterinnen aufwiesen[35].

Die Debatten um eine geschlechtsspezifische Sozialpolitik

Ich möchte mich nun den Argumentationen zuwenden, die die geschlechterdifferente Ausprägung dieser ersten sozialpolitischen Gesetzgebung begleitet haben, und zunächst allgemeine Grundzüge, dann die Positionen der Klerikal-Konservativen, der Arbeiterschaft und der Liberalen im Hinblick auf den Wandel und die Konstruktionen von Geschlechtsbildern skizzieren. Ich beziehe mich dabei auf die Debatten im Abgeordnetenhaus zur Gewerbeordnungsnovelle von 1885 sowie auf die 1883 zur Vorberatung dieser Novelle im Gewerbeausschuß abgehaltene Enquête über die Arbeitergesetzgebung, zu der auch Repräsentanten der – nicht im Parlament vertretenen – Arbeiterschaft geladen waren.

Der Entwurf zur Gewerbeordnungsnovelle strebte nicht nur die Restrukturierung der Lohnarbeitsverhältnisse entlang einer Geschlechterlinie an, sondern auch die Restrukturierung des gesellschaftlichen Geschlechterverhältnisses. Dementsprechend stand auch nicht der Wöchnerinnenschutz, eine nur für entbundene Frauen geltende und zeitlich befristete Maßnahme, im Zentrum der Debatte[36], sondern das Nachtarbeitsverbot für Frauen, eine arbeitsrechtliche Maßnahme, die alle Frauen aufgrund ihres Geschlechts von Arbeiten zur Nachtzeit ausschließt. Es ging somit nicht um die Schutzbedürftigkeit und Entlastung von Frauen in Zeiten von Schwangerschaft, Entbindung und Wochenbett, sondern um die Beschränkung der Frauenarbeit an sich, den kollektiven Ausschluß von Frauen aus bestimmten Bereichen der Erwerbsarbeit.

Die in ihren sozialpolitischen Konzeptionen von katholisch-klerikalen und paternalistisch-familialen Wertvorstellungen geleiteten Konservativen argumentierten, daß sich das Nachtarbeitsverbot »aus sittlichen Gründen und zur Ermöglichung eines geordneten Hausstandes, der Kinderpflege und Erhaltung der Familie überhaupt als eine dringende Notwendigkeit« darstelle[37], und forderten ein unbedingtes Verbot der Nachtarbeit:

»Denn entweder sind es junge Personen und werden sehr leicht bei Nachtarbeit demoralisirt [sic!] oder es ist die Mutter, die Frau, und die hat die Pflicht, in der Nacht zuhause zu sein«[38]

Man müsse erwägen,

»wie es mit dem Familienleben bestellt ist, wenn die Mutter, die Frau, statt ihre Kinder zu pflegen, das Frühstück für den Mann vorzubereiten, die Wohnung zu säubern, für die Herstellung der Wäsche zu sorgen – was ja auch einen ökonomischen Werth hat – in der Nacht in der Fabrik sitzt und bei Tage schläft.«[39]

Die »Beschränkung der Arbeitszeit der Frau (bezwecke) in erster Linie die Wiedergabe der Frau der Familie«[40]. Gegen ein absolutes Nachtarbeitsverbot spreche nur die Tatsache, daß

»viele Arbeitszweige gar nicht existiren [sic!] könnten, anderseits [sic!] ein Mangel an Verdienst für die arbeitenden Frauen eintreten könne«,

rechtfertigte der Nationalökonom Bilinski die Konzessionen der Konservativen bezüglich des Frauennachtarbeitsverbotes[41].

Graf Belcredi, Konzipient der Gewerbenovelle, brachte die Beweggründe für das Frauennachtarbeitsverbot und die politischen Zielsetzungen der Konservativen hinsichtlich der Frauenarbeit auf den Punkt:

»Es muß als oberster Grundsatz und als von der Gesetzgebung anzustrebendes Ideal festgehalten werden, daß die Frau überhaupt nicht in die Fabrik gehört, daß sie nicht nur von der Nachtarbeit, sondern auch von der Tagarbeit ausgeschlossen sein soll. (...) Die Frau gehört ins Haus«[42].

Belcredis Ausführungen verdeutlichen, daß die Konservativen in ihrer Politik von einer Ideologie getrennter Geschlechtersphären ausgehen. Daher streben die Konservativen nicht gesetzliche Regulierungen im Bereich der Frauenerwerbstätigkeit an, sondern eine Separation der Geschlechter, die über die Bestimmung des weiblichen Ortes und der weiblichen Zeit vollzogen werden soll. Die konservative Sozialpolitik greift somit über die Kontrolle der Frauenlohnarbeit hinaus und zielt auf eine Kontrolle der Frauen an sich, auf eine Beschränkung ihrer Autonomie und ihrer Selbstbestimmung über die Zuweisung von gesellschaftlichen Räumen an Frauen und die Definition der Zeit der Frau. Der Ort der Frau ist das Haus für Mann und Kinder; ihre Zeit ist die Zeit der Versorgung der Familie, des Mannes, der Kinder. Die Verdrängung der Frauen aus den Fabriken bzw. aus der Lohnarbeit und die Bestimmungen des weiblichen Wesens erfolgen in der konservativen Sozialpolitikkonzeption durch die Produktion unterschiedlicher Bereiche für Frauen und Männer. Die Geschlechterkonstruktionen der Konservativen beruhen somit auf einer Konstruktion getrennter Geschlechterwelten, wobei nur die »Welt der Frauen« und damit auch ihr Sein eine definitorische Umgrenzung erfährt[43].

Die Vertreter und Anhänger der gemäßigten wie der radikalen Arbeiterschaft[44], die im Rahmen der 1883 im Reichsrat abgehaltenen Enquête über die Arbeiterschutzgesetzgebung zur Stellungnahme zum Gewerbordnungsentwurf geladen waren, plädierten ebenfalls mehrheitlich für eine Beschränkung der Frauenarbeit. Sie begründeten ihre Forderungen mit der Biologie der Frau, ihrer körperlichen und geistigen Verfaßtheit, ihren familiären Aufgaben, ihrer Sittlichkeit und deren Folgen, aber auch mit dem Schaden, den die Erwerbsarbeit der Frauen den Männern zufüge: Mädchen sollten erst »nach vollständiger Entwicklung der Pubertät« zur gewerblichen Arbeit zugelassen werden[45], und man müsse den Mädchen und Frauen »namentlich in gewissen, periodisch wiederkehrenden Zeitläuften Schonung angedeihen lassen«[46]. »Frauen machten die Arbeit billiger, aber keineswegs besser«, wurde argumentiert, und für männliche Arbeiter sind sie »unbequemer, da sie etwas weniger Begriffsvermögen zeigten als männliche (...) Arbeiter«[47]. Im Gewerbe stehe es überdies

»um die sittlichen Verhältnisse durchaus nicht so, wie es sein sollte, denn man paart sich zu leicht zusammen und da kommt es zu verschiedenen sehr tristen Szenen, die dann in einem anderen Hause ihren Abschluß finden, so daß auch die Staatscasse dabei nicht gut fährt«[48].
»Weibliche Hilfsarbeiter sollen womöglich von den Fabrikarbeiten ferngehalten werden, denn dieselben dienen, wenn sie männliche Arbeiten verrichten, nur zum Schaden der Männer«[49],

und überhaupt sei der Schaden in Betracht zu ziehen, der

»durch die Concurrenz (der billigen Arbeitskraft des Weibes, G. N.) dem männlichen Arbeiter geschaffen wird, welche Concurrenz den Preis der Arbeit herabdrückt«[50].

Der »Nutzen, den die billige Arbeitskraft des Weibes der Gesellschaft biete, wird reichlich aufgewogen durch die Nachtheile in sittlicher Beziehung und in Bezug auf das Familienleben«. Es müsse

»daher die Arbeit der Frauen wenigstens insoweit eingeschränkt werden, als dieselben als Mütter, Erzieherinnen und erste Bildnerinnen des Kindes gebraucht werden«[51].

Die Arbeiterschaft und ihre Vertreter plädieren somit nicht wie die Konservativen für eine völlige Trennung der Geschlechtersphären und eine Verbannung von Frauen aus der Lohnarbeit, wohl aber für Einschränkungen der Frauen in der Lohnarbeit. Die diesen Forderungen zugrundeliegenden Geschlechterkonstruktionen basieren auf der Anerkennung partieller Gemeinsamkeiten zwischen den Geschlechtern, über die die Erwerbstätigkeit von Frauen legitimiert wird; zugleich werden über Bestimmungen des Wesens der Frau oder ihrer sozialen Aufgaben Differenzen zu den Männern konstruiert, aus denen die Notwendigkeit zu sozialpolitischen Differenzierungen und Einschränkungen der Frauenarbeit abgeleitet werden. Darüber hinaus bilden für die Arbeiterschaft aber auch die bestehenden geschlechtsspezifischen Differenzen in der Lohnarbeit, vor allem hinsichtlich der Lohnhöhe, Ansatzpunkt für sozialpolitische Forderungen, da diese Differenzen aus der Sicht der Arbeiterschaft in erster Linie zum Nachteil von Männern wirken. Die Arbeiterschaft fordert daher die Beseitigung dieser Differenzen, allerdings nicht durch eine Angleichung der Lohnarbeitsbedingungen und der Löhne von Frauen an jene von Männern, sondern durch partielle Ausgrenzung von Frauen aus der Lohnarbeit. Die geschlechtsspezifischen Differenzen im Bereich der Lohnarbeit bleiben solcherart jedoch erhalten. Die sozialpolitisch legitimierte Ausgrenzung von Frauen schafft zusätzliche Differenzen zwischen den Geschlechtern – sowohl innerhalb als auch außerhalb des Erwerbsarbeitsbereichs. In den sozialpolitischen Konzeptionen der Arbeiterschaft werden somit im Rekurs auf differente Geschlechterbilder die Ungleichheiten in der Lohnarbeit durch die Konstruktion geschlechtsbezogener Differenzen außerhalb der Lohnarbeit aufzuheben versucht[52].

Gegen Einschränkungen der Lohnarbeit von Frauen wenden sich die Liberalen, die als Vertreter des Unternehmertums

»die völlige Rechtsgleichheit und persönliche Freiheit aller Glieder des Volkes«[53] betonen und meinen, in »der jetzigen Zeit, wo man sich bemüht, die Erwerbstätigkeit der Frauen nach jeder Richtung und in allen Schichten zu erhöhen, ist es geradezu geboten, sie da nicht in ihrer Entwicklung zu stören«[54].

Allerdings offenbaren die Argumentationen der Liberalen, daß die von ihnen bislang proklamierte Gleichheit stets nur funktional war und ihre Geschlechterbilder einseitig Imaginationen über den weiblichen »Geschlechtscharakter« (Hausen 1976) entsprechen. Die Liberalen lehnen eine Einschränkung der Frauenarbeit ab, weil die Frauen nicht ersetzbar seien,

»nicht nur in Bezug darauf, daß sie als billigere Arbeitskraft die Manneskraft vortheilhaft ersetzen, sondern auch deßhalb, weil sie durch größere Zartheit der Hände, die minutiösere Aufmerksamkeit selbst bei sonst eintönigen Arbeiten Leistungen erzielen, die durch Mannesarbeit kaum erreicht werden können.«[55]

»Der Mann hat eben nicht das feine Gefühl in den Fingern, wie der weibliche Hilfsarbeiter. Außerdem hat es sich gezeigt, (...) daß die männlichen Hilfsarbeiter in (den) Fabriken (...) rauchen und es hat sich ferner gezeigt, daß trotz der strengsten Vorschriften die männlichen Hilfsarbeiter (...), namentlich am Montag, etwas erheitert in die Fabrik kommen. (...) Bei den weiblichen Hilfsarbeitern kommt dies eben nicht vor.«[56]

Die realen oder imaginierten Geschlechterdifferenzen werden somit von den Liberalen nicht gegen ihre eigenen Prinzipien der Gleichheit abgewogen – und verworfen oder bekämpft; die Geschlechterdifferenzen werden vielmehr als Beleg für die für die Industrie notwendige Erwerbstätigkeit der Frauen zitiert. Die Liberalen wünschen nicht Gleichheit der Geschlechter (in der Lohnarbeit), sondern verteidigen unter der Devise der Rechtsgleichheit die bestehenden Geschlechterdifferenzen.

Gleichheit oder Differenz?
Politische Konstrukte und Verschiebungen im politischen Kontext

Aus dieser Darstellung der Diskurse über Geschlechtergleichheit und Geschlechterdifferenzen im Formierungsprozeß der Lohnarbeits- und Sozialpolitik lassen sich drei Aspekte herausfiltern, die für eine feministische Politik/Wissenschaft, die sich zusehends mehr gegen antifeministische Vernutzungen der feministischen Forderungen nach Anerkennung von Gleichheit und Differenz wehren muß, von Bedeutung sein könnten.

Der *erste Aspekt* betrifft die Geschlechterkonstruktionen. Aus den Ähnlichkeiten und den Verschiedenheiten der Geschlechterimagines in den Argumentationen um Anerkennung oder Beschränkung der Frauenlohnarbeit wird erkennbar, daß die Geschlechterkonstruktionen nicht normen-, sondern *interessengeleitet* erfolgen. Dementsprechend sind sie auch nicht »statisch«, sondern je nach Bedarf variabel. Es handelt sich dabei nicht allein um eine historische Variabilität, um eine aus der »Geschichtlichkeit« der Geschlechterkonstruktionen resultierende, sondern um eine je aktuell interessenbezogene, politische, situative und kontextuelle Variabilität. Um die vermeintlich stereotypen und »statischen« Geschlechterkonstruktionen ihrer Fixiertheit zu entledigen, gilt es, Gleichheit und Differenz im politischen Kontext ebenfalls als variable und interessengeleitete Konstruktionen zu begreifen.

Der *zweite Aspekt* betrifft die Ausdifferenzierung der Geschlechter im sozialpolitischen Diskurs und in der Sozialpolitik. Diese Ausdifferenzierung erfolgt auf zwei Weisen: zum einen durch eine Trennung der Geschlechter in Frau und Mann, zum anderen durch eine *Aufspaltung* und *definitorische Fixierung nur eines Geschlechts*, der Frau. Die Frau wird definiert, und zwar durch argumentative Aufspaltung in sozialer, familiärer, moralischer, biologischer Hinsicht. Es geht somit im politischen Diskurs nicht nur um die – in der feministischen Theorie stets kritisierte – Bestimmung der Frau durch ihre Geschlechtlichkeit, sondern auch um ihre Ausdifferenzierungen. Nicht die Frau an sich, die »Frau, die nicht eins ist« (Irigaray 1979), bildet die diskursiven und letztlich auch normativen Bezugspunkte einer geschlechtsbezogenen Sozialpolitik. Die sozialpolitischen Regelungen wiederum schaffen real, was ihnen argumentativ unterlegt wird, nämlich einen sozial, familiär, moralisch, biologisch zerrissenen »Lebenszusammenhang« von Frauen. Im Gegensatz dazu erfährt der Mann in den sozialpolitischen Geschlechterkonstruktionen keine definitorische Festlegung. Er ist das Geschlecht, das nicht definiert ist, und er kann in dieser Undefiniertheit als »Einheit« imaginiert werden. Die Undefiniertheit läßt das »Männliche« als Norm schlechthin erscheinen, von der die jeweils in anderer »Aufspaltung« real oder argumentativ differenzierte Frau notwendigerweise abweichen muß. Für eine feministische Politik/Wissenschaft ergibt sich daraus, daß wir die *Undefiniertheit* des »Männlichen« selbst als konstitutiv für die Sozialpolitik betrachten und, dies analytisch berücksichtigend, die Konsequenzen dieser Undefiniertheit hinsichtlich Differenz und Gleichheit ausloten müssen.

Der *dritte Aspekt* bezieht sich auf die Vorstellung, daß in der Sozialpolitik stets das »Männliche« als fiktiver Maßstab für Gleichheitskonzeptionen und Gleichbehandlungspolitiken diente. Der Rückblick auf die Lohnarbeitspolitik von der Mitte des 18. bis in die zweite Hälfte des 19. Jahrhunderts verdeutlicht jedoch, daß dies eine Fiktion ist. Die Hypostasierung des »Männlichen« zur Norm verschleiert nicht nur einen Teil der »Geschichtlichkeit der Geschlechterdifferenzen« (Fraisse 1993: 54), d.h. des Stellenwertes beider Geschlechter als »treibende Kraft und entscheidender Faktor« (ebd.) in der historisch-politischen Konstituierung des Geschlechterverhältnisses; sie verdunkelt auch die Vernutzung des »Weiblichen« als Norm für beide Geschlechter. Die impliziten Normen der Sozialpolitik sind keineswegs bloß eingeschlechtlich »männlich«; je nach politischer Intention kann auch der ökonomische und soziale Status von Frauen zur normativen Grundlage von (Sozial-)Politik werden. Die gegenwärtigen Erosionen am Arbeitsmarkt und in der Sozialpolitik sowie die diese Veränderungen forcierende Politik deuten solche normativen Verschiebungen zwischen dem »Männlichen« und »Weiblichen« an. Das »männliche« »Normalarbeitsverhältnis« scheint immer mehr seine normierende Kraft am Arbeitsmarkt und in der Arbeitsmarktpolitik zu verlieren, wird aber als Maßstab bei der Sanktionierung nicht-kontinuierlich erwerbsbezogener Lebensverläufe fixiert, also dann, wenn es um Kosteneinsparungen durch Einschränkungen sozialpolitischer Leistungen geht. Die »weiblichen« Arbeitsverhältnisse werden dagegen immer häufiger als »richtungsweisend« für zukünftige Arbeitsverhältnisse proklamiert, verspricht dies doch die Möglichkeit zur Prekarisierung, Deregulierung, Flexibilisierung von Arbeitsverhältnissen, zur Entrechtung und Verbilligung der Arbeitskraft.

Wollen wir uns diese Erkenntnisse für die Weiterentwicklung der feministischen Politikwissenschaft zunutze machen, so leitet sich daraus die Notwendigkeit ab, die politischen Geschlechterkonstruktionen, ihre inhaltlichen Ausformungen und ihre praktisch-legistischen Verortungen in wesentlich differenzierterer Weise auszuloten. Dies bedeutet, daß sich eine feministische Analyse von Sozialpolitik im engeren und von Politik im weiteren Sinne nicht länger vorgängig auf kategoriale, dichotome Fassungen von Geschlecht, Gleichheit und Differenz stützen kann, sondern diese binären Fassungen selbst aufbrechen und ihre Vielschichtigkeiten bloßlegen muß. Begrifflich bedeutet dies, Geschlecht zwar als Analysekategorie zu wählen, doch diese Kategorie selbst als analytische Unbekannte, als einen erst in der politikwissenschaftlichen Analyse näher zu definierenden Begriff aufzufassen. Es bedeutet weiters, die Analyse von Politik in einen von den Begriffen Gleichheit und Differenz aufgespannten Raum zu transferieren, wobei Gleichheit und Differenz in ihren jeweiligen Ausprägungen ebenfalls erst im Verlaufe der politikwissenschaftlichen Analyse eine Präzisierung erfahren können. Ein solcher Zugang ermöglicht es, sowohl über die bloße Differenzierung zwischen Frauen und Männern als auch über die Benennung der politischen und gesellschaftlichen Differenzen zwischen den Geschlechtern hinauszugehen. Dies eröffnet die Möglichkeit, Gleichheit und Differenz selbst aus der Perspektive der – durch Gleichheit- und Differenzbeziehungen konstituierten – Geschlechtskategorien zu betrachten und ihrerseits zu dekonstruieren.

Anmerkungen

1 Zu einer Kritik an den Sozialpolitik- und Wohlfahrtsstaatstheorien vgl. Kulawik (1996).
2 In diesem Sinne kritisieren auch Bussemaker und van Kersbergen (1996) die Analysen von Esping-Andersen. Bussemaker und van Kersbergen verweisen auf die Undefiniertheit von Familie in Esping-Andersens theoretischem Bezugsrahmen von Markt – Staat – Familie und zeigen, daß es für eine Analyse von Wohlfahrtsstaaten umfassenderer Konzepte von Geschlecht und Familie bedürfe.
3 Vgl. dazu Gildemeister/Wetterer (1992); Benhabib et al. (1993); Pateman (1988, 1989); Maihofer (1994, 1995).
4 Daher habe ich für den Titel dieses Beitrages auch die beiden englischen Wörter »male« – »female« zu »FeMale« fusioniert.
5 Motivenbericht des Handelsministeriums zum Entwurf einer novellierten Gewerbe-Ordnung (§ 31); zit. nach Brügel (1919: 75).
6 Für die Wirtschaftstheoretiker des 18. Jahrhunderts war der wirtschaftliche Reichtum eines Staates Voraussetzung für die allgemeine Wohlfahrt, die »gemeinschaftliche Glückseligkeit« des Staates (vgl. Engelhardt 1981 und die Beiträge in Matis 1981). Der Zusammenhang zwischen wirtschaftlichem Wachstum und sozialpolitischer Entwicklung gilt Wirtschaftswissenschaftern bis heute als unabdingbar.
7 Dasselbe gilt auch für die Heranziehung von Kindern zur Lohnarbeit; zur Kinderarbeit vgl. Mises (1905).
8 Die Zunftordnungen hatten die Arbeit von Frauen im gewerblichen Bereich nur in verhältnismäßig geringem Ausmaß gestattet (Deutsch 1929: 13). Ab Mitte des 18. Jahrhunderts wurden die Errichtung neuer Zünfte verboten und eine Reihe von Gewerben und Produktionsbereichen für »frei« und »unzünftig« erklärt. Letzteres galt insbesondere für das – vorwiegend auf Heimarbeit beruhende – Textilgewerbe, die Leinenweber, die Baumwollfabrikanten, die Zeugshersteller, die Wollwarenerzeuger, die Wollstrumpfstrickerei, die

Band- und Schnürmacher und die Seidenzeughersteller (vgl. Otruba 1981: 89). Die Aufhebung zünftiger Bindungen gestattete u.a. die Beschäftigung von Frauen, deren Vernutzung den zeitgenössischen Wirtschaftstheoretikern explizit als eine der Bedingungen für die wirtschaftliche Entwicklung und die staatliche Wohlfahrt galt (vgl. Bolognese-Leuchtenmüller 1981). Mit der Aufhebung der Zunftordnungen wurden auch die Vorrechte der Meistersöhne abgeschafft und Frauen als Meisterinnen zugelassen (vgl. Otruba 1981: 90; Deutsch 1909: 138).

9 Für die Seidenindustrie etwa billigte die Kaiserin 1770 die »Ausmerzung der Lohnsatzungen« (Deutsch 1909: 106) und überließ die Lohnfestsetzung der freien Vereinbarung der Parteien, damit der Arbeitslohn solcherart »nach und nach herabgesezt werden könte« ([sic!], ebd.).

10 Die Gewerbeordnung von 1859 (Kaiserliches Patent vom 10. December 1859, Nr. 227 R.G.B.) hob geschlechtsspezifische Beschränkungen im gewerblichen Bereich auf, indem im §4 festgehalten wurde, daß das Geschlecht in Bezug auf die Zulassung zu Gewerben keinen Unterschied begründe. Für Jüdinnen und Juden hob die Verordnung vom 13. Jänner 1860 (Nr. 15 R.G.B.) explizit gewerbliche Zulassungsbeschränkungen auf und gestattete ihnen »überall, wo sie zum Aufenthalt und zur Ansässigmachung berechtigt sind«, die Gewerbeausübung.

11 Die Staatsausgaben für Kriegsführung und die Finanznot des Staates durch »›Verkriegerung‹ von Staat und Gesellschaft« (Bauer 1981: 54) zwangen den österreichischen Staat des 18. Jahrhunderts, »das ganze Finanz- und Kreditsystem auf die Kriegsführung und Kriegsbereitschaft abzustellen« (Berger 1981: 110). Zum österreichischen Finanzwesen im 18. Jahrhundert vgl. Berger (1981); zur Finanzpolitik im 19. Jahrhundert Wysocki (1973: 68ff.).

12 Verordnung für Böhmen vom 17. Juli 1782; Hofentschließung vom 17. November 1783, zit. nach Mises (1905: 214).

13 Vgl. dazu auch Bolognese-Leuchtenmüller 1981.

14 In der Seidenindustrie in Wien waren 1772 bereits die Mehrzahl der beschäftigten Arbeitskräfte Frauen. In den Fabriken betrug der Frauenanteil 73.2%, in den gewerblich-zünftigen Betrieben 63.8% (eigene Berechnungen nach Zahlenangaben in Deutsch 1909: 108f.) In den Kottonmanufakturen Niederösterreichs waren 1790 13% der Arbeitskräfte Frauen; 1845 bereits 45% (vgl. Ehmer 1993: 89). Gesamtösterreichische Erhebungen über die Frauenerwerbstätigkeit liefern erst ab 1890 zuverlässige und vergleichbare Zahlen. Sowohl die Frauenerwerbsquote als auch der Anteil der Frauen an den Erwerbstätigen waren jedoch stets deutlich höher als in Deutschland, Großbritannien und z.T. auch Frankreich (Ehmer 1993). 1890 betrug die Erwerbsquote von Frauen 46.8%; der Anteil der Frauen an allen Berufstätigen lag bei 43.6%. 13.5% aller erwerbstätigen Frauen waren in Industrie und Gewerbe beschäftigt (eigene Berechnungen nach Zahlenangaben in Bolognese-Leuchtenmüller 1978).

15 Beschwerdeschrift der Seidenzeugmachergesellen vom 24. April 1792, zit. nach Deutsch (1909: 130).

16 Vgl. Deutsch (1909: 128 - 131 und 175); ebenso Deutsch (1929: 15f.). Die bereits zur Zeit Maria Theresias vorgebrachten »Ansuchen« um Regulationen und Einschränkungen der Frauenarbeit bildeten im 19. Jahrhundert Bestandteil fast aller Forderungen und Petitionen der sich formierenden Arbeiterschaft.

17 Dies zeigt sich etwa an den – z.T. »erfolgreichen« – Forderungen der Arbeiter, Frauen von qualifizierteren Tätigkeiten auszuschließen. So kamen beispielsweise die Wiener Seidenzeugarbeiter 1848 mit den Fabrikanten »einhellig« überein, daß diese in Hinkunft weibli-

che Stuhlarbeiterinnen nicht mehr zu bestimmten, qualifizierteren Arbeiten heranziehen würden (vgl. Brügel 1919: 42).
18 Antwort der Hofkanzlei vom 19. Juni 1843 auf eine Anfrage über die Notwendigkeit von gesetzlichen Maßnahmen zum Schutze erwachsener ArbeiterInnen, zit. nach Mises (1905: 250).
19 Bericht des Kreisamtes Vorarlberg 1837, zit. nach Mises (1905: 243f.).
20 Eine Ausnahme bildete das Hofkanzleidekret vom 3. September 1846, das die Frauenarbeit in Zündhölzchenfabriken generell verbot (vgl. Mises 1905: 266f.; Ebert 1975: 53).
21 Vgl. die eingangs angeführte Begründung im Motivenbericht 1869.
22 Vgl. dazu die Erhebungen der Niederösterreichischen Handels- und Gewerbekammer über »Die Arbeits- und Lohnverhältnisse in den Fabriken und Gewerben Niederösterreichs« aus dem Jahre 1869 (Wien 1870).
23 Das Argument der Unvernunft unterstellt den Frauen eine Wahlfreiheit. Diese beschränkte sich meist auf die Wahl, ohne Rücksicht auf Schwangerschaften und Entbindungen der Erwerbstätigkeit nachzugehen oder den Arbeitsplatz und damit die kärgliche Existenzgrundlage zu verlieren.
24 Dies trifft übrigens auf die ersten sozialpolitischen Gesetze in bezug auf die Kinderarbeit zu. Josef II. erließ 1786 Verordnungen zum Schutze der Kinder. Die Maßnahmen betrafen jedoch nicht die Arbeitszeiten oder die Arbeitsbedingungen in den Fabriken, sondern die Unterkünfte, die Reinlichkeit, Sittlichkeit und Gesundheit der in Fabriken beschäftigten und meist in angeschlossenen Kinderhäusern untergebrachten Kinder. Josef II. verfügte die Trennung der Schlafstätten für Mädchen und Knaben, ein eigenes Bett für jedes Kind, wöchentliche Gelegenheit zum Waschen und Kämmen, wöchentlich frisch gewaschene Wäsche, Hemden etc., monatliche Reinigung der Bettwäsche und Bettstätten sowie eine zweimal jährlich durchzuführende ärztliche Untersuchung der Kinder (vgl. Handbillet Josefs II. vom 20. November 1786, zit. nach Mises 1905: 230).
25 Zu den Forderungen der Arbeiterschaft nach Beschränkungen der Frauenarbeit, die von völliger Beseitigung der Frauenarbeit bis zu spezifischen Schutzbestimmungen für Frauen reichten, vgl.: Brügel (1919: 106); Deutsch (1929: 126, 143, 153, 183).
26 Motive (1875: 84f.), zit. nach Ebert (1975: 87).
27 Motive 1877, Gutächtliche Äußerungen: 111f., zit. nach Ebert (1975: 87, Anm. 76). Die Gutachten zu den ausgesandten Novellierungsvorschlägen stützten die Haltung der Regierung. Es wäre ein »schweres Unrecht (...), die Erwerbsfähigkeit des weiblichen Geschlechtes einzuschränken, die Arbeiterinnen behindern zu wollen, so lange zu arbeiten, als es ihnen zusagt«, heißt es in einer Stellungnahme der Prager Handelskammer zum Gesetzesentwurf 1877 (Gutächtliche Äußerungen, 116 , zit. nach Ebert 1975: 87, Anm. 76). Die Reichenberger Handelskammer warnte, daß »eine Beschränkung der Frauenarbeit ›einer Ausschließung der Personen weiblichen Geschlechtes von der Fabrikarbeit und der Beschäftigung im Kleingewerbe nahezu vollständig gleichkommen‹ würde«. Gegenteilige Äußerungen kamen nur von der Innsbrucker Handelskammer. Sie stellte den Antrag, »die österreichische Regierung wolle die Herabsetzung der Arbeitszeit für Frauen auf 10 Stunden per Tag als allgemein zu erstrebendes Ziel festhalten« (ebd.).
28 Zu den Vorstellungen der katholisch-christlichen Sozialreformer siehe vor allem die Schriften von Karl Freiherr v. Vogelsang; vgl.: Klopp (1938), Knoll (1973).
29 Zum Familialismus vgl. den Beitrag von Erna Appelt in diesem Buch.
30 Zu diesen und den nachfolgenden Entwürfen sowie zu den Verhandlungen vgl. die ausführlichen Darstellungen in Ebert (1975: 115 - 186).

31 Da der Entwurf für Jugendliche zwischen 14 und 16 Jahren ebenfalls eine Arbeitszeitbeschränkung auf zehn Stunden täglich vorsah, betrafen die Beschränkungen de facto alle erwerbstätigen Frauen unter 21.
32 Ebert (1975: 177). Vgl. auch Ministerratsprotokolle 1883, Nr. 30 (9.4.1883) sowie 253 der Beilagen zu den Sten. Prot. d. Abgeordnetenhauses, IX. Session, §§ 130 und 131.
33 Gesetz vom 8. März 1885, RGBl. Nr. 22, betreffend die Abänderung und Ergänzung der Gewerbeordnung, v. a. §§ 93-96.
34 Das sind Gewerbebetriebe, bei denen mehr als 20 ArbeitnehmerInnen beschäftigt sind, Maschinen eingesetzt werden, eine gewisse Arbeitsteilung vorherrscht und der Arbeitgeber den Betrieb leitet, ohne selbst an der manuellen Arbeitsleistung teilzunehmen (vgl. Ministerialverordnung vom 18. Juli 1883, Z. 22037, zit. nach Gröss 1986: 44). Der Großteil der Betriebe beschäftigte jedoch weniger als 20 ArbeitnehmerInnen. Nach der Betriebszählung in Wien und Niederösterreich aus dem Jahre 1902 hatten nur 3.5% aller Betriebe mehr als 20 Beschäftigte (vgl. Pichler 1994: 68 und 78f.).
35 Bereits 1885 erhielten u.a. folgende Gewerbezweige die Genehmigung zur Beschäftigung von Frauen während der Nachtzeit: Bettfedernreinigung, Papierfabrikation, Baumwoll-, Seiden-, Flachs- und Schafwollspinnereien, Zwirnereien, etc.
36 Die Unternehmer hatten kaum Einwände gegen einen Mutterschutz an sich. Auf einer 1883 abgehaltenen Enquête über die Beschäftigung von Frauen im Bergbau erklärten die Unternehmervertreter, sie hätten »nicht das mindeste Interesse (haben), eine durch das Wochenbett geschwächte Frau in die Arbeit zu nehmen«, zumal von »der Verwendung solcher Frauenspersonen (...) den meisten Schaden die Besitzer der Unternehmung haben« (Sten. Prot. Bergbau 1883: 12 und Sten. Prot. Bergbau 1883: 11.). Die Unternehmer wehrten sich aber gegen die Fixierung einer bestimmten Frist für den Wöchnerinnenschutz und wollten die Dauer der Unterbrechung dem Willen der Arbeitnehmerin, die in ihrer »Freiheit zur Lohnarbeit« nicht eingeschränkt werden dürfe, überlassen (ebd.).
37 Bericht des Ausschusses über den VI. Abschnitt der ihm zur Vorberathung überwiesenen Regierungsvorlage einer Gewerbeordnung. 917 d. Beilagen zu den Sten. Prot. des Abgeordnetenhauses, IX. Session, 4.
38 Sten. Prot. d. Abgeordnetenhauses, 372. Sitzung der 9. Session am 16. Mai 1884: 12873.
39 Ebd.
40 Sten. Prot. d. Abgeordnetenhauses, 373. Sitzung der 9. Session am 17. Mai 1884: 12919.
41 Sten. Prot. d. Abgeordnetenhauses, 372. Sitzung der 9. Session am 16. Mai 1884: 12873. Bilinski, Professor für Nationalökonomie, war neben Belcredi einer der einflußreichsten Konservativen bei den Verhandlungen über die Gewerbenovelle im Gewerbeausschuß.
42 Sten. Prot. d. Abgeordnetenhauses, 377. Sitzung der 9. Session am 23. Mai 1884: 13095.
43 Diese Zuweisung eines spezifischen Ortes, des Hauses, kann als Ausgangspunkt für die Entwicklung einer eigenen (bürgerlichen) Ideologie für (bürgerliche) Frauen betrachtet werden.
44 Die Einigung der Arbeiterbewegung erfolgte erst 1888/89. Trotz Divergenzen vertraten die Anhänger der radikalen Arbeiterschaft bei der Enquête die Vorschläge der Gemäßigten und traten für Arbeitsschutz- und Beschränkungsmaßnahmen ein (vgl. Deutsch 1929: 191ff.).
45 Sten. Prot. Arbeitergesetzgebung 1883: 51.
46 Sten. Prot. Arbeitergesetzgebung 1883: 18.
47 Sten. Prot. Arbeitergesetzgebung 1883: 117.
48 Sten. Prot. Arbeitergesetzgebung 1883: 267f.
49 Sten. Prot. Arbeitergesetzgebung 1883: 264.

50 Sten. Prot. Arbeitergesetzgebung 1883: 103.
51 Sten. Prot. Arbeitergesetzgebung 1883: 103.
52 Daß sich diese Konzeption letztlich auch zum Nachteil der (männlichen) Arbeiterschaft auswirkt, soll nicht unerwähnt bleiben.
53 Sten. Prot. d. Abgeordnetenhauses, 371. Sitzung der 9. Session am 15. Mai 1884: 12844.
54 Sten. Prot. d. Abgeordnetenhauses, 377. Sitzung der 9. Session am 23. Mai 1884: 13087.
55 Sten. Prot. d. Abgeordnetenhauses, 377. Sitzung der 9. Session am 23. Mai 1884: 13087.
56 Sten. Prot. Arbeitergesetzgebung 1883: 283.

Literatur

Bauer, Leonhard (1981), Zur Entwicklung des »homo oeconomicus«, in: Herbert Matis (Hg.), *Von der Glückseligkeit des Staates. Staat, Wirtschaft und Gesellschaft in Österreich im Zeitalter des aufgeklärten Absolutismus*, Wien, S. 39-73.
Beilagen zu den Stenographischen Protokollen des Abgeordnetenhauses (1884), 9. Session, Wien.
Benhabib, Seyla, Judith Butler, Drucilla Cornell, Nancy Fraser (1993), *Der Streit um die Differenz. Feminismus und Postmoderne in der Gegenwart*, Frankfurt/M.
Berger, Peter (1981), Finanzwesen und Staatswerdung. Zur Genese absolutistischer Herrschaftstechnik in Österreich, in: Herbert Matis (Hg.), *Von der Glückseligkeit des Staates. Staat, Wirtschaft und Gesellschaft in Österreich im Zeitalter des aufgeklärten Absolutismus*, Wien, S. 105-136.
Bolognese-Leuchtenmüller, Birgit (1978), *Bevölkerungsentwicklung und Berufsstruktur, Gesundheits- und Fürsorgewesen in Österreich 1750-1918*, Wien.
Bolognese-Leuchtenmüller, Birgit (1981), Bevölkerungspolitik zwischen Humanität, Realismus und Härte, in: Herbert Matis (Hg.), *Von der Glückseligkeit des Staates. Staat, Wirtschaft und Gesellschaft in Österreich im Zeitalter des aufgeklärten Absolutismus*, Wien, S. 177-208.
Bolognese-Leuchtenmüller; Birgit; Michael Mitterauer (Hg.) (1993), *Frauen-Arbeitswelten. Zur historischen Genese gegenwärtiger Probleme*, Wien.
Brügel, Ludwig (1919), *Soziale Gesetzgebung in Österreich von 1848 bis 1918*, Wien.
Bussemaker, Jet, Kees van Kersbergen (1996), Gender and Welfare States. Some Theoretical Reflections, in: Diane Sainsbury (Hg.), *Gendering Welfare States*, London, S. 8-25.
Deutsch, Helene (1909), Die Entwicklung der Seidenindustrie in Österreich 1660-1840. *Studien zur Sozial-, Wirtschafts- und Verwaltungsgeschichte*, Heft III, Wien.
Deutsch, Julius (1929), Geschichte der österreichischen Gewerkschaftsbewegung, Bd. 1: *Von den Anfängen bis zur Zeit des Weltkrieges*, Wien.
Die Arbeits- und Lohnverhältnisse in den Fabriken und Gewerben Nieder-Österreichs (1870). Erhoben und dargestellt von der nied.österr. Handels- und Gewerbekammer, Wien.
Ebert, Kurt (1975), *Die Anfänge der modernen Sozialpolitik in Österreich. Die Taaffesche Sozialgesetzgebung für die Arbeiter im Rahmen der Gewerbeordnungsreform (1879 - 1885)*, Wien.
Ehmer, Josef (1993), »Innen macht alles die Frau, draußen die grobe Arbeit macht der Mann«, Frauenerwerbsarbeit in der industriellen Gesellschaft, in: Birgit Bolognese-Leuchtenmüller, Michael Mitterauer (Hg.), *Frauen-Arbeitswelten. Zur historischen Genese gegenwärtiger Probleme*, Wien, 81-103.

Engelhardt, Ulrich (1981), Zum Begriff der Glückseligkeit in der kameralistischen Staatslehre des 18. Jahrhunderts (J.H.G.v. Justi), in: *Zeitschrift für historische Forschung* 8, S. 37-68.

Fraisse, Geneviève (1993), Über Geschichte, Geschlecht und einige zusammenhängende Denkverbote, in: *Neue Frankfurter Rundschau* 4, S. 46-56.

Fraser, Nancy (1996), Die Gleichheit der Geschlechter und das Wohlfahrtsstaatssystem: Ein postindustrielles Gedankenexperiment, in: Herta Nagl-Docekal, Herlinde Pauer-Studer (Hg.), *Politische Theorie. Differenz und Lebensqualität*, Frankfurt/M., 469-498.

Gesetz vom 8. März 1885, RGBL Nr. 22, betreffend die Abänderung und Ergänzung der Gewerbeordnung, Wien.

Gildemeister, Regine, Angelika Wetterer (1992), Wie Geschlechter gemacht werden. Die soziale Konstruktion der Zweigeschlechtlichkeit und ihre Reifizierung in der Frauenforschung, in: Gudrun-Axeli Knapp, Angelika Wetterer (Hg.), *TraditionenBrüche. Entwicklungen feministischer Theorie*, Freiburg, S. 201-254.

Gröss, Maria (1986), *Die Anfänge des Nachtarbeitsverbots für Frauen in Österreisch. Arbeitsschutz für weibliche Arbeitnehmerinnen in der Gewerbeordnung von 1885*. Diplomarbeit an der Geisteswissenschaftlichen Fakultät der Universität Wien, Wien.

Hausen, Karin (1976), Die Polarisierung der »Geschlechtscharaktere« – Eine Spiegelung der Dissoziation von Erwerbs- und Familienleben, in: Werner Conze (Hg.), *Sozialgeschichte der Familie in der Neuzeit Europas*, Stuttgart, S. 363-401.

Internationale Revue für Soziale Sicherheit 2/1996.

Irigaray, Luce (1979), *Das Geschlecht, das nicht eins ist*, Berlin.

Klopp, Wiard (1938), *Die sozialen Lehren des Freiherrn Karl von Vogelsang. Grundzüge einer katholischen Gesellschafts- und Volkswirtschaftslehre nach Vogelsangs Schriften*, Wien (1. Auflage 1894).

Knoll, Reinhold (1973), Zur Tradition der Christlichsozialen Partei. Ihre Früh- und Entwicklungsgeschichte bis zu den Reichsratswahlen 1907, Wien.

Kulawik, Teresa (1996), Modern bis maternalistisch: Theorien des Wohlfahrtsstaates, in: Teresa Kulawik, Birgit Sauer (Hg.), *Der halbierte Staat. Grundlagen feministischer Politikwissenschaft*. Frankfurt/M./New York, S. 47-81.

Maihofer, Andrea (1994), Geschlecht als Existenzweise. Einige kritische Anmerkungen zu aktuellen Versuchen zu einem neuen Verständnis von »Geschlecht«, in: *Geschlechterverhältnisse und Politik*, hg. vom Institut für Sozialforschung Frankfurt, Frankfurt/M., S. 186-187

Maihofer, Andrea (1995), *Geschlecht als Existenzweise. Macht, Moral, Recht und Geschlechterdifferenz*, Frankfurt/M.

Matis, Herbert (1981), Staatswerdungsprozeß und Ausbildung der Volkswirtschaft, in: ders. (Hg.), *Von der Glückseligkeit des Staates. Staat, Wirtschaft und Gesellschaft in Österreich im Zeitalter des aufgeklärten Absolutismus*, Wien, S. 15-27.

Ministerratsprotokolle (1883), Nr. 30 (9.4.1883), Wien.

Mises, Ludwig (1905), Zur Geschichte der österreichischen Fabriksgesetzgebung, in: *Zeitschrift für Volkswirtschaft, Sozialpolitik und Verwaltung*, Bd. XIV, Wien, S. 209-271.

Neyer, Gerda (1996), Sozialpolitik als Geschlechtpolitik am Beispiel der Strukturanpassungsgesetze 1995 und 1996, in: *Demographische Informationen*, Wien (im Erscheinen).

Otruba, Gustav (1981), Die Wirtschaftspolitik Maria Theresias und Josefs II., in: Herbert Matis (Hg.), *Von der Glückseligkeit des Staates. Staat, Wirtschaft und Gesellschaft in Österreich im Zeitalter des aufgeklärten Absolutismus*, Wien, S. 77-103.

Ott, Eva (1977), *Die Mutterschutzgesetzgebung in Österreich. Hausarbeit aus Geschichte*, Universität Wien, Wien.
Pateman, Carole (1988), *The Sexual Contract*, Oxford.
Pateman, Carole (1989), The Fraternal Social Contract, in: Carole Pateman, *The Disorder of Women*, Oxford, S. 33-57.
Pichler, Eva (1994), Die Auswirkungen der Liberalisierung und der späteren Entliberalisierung des Gewerberechts in Österreich in der zweiten Hälfte des 19. Jahrhunderts, in: *Geschichte und Gesellschaft* 1, S. 56-87.
Prokop, Ulrike (1991), Die Illusion vom Großen Paar, Bd. 1: *Weibliche Lebensentwürfe im deutschen Bildungsbürgertum* 1750-1770, Frankfurt/M.
Stenographische Protokolle des Abgeordnetenhauses (1884), 9. Session, Wien.
Stenographisches Protokoll der im volkswirtschaftlichen Ausschusse des Abgeordnetenhauses abgehaltenen Enquete [sic!] über die Beschäftigung von jugendlichen Arbeitern und Frauenpersonen, dann über die tägliche Arbeitsdauer und die Sonntagsruhe im Bergbau (abgeh. vom 23. April 1883 bis 4. Mai 1883), Wien.
Stenographisches Protokoll über die vom 30. April bis inclusive 8. Mai 1883 im Gewerbeausschusse des Abgeordnetenhauses stattgehabte Enquête über die Arbeitergesetzgebung. Wien.
Tálos, Emmerich (1981), *Staatliche Sozialpolitik in Österreich. Rekonstruktion und Analyse*, Wien.
Verkauf, Leo (1917), *Die Arbeiterschutzgesetzgebung – eine Staatsnotwendigkeit*, Wien.
Wysocki, Josef (1973), Die österreichische Finanzpolitik, in: Alois Brusatti (Hg.), Die Habsburgermonarchie 1848-1918, Bd. I: *Die wirtschaftliche Entwicklung*, Wien, S. 68-104.

Diskreter Maskulinismus
Über geschlechtsneutralen Schein politischer Idole, politischer Ideale und politscher Institutionen

Eva Kreisky

Maskuline Politik und brüderliche Politikwissenschaft: Enttarnung als Methode der Geschlechterkritik

In der Politikwissenschaft werden – wie in anderen Sozialwissenschaften auch – Männer und Männlichkeiten immer nur *implizit* gestreift, obwohl sie in der politischen Wirklichkeit überaus *zentral* positioniert sind (vgl. Hearn/Collinson 1994: 97). Die *Benennung* als Männer und Männlichkeiten macht diese *sichtbar*, anerkennt sie als relevanten Teil des gesellschaftlichen und politischen Machtkontexts und leistet ein Stück Dekonstruktion männlicher Machtverhältnisse. Erst durch *Explizit*machen von Männern und Männlichkeiten können sie auch in Diskursen »dezentriert« werden (vgl. ebd.: 98). Männer und Männlichkeiten in ihren kategorialen Bedeutungen scheinen in den männlich figurierten Sozialwissenschaften ebenso wie im männlich dominierten Alltagsleben so selbstverständlich, klar und unproblematisch, daß sie daher in der Regel auch implizit, also *untheoretisiert* verbleiben (vgl. ebd.: 99). Auch politikwissenschaftlicher Sachverstand bedient sich offensichtlich alltäglichen, männlich-ideologisierten Vor- oder gar Un-Verständnisses.

Implizite Männlichkeit schließt immer *Ent-Geschlechtlichung* ein,

- indem etwa die Situation von Frauen nicht als besondere bedacht und das Männliche auch begrifflich totalisiert wird (vgl. etwa Max Webers Idee vom Anteil der »protestantischen Ethik« am »Geist des Kapitalismus«, Karl Marx' Klassen- und Ausbeutungsbegrifflichkeiten oder Emile Durkheims Analysen zu Ritual und Anomie, vgl. ebd.: 100),
- indem Kollektivbegriffe benutzt werden, wo eigentlich nur von Männern die Rede sein sollte, weil nur sie dominieren (z.B. Gesellschaft, Arbeiterklasse, Organisation, vgl. ebd.)
- oder indem Konzepte im Sinne der Marginalisierung oder des Ausschlusses von Frauen aus der öffentlichen Sphäre gefaßt werden, bestimmte Tätigkeiten daher als Beziehungs- oder Liebesarbeit implizit weiblich *ver-*

geschlechtlich und als Erwerbsarbeit implizit männlich *ent-*geschlechtlicht erscheinen (vgl. ebd.).

Explizite Männlichkeit wird in den Sozialwissenschaften thematisiert

- z.B. in demographischen Daten, in amtlichen Statistiken, in denen sie begrifflich zumeist auf Männlichkeit in einem biologisch-physischen Sinne bezogen bleibt, deren Eindeutigkeit allerdings umstritten ist (vgl. ebd.: 100f.),
- in manchen Texten, die sich zwar dem Namen nach auf Männer beziehen (z.B. in englischsprachigen Organisations- und Managementtheorien: *Organisational Man*), ohne aber auch substantiell ihre soziale Konstruiertheit zu bedenken; umgekehrt sprechen sie dann aber von Managern oder Arbeitern, die sie genausogut direkt als Männer ansprechen könnten, weil es sich in der Realität doch fast nur um Männer handelt,
- nur ausnahmsweise im Sinne ihrer sozialen Konstituiertheit (z.B. Männer als soziale Gruppe, vgl. ebd.: 101f.).

Jeff Hearn und David L. Collinson sehen nun in der Explikation von Männern und Männlichkeit erhebliche methodologische Vorteile:

»(T)he (explicit) invoking of formerly implicit social categories brings a double challenge to the analyst: On one hand, there is the possibility of objectifying and fixing those categories, so obscuring the analysis of lived experiences; on the other, there is the possibility of deconstructing those categories, thus transcending them, historically and conceptually, and obscuring lived experiences in a different way.« (ebd.: 102)

Diese Durchdringung von Kategorien kann dann aber auch politische Resonanz bei Betroffenen zeitigen, die immer nur *durch andere* kategorisiert werden: Sie kann nämlich eine durchaus »paradoxe Basis« abgeben für *eigenes* politisches Handeln oder für *eigene* politische Organisierung[1].

An ausgewogener Theoriearbeit in der Politikwissenschaft ist erfahrungsgemäß zweierlei wichtig: Sie sollte unzweifelhaft maximalen *analytischen Gewinn* verheißen, also bislang unbemerkt oder unerkannt gebliebene gesellschaftliche und politische Phänomene anzeigen, sie – wenn erforderlich – zunächst sichtbar machen, jedenfalls aber einen Erklärungsbeitrag für gesellschaftliche und politische Strukturen und Ereignisse verborgener wie auch offensichtlicher Art leisten. Darüber hinaus sollten theoretische Überlegungen immer auch *Praxisrelevanz* aufweisen, was zumindest soviel heißen sollte, daß Anschlußstellen für notwendige und mögliche Veränderungen von Gesellschaft und Politik aufgedeckt werden. Theoretische Reflexionen sollten also jeweils – auch wenn dies vielleicht paradox und unvereinbar erscheinen mag – nach beiden Anspruchspolen streben.

Politische Ideen und politische Institutionen erscheinen gewöhnlich als bloß *tote* Materie. Sie sind zwar einst aus einigermaßen *vitalen* Bedürfnissen und Interessen hervorgegangen, ihre *Konversion* zu Ideen oder Institutionen hat sie jedoch *ausgetrocknet,* ihnen konkretes Leben entzogen. In dieser Abhandlung versuche ich, allgemeine politische Ansprüche und theoretische Konzeptionen ihrer – oftmals nur inszenierten – Abstraktheit zu entkleiden, um sie wieder möglichst anschaulich, also in ihrem *wahren* Geschlecht körperlich-konkret werden zu lassen. Hinter abstrakt gehaltenen Fassaden politischer Idole, politischer Ideale und politischer Institutionen verbergen sich nämlich vorrangig *männliche* Lebenswelten sowie *männliche* Wert- und Symbolordnungen unterschiedlicher Facetten.

In früheren Arbeiten habe ich – gewiß erst behutsam vortastend – versucht, des *analytischen* Potentials des Männerbündischen für politikwissenschaftliche Untersuchungen habhaft zu werden (vgl. Kreisky 1992, 1994 und 1995). Es ist gewiß kein Zufall, daß ein solcher Zugriff von Seiten feministischer Geschlechterforschung in der Politikwissenschaft erfolgt ist, denn die brüderlich eingeschworene politikwissenschaftliche Community hat weder im Sinne, verborgene Vergemeinschaftungen von Männern oder Institutionalisierungen von Männlichkeit erkennbar zu machen, noch will sie ihr diesbezügliches konzeptuelles Instrumentarium wirklich schärfen. Es soll doch in keinem Falle herausgestellt werden, daß Männer als »kollektive Vorteilsnehmer des ›Patriarchats‹« (Kühne 1996: 9) anzusehen sind. Geschlecht soll *unbedacht* bleiben – nicht nur als weibliches, sondern *viel mehr* noch als männliches –, denn mit seiner Visualisierung könnte eine prinzipielle Infragestellung zentraler Institutionen und Verfahrensweisen drohen, damit würde eine subkutane Erosion des harten autoritären Kerns politischer Institutionen eingeleitet. Die Vernebelung des Geschlechts stützt immer auch die nach wie vor tendenziell absolutistisch verfaßte politische Herrschaftsarchitektur.

Im vorliegenden Beitrag geht es um einen hoffentlich plausiblen Beleg, daß das gesellschaftlich jeweils dominante Konzept von Männlichkeit – seit jeher und immer noch – als orientierendes *Leitsystem* im politikwissenschaftlichen Denken und Arbeiten tief verankert ist. Dieses selbstverständliche, aber unsichtbar gehaltene *Eingelassensein* von Männlichkeit gilt es im folgenden sichtbar zu machen. Ein umfassender Nachweis kann in diesem knappen Rahmen kaum gelingen, aber es sollte zumindest an Beispielen einsichtig vermittelt werden können, daß es Sinn macht, über die in diesem Beitrag angerissenen Exempel hinaus, Politik und Politikwissenschaft auf mehr oder weniger verborgene maskuline Ideologie- und Werteinschlüsse sowie auf institutionelle Sedimentierungen männlicher Erfahrungen und Interessen hin

abzuklopfen. Statt sie aber kritisch-analytisch zu durchdringen, spiegelt herr/
schende Politikwissenschaft in erheblichem Maße bloß jene allseitig prakti-
zierten maskulinen Spiele und konventionellen Muster der Politik, denen wir
im Alltag – wie es den Anschein hat: erbarmungslos – ausgesetzt sind.

Angesichts der bescheidenen Spannweite dieses Beitrags wage ich freilich
nicht, Aussagekraft für deutschsprachige Politikwissenschaft überhaupt zu
beanspruchen. Er hat aber auf jeden Fall Gültigkeit und Berechtigung für einige relevante Vertreter des Faches, die sich nicht bloß im Malestream deutschsprachiger Politikwissenschaft tummeln, sondern diesen vor allem auch nachhaltig lenken. Es sind nämlich gerade die Wort- und Meinungsführer der Disziplin – gemessen an der Bedeutung ihrer Lehrstühle und an der Sickerwirkung,
d.h. der Referenzhäufigkeiten ihrer Publikationen –, die sich hegemonialer
Männlichkeit hingeben, ohne sich dafür auch nur ansatzweise zu rechtfertigen.

Betrachtet man analog dazu den Zustand feministischer Frauen- und
Geschlechterforschung, dann ist hier leidvolle Kontinuität von Rechtfertigungs-
und Begründungszwängen bestimmend: Implizite oder gar explizite Thematisierung von Weiblichkeit in politikwissenschaftlichen Arbeiten bildet in der
Praxis der Disziplin Anlaß zur Abstoßung: Solche ForscherInnen gehören einfach nicht zum Mainstream, und sie müssen sich diese Zugehörigkeit, bestehen sie auf ihr, erst mit mehr oder weniger gewagter argumentativer Akroba-
tik – den konformistisch geformten Mainstream überzeugend – erobern .

In meiner Darstellung geht es weniger um politikbezogene empirische
Geschlechteranalysen als vielmehr um kritisches Mitdenken von Geschlechterverhältnissen in politischen Zusammenhängen, die gemeinhin – also ohne darüber intensiver zu grübeln – als männlich konnotiert gelten und von der Politikwissenschaft als akademische Disziplin unhinterfragt auch als solche tradiert
werden. Wie verändern sich aber solche alltäglich-politischen Zusammenhänge, wenn sie *rückübersetzt* und wieder als spezifische Geschlechterordnungen
gelesen werden, was sie in gesellschaftlichen und politischen Wirklichkeiten
unzweifelhaft ja auch sind? Die hier angestrebte Art von Ideologiekritik läßt
sich als *geschlechtsbezogene Dekonstruktionsarbeit* charakterisieren, weil sie
auf konsequenter Decodierung herrschender Symbol- und Geschlechterordnungen auch in der Sphäre des Politischen besteht.

Zunächst möchte ich der Frage nachgehen, wofür das soziale und politische *Artefakt* Männlichkeit bzw. die *Ideologie* des Maskulinismus in konzep-
tuell-theoretischer Hinsicht stehen. Im ersten Teil der Arbeit soll daher der
aktuelle sozialwissenschaftliche und historische Literatur- und Wissensstand
zu gesellschaftlichen Konstruktionsweisen von Männlichkeit[2] aufgespannt wer-

den, um ihn auch für politikwissenschaftliche Fragestellungen ausschöpfen zu können. Männlichkeit geht in politischen und politikwissenschaftlichen Ausdruck vielfach in *metaphorischer* Form ein, die es zunächst einmal zu erkennen gilt. Dann möchte ich am Beispiel männlich konfigurierter Politik und prominenter Imaginationen politisch handelnder Figuren – *Berufspolitiker*, *Krieger* und *Partisanen* – illustrieren, daß sehr wohl strenge *Koinzidenz* zwischen herrschendem Politikverständnis in Theorie und Praxis und klassischem Männlichkeitskonzept westlich-industrieller Gesellschaften besteht. Thematisierung von Politik verführt scheinbar automatisch zu monopolistischem Gebrauch männlicher Denkbilder. Diese in der Politikwissenschaft fast nie zum Thema gemachte Koinzidenz hat im Grunde die Tragweite eines Paradigmas; dieses paradigmatische Faktum wird jedoch von maßgebenden Herren der Disziplin unpassenderweise *vertuscht*.

Zum politikwissenschaftlichen Wissensfundus gehört mittlerweile, daß Individualisierung und Individualität einschneidende Voraussetzungen für politische Subjektwerdung im neuzeitlichen Europa waren und zudem auch aktuell noch mit spezieller Bedeutung aufgeladen bleiben (vgl. etwa Elias 1969/ 1936; Beck 1986 und 1993; Narr 1986; vgl. dazu aber auch feministische Thematisierungen durch Bennholdt-Thomsen 1985: 23ff. und Rumpf 1995: 228f.)[3]. Der andere Teil politischer Ideengeschichte aber, der die Entwicklung des Individualitäts- und Männlichkeitskonzepts als *synchron* ausweist, wird in politikwissenschaftlichen Bearbeitungen jedoch zumeist verborgen gehalten[4], so wie Politikwissenschaft überhaupt offenbar nicht zur Kenntnis zu nehmen vermag, daß Männlichkeit den eigentlichen, aber – nicht bloß zufällig – verborgen gehaltenen *Subtext* ihres gesamten Arbeitsfeldes abgibt.

So manche Vertreter anderer gesellschaftswissenschaftlicher Disziplinen scheinen im Hinblick auf geschlechtssensible selbstreflexive Arbeit allerdings weiter zu sein als das Gros der politikwissenschaftlichen Gralshüter. So hat beispielsweise der Historiker George L. Mosse kürzlich freimütig einbekannt, daß in seinen bisherigen ideen- und realhistorischen Arbeitskontexten wie Nationalismus, Faschismus, Politik mit der Weltkriegs-Erinnerung, Rechte Bewegungen u.a.m. Männlichkeit als Thema eigentlich immer nur *nebenher* mitgelaufen ist, daß sie aber in Wahrheit im *Zentrum* des Blickfeldes stehen sollte, weil sie nahezu jeden Aspekt moderner Geschichte bestimmt hat. Aufmerksamkeit dafür wurde jedoch systematisch abgeblockt, weil Fokussierung der Analysen darauf zuviele Koordinaten der *Wahrheiten* moderner Geschichte und Politik verrückt hätte:

»And though modern masculinity must be analyzed as a historical phenomenon in its own right, it was nevertheless closely tied to the fears and hopes of modern society. Examining the manly ideals means dealing not only with nationalism or fascism, usually regarded as ›masculine‹, but also with socialism, communism and, above all, the ideals and functioning of normative society.« (Mosse 1996: 4)

Das maskuline Stereotyp war also niemals an ein einziges der großen politischen Ideensysteme – insbesondere des vergangenen Jahrhunderts – gebunden. Es unterstützte nicht, wie oftmals suggeriert wird, bloß konservative und rechte Bewegungen, sondern ebenso direkt und intensiv auch Arbeiterorganisationen oder sonstige linke und kritische Bewegungen. Die besonderen Strukturen moderner Gesellschaften ließen das Mittelklasseideal von Männlichkeit überaus breit im gesellschaftlichen Spektrum diffundieren (vgl. ebd.: 7). Diese Diffusion bildete schließlich die massenwirksame Grundlage für das gesellschaftliche Konstrukt der Männlichkeit. George L. Mosse hat also – weit davon entfernt, einen opportunistisch profeministischen Weg einschlagen zu wollen, aber dennoch Ergebnisse und Einsichten feministischer Geschichtsforschung aufgreifend – mit seinem 1996 erschienen Buch »The Image of Man. The Creation of Modern Masculinity« der fundamentalen Bedeutung von Männlichkeit und Maskulinismus im Verlaufe der Formierung moderner Gesellschaften in wissenschaftlicher Hinsicht Rechnung getragen. Dem entsprechende gehaltvolle Analysen von Politologen stehen freilich noch aus[5].

Moderne Männlichkeit: soziales und politisches Artefakt

Mittlerweile sollte es doch schon zum Grundstock politikwissenschaftlichen Arbeitens gehören, Geschlecht als *analytische* Kategorie zu verstehen und zu gebrauchen. Weil Geschlecht keine natürlich-ontologische Kategorie abgibt, sondern auch als sozial und politisch bestimmbar anzusehen ist (vgl. Frevert 1995: 13f.), beruht nicht nur Weiblichkeit, sondern auch Männlichkeit auf *gesellschaftlichen* und *politischen* Bauweisen. Festlegende Geschlechtsidentitäten, das restriktive Bild der Zweigeschlechtlichkeit, das heterosexuelle Zwangssystem oder die hierarchische Organisation von Geschlechterverhältnissen werden mehr durch gesellschaftliche und politische Mechanismen als durch biologische *Natürlichkeiten* gestaltet und aufrechterhalten (vgl. auch Becker-Schmidt/Knapp 1987; Hagemann-White 1984; Hagemann-White/ Rerrich 1988; Lorber/Farrell 1991; Becker-Schmidt 1992). Die Konstruktion des Geschlechts findet in der alltäglichen gesellschaftlichen Praxis statt (vgl. Frevert 1995: 13). Diese theoretisch-konzeptuellen Festlegungen akzentuieren gleichzeitig auch die fundamentale soziale und politische Beschaffenheit aller auf Geschlecht beruhender Unterscheidungen (vgl. Becker-Schmidt/

Knapp 1995). Die »körperliche Grundierung des Geschlechts« ist mithin jedenfalls längst »fragwürdig« geworden, zumal ja Geschlecht und Geschlechterdifferenzen nicht unwesentlich diskursiv konstituiert erscheinen (vgl. Frevert 1995: 14; Connell 1995: 3 und 5).

Geschlecht ist aber auch einer jener zentralen Modi, in denen gesellschaftliche und politische Praxis selbst gestaltet wird. Daher also stellt die – als ideologisches Konstrukt zu deutende – dichotome Sicht der Geschlechter ein tiefgreifendes *gesellschaftliches Ordnungsprogramm* dar (vgl. auch Kühne 1996: 11). Männlichkeit und Weiblichkeit bezeichnen historisch variable, kultur- und klassenspezifische Konfigurationen kollektiver geschlechtlicher Praktiken. Männlichkeit existiert niemals aus sich und für sich allein, sondern setzt immer ein »soziales Fundament« voraus (vgl. Frevert 1995: 29) und zieht zudem seinen sozialen und politischen Bedeutungsgehalt aus dem *konstruierten* Gegensatz zur Weiblichkeit (vgl. Mosse 1996: 8). Jedes singuläre Symbol wird immer aus seiner Relation zur symbolischen Ordnung gedeutet. Auch Männlichkeit ist nur ein Aspekt einer umfassenderen Struktur und versteht sich letztlich allein aus dem *System* von Geschlechterbeziehungen (vgl. Connell 1995: 67ff.; Kühne 1996: 11).

In allen Gesellschaften erfolgen Geschlechtszuschreibungen zwar auf Grund kultureller Praktiken, aber interessanterweise verfügen nicht alle Gesellschaften auch über *elaborierte* Männlichkeitskonzepte. Gesellschaften ohne bi-polarisierte Geschlechtscharaktere kennen daher auch kein Männlichkeitskonzept im Sinne westlich-industriell geformter Vorstellungs- und Lebenswelten (vgl. Connell 1995: 67f.). Die Konstruktion moderner Männlichkeit ist engstens verknüpft mit der am Ende des 18. Jahrhunderts sich neu herausbildenden *bürgerlichen Gesellschaft* (vgl. Mosse 1996: 17). In dieser korrelierten in auffällig systematischer Weise Bilder überhöhter Männlichkeit mit solchen abgewerteter Weiblichkeit (vgl. Hausen 1976). *Krisen der Männlichkeit* im Sinne des Erodierens unhinterfragter Akzeptanz solcher Überhöhung wurden bezeichnenderweise auch nur für *bürgerliche Gesellschaften* ab der Moderne konstatiert (vgl. Badinter 1993; Frevert 1995; Kühne 1996; Mosse 1996).

Auch wenn neuerdings angesichts nicht zu übersehender politischer, sozialer und ökonomischer Krisentrends gerne wieder *archetypische* Männerbilder bemüht werden (vgl. Bly 1990)[6], ist das Konstrukt Männlichkeit realhistorisch ein eigentlich relativ junges Phänomen. Es ist nicht nur erst wenige hundert Jahre alt (vgl. Connell 1995: 68), sondern zudem an einem historisch überaus bemerkenswerten Kulminationspunkt westlich-moderner Gesellschaftsentwicklung aufgekommen. Homogenisierung individueller Männer (aber auch Frauen) zu *Typen* ereignete sich nämlich erst im Zuge des Überganges von feudalen, traditionell-ständischen Vergemeinschaftungen zu modernen Gesellschaften[7]. Stereotypien existierten in früheren historischen Perioden gar nicht, sie entstanden mit der Moderne und der allgemeinen Suche nach Symbolen, die im Zuge rasanten gesellschaftlichen Wandels die nunmehr abstrakte Welt konkret vermitteln sollten (vgl. Mosse 1996: 5):

»Stereotyping meant giving to each man all the attributes of the group to which he was said to belong. All men were supposed to conform to an ideal masculinity.« (ebd.: 6)

Stereotypien sollten nun Bestimmtes visualisieren, im Grunde Unsichtbares oder gar Unwirkliches »veröffentlichen«. Genau das macht ihre eminent soziale und politische Bedeutung aus (vgl. ebd.: 6f.).

Präzise läßt sich der historische Zeitpunkt der Entstehung des Ideals moderner Männlichkeit natürlich nicht bestimmen. Im allgemeinen wird hierfür ziemlich einhellig aber der Zeitraum ab der zweiten Hälfte des 18. Jahrhunderts im Übergang zum 19. Jahrhundert angeführt (so etwa Connell 1995: 68, aber auch Frevert 1995: 25ff.; Mosse 1996: 5 oder Kühne 1996: 9). Zur selben Zeit, als beispielsweise nationale Flaggen oder die jakobinische Kokarde zu mächtigen Symbolträgern wurden, sollte auch der männliche Körper kraft seiner politischen Imaginierung symbolische Bedeutung transportieren (vgl. Mosse 1996: 5). Neu war damals aber auch, daß nunmehr eine *Ästhetik* der Männlichkeit propagiert wurde, was grundlegend war zur Formung eines maskulinen Stereotyps, das wesentlich auf visuellen Wahrnehmungsmöglichkeiten beruht (vgl. ebd.: 19).

Damals wurde aber keineswegs eine bloß horizontale Polarisierung zwischen zwei »Geschlechtscharakteren« als tragendes Element in die Strukturen politischen Denkens eingezogen, vielmehr wurde eine *hierarchisiert* polarisierte Geschlechterordnung ideologisch-programmatisch in das Balkenwerk der *bürgerlichen Gesellschaft* eingebaut: Es wurde also nicht nur simpel zwischen Männlichkeit und Weiblichkeit dichotomisiert, sondern Männlichkeit wurde im Kontrast zu Weiblichkeit obendrein *positiv* stereotypisiert, sollte sie doch als weiterer kräftiger Antrieb für die Arrangements neuer Nationen und moderner Gesellschaften fungieren (vgl. Hausen 1976; Laqueur 1992; Frevert 1995: 13f.; Mosse 1996: 6). Die *bürgerliche Gesellschaft* beruht also wesentlich auf *sexistischen* Baugesetzen. Und alle ihre Weiterungen konservierten jedenfalls ihre *einseitig* geschlechtliche Fundierung, wenn sie sie nicht sogar noch weiter ausbauten oder verdichteten. Auch der Nationalismus als politische Bewegung des 19. und 20. Jahrhunderts entstand nicht nur *zeitgleich* mit dem politischen Konstrukt moderner Männlichkeit, er *inkorporierte* zudem noch diesen neuen Maskulinismus als zusätzlichen ideologischen Impetus.

Trotz massiven strukturellen Wandels neuzeitlicher Gesellschaften blieb interessanterweise im Grunde das *Urbild moderner Männlichkeit* seit seinem Aufkommen weitgehend intakt. Das Männlichkeitsideal erfuhr im großen und ganzen seither keine dramatischen Transformationen (vgl. Mosse 1996: 3f.). Das maskuline Stereotyp scheint offenbar – trotz seiner prinzipiellen gesellschaftlichen Konstituiertheit – *relativ unabhängig* von Modifikationen ökonomischer, sozialer und politischer Konstellationen *bürgerlicher Gesellschaften*. Dagegen aber scheint das ideologische Konstrukt Männlichkeit viel deutlicher angewiesen auf einen genau festgelegten *moralischen* Überbau der Gesellschaft: auf einen männlich-moralischen Imperativ sowie auf maskulin-normative Standards in Erscheinungsformen und Verhaltensmustern. Das moderne Männlichkeitskonstrukt gerät daher erst dann ins Schlingern, wenn das zugrundeliegende traditionelle Wertesystem der Mittelklassen gefährdet scheint (vgl. ebd.: 8).

Wie also leicht nachzuvollziehen ist, sind Männlichkeits- und Individualitätskonzepte erst im Kontext kapitalistischer Industrialisierung und Formierung *bürgerlicher Gesellschaften* im modernen Sinne entstanden. *Bauelemente* dieser modernen Männlichkeit existierten selbstverständlich schon vorher, aber sie wurden in dieser Periode systematisiert und zu einem Stereotyp geformt (vgl. ebd.: 5). Politisch konstruierte Männlichkeit konnte mit der ebenfalls in der Ära der Neuzeit neu geschaffenen Figur des *autonomen Individuums* nur beschränkt koexistieren. Obwohl das maskuline Stereotyp offenbar relativ unabhängig von politischen und ideologischen Hintergrundkonstellationen zu existieren scheint, beschränkt es auf Grund der Tatsache, daß es eben ein *stereotypes* Geschlechtsrollenkorsett darstellt, notwendigerweise individuelle Freiheiten und Freizügigkeiten in der Gestaltung (vgl. ebd.: 8). Nur durch symbolische und rechtliche Ineinssetzung von Männlichkeit und Individuum konnte dieses Paradox, wenn schon nicht behoben, so doch wenigstens verschleiert werden (vgl. Gerhard 1990).

Konzepte moderner Männlichkeit stehen für *eingeschlechtliche* Sicht menschlichen Wesens und menschlichen Handelns. Daraus ergibt sich dann die eingeschlechtliche Sicht der Welt überhaupt. Die Instrumentalisierbarkeit *idealer* Männlichkeit zum Zwecke der Reduktion neuer gesellschaftlicher Komplexitäten sowie im Sinne ideologischer Standardisierung moderner Gesellschaften ist nicht zu übersehen, kann sie doch soziale oder andere Trennlinien unter Männern dem (ersten) Blick scheinbar entziehen.

Aber woher stammen diese Ideen und Bilder moderner Männlichkeit eigentlich? Bemerkenswerterweise determinierten sie nicht nur, wie oft angenommen wird, sondern wurden vielmehr selbst geschaffen durch Moral- und

Verhaltenscodes gesellschaftlicher *Mittel*klassen. Das aus Mittelschichtsverhältnissen gespeiste Männlichkeitsverständnis erwies sich wegen seiner normativen Effekte spezifischen Formierungsbedürfnissen damaliger westlicheuropäischer Gesellschaften überaus dienlich.

Mittelklassestandards in puncto Männlichkeit diffundierten in der Folge sowohl in Lebenssphären des Adels wie auch in jene der arbeitenden Klassen der Bevölkerung. Zu Beginn des 19. Jahrhunderts war dann dieses Männlichkeitsideal so weit verbreitet und so tief verwurzelt, daß jede westeuropäische soziale oder politische Bewegung – ob sie mochte oder nicht – es als bestimmendes Orientierungs- und Ordnungsmuster hinzunehmen hatte (vgl. Mosse 1996: 5). Das Stereotyp moderner Männlichkeit stellte zuletzt ein so »perfektes Konstrukt« dar, das Körper und Seelen von Männern, also »äußere« Erscheinungen und »innere« Tugenden (wie z.B. Willenskraft, Ehre, Mut), als »harmonisches Ganzes« zu standardisieren vermochte, so daß Männlichkeit scheinbar für jeden und auf einen ersten und raschen Blick hin verstehbar und bewertbar wurde (vgl. ebd.).

Warum diese Stereotypisierung von Männlichkeit damals so eminent wichtig war, läßt sich aus der historischen Rekonstruktion politischer Subjektwerdung gewinnen: Spätestens im 19. Jahrhundert erfolgte nämlich auch eine *Politisierung* des Begriffs Geschlecht, indem er »explizit zum staatswissenschaftlichen Ordnungsbegriff (wird), der über politische Partizipationschancen und -rechte entscheidet« (Frevert 1995: 59). Geschlecht wurde also letztlich – neben *nationalem* Status und Alter – zum »Kriterium, nach dem politische Rechte vergeben oder versagt werden« (ebd.).

In der Genese des neuzeitlichen Staates hatte Waffenfähigkeit politische Subjektfähigkeit hervorgebracht. Mit politischer Inklusion von Männern war auch politische Exklusion von Frauen fixiert worden. Militär und Wehrpflicht waren daher auffallende politische Innovationen des 19. Jahrhunderts. Idealisierung männlicher Waffenfähigkeit ist damals politisch unumgänglich geworden: Bis dahin war Militärdienst in der Bevölkerung eher als etwas betrachtet worden, das familiäre Ökonomien und Arbeitszusammenhänge bloß störte, wurden ihnen doch wichtige Arbeitskräfte entzogen. Also mußte Militärdienst politisch aufgewertet und »unkriegerischer Habitus der Zivilisten« dementsprechend abgewertet werden (vgl. Frevert 1996: 81). Die Wehrpflicht der Männer leitete eine neue Phase »männlicher Vergemeinschaftung« ein: Das Militär vermittelte sich als Institution, der Männer nur angehörten, weil sie Männer waren. Unterschiede zwischen Männern schienen im Medium Militär obsolet zu werden, nicht so aber Unterschiede zu Frauen, diese wurden nun erst politikentscheidend. Im Militär fand – für alle öffentlich sichtbar

– die Initiation zum Mann statt. Zudem löste das Militär Männer aus ihren privaten, nämlich familiären und sozialen Beziehungen und integrierte sie in ein »neues, vollkommen abstraktes Referenzsystem« (ebd.: 82): Vaterland, Nation und Staat bildeten nun wesentliche Bezugspunkte junger Männer. Das Militär machte also den Rekruten nicht nur zum Mann, sondern vor allem auch zum Staatsbürger (vgl. ebd.: 83). Politische und militärische Fähigkeiten wurden tendenziell kongruent, was Frauen keine politischen Chancen ließ. Das nationalsozialistische Regime perfektionierte schließlich dieses *politisierte Modell des Mannes*, der als Soldat und Staatsbürger Nation und Volksgemeinschaft nicht nur zuverlässig ergeben sein sollte, sondern sie letztlich auch *verkörperte* (vgl. ebd.). Biologischer und politischer Körper des Mannes wurden also in eins gesetzt.

Ideologische Standardisierung von Männlichkeit war und ist also unabdingbare Voraussetzung für vor allem neuzeitliche – modern patriarchale – gesellschaftliche Organisationsweisen. Als Patriarchate sind jene sozialen und politischen Ordnungen zu kennzeichnen, in denen solcherart geprägte Männlichkeit fortdauern kann (vgl. Clatterbough 1990: 10). Ohne diese besondere Art der *Vergesellschaftung* von Männlichkeit würde es der – empirisch nach wie vor leicht festzustellenden – patriarchalen Stabilität und Kontinuität an Fundierung mangeln. Männlichkeit reflektiert immer traditionelle gesellschaftliche Werte, sie bildet eine konservative Kraft, die traditionelle gesellschaftliche Standards nicht nur reflektiert, sondern diese auch aufrechterhält. Von Männlichkeit wird daher in besonderem Maße auch Schutz herrschender Ordnungen gegenüber allen Verführungen der Modernität erwartet (vgl. Mosse 1996: 3 und 8). Darin gründet sich die besonders starke politisch-ideologische Affinität von Maskulinismus und politisch rechten Bewegungen, was freilich nicht automatisch maskulinistische Abstinenz im linken Spektrum politischer Bewegungen unterstellen kann.

Das Konzept moderner Männlichkeit war als Ideologie zwar konkret und bestimmt genug, um ein kohärentes patriarchales System auch unter modernen gesellschaftlichen Verhältnissen zu untermauern. Reale Männlichkeit ist aber weder ein konsistentes Phänomen, noch sind universelle Wahrheiten über Männlichkeit vertretbar. Es läßt sich auch keine *Universalgeschichte* der Männlichkeit schreiben, auch wenn Männlichkeit unzweifelhaft globale und ewige Dimensionen zu haben scheint.

Männlichkeit nimmt im herrschenden Muster der Geschlechterverhältnisse unbestreitbar eine *hegemoniale* Position ein – ganz im Sinne des Hegemonialkonzepts von Antonio Gramsci (vgl. Connell 1995: 76). Gramscis Analyse der Klassenverhältnisse schließt – überhaupt nicht konform zum marxistischen

Mainstream – auch eine Analyse des Ringens um kulturelle Hegemonie in einer Gesellschaft mit ein. Connell leitet aus dieser Idee sein Konzept »hegemonialer Männlichkeit« ab und definiert sie als jene Konfiguration sozialer Geschlechterpraxis, die die gegenwärtig angemessene und akzeptierte Legitimationsform patriarchaler Herrschaft abgibt (vgl. ebd.: 76f.). Das heißt selbstverständlich nicht, daß alle für uns erkennbaren Vertreter männlichen Geschlechts auch tatsächlich an der institutionellen Macht »hegemonialer Männlichkeit« (ebd.) unmittelbar teilhaben können. Zwischen idealisierter sowie institutionalisierter Männlichkeit und realer institutioneller Macht von Männern klafft in der gesellschaftlichen Praxis eine beträchtliche Lücke.

Das folgende Schema soll den Zusammenhang zwischen realer und symbolischer Männlichkeit in ihrer institutionalisierten Vermitteltheit illustrieren: Männlichkeit und Weiblichkeit werden als soziale Konstrukte immer auch politisch-institutionell wirksam. Das *eine* steht aber niemals einfach neben dem *anderen*: Beide befinden sich vielmehr strukturell nicht nur in einem komplementären, sondern in einem förmlich dialektischen Verhältnis zueinander. Daraus ergibt sich dann das methodologische Problem, daß Frauenforschung ohne Forschungen zum Geschlechterverhältnis notwendigerweise unzulänglich bleiben muß. Es ist unverzichtbar, will man Weiblichkeit als gesellschaftlichem Konstrukt auf die Spur kommen, sich auch mit seinem *Gegenstück* zu befassen. Dies läßt sich am politischen Prozeß (*politics*) zeigen: Bei Analyse der Blockaden, die sich einer *Feminisierung* der Strukturen von Politik (*polity*) und von entscheidenden Bereichen gesellschaftlicher Politiken (*policy*) nachhaltig entgegenzustellen scheinen, stößt man immer wieder auf Männlichkeit in verschiedenen Ausdrucksformen. Diese Männlichkeit ist positioniert zwischen den Polen von Wirklichkeit und Schein, nämlich Männer (im Sinne einer sozialen Gruppe) als *reales* Phänomen (Männer im *physischen* Sinne, aber auch Männer als *Interessen*träger) und Männer als Phänomen der *Illusion*, als Imagination eines *Scheins* auf der *Symbol*ebene. Die Formulierung und Artikulierung männlicher Interessen bildet das zentrale politische Vermittlungsglied zwischen Männlichkeitsillusion und Männlichkeit als realer bzw. sozialer Tatsache.

Die alltägliche und dauerhafte Überwindung des Spagats zwischen realer und imaginierter Männlichkeit macht den Kern aller patriarchalen Politik aus: Die Spitzenpositionen in Wirtschaft, Militär und Politik vermitteln eine überzeugende *korporative* Inszenierung von Männlichkeit: Sie nähren beim individuellen Mann die Illusion von der Möglichkeit tatsächlichen Abschöpfens einer

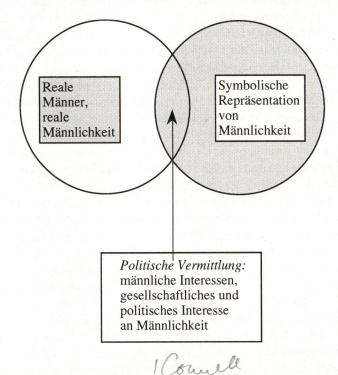

materiellen und/oder ideellen *Patriarchatsdividende* (in Form von Ehre, Prestige, Befehlsgewalt, durchschnittlich höheren Männereinkommen, Eigentumsverteilung, Machtpositionen in der Politik). Warten auf männlichen Hoffnungsgewinn produziert und speist eine Ideologie, die wir als eine Art *Volksaktie der Männlichkeit* bezeichnen können, die in der gesellschaftlichen Realität jedenfalls extrem ungleich eingelöst wird, dennoch aber die Kontinuität patriarchaler Herrschaft legitimatorisch sichert. Ganz ähnlich also zur sogenannten Volksaktie, die ja auch die herrschende Eigentumsordnung unangreifbar machen sollte, indem sie die Illusion von der Möglichkeit *breiten* Volkseigentums popularisierte.

Männlichkeit ist aber niemals gleich Männlichkeit. Homosexuelle Männlichkeit etwa ist stigmatisiert, bleibt heterosexueller Männlichkeit untergeordnet und bleibt folglich auch von »hegemonialer Männlichkeit« ausgegrenzt. »Hegemoniale Männlichkeit« impliziert also keineswegs bloß Unterwerfung von Frauen, sie beinhaltet auch eine äußerst fein abgestimmte soziale Hierarchisierung unter Männern selbst. Korrekterweise haben wir darum von »*multiplen Männlichkeiten*« zu sprechen, wie es Connell zurecht vorschlägt (vgl. Connell 1995: 76). Auch Jeff Hearn geht in seinen Analysen von einer *Diversität* der Männlichkeiten und einer *Vielfalt* von Patriarchaten aus, die simultan, überlagert, kohärent oder widersprechend agieren. Hearn bezieht unterschiedliche soziale Kontexte von Männern in seine Konzeptualisierung ein und betont, daß keinesfalls nur Frauen von Männern dominiert würden, sondern daß gewisse »privilegierte« Männer (und hier nennt er demonstrativ nichtbehinderte, heterosexuelle, der Mittel- oder Oberschicht angehörige, weiße, ältere Männer oder Männer mittleren Alters) auch über Männer herrschen und diese in der öffentlichen Sphäre benachteiligen (vgl. Hearn 1992: 4f.; Hearn/Collinson 1994: 108ff.).

Professionelle, institutionalisierte Politik, wie wir sie alltäglich um uns herum erfahren, ist selbst ohne genaueres Hinsehen zweifelsfrei *Männerpolitik*, d.h. Politik von sowohl numerisch wie auch wertemäßig dominierenden Männern. Etwas abgemilderter, aber im Prinzip nicht anders ist es in den weicheren, informelleren Politiksphären: In diesen gibt es zwar tendenziell höhere Frauenanteile, aber auch hier ist zahlen- und wertemäßige Männlichkeit, wie Maskulinismus in seinem Kern zu definieren wäre, keineswegs passé[8]. Maskulinismus bezeichnet also nicht bloße Männlichkeit in einem biologisch-physischen Sinne, sondern schließt immer auch alle ideologisch verstärkten, künstlich hochgetriebenen Erscheinungsformen von Männlichkeit sowie soziale und politische Männlichkeitssysteme mit ein.

Männlichkeitspolitik würde im Unterschied zu *Männerpolitik* Fragen männlicher Geschlechtspolitik thematisieren, d.h. sie spräche die Position von Männern in patriarchalen Geschlechterordnungen an (vgl. Connell 1995: 204ff.). Eine solche gibt es de facto in unseren Breiten aber nicht. Männliches Politikinteresse berührt hier niemals dezidiert persönliches Leben von Männern oder männliche Identitäten in der patriarchalen Herrschaftsformation. Und selbst wenn es Ansätze dazu gäbe, wäre eine solche Männlichkeitspolitik immer auch mit der Hypothek eines spezifisch männlichen Gesamtinteresses an Politik belastet, nämlich mit dem Problem der Aufrechterhaltung der ungerechten, weil Männer privilegierenden gesellschaftlichen Macht- und Ressourcenordnung (vgl. Hearn 1992: 5f.; Connell 1995: 82f.).

Für politikwissenschaftliche Erkenntnisarbeit ist also das Artefakt moderner Männlichkeit in zweierlei Hinsicht anerkennenswert, gälte es doch eigentlich, Männlichkeit sowohl als *Grammatik* wie auch als *Zeichensprache* der Politik dingfest zu machen.

Männliche Metaphern in politischer Theorie und politischer Praxis: Was man nicht sagen soll, das deutet man zumindest in Bildern an

Politikwissenschaftliche Einführungssozialisation vermittelt, wie man zurecht annehmen kann, Grunddogmen. So lernen wir aus den mittlerweile recht zahlreichen Einführungs- und Lehrbüchern, daß Informationen und Daten im politikwissenschaftlichen Untersuchungsfeld quantitativer, aber auch qualitativer Art sein können (vgl. Patzelt 1992; Mohr 1995; von Alemann 1995). Damit wird aber freilich eine wichtige *Vor*-Begebenheit allen politikwissenschaftlichen Arbeitens verdeckt, denn die Wahrheit ist: Nicht alle Absichten und Informationen werden auch ausdrücklich verbalisiert oder gar veröffentlicht[9]. Es existieren paradoxerweise auch *unsichtbare* Daten. In unserem Diskussionszusammenhang sind wegen Nicht-Theoretisierung und Nicht-Konzeptualisierung von Männlichkeit gerade implizite und verschlüsselte Annahmen, Wertvorstellungen und Metaphern besonders aufschlußreich und wertvoll. Gleichzeitig sind sie es aber auch, die in ihrer Bedeutung arg heruntergespielt und als Analyseressourcen mißachtet werden. So wie es überhaupt in der Politikwissenschaft den Anschein hat, als ob gerade Männer die Relevanz von Männlichkeit tabuisieren wollten.

Fächern wir das Spektrum möglicher Bezugspunkte politikwissenschaftlicher Kritik auf und konzentrieren uns dabei auf unumgänglichen Kritikfelder, so ist auf der Hand liegend, daß *Institutionenkritik* und *Ideologiekritik* zentrale Stränge politikwissenschaftlichen Arbeitens abgeben. An beiden kristallisiert sich aber in augenscheinlicher Weise, was wir als die *Essenz* des Unbewußten und Geheimen der Politikwissenschaft betrachten:

1. Was hier nun zunächst kurz ausgeführt wird, bezieht sich auf den erstgenannten Aspekt politikwissenschaftlichen Tuns und erörtert inhaltliche und theoretische Probleme geschlechtskritischer Durchleuchtung politischer Institutionen. In der Politikwissenschaft peilt man über vermeintlich *geschlechtsneutrale* Politikanalysen (vgl. Krippendorff 1993: 52f.) grundsätzlich *Ent*-

geschlechtlichung von Politik, also Unsichtbarmachung von Politik als *Männerpolitik* an.

An real behindernden Verhältnissen für Frauen sowie an diskriminierendem Verhalten gegenüber Frauen hat sich im letzten Jahrhundert in der politischen Praxis erwiesenermaßen viel zu wenig verändert (vgl. Schöler-Macher 1991 und 1994; Hoecker 1987 und 1995; Frauenbericht 1995; Rossmann 1995). Der in der politischen Realität bestenfalls nur *formellen* Gleichbehandlung[10] hat die politikwissenschaftliche Analyse ein analytisches *Pendant* entgegengesetzt: Die akribische Einhaltung der Maximen scheinbar *geschlechtsneutraler* und damit vorgeblich *geschlechtsfairer* Erhebung und Darstellung. Die Politikwissenschaft verfügt über eine *geheime Methodologie* des Unsichtbarhaltens einseitig geschlechtsbegünstigender Verhältnisse[11]. Das gar nicht so unangenehme Nebenprodukt dieser Pseudo-Galanterie politikwissenschaftlichen Forschens: Damit wird nicht, wie vorgegeben, der Weiblichkeit Reverenz erwiesen, sondern, was ja viel wichtiger ist, *ganz normale* männliche Dominanz und *ganz normale* männliche Hegemonie in politischen und bürokratischen Institutionen wird dem Blick faktisch entzogen.

Das *Unsichtbare*, nämlich Frauen und ihre Geschichte, sichtbar zu machen, galt bzw. gilt immer noch als eine der vorrangigen Absichten feministischer Forschung. Im Falle politischer und bürokratischer Institutionen ist dieses erkenntnispolitische Programm jedoch nur schwer umsetzbar. Der formelle und informelle Frauenausschluß war so umfassend und nachhaltig, daß die institutionelle Welt der Berufspolitik immer noch als männliche Lebenswelt fortbesteht und somit *das Weibliche* gar nicht sichtbar zu machen ist. Daher habe ich dafür plädiert, daß feministische Forschung methodisch *invers* vorgeht: Wenn es das *Unsichtbare* in der Politik freizulegen gilt, so ist dieses Verborgene gerade *nicht* das Weibliche, denn der weibliche Lebenszusammenhang hat in der politisch-öffentlichen Sphäre kaum noch gestaltend eingreifen können. Wenn etwas aufgedeckt werden muß, dann ist es *das Männliche*, das sich zunächst einmal ganz ungeniert *offen* und später dann unter dem Falschtitel von *Neutralität* bis ins Innerste politischer und bürokratischer Institutionen hinein festgekrallt hat. Daher bedarf es feministischer *Institutionenarchäologie*, die formaldemokratisch camouflierte Lagen männerbündischer Strukturen und männerbündischen Verhaltens nach oben kehrt. Es geht vordringlich darum, die herrschenden Institutionen als *männliche* zu dechiffrieren (vgl. Kreisky 1992)[12]. Feministische Mikroanalysen hätten also das dichte und undurchdringliche Netzwerk männlicher Mikropolitik zu enttarnen.

2. Im folgenden soll nun einiges zum zweitgenannten Punkt, der Kritik an der *impliziten* politikwissenschaftlichen Festlegung auf das Konzept der *Männ-*

lichkeit angedacht werden: Nur selten bringen *direkt* formulierte Theoreme die einseitige Bindung der Politikwissenschaft an hierarchische Geschlechterordnung zum Ausdruck (vgl. Hearn/Collinson 1994: 99ff.). Oftmals sind es vielmehr nur *Bilder*, die in politischer Praxis und theoretischer Reflexion diese tendenziöse Fixierung auf männliche Lebenswelten und männliche Sichtweisen *indirekt* vermitteln. Dabei kann und soll es selbstverständlich nicht nur um die von der Politikwissenschaft *gebrauchten* Bilder gehen: Die Macht der Bilder hat in der indessen durchmedialisierten Welt so an Bedeutung zugelegt, daß nun auch (männliche) Politik immer mehr danach giert, *ins Bild zu kommen*: *Verbilderung* von Politik bezeichnet einen laufenden Trend herr/schender Politik. Und die schnellebigen Gesetze medialisierter Politik (vgl. Sarcinelli 1989) lassen diese denn auch viele Bilder *verbrauchen*. Weil die *Bildgerechtheit* von Politikern[13] mittlerweile zwar als beinahe wichtigste politische Befähigung gilt, einer optimalen Visualisierung mancher Politikerfiguren jedoch recht enge Grenzen gesetzt sind, gilt es immer mehr Kredit aufzunehmen aus Sphären, die Männlichkeit vorteilhaft, also im Sinne der Ästhetik und Werte des herrschenden Männlichkeitsideals verbildlichen (wie etwa Sport oder TV-Shows). Langsam schlittert also Männerpolitik in eine *Schuldenkrise* der Männlichkeit.

Im allgemeinen dienen Metaphern dazu, Ideen und Vorstellungen *anschaulich* und anderen *verständlich* zu machen. Über bildhafte Zuspitzung von Gedanken werden selbstverständlich auch eigene Einsichten geschärft. Diese allgemeine Feststellung gilt ebenso für Denken in alltäglich-politischer Praxis wie als politisch-wissenschaftliche Beschäftigung. Auch die *suggestive* Kraft von Bildern kann es also sein, die politische Konzeptionen und Wertvorstellungen *vorstellbar* werden läßt. Die jeweils benutzte Metaphorik bietet darüber hinaus wertvolle Einsichten in politischem Handeln und politischem Denken zugrundeliegende Logiken, Denkstrukturen und Wertsetzungen (vgl. Münkler 1994: 7f.).

In der *politischen Theorie* werden bemerkenswerterweise mit Vorliebe fast ausschließlich *männlich* konnotierte Bilder zur Veranschaulichung von Politik herangezogen. Die politische Ideengeschichte stellt geradezu ein Museum von mehr oder weniger variierten Männlichkeitsbildern und männlich-nahen Figurationen politischer Akteure bereit. Um nur einige von ihnen zu nennen, die mehr oder weniger direkt als männliche gedacht werden können: das Bild vom *Menschen als Wolf* bei Thomas Hobbes, der *Politiker als Steuermann* bei Platon, die *Brüderlichkeit und Kameradschaft* im politischen Werte- und Tugendkatalog neuzeitlicher politischer Theorien und Ideen. Aber auch das politische Denken des 20. Jahrhunderts richtet sich gerne an männlichen Leitfiguren oder männlich genormten Sphären aus, ablesbar an den *Helden der Arbeit* im staatssozialistischen Denken etwa oder an den *Regeln des Sports* als Fairneßverständnis aktueller Tagespolitik.

Allen Begriffen sind Bilder sozialer und politischer Erfahrungen *eingeschrieben*, die zwangsläufig immer auch geschlechtsspezifische Erfahrungen sind. Jedes Bild schließt an spezifische politisch-programmatische Ideen und Konzeptionen an. Diese entstammen einer symbolischen Ordnung, die immer auch eine – zur Zeit mit Sicherheit noch extrem hierarchisierte – Geschlechter(an)ordnung enthält. Unzweifelhaft sind daher auch fast alle theoretischen Konzepte und Inhalte politischen Denkens *androzentrisch kontaminiert*.

Die Idee der Brüderlichkeit als Verbildlichung demokratischer Zielwerte

Zunächst soll an einem Beispiel aus der politischen Ideengeschichte dieser folgenreiche Mechanismus des metaphorischen Begriffe- und Wertetransfers demonstriert werden: Das zentrale politische Ideal der Französischen Revolution wurde über das griffige Bild *brüderlicher* Beziehungen transportiert. *Freiheit, Gleichheit, Brüderlichkeit* als selbstverständlich gewordene Zielwerte politisch-demokratischer Ordnung sind, wie Herfried Münkler formuliert, eigentlich »in Begriffe gefaßte Bilder« (ebd.: 8). Unter *Brüderlichkeit* und einem *Bruder* kann und soll sich offenbar jeder Mensch konkretes vorstellen. Ohne umständlich und viel sagen zu müssen, wird *stereotyp* vermittelt, wer damit gemeint sein soll und wer von vornherein begrifflich ausgeschlossen bleiben muß.

Darüber hinaus wird, anknüpfend an vorgetäuschter *familiärer* Vertrautheit, assoziativ ein emotionalisiertes, suggestives Bild vom immer wohlmeinenden – und eben deswegen *brüderlichen* – Bruder unterlegt. Damit ist zugleich auch eine spezielle politische Tugend dingfest gemacht: *Brüderlichkeit* veredelt automatisch alle Politik (weil Schwesterlichkeit dagegen nur Zank meinen kann, ist sie der Politik jedenfalls abträglich). Nur *brüderliche* Brüder machen autoritäres Handeln des Staates hinfällig. *Brüderlichkeit* als politisches Konzept schließt per se *Feindseligkeit* unter Brüdern aus. Verrat unter Brüdern, Bruderzwist, Bruderkrieg und Brudermord sollen – obwohl in der Geschichte durchaus üblich und den Verlauf der Weltgeschichte entscheidend steuernd – nur als Ausnahme von einer Regel erscheinen. Im hegemonialen Universum des osteuropäischen Staatssozialismus wurden mit dem Begriff der *Bruderländer* – besiegelt und visualisiert durch den obligaten *Bruderkuß* – alle potentiellen Differenzen und Konflikte wegretouschiert. Die homoerotische Grundfarbe in den staatssozialistischen Politikinszenierungen muß als provozierend, ja obszön erscheinen angesichts des scharfen Kontrasts einer männliche Homosexualität ächtenden Politik.

Das Ideal der *Brüderlichkeit* sollte aber auch soziale Schranken zwischen Männern zumindest gedanklich niederreißen. Der solidarische Zusammenhalt der Männerwelt war durch Rekurs auf das *Brüderliche* besiegelt: Eine *vertikale* Vergesellschaftung in Form von *Verbrüderung*, die sozial ungleiche Männer als gleichwertige *Brüder* erstehen ließ, wurde als geringeres Übel in Kauf genommen, um zumindest die Frauen außerhalb des sozialen und politischen Bürgerstatus halten zu können.

Der männliche Habitus der Politik: Anleihen aus der militärischen und sportlichen Sphäre

Selbstverständlich ist auch das Politikspiel des 20. Jahrhunderts – und ganz bestimmt nicht bloß die staatssozialistische Vergangenheit – voll der männlich gezinkten Karten und wird geprägt durch eine Bandbreite männlicher Spielertugenden. Auch gegenwärtige Politik orientiert sich bei Selektion perfekter Idole, anzustrebender Ideale und ideal gestalteter Institutionen unausgesprochen an männlichen Erfahrungen, männlichen Vorlieben, männlichen Ehr- und Körpervorstellungen. Als das Männlichste überhaupt erscheint der *militärisch-heroische* Zuschnitt von Politik und Politikern, der sich jedoch in einer dem Ende zuneigenden Ära manifester militärischer Symbolik häufiger der – in gewissem Sinne ebenso militarisierten – Formen der *Welt des Sports* bedient. Sowohl im Militär wie auch im Sport wird tendenziell männliche Überlegenheit ausgedrückt: Frauen werden ausgeschlossen oder Männlichkeit wird zur Norm erhoben (vgl. Horrocks 1995: 147ff.).

An einzelnen Beispielen soll im folgenden die besondere Prägekraft *militärischer* und *sportlicher* Erfahrungen als Indiz für *männlichen Habitus* der Politik illustriert werden. Außerdem verfügen die Rituale an den einschlägigen sozialen und politischen Orten über eine ihnen eigene Strahlkraft, die eben selbst auf Handelnde aus der Welt der Politik abzufärben und diese auf- bzw. abzuwerten vermag. Der Gebrauch von Bildern und die eigene Ikonisierung sind folglich wichtige Instrumente zur Konstituierung und Verfestigung politisch imaginierter Männlichkeit, der immer auch eine abwertende Vergeschlechtlichung von Weiblichkeit korrespondiert.

Wie allseits geläufig, bedienen sich in Frankreich selbst *zivile* Politikinszenierungen mit Vorliebe *militarisierter* Rituale und Symbole. Die Liaison von zivilem und militärischem Feiern und Trauern war nirgendwo im politischen Westen der Nachkriegszeit so eng wie hier. Die Priorität, die militärische Gesten und Zeremonien in der Politik genießen, drückt einen dezidiert männlichen Gestus der Politik aus. Häufig sind es aber auch nur unscheinbare Bilder, mittels derer diese besondere Art der Vergeschlechtlichung zum Ausdruck gebracht wird. Anläßlich des Ablebens General De Gaulles hielt Georges Pompidou eine Grabrede, deren verdeckter geschlechtsspezifischer Bedeutungsgehalt nicht in Abrede zu stellen ist: Pompidou übertrug damals ein klischeehaftes Bild traditioneller Ehen und ihres Rollensplittings auf Staat und Gesellschaft in Frankreich, indem er ausführte: »General de Gaulle ist tot. Frankreich ist Witwe« (Pompidou, zit. nach Schwartzenberg 1980: 35). General de Gaulle erschien in dieser schlichten Metapher, ohne daß das besonders akzentuiert werden mußte, nicht bloß als heroischer *Macher* der Grande Nation. Der Trick in der Wahl der Metapher bestand zudem darin, daß der heldenhafte General sogar als *Inkarnation* der an sich weiblich konnotierten »*La*« *Nation* erscheinen sollte. Helden sterben bekanntlich aufregend und hinterlassen Ratlosigkeit. De Gaulle hinterließ Frankreich. Das war der *weibliche* Teil des Arrangements, die amorphe Gesellschaft, die am Grab des männlichen Helden der Politik trauernd zurückblieb und der von ihr erwarteten passiven und sich fügenden Rolle treu blieb. Nur ein neuer Held der Politik würde also die Unentschlossenheit und Not der Grande Nation beheben können.

Offizielle Staatsakte bedienen sich der Zeichen- und Symbolsprache des Militärs (erkennbar an Uniformen oder verpflichtender Ehrenkleidung, an militärischen Musikzeremonien, am Abschreiten von Ehrenformationen, am Niederlegen von Kränzen, an der Ritualisierung von Verdiensten und Ehren usw.), vielleicht auch noch der Kirche. Andere, säkulare Lebenswelten konnten hier kaum stilbildend wirken. Es dürfte auch kein bloßer Zufall sein, daß es gerade Magie und Symbolik expliziter Männerbünde sind, die staatliches Feiern oder Trauern inspirieren. Dieser Rückgriff auf Zeremonien und Rituale transportiert immer automatisch eine Aufwertung des Männlichen zum Heroischen und Staatstragenden sowie eine Abwertung des Weiblichen zum Subsidiären, Schlichten und Privaten.

Diese geschlechtsselektiven und geschlechtsverfestigenden Mechanismen schlagen sich aber nicht bloß in der abgeschlossenen großen Welt formellöffentlicher Inszenierungen nieder, da gibt es darüber hinaus ganz *banale* soziale Orte, an denen dies ebenso aufzeigbar wird: Medienwirksame Präsentation von Politik spielt sich immer häufiger auf den Fußball- und Sportplätzen der Welt ab. Auch dies ist ein Exempel *bildhafter* Übersetzung politischer Idole und politischer Ideale in die Wertvorstellungswelt der Männer als sozialer Gruppe. Männliche Helden der Politik nehmen *Bildanleihen* bei gefeierten Sporthelden. Nicht anders zu deuten ist Bundeskanzler Helmut Kohls Verbrüderung mit den Spielern der deutschen Nationalmannschaft anläßlich des Sieges bei der Fußball-Europameisterschaft 1996: Die Umarmung färbte *bildmässig* jedenfalls in den Medien ab. Was hatten aber die vier Millionen Arbeitslosen, die zu erheblichem Teil wohl vor den Bildschirmen saßen, von diesem *visuellen* Bruderkuß? Politik veränderte zwar nicht ihre soziale Lage, aber sie konnten stellvertretend über *ihren* Kanzler die symbolische Teilhabe am europäischen Sportfest der Männlichkeit feiern[14].

Aber es ist nicht nur das vordergründige *Insbilddrängen* der Politik, das für Politikanalysen aufschlußreich ist, es ist auch der viel tiefgründigere *Sprach- und Wertetransfer*, der aus der Welt des Fußballs in die Welt der Politik praktiziert wird. Männliche Überlegenheit und Härte speist sich in modernen Gesellschaften auch aus dem Universum des Sports. Und männliche Sport- und Ehrideale können durchaus auch das Klischee männlicher Politikerehre *zusätzlich* fundieren.

Die Verzahnung von männlich strukturierter Welt des Fußballs (oder des Sports überhaupt) und männlich gestyltem Feld der Politik ist eine vielfache: Da ist also einmal der *soziale Ort* Fußballplatz, an dem, weil er ja vorwiegend ein Ort der Männer ist, Politik – nicht zuletzt mittels der unterstützenden Bilder der Medien – anti- oder auch nur a-politischen männlichen Hirnen wieder in Erinnerung gerufen werden kann, indem sich Politiker als *ganz normale* Männer geben, die – wie eben *andere* Männer auch – auf den Fußballplatz gehen. Über dieses männliche Zusammengehörigkeitsgefühl wird die Illusion genährt, daß die *politische Klasse* eigentlich gar nicht so fremd und sozial abgehoben ist. Männer werden für Männerpolitik *mobilisiert*. Fußballplätze weisen darum durchaus männerbündische Strukturmerkmale (vgl. Kreisky 1995: 109ff.) auf. Die dort zusammentreffenden Männer verstehen sich eigentlich als Männergemeinschaften, die sich über soziale, politische oder altersmäßige Grenzen hinweg zumindest zu bestimmten Anlässen zu *verbrüdern* vermögen. Wenn Politik wirklich nach dem Kriterium Freund/Feind bestimmbar ist (vgl. Schmitt 1963), dann haben auch Fußballplätze auffällig viel mit diesem Kriterium des Politischen gemeinsam. Immer gibt es *natürliche* Gegner, und wenn es solche nicht gibt, können während oder aber auch nach dem Match Gegner *geschaffen* werden. Es sind also schließlich auch die Verhaltenscodes des Fußballplatzes, die unsichtbar zur Politiknorm mutieren. Bestimmte Politiker nutzen auffällig gerne Anspielungen auf die soziale Sphäre des Sports, um sich ihrer politischen Klientel, der *sozialen* Gruppe der Männer, verständlich zu machen. Dabei ist es gewiß kalkuliertes Risiko, daß damit vorwiegend nur männliche Erfahrungswelten angesprochen bleiben. Abgeschlossene Sprachcodes regulieren auf subtilere Weise Prozesse der Ein- und Ausschließung.

Eine Analyse der politischen Bilder käme einer Analyse verdrängter, unsichtbar gehaltener Wirklichkeiten gleich

Merkwürdig also, daß Politikwissenschaft im deutschsprachigen Kontext nur selten die in praktischer oder theoretischer Politik üblich gewordenen Metaphern in geschlechtskritischer Absicht zu entschlüsseln trachtet[15]. Die inhaltliche Ergiebigkeit eines solchen Vorgehens ist unbestreitbar. Sowohl bei der Analyse gesellschaftlicher und politischer Gewaltkontexte (vgl. Krippendorff 1993: 46f.) wie auch bei der Dechiffrierung männlich gewirkter politischer Strukturzusammenhänge könnte ein expliziten wie impliziten *Maskulinismus* thematisierender Zugriff überaus hilfreich sein.

Wie dadurch zusätzliche analytische Perspektiven gewonnen werden können, zeigen insbesonders einschlägige Studien über Politik und Gesellschaft in den USA der Nach-Vietnamkriegs-Ära: So hat Susan Jeffords (1989) in ihrer eindrucksvollen Analyse von Trivialfilmen im Gefolge der Niederlage us-amerikanischer Männlichkeit im Vietnamkrieg eine dramatische Remaskulinisierung der Zivilgesellschaft konstatiert. Jeffords hat durch Aufgreifen der Geschlechtsmächtigkeit von Bildern einen wichtigen empirisch abgestützten, analytischen Befund zur geschlechtspolitischen Gesamtentwicklung der USA in der Nach-Vietnamkriegs-Ära sowie zum engen Zusammenhang zwischen der erfahrenen Realität des Krieges und zunehmender ziviler Gewaltkultur in der Nachkriegsgesellschaft geleistet. Filme und Bilder spiegelten also einen durchaus realen gesellschaftlichen Trend, der erst später als *Backlash* zum frauenpolitischen Slogan der neunziger Jahre wurde (vgl. Faludi 1991). So war es denn auch kein bloßer Zufall, daß Vietnam-Rückkehrer besonders stark in gewalttätige und militarisierte Berufsfelder (Polizei, Gefängnisse, Wachdienste usw.) tendierten und daß der Anteil von Gewalt gegen Frauen und Kinder in Familien von Vietnamkriegs-Veteranen signifikant relativ höher war als in anderen Familien (vgl. Fiegl 1990).

James William Gibson (1994) hat in seiner Studie über Gewalt und Männlichkeit im Nach-Vietnam-Amerika nicht nur eine gewaltige »paramilitärische Subkultur« belegt, sondern auch gezeigt, daß der auf *Männlichkeit* fundierte Paramilitarismus die essentielle zivilgesellschaftliche Grundlage offizieller staatlicher Politik insbesondere unter der Präsidentschaft von Reagan, aber auch von Bush war. So wird denn auch die Ära Reagan/Bush nicht nur von moralistischen und puritanischen, sondern auch von rassistischen und nazistischen Rechten »zu einem goldenen Zeitalter verklärt« (vgl. Martin 1996: 255). Der »chauvinistische Amerikakult« und ein »Wahn der Größe und Stärke«, oft als *Ramboismus* etikettiert, waren in dieser Phase nicht nur deutlich zunehmend (vgl. ebd.: 14), sondern zudem überaus stark mit maskulinistischen Idealen und Werten aufgeladen. Die Renaissance des Ku-Klux-Klans und die extreme politische Rechtsentwicklung in den USA wären ohne *Remaskulinisierung* der Gesellschaft ebensowenig möglich gewesen wie die Restauration und Nachrüstung patriarchaler Gesellschaftsstrukturen. In ihrem Kampf gegen Abtreibung und Homosexualität sowie in ihrem Eintreten für Todesstrafe und freien Waffenverkauf trafen sich – durchaus unterstützt durch Repräsentanten offizieller Politik – alle Spielarten us-amerikanischer Rechter.

Viele der hier angeführten Zusammenhänge werden allerdings oftmals gar nicht explizit zum Ausdruck gebracht, sondern sind zumeist nur *indirekt* aus Bildern, Symbolen und vagen Andeutungen zu entschlüsseln. Das Artefakt der Männlichkeit ist im rechten Denkkontext so anstandslos eingelassen, daß Geschlecht immer nur als unbestimmte Nebenfrage mitgleiten muß. Allerdings gibt es Problemkonstellationen, in denen selbst dieser nebulose Subtext von Geschlechtlichkeit zu viel sein könnte. Insbesonders die dezidiert maskulinistische Fundierung rechter Politik sowie die zwar klandestinen, jedoch eigentlich recht engen Scharniere zwischen formeller und informeller rechter US-Politik, ist man bemüht zu verbergen. In diesem Falle hat Politikwissenschaft besondere Analyseverantwortlichkeit, der sie allerdings – zumindest was die Phänomene von Vergeschlechtlichung und Maskulinismus anlangt – bislang ungenügend nachkommt; Politikwissenschaft in den USA scheint freilich punktuell in der Thematisierung von Männlichkeit und Maskulinismus engagierter als die Fachkollegen im deutschsprachigen Europa.

Eine besondere Variante männlichen Denkens und männlichen Formulierens hat uns Carol Cohn vorgeführt[16], als sie die mit sprachlichen Sexismen und männlichen Imaginationen durchsetzte »rationale Welt« us-amerikanischer Verteidigungs- und Abschreckungstheoretiker decodierte: Deren »technostrategische« Sprache besteht zunächst in elaboriertem Gebrauch von Abstraktionen und Euphemismen, die destruktive Macht von Nuklearstrategien unsichtbar halten (vgl. Cohn 1987: 690f.), indem die Wortschöpfungen (z.B. »clean bombs«) tiefe Abgründe zwischen verwendeten Bildern und zu beschreibenden Wirklichkeiten auftun (vgl. ebd.: 692). Carol Cohn machte in der Sprache der Verteidigungsexperten zahlreiche phallische Bilder kompetitiver männlicher Sexualität aus (z.B. »penetration aid«, »disarmament is emasculation«, »vertical erector launchers«, »orgasmic whump«, vgl. ebd.: 693f.). Sie entdeckte in den »technostrategischen« Diskursen weitere deutlich sexuelle Subtexte (vgl. ebd.: 692): So *tätscheln* Abschreckungsstrategen Raketen (»pat the missile«, vgl. ebd.: 695). Sie zeigen mit ihrer Bildsprache intime, sexuell possessive Beziehungen, liebevolles Beherrschen nuklearer Tötungstechnologien, aber auch Kleinheit und Harmlosigkeit der *getätschelten* Objekte an. Carol Cohn deutet dies als »homoerotische Erregung«, die in der »technostrategischen« Sprache zum Ausdruck kommt, sowie als Versuch, die Gefährlichkeit des militaristischen Unternehmens zu bagatellisieren (vgl. ebd.: 696). Eintritt in die nukleare Welt des Abschreckens und Tötens wird mit *Verlust von Jungfräulichkeit* und *Defloration* (»losing her virginity«, »deflowered«, vgl. ebd.) bildlich ineinsgesetzt. Mit Stolz wird festgestellt, daß Amerika weit davon entfernt ist, *Jungfrau* zu sein (»United States is no virgin«, vgl. ebd.), ganz im Gegenteil, es ist in der patriarchalen Konkurrenz weit voran (»the father carries the bigger stick«, vgl. ebd.: 697). Nuklearstrategen *verheiraten* und *paaren* Raketen (»marry up«, »coupling«, vgl. ebd.: 698) und messen Atomraketen an *familienurlaubgerechten* Fahrzeugen (vgl. ebd.). Überhaupt deutet der bildhafte Bezug auf Familie und Kinder die unbewußte männliche Sehnsucht nach Gebär- und Sozialisationsfähigkeit an: Schöpfer von Atombomben bezeichnen sich als *junge Eltern* und ihre Kreationen als ihre *Babys* (»new parents«, »Oppenheimer's baby«, vgl. ebd.: 700). Destruktive technologische Macht wird sprachlich mit lebensschöpfenden Fähigkeiten synonymisiert. Und die Idee männlicher Geburt wird metaphorisch verknüpft mit der Abwertung von Mutterschaft (Edward Teller »was not the bomb's father but its mother«, »Stanislaw Ulam was the real father; he had the all important idea and inseminated Teller with it. Teller only ›carried it‹ after that«, vgl. ebd.).

Carol Cohn zeigt mit ihrer Analyse, daß die Verwendung der Bilder aus dem Kontext der patriarchalen Erfahrungs- und Lebenswelten der Wissenschaftler erfolgt (vgl. ebd.: 693), daß aber diese eigentlich triviale Sprache mit ihren arkanen Bedeutungen unmittelbaren politischen Nutzen erbringt: Es wird nämlich das Gefühl erzeugt, daß es geradezu *Lust macht,* über Nuklearwaffen zu sprechen, daß man durch Abstraktionen und Verniedlichungen *Distanz verliert* und sich vor nuklearen Waffensystemen und ihren Handhabern also gar *nicht zu fürchten* braucht und daß man – spricht man erst diesen geheimen Expertencode – *dazugehört* zum geheimen und wissenden Expertenkreis der Nuklearstrategen: Man hat, aus der Position potentieller Opfer heraustretend, scheinbar die Schwelle in jenen geheimen Männerbund der Kontrollierenden und Handelnden überschritten (vgl. ebd.: 706).

Dieses zuletzt ausgeführte Beispiel maskulinistischer Bildphantasien demonstriert drastisch, in welch unverantwortlicher Weise von zumeist politikwissenschaftlichen Verteidigungs- und Abschreckungstheoretikern mit – sexistischen und männlich aufgeladenen – Figurationen und Vorstellungen selbst Destruktionsvisionen schrecklichster Art unsichtbar gehalten oder bagatellisiert werden. Genauso verwerflich ist aber auch die metaphorische Manier, in der diese Wissenschaftler nukleare Tötungsszenarien mit Sexualität verknüpfen.

Umso beunruhigender ist es daher, wenn der Malestream der Politikwissenschaft sich über solche verbalen Taten männlicher Sexualisierung nicht wirklich besorgt zeigt, sie als Ausdruck *normal*-männlicher Wissenschaft[17] mehr oder weniger gelassen hinnimmt oder sie wegen ihres ironischen Subtextes gar belächelt. Reale und ideelle Männlichkeit bleiben im politikwissenschaftlichen Arbeitsfeld in der Regel untheoretisiert, was letztlich heißt, daß sie nicht über den von der Scientific Community vorausgesetzten wissenschaftlichen Reifegrad verfügen, um auch ein allseits anerkanntes Forschungsthema abzugeben.

Die Einkapselung von Männlichkeit in politische Leadership-Ideale

Die politikwissenschaftliche Verweigerung einer Konzeptualisierung von Männlichkeit zeigt sich auch an einem durchaus rezenten Theoriefeld: den sogenannten Leadership-Theorien, die seit einigen Jahren vorwiegend in der us-amerikanischen Politikwissenschaft und hier wiederum im Bereich der Internationalen Politik Konjunktur haben[18] (vgl. Blondel 1987; Burns 1984; Tucker 1981). Der krisenhaften Erschütterung der weltpolitischen Hegemonieposition der USA sowie dem politikwissenschaftlichen Theorem von zunehmender Unregierbarkeit politischer Systeme des Westens korrespondierte angebliche Dringlichkeit theoretischer Neufassung politischer Leadership-Qualitäten. Läßt man viele dieser Leadership-Theorien Revue passieren, so fällt die zwar besondere, jedoch immer nur implizit vermittelte Zentrierung auf *us-amerikanische* Vorstellungen politischer Führung sowie auf *männlich-reduktionistische* Führungsqualitäten auf. Wie systematisch als männlich aufgeladen Begriffe wie *Führer* (*leader*) oder *Caudillos* zu gelten haben, wird nicht zu-

185

letzt auch daran ersichtlich, daß die folgende Frage noch wissenschaftlich zu beschäftigen vermag: »*Is a Caudilla possible?*« (vgl. Navarro 1992: 270ff.). Nirgendwo taucht aber auch die umgekehrte, nämlich *männliche* Vergeschlechtlichung als *Frage* auf, sie ist vielmehr politische Realität, die nicht mehr thematisiert werden muß und dadurch bereits dethematisiert ist.

Das mysteriöse Paradox einer grundsätzlich zwar *entsubjektivierenden*[19], gleichzeitig aber männliche *Persönlichkeit* tendenziös stilisierenden Politikwissenschaft bedarf wohl analytischer Klärung: Strenggenommen kümmert sich Politikwissenschaft recht wenig um Personen und Persönlichkeiten. Und wenn sie es tut, dann macht sie es offensichtlich in männlich befangener Weise. Eine Hoch-Zeit der an maskulinen Werten abgesteckten Leadership-Theorien in den USA gab es in der Reagan/Bush-Ära. Politische Befähigung und politikgemäße Persönlichkeit wurden also gerade in jener historischen Phase, die zuvor als Periode der *Remaskulinisierung* plausibel gemacht wurde (vgl. Jeffords 1989; Gibson 1994), in ausschließlich männlicher Façon geschnitten. Hinweise von Politikwissenschaftlern auf die prinzipiell maskulin verzerrten Idealfiguren der Leadership-Theorien sucht man allerdings vergebens. Politikwissenschaft befestigt wieder einmal mehr, was sie gesellschaftlich vorfindet, statt es in seiner geschlechtsbezogenen Ideologieträchtigkeit kritisch zu durchdringen.

Es war also durchaus kein Zufall, daß ein Boom an Leadership-Theorien gerade durch die Amtsperioden von Ronald Reagan und George Bush ausgelöst wurde. Was mit Reagan begann, konnte und mußte dann für Bush genutzt werden. Die Inkarnation von Hollywood-Männlichkeit früherer Jahrzehnte provozierte *legitimierende*, vorgeblich wissenschaftlich-systematisch und empirisch-analytisch gestützte Erhebungen allseitig akzeptierter Bewertungskriterien sogenannter *politischer Führungsqualitäten*, die dann auch zur *Norm* erhoben werden konnten. Empirisch-analytische Wissenschaft ließ sich also – in völligem Widerspruch zu ihren methodologischen Ambitionen – für *normative* Absichten gebrauchen[20]. Galt es doch in jener Zeit vor allem, der Bevölkerung in überaus schwierigen, krisenhaften außen- und innenpolitischen Situationen mittels imaginärer Existenz männlich genormter Führungsqualitäten vermeintlicher Führungspersönlichkeiten Sicherheit zu vermitteln. Schon der politische Zweck macht also klar, daß damals nur die *männliche* Seite im Angebotsladen politischer Fähigkeiten gefragt sein konnte. In der Belletristik oder in Spielfilmen heißt es im Vorspann häufig: Die Übereinstimmung der Helden mit lebenden Personen ist selbstverständlich bloßer Zufall. Genauso zufällig fallen in unserem gesellschaftlichen Kontext sogenannte politische Führungsqualitäten mit herrschenden Männlichkeitsbildern zusammen.

Politisch institutionalisierte Männlichkeit: der genuine Gegenstandsbereich der Politikwissenschaft

Es sind aber nicht bloß männliche Visualisierungen oder visualisierte Männlichkeiten, die kritische Politikwissenschaftler beschäftigen können. Für politikwissenschaftliches Erkennen scheint ferner auch in gesellschaftliche und politische Strukturen *eingelassene*, insbesonders also *politisch institutionalisierte* Männlichkeit interessant. Männlichkeit spiegelt sich ja niemals nur auf äußerlichen *Symbol- und Zeichenebene*n, sondern sie ist immer auch tief verankerte, *harte* institutionelle Wirklichkeit. Männlichkeit wirkte ohne Zweifel nachhaltig strukturbildend und bestimmt demnach ganz entscheidend die *Grammatik* der Politik. In zwei Praxisfeldern soll nun Indizien für *politische Institutionalisierung von Männlichkeit* nachgespürt werden. Nicht zufällig sind dies zwei gesellschaftliche Sphären bzw. Ereignisfelder, die zueinander in engem Zusammenhang stehen: *Krieg und Politik*. An konkreten – eben nicht gerade marginalen – politisch-historischen Figurationen aus dem klassischen Gegenstandsbereich der Politikwissenschaft – am Krieger, am Partisanen und am Berufspolitiker – soll dargelegt werden, was hinzugewonnen werden kann, wenn Männlichkeit in ihrer historischen Kontextualität als politisch-analytische Kategorie und wertvolle Untersuchungsdimension akzeptiert wird. Bislang dominieren in der Disziplin freilich Sicht- und Verfahrensweisen, die die Relevanz von Männlichkeit für politische Strukturzusammenhänge ignorieren, sie in Abrede stellen oder mit dem Code der Geschlechtsneutralität Männlichkeit wissentlich dethematisieren.

Der Körper Militär: eine politische Synthese aus Männerkörpern

Zur Charakterisierung und Analyse von Prozessen und Mechanismen der Politik wurden in politischer Ideengeschichte und Theorie immer schon gerne Kriegsmetaphern gebraucht – so etwa von Thomas Hobbes (1970/1651), von Max Weber (1972/1922) oder auch von Carl Schmitt (1963/1932 und 1992/1965). Politik und Krieg stehen zueinander in unleugbarem interdependenten Verhältnis: Bekanntlich gilt Krieg als Fortsetzung der Politik mit anderen Mitteln (vgl. Clausewitz 1980/1832). In der weitergehenderen Fragestellung Ekkehart Krippendorffs wäre zudem auch nach dem »Kriegerischen in der Politik« (Krippendorff 1993: 60) zu fahnden. Wir können für unser Erkenntnisinteresse ohne Bedenken fixieren: Ob Krieg oder Politik, ob Politik im Krieg, ob Politik mit dem Krieg, ob Krieg in der Politik, in jedem Falle geht es um

Formen der *Institutionalisierung* von Männlichkeit und damit um *Machtressourcen* der Männlichkeit. Krippendorff vergeschlechtlicht daher auch seine Frage, indem er der Beschäftigung mit der »Institution Militär« jedenfalls die Befassung mit dem »Mann in Uniform« vorausschiebt (vgl. ebd.: 51), was bedeuten soll, daß das Militär letztlich als *politischer Körper* zu begreifen ist, der sich aus Männerkörpern zusammensetzt (so auch Morgan 1994: 167).

Am direktesten tritt uns also politisch institutionalisierte Männlichkeit in militärischen, aber auch paramilitärischen Phänomenen entgegen (vgl. ebd.: 165; Gibson 1994). Am Militär wird die politische Symbiose aus Gewalt und Männlichkeit am offensichtlichsten (vgl. Krippendorff 1993: 48f.; Morgan 1994: 179). Im *regulären* Soldaten begegnet uns politisch legitimierte männliche Gewalt. Der Soldat erscheint geradezu als Inbegriff von Männlichkeit (vgl. Morgan 1994: 165), er fungiert als idealtypischer Symbolträger für das soziale und politische Konstrukt Männlichkeit.

Politische Männerbundtheorien haben daher niemals nur Staat und Männerbund, sondern immer auch Militär und Männerbund in eins gesetzt (vgl. Kreisky 1992). Die Imagination des Mannes in Männerbundtheorien ist immer der *männliche*, also der *soldatische* und *heroische* Mann. Nichtwaffenfähige oder Nichtwaffentragende wurden stets als »Weiber« minderbewertet (nachzulesen bei Max Weber 1972: 616). Etymologisch stehen »taugen« und »tauglich« mit germanischen Wortbildungen im Zusammenhang wie Tüchtigkeit, Tapferkeit, Kraft, Gewalt, Vortrefflichkeit und Tugend. Ein »Tugendbold« war früher daher eigentlich ein Raufbold. Erst unter dem Einfluß des Christentums wurde das Wort Tugend »sittlich« aufgeladen und zum Gegenbegriff des »Lasters« (vgl. Duden 1989: 762). Auch heute werden *Wehruntaugliche*, *Wehrdienstverweigerer* oder *Zivildiener* im Alltagsverständnis immer noch tendenziell abgewertet, sie werden als »nichttugendhafte« – weil eben *unmännliche* – Männer betrachtet. Und alles, was nicht (oder noch nicht) männlich ist, gilt in westlich-europäischen Gesellschaften bekanntlich ohnehin als entweder *weiblich* oder eben *infantil*. Der Grat der Männlichkeit ist äußerst schmal, Abweichungen von der *Norm* der Männlichkeit werden daher in der Regel entweder mit *sozialer Ent-Männlichung* (d.h. soziales Stigmatisieren von Verhalten, Fähigkeiten oder Erscheinungsbildern als unmännlich) oder mit *politischer Ent-Männlichung* (d.h. politisches Vorenthalten formeller Rechte, die Männern qua Männlichkeit zustehen) geahndet.

Im Gefolge der Französischen Revolution war Krieg zu einer »Sache des Volkes« mutiert (vgl. Clausewitz 1980: 655). Durch Wehrpflicht rekrutierte junge Männer mußten nun massenhaft in Militärstrukturen eingebunden und konnten gleichzeitig auch als Männer *standardisiert* werden. Es ist klar, daß

Militär nicht bloß irgendeine männliche Institution unter vielen anderen ist[21], sondern vielmehr die grundlegende *Schule der (männlichen) Nation* und damit de facto die *Schule der Nation (zum Mann)* darstellt. Das Militär gilt im sozialpsychologischen Sinne daher auch als besondere »Illusionsmaschine«, die federführend »das Konstrukt der Männlichkeit produziert«: Hier wird – ähnlich wie in Männerhäusern früherer oder anderer Kulturen – auch das Geheimnis gepflegt, wodurch der Mann zum Mann wird (vgl. Erdheim 1982: 336).

Zentraler Motor dieser militärischen »Illusionsmaschine« ist der Drill. Entstanden im Zuge der *militärischen Revolution* des 18. Jahrhunderts, bewirkte er nämlich, daß Massen von Männern in Bewegung gesetzt werden konnten, ohne daß sie das Warum dieser Bewegung kannten. Die Kampfziele »bleiben dem Militär äußerlich und können deshalb auch beliebig ausgewechselt werden« (ebd.: 338). Dem Anschein nach zunächst erhabene *idealistische Ziele* (wie etwa Kaiser oder Vaterland) wurden mit der Zeit von trivialer *Männlichkeit* als eigentlicher und vordringlicher Kampfmotivation überlagert. Zum Überleben der Männer wurde *Kameradschaft,* mit anderen Worten: *männliche Solidarität,* prioritär und verselbständigte sich gegenüber anderen politischen Zielwerten. Krieg und Militär wurden zu neuen sozialen Orten, an denen besondere Formen *männlicher Vergemeinschaftung* erlebt werden konnten, die Männer vom banalen familiären Alltag in eine ausschließliche Männerwelt vermeintlichen Abenteuers abheben ließen[22].

Es ist aber nicht bloß »äußerer Zwang«, sondern es sind vor allem auch »libidinöse Strukturen«, die Armeen zusammenzuhalten vermögen (vgl. Freud 1974: 88). Jeder einzelne ist einerseits an den Vorgesetzten und andererseits an die anderen Soldaten gebunden. Identifizierung mit dem führenden Vorgesetzten läßt die bewußte Einzelpersönlichkeit schwinden, richtet Gedanken und Gefühle aus, läßt Affektivität und Unbewußtes vorherrschen. Der Männerbund Militär reproduziert sich über Initiationsriten, die die Männer äußerst ungleiche Ordnung hinnehmen lassen. Neue Rekruten werden in die Welt der älteren Männer eingeführt, in der Oben und Unten längst ausgehandelt und festgelegt ist. Es gilt, selbstlose Unterordnung und Unterwerfung unter die *Herrschaft der alten Männer* (Hierarchie) zu üben.

Ferner muß der eintretende Rekrut hinter Kasernenmauern die für unsere Gesellschaft übliche *Frauenrolle* erlernen. Für alles, wofür im zivilen Leben Frauen zuständig gemacht werden (z.B. Aufräumen, Putzen, Kochen), werden im militärischen Leben junge Männer in die Pflicht genommen:

»Nur ein Mann, welcher derart als Frau behandelt wurde, wird sich dem weiblichen Geschlecht gegenüber so verhalten können, wie es bei uns üblich ist.« (Erdheim 1982: 343)

Die Kohäsion des Heeres in Form besonderer Bindung und Loyalität zur jeweiligen Einheit (*Korpsgeist*) war in Deutschland traditionell über Rekrutierung nach Regionen oder Wehrkreisen hergestellt worden (vgl. Bartov 1995: 52f.). Der Soldat sollte in seiner Einheit »eine Art Heimat« erkennen, in die er immer wieder zurückkehren konnte. Die Einheit war eine »soziale Gruppe von Männern«, die der Soldat »kannte und denen er vertraute« (ebd.: 53). Deutsche Offiziere sollten ihre Männer nicht nur ins Gefecht führen, sondern ihnen auch das Gefühl geben, »Teil einer Familie zu sein, wenn auch einer sehr hierarchisch geordneten und disziplinierten«. Nicht selten sprachen Offiziere ihre Männer auch als »Kinder« an (ebd.)[23].

Alles in allem wird jungen Männern im Militär also subkutan der komplexe Standpunkt vermittelt, von dem aus *Männer* die Welt zu sehen haben (vgl. auch Seifert 1992). Und das ist schließlich auch in *politischer* Hinsicht von Nutzen: Gilt doch Militär nicht nur als das »Herz der staatlichen Souveräntität« (Harold Laski, zit. nach Krippendorff 1993: 47), sondern vor allem als »organisierter Ausdruck« von Gewalt. Unsere politische Kultur ist nicht nur eine patriarchalische, sondern zudem auch eine Kriegskultur, die als staatlich formierte Gewaltkultur agiert (vgl. Krippendorff 1993: 46f.).

Freilich so glatt und eindimensional, wie es hier vielleicht erscheinen mag, ist das patriarchale Kriegsmodell gewiß nicht strukturiert (vgl. Morgan 1994: 179). Auch wenn eine verblüffend eindeutige patriarchale Gewaltkontinuität konstatierbar sein mag, sind es dennoch immer wieder vor allem auch Krisen und Brüche in der Entwicklung, die bedeutsame Konsequenzen für militärische und politische Strukturbildungen hatten. Nachfolgend soll daher der Gestaltwandel des Militärischen und Kriegerischen im 20. Jahrhundert[24] in seinen Implikationen für Männlichkeitskonstruktionen angedeutet werden.

1. Militarisierung der Männlichkeit

Die seit 1814 bestehende Wehrpflichtarmee Preußens hatte »militaristische Denkweisen« produziert, die nicht nur Brauchbarkeit und Verfügbarkeit für den Krieg, sondern auch »Anbindung des absoluten Gehorsams und der strikten Disziplin an einen loyalitätsbegründenden höheren Wert«, nämlich die Monarchie bzw. den König bezweckten (vgl. Messerschmidt 1995: 19f.). Damit verbunden war das Konzept eines »sozialen Militarismus« (d.h. Militarisierung vor allem der männlichen Bevölkerung), das retardierende politische (nämlich antidemokratische, antiparlamentarische) Kräfte freizusetzen vermochte. Die Wehrpflichtarmee, kurzgebunden als »Armee des Königs«, hat eine »antirevolutionäre Ideologie entwickelt, die die ›nur-soldatischen‹

Loyalitäts- und Disziplin-Begriffe überlagerte« (ebd). Dieser Funktion, die Soldaten und in der Folge die männlichen Untertanen überhaupt *revolutionsfest* zu machen, diente vor allem die *Entpolitisierung* der Armee, praktisch also die *politische Entmündigung* der Soldaten. Das Wahlrecht wurde daher so konstruiert, daß es für Wehrpflichtige nicht in Betracht kam, später wurde es Längerdienenden sogar explizit entzogen[25].

Der gezielten entmündigenden politischen *Ent-Männlichung* der Rekruten folgte später auch eine stigmatisierend entehrende Ent-Männlichung politisch unliebsamer Kräfte in der Armee. Neben den *äußeren* Feinden des deutschen Heeres existierte plötzlich auch ein *innerer* Feind. Mit zunehmender politischer Bedeutung der Sozialdemokratie erwuchs allmählich eine neue politische Kategorie im militärischen Denken, nämlich die Formel von der »Wehrunwürdigkeit« (ebd.: 23).

2. *Ent-Heroisierung* kriegerischer Männlichkeit

Ab dem Ersten Weltkrieg ist auf Grund fortschreitender Waffen- und Rüstungsentwicklung eine Transformation des Krieges beobachtbar; Krieg wurde tendenziell zu *technischer* Auseinandersetzung zwischen Geräten und Anlagen. Der Kampf von Mann zu Mann in traditionellen Formen existierte in der Realität dieses Krieges immer weniger. Damit ist dem Soldaten, der in einen blossen *Maschinisten* der Vernichtung verwandelt wurde, freilich auch die traditionelle *Aura des Heroischen* abhanden gekommen. Bemerkenswert ist auch, daß zur gleichen Zeit in *regulären* Armeen Kriegsneurosen stark im Zunehmen waren. *Kriegsneurotiker* wurden freilich als *Feiglinge* und *Simulanten* minderbewertet, sie sollten einfach nicht als Männer gelten dürfen: Eine eigene wissenschaftliche Disziplin, die *Militärpsychiatrie*, wurde etabliert, um sie zu entlarven, zu disziplinieren und für den Krieg wiedereinsetzbar zu machen.

Nach dem Ersten Weltkrieg hatte man die deutsche Niederlage den »Mächten der Zersetzung« zugeschrieben, nämlich Marxisten, Juden, Deserteuren und »Kriegsneurotikern« (vgl. Messerschmidt 1995: 35). In dieser Sicht war der mythische »Frontkämpfer« von »Etappenschweinen«, »Drückebergern«, »Minderwertigen« und »Versagern« verraten worden (vgl. ebd.: 34f.). So wurde der »Minderwertige« zum »politischen Feind«. Das Bild des Deserteurs, »Zersetzers« und Verweigerers wurde *entindividualisiert* und zu einem »politisch negativ besetzten Typus« herabgewürdigt (vgl. ebd.: 35), weil er Verrat an der männlichen Werte- und Notgemeinschaft des Krieges übte.

3. Politische Konversion *normaler* Männlichkeit in *brutalisiertes* soldatisches Verhalten

Die Deutsche Wehrmacht bietet ein überaus extremes Beispiel von Möglichkeiten politischer Konversion *normaler* Männlichkeit in brutalisiertes soldatisches Verhalten. Die gesellschaftliche Tendenz zur Ineinssetzung von *Soldatsein* und *Seinen-Mann-Stehen* wurde geradezu extremistisch realisiert, *Wehrhaftigkeit* wurde wieder auf ihren *maskulinen* Punkt gebracht.

Die Nationalsozialisten übten sich dabei in »geschickter Verknüpfung« deutsch-preußischer militärischer Traditionen mit neuen Methoden der Armee- und Kriegsführung (vgl. ebd.: 32). Die Wiedereinführung der Allgemeinen Wehrpflicht wurde durch flankierende Maßnahmen gegen potentielle »Unruheherde« in der Armee abgesichert. Kriegsgegner und »zersetzende Elemente« sollten von vornherein isoliert und ausgesondert werden (vgl. ebd.: 67). Nach Ausschaltung aller Gegenkräfte sollte aus Deutschland eine militarisierte »Volksgemeinschaft« mit männerbündischen Basisstrukturen werden. Wer diese vorgeblich konsensuale »Front der Gemeinschaft« gefährdete, wurde zum »Gemeinschaftsschädling« erklärt. Militärische Vergehen waren leicht und gut als Angriffe auf den männlichen Wertekatalog soldatischer Pflichten zu deuten: »Gefährdung der Manneszucht« galt daher als ein – von Militärjustiz und ihr willfährig zur Seite stehender Militärpsychiatrie (vgl. Klausch 1995: 69) häufig geahndeter – Fehltritt gegen die ideologischen Werte der deutschen »Volks- und Wehrgemeinschaft« (vgl. Messerschmidt 1995: 34).

Die meisten deutschen Wehrmachtssoldaten machten ihre Kriegserfahrungen an der Ostfront. Und genau für diesen Ort des Krieges ist ein Paradox besonderer Art zu konstatieren: Einerseits war die Deutsche Wehrmacht zwar zunächst zentrales Moment im allgemeinen Prozeß der Modernisierung, andererseits erlebten dann aber die Truppen an der Front »tiefgreifende Entmodernisierung« (vgl. Bartov 1995: 32). Wegen des massiven Ausfalls von Geräten und Maschinen hatten die Männer »unter äußerst primitiven Bedingungen zu leben« (ebd.: 35). Für den einzelnen Soldaten war die Technik des Krieges längst »kein Verbündeter mehr, sondern ein Feind« (ebd.: 46). Und die Abneigung gegen todbringende Technik nahm zu, als die Männer sie gegen sich selbst gerichtet erfuhren. Das »alte, romantische Bild des Krieges« war erschüttert oder, wie ein Offizier es damals festhielt, »dieses Schlachtfeld hat nichts Heroisches« (zit. nach Bartov 1995: 47).

Unmöglichkeit der Flucht, Gefühle von Isolation und Verlassenheit erzeugten eine »neue Auffassung von Heldentum« (ebd.: 48). Verachtung für traditionelle Autoritäten und Werte verband sich mit einem Bedürfnis nach des

Feindes sowie eigener Auslöschung. *Idealisierung* erschien als einzige Möglichkeit des Umgangs mit dieser Realität. Der Kampf wurde daher zu einer *Sache an sich* gemacht, der nunmehr als *realisierter* Idealismus und demnach als Männlichkeitsprobe erscheinen mußte. Das Erlebnis männlicher Vergemeinschaft und männlicher Bewährung wirkte vielfach scheinbar tiefer und motivierender als der Eindruck der politisch-ideologischen Ziele des NS-Regimes. Latentes männerbündisches Feeling scheint in vielen Fällen vor manifesten nationalsozialistisch-ideologischen Bindungen rangiert zu haben.

Es ist allerdings überaus schwierig, dieses fatale Amalgam aus militärischer Kameraderie und Mittäterschaft am nationalsozialistischen Gesamtwerk so aufzulösen, daß auch eine reihende Verantwortlichkeit der bloßen Bindung an Kameraden oder aber der Loyalität zu Zielen und Werten des Nationalsozialismus möglich wird[26]. Feststeht, daß es ganz normale Männer in Polizei- oder Wehrmachtsuniform waren, die als Teil der nationalsozialistischen Brutalisierungsmaschinerie gewirkt haben. Das Verbrecherische dieses Krieges hat den Männern allerdings auch den kriegsüblichen *Lohn* der Heroisierung genommen, also steigerten sie sich paradoxerweise in eine entheroisierte *Opferrolle*: Nur aus ihr konnten sie folgenlos weiterhin vom Krieg schwärmen, gleichzeitig hoben sie sich dadurch jedoch kaum noch von *unheldenhafter* ziviler Bevölkerung ab. Was ihnen die Realität des Krieges an Ehre versagt hat, das gaukelten sie sich in der Nachkriegsära zumindest in Ritualen und Zeremonien von Kameradschafts- und Soldatenverbänden vor.

Den engen Zusammenhang zwischen militarisierter Männlichkeit und den Gewaltverbrechen des Nationalsozialismus[27] als System leugnen zu wollen, bedeutet, gesellschaftlicher Verantwortlichkeit für die politische Vergangenheit zu entfliehen. Die seit der Jahrhundertwende unübersehbare Hegemonie militarisierter, gewalttätiger und heroisch ideologisierter Männlichkeitsbilder hat aber gewiß den Boden mit aufbereitet für Möglichkeiten politischer Verwertbarkeit von Männlichkeit für die verbrecherischen Ziele des Nationalsozialismus. Es gibt demnach in Deutschland und Österreich nach wie vor ein mehr oder weniger verborgen gehaltenes Interesse am Überdauern der Erinnerung an die vermeintlich männlich-heroischen Abenteuer des Krieges.

Partisanen: ein politologischer Abgesang
auf die letzten Heroen der Politik

Im 20. Jahrhundert ging also der Soldat regulärer Truppen offensichtlich des Nimbus des Heroischen und Politischen tendenziell verlustig. Moderne Partisanen – »irregulär« kämpfend, taktisch besonders beweglich, politisch intensiv engagiert und zudem »tellurischen Charakters«, d.h. »bodenverbunden« im Sinne spezieller »Verortung«, also einer räumlichen »Begrenzung der Feindschaft« – schienen dem *regulären* Soldaten den Heldenrang abzulaufen (vgl. Schmitt 1992: 21f. und 26). Der Partisan wurde aus politologischer Sicht zu einer »grundsätzlich neuen Gestalt der politischen Geschichte« (Llanque 1990: 61), wenngleich er konzeptuell als residuale Größe aus der konventionellen Spannung von Kriegs- und Staatsbegriff geschneidert war (vgl. ebd.).

Hatte man noch im 19. Jahrhundert allgemein davon gesprochen, daß »die Montur den Mann macht«, so illustriert dieses Diktum nunmehr, daß die Uniform das *Essential* des militarisierten Mannes darstellt. Darauf spielt auch Carl Schmitt an, wenn er *Regularität* an einem Minimalkriterium festzumachen sucht, indem er ausführt, daß

> »(d)er reguläre Charakter (...) sich in der Uniform des Soldaten (bekundet), die mehr ist als ein Berufsanzug, weil sie eine Beherrschung der Öffentlichkeit demonstriert und mit der Uniform auch die Waffe offen und demonstrativ zur Schau getragen wird.« (Schmitt 1992: 21)

Bewaffnete Männer galten in der Neuzeit als *regulär*, wenn und weil sie Soldaten eines Herrschers bzw. eines territorial definierten Staates waren. Die scheinbar so bequeme begriffliche Ineinssetzung von Waffenfähigkeit, politischer Subjektqualität und männlicher Vergeschlechtlichung wird hinfällig und löst sich unter der Hand auf, wenn die soziale Gruppe der Männer gespalten wird in *reguläre* und *irreguläre* Waffenträger[28]. Dann taugt Waffenfähigkeit und Waffenträgerschaft alleine nicht mehr zur Abgrenzung politisch definierter Männlichkeit vom politisch konstruierten Gegenbild der Weiblichkeit. Wenn dann auch noch die Kriterien des Politischen unter der Hand zerrinnen, so bedarf es ohne Zweifel neuer Theoretisierungen, also »neuer Begriffe oder der Umwandlung der alten« (Llanque 1990: 61). Die Unerläßlichkeit einer politischen Theorie des Partisanen zu Beginn der sechziger Jahre (vgl. Schmitt 1992/1963) ist als ein solches Indiz zu deuten, das mitnichten nur an der damaligen Aktualität von Partisanenkämpfen oder der Bedeutung des Kalten Krieges festzumachen wäre. Vielmehr scheinen zu jener Zeit doch auch bislang festgefügte konventionelle Wertestrukturen ins Wanken geraten zu sein. Der Partisan war nicht zuletzt auch deshalb als politischer Typus anzuerkennen, weil er noch das Heroische verkörperte, das es in einer maskulinen Welt jedenfalls zu bewahren galt. Der *Mann* im Partisanen ist es, der ihn – wie Schmitt es sah – gegen Vereinnahmung durch das Völkerrecht[29] oder gegen Instrumentalisierung durch revolutionäre Ideologien aufbäumen läßt. Der Partisan ringt um sein Selbstverständnis als politischer Typus, indem er sein eigenes Recht setzt, das er aus eigener Legitimität schöpft (vgl. Llanque 1990:62). Es kommt also

»die idealtypische Gestalt des Partisanen (zum Vorschein), worin Schmitt die residuale Position eines letzten ›wirklich‹ politischen Wesens der Gegenwart erkennen zu können scheint.« (ebd.: 63)

Eine gewisse Koinzidenz der politischen Figur des Partisanen als authentisches *politisches* Wesen mit dem mystischen Bild vom »wilden«, also ursprünglichen, wirklich authentischen Mann der neuen spirituellen Männerbewegung (vgl. Bly 1990) ist durchaus erkennbar.

»Schußziel« des modernen Partisanen, als dessen besonderes Kriterium bei Schmitt sein »politischer Charakter« gilt, ist »der feindliche Soldat in Uniform« (Schmitt 1992: 21). Die politische Bindung des Partisanen erscheint ihm im Vergleich zum »regulären« Soldaten »total«:

»Andere Gruppen und Verbände, insbesondere auch der heutige Staat, vermögen ihre Mitglieder und Angehörigen nicht mehr so total zu integrieren wie eine revolutionär kämpfende Partei ihre aktiven Kämpfer erfaßt.« (ebd.)[30]

Mit dem neuzeitlichen Staat waren ja – wie zuvor auch ausgeführt – politische und militärische Fähigkeiten tendenziell kongruent geworden. Der Nationalsozialismus hatte, wie wir gesehen haben, dieses aus dem 19. Jahrhundert stammende Modell des *politischen Mannes* schließlich für seine Zwecke benutzt und noch weiter perfektioniert: Als Soldat und Staatsbürger sollte der Mann der Nation und Volksgemeinschaft nicht nur loyal sein, sondern sie letztlich auch *verkörpern*. Der ideale Staatskörper war, weil militärisch fundiert und militärisch legitimiert, ausschließlich männlichen Geschlechts. Diese totale Kongruenz politischer und militärischer Fähigkeiten, die noch dazu eine absolut geschlechtliche war, schien mit und nach der Katastrophe des Nationalsozialismus in ihren ideologischen Grundfesten erschüttert. An Militarismus ließ sich politischer Heroismus nicht länger mehr hochziehen; andere militärische Phänomene sollten also herhalten, heroische und soldatische Männlichkeit als politische zu konservieren.

Herfried Münkler meint demnach, daß »der Partisan«, der vermutlich nach wie vor mit eigentlich »veralteten« Waffen kämpft, zum »letzten potentiellen Helden« wurde: »Er zieht (...) jene libidinösen Energien auf sich, die sonst keine Objekte mehr zu finden vermögen« (Münkler 1990: 11, Münkler in Anlehnung an Jünger 1951: 78, vgl. Münkler 1990: 20). Herfried Münkler urgiert die Notwendigkeit politikwissenschaftlicher Analysen zur »chamäleonhaften Gestalt« des Partisanen (Münkler 1990: 7). Das »Begreifen« des Phänomens erscheint Münkler deshalb so schwierig, weil sich Partisanen – unabhängig davon ob sie in »revolutionärer« oder »konterrevolutionärer« Absicht handeln –

»den Regeln ihrer Kampfweise entsprechend, der Umgebung anpassen, angleichen; nur für einen kurzen Augenblick, im Überfall, im Feuergefecht, geben sie sich als Partisanen zu erkennen, um sich danach durch Anpassung sogleich wieder unkenntlich zu machen.« (ebd.)

Partisanen nehmen also viele und in vielerlei Hinsicht auch nur »transitorische« (Partisan/regulärer Soldat) Gestalten an (vgl. ebd.: 16). Obwohl ihre »heroische Entscheidung« zum Kampf immer auch ein Ausbrechen aus der »auf Sekurität bedachten bürgerlichen Welt« (ebd.: 11) bedeutet, agieren Partisanen dennoch eigentlich als im Grunde bloß nicht identifizierbare Teile der zivilen Gesellschaft. Diesen Aspekt des *Transitorischen* spricht Münkler aber nicht an, obwohl doch gerade diese strukturelle *Ununterscheidbarkeit* von Partisanen und Nicht-Partisanen, das *Nichterkennenkönnen* des Feindes, zum eigentlich strukturellen Problem *regulärer Armeen* wird. Militärtheoretiker formulieren daher gerne, daß Partisanen »die Bevölkerung als Geisel« nehmen und »die Zivilisten als Schild« benützen (ebd.).

Herfried Münklers thematischer Zugriff ist kein Beispiel der Ent-Geschlechtlichung, sondern vielmehr eines der Ver-Geschlechtlichung: Sein Buch heißt nicht schlicht und einfach »Die Partisanen«, was ja noch beide Geschlechter sprachlich zulassen würde, sondern »Der Partisan«. Erst die männliche Umcodierung schafft offensichtlich die Einfallsschneise für eine Heroisierung des Phänomens. Münkler mißachtet dadurch aber alle historisch-empirischen Wahrheiten und *vergeschlechtlicht* implizit das Partisanentum: Er thematisiert nämlich nicht die empirische Realität von Partisanenkriegen, denn da müßte er auch einen nicht unerheblichen weiblichen Anteil an fast allen empirisch-historischen Erscheinungsformen von partisanischem Widerstand bemerken. Der Partisanenkrieg ist ein »Krieg der Schwachen« (vgl. ebd.: 26), der daher alle Ressourcen mobilisieren muß, d.h. selbstverständlich auch Integration weiblicher Fähigkeiten und Kräfte. Partisanenformationen kennen daher im Gegensatz zu vielen *regulären* Armeen zumeist keinen rigiden Frauenausschluß. Im Gegenteil, um in der zivilen Gesellschaft dauerhaft und wirkungsvoll klandestin handeln zu können, bedürfen Partisanen gerade auch des Potentials der Frauen.

Münkler schreibt also mit seiner politikwissenschaftlichen Sichtweise des Partisanenphänomens längst überholt geglaubte männlich-politische Heldenmythen fort. Er thematisiert in seiner Arbeit zwar auch die Tatsache, daß Partisanen sich materiell und ideell aus der Bevölkerung »reproduzieren« können und damit »beweglicher« als »reguläre« Armeen sind (vgl. ebd.: 21); er übergeht dabei jedoch vollständig, daß diese sogenannte »Unterstützung durch die Bevölkerung« (Verpflegung, Nachschub, Schutz, Verstecken, Ablenkung, Aufrechterhaltung der ökonomischen und erzieherischen Kontinuität der Familien der Partisanen) in Wirklichkeit überproportional auf Arbeit und Kraft von Frauen beruht. Opfer und Risiken gehen eben nicht nur kämpfende heroische Partisanen ein, unter großen Opfern und im dauernden Risiko – weil *immobil* und daher der direkten Repression durch Polizei und Militär unmittelbar ausgesetzt – leben auch Frauen, die das für erfolgreiche Partisanentätigkeit unbedingt notwendige soziale Geflecht, also das sogenannte soziale und wirtschaftliche *Umfeld*, abgeben.

Ohne es sich offenbar eingestehen zu wollen, interessiert sich zu Beginn der neunziger Jahre der Politologe Herfried Münkler – konform zu Carl Schmitts Sicht der frühen sechziger Jahre – eigentlich vor allem für die Konservierung des traditionell soldatischen Moments im Partisanen: Wir charakterisieren in unserem Kontext dieses politikwissenschaftliche Interesse als heimliches Interesse am Überdauern unberührter heroischer Männlichkeit.

Frei nach Max Weber: »Politik als Männerberuf«[31]

Nur ein bestimmtes Segment und eine bestimmte Inszenierung von Politik wird in unseren Breiten als Politik wahrgenommen und auch als solche bezeichnet. Max Weber gilt gemeinhin als Theoretiker der Berufspolitik des 20. Jahrhunderts. Seine Bestimmung von Politik als »Streben nach Machtanteil oder nach Beeinflussung der Machtverteilung« (Weber 1987: 8) war theoretischer Reflex auf Veränderungen im politischen Geschehen unter Bedingungen einer schwierigen Transformation hin zu Massendemokratien. Weber vermittelt uns aber mehr als bloße Überhänge aus früheren, vor-demokratischen Politikkonzeptionen.

Nur die »Leitung« oder »Beeinflussung der Leitung« eines »politischen Verbandes«, also eines Staates, nennt Max Weber »Politik« (ebd.: 7). Mit dieser Festlegung hat er nachhaltig Weichen für das *staats- und institutionenzentrierte* Politikverständnis des 20. Jahrhunderts gelegt. Er hat sich von einem weiten Begriff von Politik distanziert, weil das ja sogar die »Politik einer klugen Frau, die ihren Mann zu lenken trachtet«, umschließen würde (vgl. ebd.).

Politisches Handeln im Sinne der Beeinflussung der Machtverteilung erfolgt »hauptberuflich«, »nebenberuflich« (ebd.: 14) oder »ehrenamtlich« (ebd.: 17). Spätestens seit Max Weber ist uns »Politik als Beruf« vertrautes Konzept eines vor allem männlichen Lebensentwurfes des 20. Jahrhunderts. Anschaulich hat Weber entfaltet, wie man »aus der Politik« seinen »Beruf« machen, »von« der Politik also leben kann (ebd.: 15) und wie sich überhaupt die Politik zu einem regelrechten »Betrieb« entwickelt hat (ebd.: 22). Diese Professionalisierung von Politik hat er für uns plausibel mit der Modernisierung des Staates in Zusammenhang gebracht (vgl. Beyme 1993: 120).

Was Weber allerdings ausgespart hat, ist die Tatsache des faktischen und sogar ideellen Ausschlusses von Frauen aus dem Beruf Politik. Weber kennt für seine Argumentationsgänge überhaupt nur drei Frauentypen: nämlich »die Ehefrau«, »die Gemüsefrau« und »alte Weiber«. Weder thematisiert Weber den Frauenausschluß als demokratiepolitisches Problem, noch kommen ihm seine beschreibenden Kategorien oder hoch bewerteten politischen Tugenden in irgendeiner Weise verdächtig oder maskulinistisch verzerrt vor. Weber spricht in einem Zuge vom »Beruf«, der »Berufung« und dem »Charisma des ›Führers‹«, der »Hingabe seines Anhanges: der Jüngerschaft, der Gefolgschaft« (Weber 1987: 10), der »Sachlichkeit und Ritterlichkeit« (ebd.: 55), der »Brüderlichkeit« (ebd.: 67) und dem »Helden« der Politik (ebd.). Das »Kriegerische in der Politik« (Krippendorff 1993: 60) steht in Webers Wahrnehmung im Vordergrund, demgemäß beschreibt er Politik vornehmlich in Metaphern des Kampfes, des Krieges und der Jagd: Politik wird als »Wahlschlachtfeld« dargestellt (Weber 1987: 40), Parteien werden als »reine Stellenjägerorganisationen« (ebd.: 43) und Ämter als »Beuteobjekte« (ebd.: 42) etikettiert, alles in allem also als eine nach männlichen Erfahrungen und Bedürfnissen verfaßte und genormte Erlebnis- und Abenteuerwelt.

Im Zuge der Darstellung der Entwicklung politischer Vergemeinschaftung transportiert Max Weber, ohne auch nur ansatzweise relativierende oder kritische Überlegungen anzustellen, den vorurteilsbeladenen Bewußtseinsstand zeitgenössischer Männerbundtheorien samt ihrer frauenausschließenden Sicht der Verknüpfung von Krieg und Politik:

»Als politische Volksgenossen erkennt der Waffentragende nur den Waffentüchtigen an. Alle anderen, Nichtwaffengeübte und Nichtwaffentüchtige, gelten als Weiber« (Weber 1972: 616).

Für die Welt politischen Handelns postuliert Weber – eigentlich gar nicht überraschend – eine andere Ethik. In seiner die Geschlechterdifferenz karikierenden Frage ist sein männliches Interesse sowie sein männlicher Blick kaum zu übersehen:

»(I)st es denn wahr: daß für erotische und geschäftliche, familiäre und amtliche Beziehungen, für die Beziehungen zu Ehefrau, Gemüsefrau, Sohn, Konkurrenten, Freund, Angeklagten die inhaltlich gleichen Gebote von irgendeiner Ethik der Welt aufgestellt werden könnten?« (Weber 1987: 55)

So erscheint seine Unterscheidung von »gesinnungsethischen« und »verantwortungsethischen« Maximen des Handelns eigentlich nur als konsequente Fortführung der gespaltenen Erfahrungswelt (vgl. ebd.: 57). Webers Sicht der Differenz ist jedoch keineswegs eine gleichwertige oder gleichrangige, sie vermittelt vielmehr eine überlegte Matrix der Über- und Unterordnung von Wertigkeiten.

Jeder – auch noch so »bescheidene« – »Berufspolitiker« partizipiert nach Webers Verständnis an Macht über Menschen. Er verfügt deshalb über ein Gefühl von Geschichtsmächtigkeit, was ihn »über den Alltag hinausheben« läßt (ebd.: 50f.). Aber nun stellt sich für Weber eine dringliche »ethische Frage«: Welcher Qualitäten bedarf dieser Mensch dazu eigentlich? Was für ein Mensch muß er sein, »um seine Hand in die Speichen des Rades der Geschichte legen zu dürfen«(ebd.: 51)[32]? Erst leidenschaftlicher, verantwortlicher und distanzierter »Dienst an einer ›Sache‹« (ebd.) macht den Politiker. »Politik wird mit dem Kopfe gemacht, nicht mit anderen Teilen des Körpers oder der Seele« (ebd.).

Wenn aber Weber für den Beruf Politik erforderliche Qualitäten hervorkehrt, bedient er sich gerne der Weiblichkeit als Allegorie zur Indizierung von Unfähigkeit und Unangemessenheit:

»Statt nach alter Weiber Art nach einem Kriege nach dem ›Schuldigen‹ zu suchen – wo doch die Struktur der Gesellschaft den Krieg erzeugte –, wird jede männliche und herbe Haltung dem Feinde sagen: ›Wir verloren den Krieg, – ihr habt ihn gewonnen. Das ist nun erledigt: nun laßt uns darüber reden, welche Konsequenzen zu ziehen sind entsprechend den sachlichen Interessen, die im Spiel waren, ...‹.« (ebd.: 55)

Der *sachlichen* Seite politischen Handelns entspricht freilich nur die Imagination des männlichen *Geschlechtscharakters*. Das ist dann das von Weber eingeforderte nötige »Augenmaß« des Politikers, die »Fähigkeit, die Realitäten mit innerer Sammlung und Ruhe auf sich wirken zu lassen«, also: die »Distanz zu den Dingen und Menschen« (ebd.: 51).

Distanz hat in Webers Denkmodell unbedingtes Monopol auf Sachlichkeit, während Nähe zu Menschen oder zu Sachen augenscheinlich für Politik disqualifiziert. Daß diese Unterscheidung nicht nur geschlechtsspezifisch untermauert, sondern auch in einer entsprechenden Bewertungshierarchie positioniert ist, ist nicht zu übersehen. Weit verbreitetes – oft sehr folgenreiches und inhumanes – männliches Verhalten wird nicht problematisiert, sondern unter der Hand zum richtigen politischen Verhalten verklärt und verabsolutiert. Obwohl Max Weber eigentlich nur sehr selten ausdrücklich von Männern spricht, bezieht er sich ausschließlich auf die Spannweite männlicher Erfahrungswelten. Die enge und starre Verknüpfung zwischen männlichem und politischem Denken ist kaum zu übersehen (genauer dazu: Bologh 1990).

Für Weber war es selbstverständlich, daß *Realpolitik* Sache von Männern ist. Er lebte und arbeitete in einem intakten und durchaus kohärenten patriarchalen Zusammenhang. Und so hatte er auch wenig Grund, dieses Faktum zu verschleiern, wenngleich es ihn auch nicht zu spezieller Kritik anstachelte. Die politische Geschlechterteilung ging für Max Weber völlig in Ordnung (vgl. Roth 1989). Sein Verdienst bestand darin, einen empirischen Trend der Politik bezeichnet zu haben. *Professionalisierung* der Politik hat jedoch in der Beurteilung der Folgen zwei Seiten: Einmal bedeutet sie *Einschließung* von Menschen in das Berufsfeld Politik über vermeintliche *Qualifikation,* wobei freilich die übliche Definitionsmacht zumeist in der maskulinen Wertehegemonie verwurzelt bleibt. Andererseits impliziert Professionalisierung freilich auch Abdichtung des Berufsfeldes durch Ausschließung von – nach dem männlichen Wertekonsens – angeblich *Unqualifizierten*. Unter diesen Prämissen kommt es also zur Konstituierung einer männlich-homogenen »politischen Klasse« (vgl. Beyme 1993: 120f.)[33]. Dieses geschlechtsspezifische Moment politischer Klassenbildung bleibt in der Politikwissenschaft aber dethematisiert[34].

Gilt es nun, eine Phänomenologie des professionellen Politikfeldes zu zeichnen, so ist es vermutlich das Auf und Ab von Männerfreundschaften, das ein solches Bild maßgeblich gestalten müßte. Egal von welchem gesellschaftlichen oder politischen System die Rede ist, immer sind es Konjunktur- und Krisenverläufe von Männerbeziehungen, die die tagespolitische Dynamik überproportional bestimmen, ohne daß dieses Faktum aber auch als solches benannt wird. Man könnte in Männerbeziehungen fast die *invisible hands* der Politik sehen. Naheliegenderweise gibt es daher auch Konzeptualisierungsversuche, die Freundschaft als politische Kategorie zu fassen trachten (vgl. u.a. Sombart 1988).

Gerade elitäre antidemokratische Ideologien der Zwischenkriegszeit künstelten (männliche) Freundschaft und Kameradschaft zu elementaren Bausteinen staatlich-politischer Ordnung. »Von der Kraft des Kriegserlebnisses her wurde eine neue Politik projiziert« (Sontheimer 1992: 93). Die Schützengräbengemeinschaft des Ersten Weltkrieges, also die Männergemeinschaft der Front, wurde in Deutschland im nachhinein idealisiert und zur *echt-männlichen* politischen Alternative zur im Gang befindlichen *weiblich-romantischen* demokratisch-republikanischen Veränderung stilisiert. Nur Männergemeinschaft und Männerfreundschaft konnten das Modell abgeben für einen neuen deutschen Staat und eine vollkommenere Ordnung menschlichen Zusammenlebens.

Auf diesem Erfahrungshintergrund erlebten damals in Deutschland sogenannte »Männerbundtheoretiker« besondere Konjunktur (nachzulesen bei Kreisky 1992, 1994 und 1995). Zudem fanden sie auch politische Resonanz bei nationalsozialistischen Männerbundapologeten. Als ein solches Beipiel ist der Ordinarius für politische Pädagogik an der Universität Berlin, Alfred Baeumler, zu sehen, der 1930 in einem Vortrag ausführte, daß das Freundschaftsverhältnis nur zum Staat in Beziehung stehen kann:

> »Freundschaft ist etwas anderes als eine persönliche Liebhaberei. Die Freundschaft als Lebensform gedeiht nur mit Bezug auf den Bund und den Staat. Es gibt keine Freundschaft ohne Vaterland, aber auch kein Vaterland ohne Freundschaft.« (Baeumler 1934: 38)

Freundschaft erschien in dieser Zeit natürlich als Männersache, so wie auch der *Staat* nur Männersache sein konnte. Nur Männer können Freunde sein, und der Staat ist eine Sache von *Freunden*. Basis des Staates ist ein Freundesbund, mit anderen Worten logischerweise der *Männerbund* (vgl. auch Sombart 1988: 157).

Zwischen Staat und Männerbund wurde damals also ganz offen eine *wesensmäßige* Identität angenommen. Die Entscheidung *für den Staat* wurde gleichgesetzt mit einer Entscheidung *gegen den Feind*. Über das Freund-Feind-Denken schienen auch politische Zusammenhänge reguliert zu sein. So sieht (der heute immer noch in allen politikwissenschaftlichen Einführungen prominent vertretene) Staatsrechtler Carl Schmitt »die Unterscheidung von Freund und Feind« als das »Kriterium« des Politischen (vgl. Schmitt 1963: 26). Der »Feind« steht für das »Andere«, das es abzugrenzen und auszuschließen gilt.

Politisches Handeln ist Umgang mit Macht, »wer Politik treibt, erstrebt Macht« (Weber 1987: 9). Auch Ausschluß – wer immer davon betroffen sein mag – ist daher eine besondere Machtkonstellation. Unter demokratischen Voraussetzungen hat Macht sich aber immer als *gute* Macht darzustellen. Machtphantasien bedürfen immer auch bestimmter Repräsentationsformen: »Die Herrschaft ›präsentiert‹ sich dem Volk, umgibt und schützt sich mit Zeremonien, die Distanz, Wertigkeit und Hierarchie schaffen« (Heinrichs 1990: 87). Widerstand wird dann nicht nur gegen reale, sondern auch gegen symbolische und rituell geregelte Macht erforderlich. Individuelles Machtstreben wird ins Unterbewußte abgedrängt und auf das »Kollektiv des Männerbundes der Politiker übertragen« (ebd.). Zunehmende Identifikation mit diesem Bund impliziert die Aufgabe von eigenem, bedeutet aber auch Teilhaben am »Schutz« und der »magischen Kraft«. »Im Männerbund wird der Machtwunsch des einzelnen durch das Bündnis mit anderen Männern verstärkt und institutionalisiert« (ebd.: 88).

Ohne Zweifel stellt Berufspolitik im Vergleich zu anderen einen loseren Männerbund dar, der daher auch eher einem »steten Zerfall« ausgesetzt ist (vgl. ebd.: 90). Politiker sind zwar Initiierte, »aber mit weniger Aufwand und Verpflichtung als in anderen Bünden« (ebd.: 89). Ihr männerbündischer Kitt ist vor allem in der Geschichte und in jenen Instanzen der Gesellschaft aufzuspüren, durch die faktische Herrschaft garantiert und legitimiert wird, so daß »allein ihr Auftreten ihren Anspruch schon zu rechtfertigen scheint« (ebd.). Männerbündische Initiationsriten und Zeremonien werden durch Frauenquotierung zwar allmählich *aufgeweicht*, dennoch bewahrt sich Politik aber ihre charakteristische männerbündische Tendenz, nämlich die *Ausschließung des anderen*. Verschiedene »magische Techniken«, aber auch Sprachcodes sind unumgänglich »für die im männerbündischen Verhalten vereinten Politiker« (ebd.: 92).

Bärbel Schöler-Macher hat die *Fremdheit* der Frauen in der Politik am Beispiel des Berliner Abgeordnetenhauses empirisch untersucht. Die Erfahrungen der befragten Frauen, die *Politik als Beruf* betreiben, bestätigen alle Feststellungen von einer politischen Männerbundkultur. Schöler-Macher erkennt in diesem empirischen Faktum die besondere »Affinität (des politischen Systems) zu Männlichkeitswerten und -vorstellungen«, die Männern noch dazu in doppelter Hinsicht nützt, weil sie ihre politischen Karrieren stützt und weil sie ihnen obendrein auch noch »kameradschaftliche« Wärme und Geborgenheit schafft in den entfremdenden, inhumanen Strukturen der Berufspolitik. Beides arbeitet aber zugleich auch gegen Frauen, es behindert ihr politisches Fortkommen, und es perpetuiert ihr Gefühl von Fremdheit im politischen Männerland (vgl. Schöler-Macher 1991: 106 f.).

Schlußbemerkung

Ich bin mir dessen bewußt, daß meine Annäherungen an die Fragestellung sehr kursorisch ausgefallen sind. Ich hoffe aber doch, daß ich für die Sphären der Politik und der Politikwissenschaft als akademischer Disziplin als potentielle Goldgruben zum Aufspüren verborgener und verborgen gehaltener Institutionalisierungen sowie Idealisierungen von Männlichkeit Neugier wecken konnte. Es gibt wenig andere gesellschaftliche Bereiche, in denen das Artefakt Männlichkeit in einem solchen Maße strukturbildend gewirkt hat. Es sollte uns daher die schlichte Frage empirisch und theoretisch nicht mehr loslassen: Sind das alles bloß *zufällige Koinzidenzen* mit gesellschaftlich idealisierten und glorifizierten Bildern von Männlichkeit? Oder ist es nicht eben gerade diese Männlichkeit, die die *Standardform* von Staat und Politik abgibt? Wenn wir etwa die in jüngerer Vergangenheit inganggesetzten Veränderungen der Politikform durch kompensatorische Quotierungs- und Gleichstellungspolitik in ihrer Nachhaltigkeit im Sinne *androgyner* Politikstrukturen evaluieren und sie – wie eine russische Puppe – Schichte für Schichte abbauen, stossen wir dann nicht im innersten Kern noch immer auf etwas, das uns als das *ewig Männliche* bekannt ist? Warum weigert sich der Malestream der Politikwissenschaft so beharrlich, die Politikrelevanz des Faktums seiner Geschlechtlichkeit zur Kenntnis zu nehmen? Ob hier Vater Freud seinen politikwissenschaftlichen Söhnen auf die Sprünge helfen kann?

Anmerkungen

1 Als Beispiel führen Hearn und Collinson Homosexuelle an (vgl. Hearn/Collinson 1994: 102).
2 Ich verbinde damit freilich nicht den Anspruch, psychologische oder soziologische Theorien zur Konstruktion von Männlichkeit in ihrer Gesamtheit und all ihren Details im einzelnen aufzulisten, sie dabei möglicherweise voneinander völlig abzuspalten oder sie vielleicht sogar konkurrierend gegeneinander zu stellen. Eine solche Bearbeitung von Theorien favorisiere ich nicht. Ich habe daher versucht, das Konstrukt *komplexer* Männlichkeit möglichst in seiner historischen, kulturellen, sozialen und politischen Vielschichtigkeit zu erfassen und theoretisch zu belegen. Nur so scheint sie mir auch für politikwissenschaftliches Arbeiten *operationalisierbar* zu werden. Daß Selektivität hierbei im Spiel war, dazu bekenne ich mich, und ich habe sie daher auch nicht zu entschuldigen. Ich sehe sie sogar als besonders nützlich an, weil mir dadurch ein komplexer Erkenntnisgegenstand leichter handhabbar wird. Wissenschaftlichen Arbeiten besteht zudem immer in Auswahl.
3 Vgl. insbesonders die durch die Zerfallsperiode des »Realsozialismus« neu gespeiste Debatte um individuelle und zivilgesellschaftliche Konstituierungsmomente, die schließlich – insbesondere in ihrer demokratiepolitischen Relevanz für Dritte-Welt- und andere Transformationsgesellschaften – auch zum globalen Thema mutieren sollten. Die politische Aufwertung der NGOs durch verschiedene UN-Konferenzen (vgl. namentlich die Bevölkerungs-, Menschenrechts- und Frauenkonferenz der UNO) und die Anerkennung der NGOs als politische Akteure hat auch diese demokratischen Grundfragen neu politisiert und ihnen dementsprechend neuen, öffentlich bedachten Auftrieb gegeben.
4 Wie etwa die sexistische vertragstheoretische Konstituierung neuzeitlicher Gesellschaften überhaupt (vgl. Pateman 1988: 11f., aber auch Benhabib 1989; Gerhard 1990 und Rumpf 1995).
5 In der deutschsprachigen Politikwissenschaft wurde Politikrelevanz von Männlichkeit bislang nur im Rahmen feministischer Geschlechterforschung anerkannt und bearbeitet (vgl. Albrecht-Heide/Bujowski-Crawford 1991; Kreisky 1992; Schöler-Macher 1991 und 1994).

Im Zuge patriarchatskritischer Politikanalysen schien jedenfalls analytische Arbeit an den Konstrukten der Männlichkeit unverzichtbar. Nur wenige männliche Politologen haben ihre Arbeitszusammenhänge bislang auch als Geschlechterfrage verstanden und sie als solche zu vermitteln versucht (als einer der wenigen wäre hier anzuführen: Krippendorff 1993). In den Arbeitsfeldern von Soziologie, Geschichte, Literaturwissenschaft, Anthropologie oder Ethnologie im deutschen Sprachraum stellt sich die Lage etwas vorteilhafter dar (vgl. Theweleit 1987; Rünzler 1988; Sombart 1988; Widdig 1992; Kühne 1996 u.a.m.). Noch weniger theoretisieren Männer der Gesellschaftswissenschaften im deutschen Sprachraum Männlichkeit auch in herrschafts- bzw. patriarchatskritischer Absicht und benutzen dafür einen feministisch-theoretischen Analyserahmen, wie dies im angelsächsischen Sprachgebiet durchaus schon geläufig ist (vgl. beispielsweise Connell 1987 und 1995; Hearn 1987 und 1992; Kimmel 1989 und 1994; Kimmel/Mosmiller 1992; Messner 1992 und 1993; Brod/Kaufman 1994; Berger/Wallis/Watson 1995).

6   Vielfältige *spirituelle* Männlichkeitsbeschwörungen, die vor allem auf Ideen C.G. Jungs zurückgehen (vgl. Connell 1995: 12ff.), inspirieren insbesondere seit Ende der achtziger Jahre Männer, in ihre Psyche *hineinzutauchen*, um so wieder an archetypische Männlichkeitsmuster anzuschließen, von denen sie – durch vermeintliche weibliche List – abgetrennt worden sind. Die Frauenbewegungen der sechziger und siebziger Jahre werden für diesen Akt der *Gewalt gegen Männer* verantwortlich gemacht. Sie seien es gewesen, die die intensivierte Suche von Männern nach Möglichkeiten *spirituellen* Wachstums geradezu herausgefordert hätten. Entfaltung von Männlichkeit sei eben nur im *wilden* Mann zu verwirklichen, den aber Feministinnen zu *zähmen* trachten (Clatterbaugh 1990: 85ff. bietet in seiner Systematik des Spektrums von Männlichkeitstheorien einen knappen Überblick auch über diese Variante; vgl. ebenso Connell 1995: 12ff., 207ff.).

7   Im späten 18. Jahrhundert änderten Idee und Bild der Männlichkeit ihre Ausrichtung. Ute Frevert hat dies anhand von Konversationslexika der Neuzeit begriffshistorisch rekonstruiert. Sie zeigt, wie Männlichkeit von einer zunächst nur »sozialen Figuration« (vgl. Amt-Mann, Dienst-Mann, Lehens-Mann usw.) in eine auch »moralische« Bedeutung (Moral im Sinne einer sittlich-gesellschaftlichen Instanz, vgl. Ehe-Mann, Kriegs-Mann, Schul-Mann, Kauf-Mann, Handwerks-Mann) und schließlich in eine nur als »Substanz« dingfest gemachte Bestimmung (vgl. das Wesen des »männlichen« Geschlechtscharakters) übergeht (vgl. Frevert 1995: 13ff.).

Ein *Bruch* zu früheren Männlichkeitsvorstellungen fand aber, wie auch George L. Mosse zeigt, trotz aller Veränderungen nicht statt. Vielmehr überdauerten zahlreiche der früheren Männlichkeitsideale und schoben sich in die in anderen sozialen Kontexten neu gewichteten und anders konturierten Fassungen von Männlichkeit. Seither sind also immer »verschiedene Versionen von Männlichkeit auf dem Markt« (ebd.: 34).

Mittelalterliche ritterliche Ideale behaupteten sich jedenfalls sehr lange. Diese älteren Männlichkeitsideale waren in hohem Maße am Ethos kriegerischer Tätigkeit ausgerichtet. Ritterliche Ehre hing an Ansehen und Würde des Individuums. Vor allem Mut und Kaltblütigkeit zählten im Kriegsgeschäft und generierten daher auch wesentlich den männlichen Ehrbegriff. Ritterlichkeit und Männlichkeit wurden lange – selbst noch bei Edmund Burke – gleichgesetzt (vgl. Mosse 1996: 18). Die Idealisierung von Ritterlichkeit war aber erst, wie Mosse zu zeigen versucht, durch die Realität der verfallenden Feudalgesellschaft geschaffen worden. »Ritterlichkeit« wurde zum Mittel der Mäßigung männlicher Roheit und entwickelte sich zum Ehrencode des Adels (vgl. ebd.).

Der Ehrbegriff der höfischen Gesellschaft war vorwiegend an Abstammung und Geschlechterlinie festgemacht. Aber auch hier schloß das Konzept der Ehre ein Männlichkeitsideal ein. Durch die Wertsetzungen der höfischen Gesellschaft hatte schon seit dem 16. Jahrhundert über Ritualisierung kriegerischen Tuns von Männern (in Turnieren und Duellen) eine sukzessive »Verfeinerung« männlicher Verhaltensregeln stattgefunden. Das Ideal der Männlichkeit wurde »mäßiger«, seine Merkmale wandelten sich, etliche Gewaltmerkmale wurden von ihm abgestreift und in neue moralische Imperative eingebunden (vgl. ebd.: 19). Starke Regenten hatten schon seit längerer Zeit begonnen, Gewalt zu begrenzen und sie in ihren Händen zu monopolisieren (vgl. ebd.: 17).

Das traditionelle Männlichkeitsbild wurde also *gezähmt* und auf die Institution Ehe, also Ehe als patriarchale Lebensform, hin transformiert (vgl. Frevert 1995: 28; Mosse 1996: 19): »Rohe«, bloß »gewalttätige« Imaginisierung von Männlichkeit wurde von einem auch »väterlich-schützenden« Männlichkeitsbild überlagert. Das kämpferisch-militärische Männlichkeitsideal konkurrierte also fortan – was ja bis in die Gegenwart konstatierbar ist – mit der neuen »christlichen Begriffsprägung« von Männlichkeit (vgl. Frevert 1995: 34).

8 An zahlreichen sozialen Bewegungen wurde immer wieder aufgezeigt, daß hier das aktive Frauensegment relativ größer ist als in formalisierten Politiksphären. Betrachtet man jedoch das *informelle* Politikfeld genauer, so fungieren auch hier männliche Aktivitätsmuster tendenziell als Norm politischen Handelns und ist die maskuline Wertauflagung des Handlungsfeldes und Bewegungsmusters nicht zu übersehen: *Greenpeace* ist eine Organisation, die sich aus der – durchaus auch stark weiblich geprägten – Umweltbewegung konstituiert hat, aufgrund der *arkanen* Tendenz ihres Tuns aber an maskulinen Erscheinungs- und Politikmustern fixiert bleibt.

9 Vgl. die Hinweise zur strukturellen Bedeutung des Geheimnisses in der Politik in der ausführlichen Einleitung zur inhaltlichen Begründung des »Geheimen Glossars«, aber auch Sabine Langs Beitrag in diesem Band zur politikwissenschaftlichen Paradoxie »geschlossener Öffentlichkeit«.

10 Rechtliche und politische Strategien, die *anderes*, nämlich *kompensierende*, d.h. im wesentlichen *nachholende* Gleichstellung, beabsichtigten, scheiterten allesamt an männlicher Hegemonialstruktur: Von männerbündischen Mechanismen im institutionellen Alltag über die Entscheidungsallmacht männlich dominierter Höchstgerichte im nationalstaatlichen Zusammenhang bis hin zu männlich bestimmten supranationalen Instanzen im EU-Kontext spannt sich der Bogen institutionell gesicherter männlicher Abwehr.

11 Vgl. den Titel der Einleitung für den Reader von Kreisky/Sauer 1995, der die Parallelisierung maskuliner Politik mit der ihr verbrüderten Politikwissenschaft anspricht: »Der Politik der Männer – die Wissenschaft der Männer?« (vgl. Kreisky/Sauer 1995: 9ff.).

12 Aus dieser Forschungsstrategie könnte aber auch eine Änderung im politischen Sprachverhalten folgen: Nicht von *Frauenanteilen*, sondern von den *Männeranteilen* wäre zu sprechen, nicht von den 3,7% oder 2% Frauen unter den C4-Professoren in Deutschland oder den ordentlichen Universitätsprofessoren in Österreich, sondern von den 96% oder 98% Männern, die für den Bau der wissenschaftlichen Elfenbeintürme nebst ihrer krisenbedingten Einsturzgefahr verantwortlich zeichnen; nicht von den etwa 25% Frauen unter den Abgeordneten des deutschen Bundestages oder österreichischen Nationalrates, sondern von zirka 75% der »kleinen Helden des allgemeinen Wahlrechts«, den männlichen Parlamentseliten (vgl. italienischer Parlamentarismuskritiker zur Zeit Gaetano Moscas, zit. nach Beyme 1993: 15). Männer nämlich stellen das wirkliche Problem dar. Es gilt daher eigentlich, die *Männerfrage* und gar nicht, wie sich im öffentlichen Bewußtsein fälschlicherweise eingegraben hat, die *Frauenfrage* zu lösen.

13 Deren Ab- und Aufrechnung erfolgt in der Regel noch viel rigider und strenger bei Frauen in der Politik. Die Latte der Bildgerechtheit wird für Frauen zumeist höher aufgelegt als für Männer. Männliche Medienmacht unterstützt hierbei bildkräftig misogyne Urlaute bildkonkurrierender Männer.

14 Wien hat seit einiger Zeit einen total fußballbegeisterten, aber auch medial überaus geschickten Bürgermeister, der die Probleme städtischer Politik gerne nach den Ausmaßen und in der Sprache des runden Leders vermittelt. Also tummeln sich neuerdings politikkarrierebedachte Wiener Stadtpolitiker – Frauen, denen die Welt des Fußballs vielfach fremd ist, und selbst Männer, denen Fußball überhaupt nichts bedeutet – nicht nur vor den Augen ihres Bürgermeisters, sondern auch in den Visieren der Fernsehkameras auf Wiener Fußballplätzen. Daß die Wiener Kulturstadträtin sich nicht auf den Fußballplätzen der Stadt den Medien präsentiert, wird von Journalisten daher schon als Indiz für ihre zunehmende politische Bedeutungslosigkeit und ihren bevorstehenden Fall angesehen.

15 Herfried Münkler hat zwar die Bedeutung politischer Metaphern in politischer Theorie und Ideengeschichte in einer überaus interessanten Studie gewürdigt, darin aber auf das Phänomen *geschlechtlicher* Konnotierung keinen Gedanken verschwendet (vgl. Münkler 1994).

16 Für diesen Hinweis habe ich Sabine Lang zu danken.

17 Vgl. dazu den Beitrag von Birgit Sauer in diesem Band, in dem sie die Bedeutung von *(männlicher) Normalisierung* für die Politikwissenschaft sowie ihren unbändigen *Drang nach Normalisierung* anschaulich vermittelt.

18 Daß diese Debatte im deutschen Sprachraum noch nicht wirklich gegriffen hat, liegt wohl vor allem darin begründet, daß die politische Figur des Führers (*leader*) im mitteleuropäischen Kontext erheblich diskreditiert ist und es für solche theoretischen Perspektiven daher eine besondere Hemmschwelle zu überwinden gilt. Zuviel der antidemokratischen und demokratiezerstörerischen Traditionen werden nämlich in diesem politischen Begriff mittransportiert. Dennoch bleibt einiges Erstaunen zurück, daß us-amerikanische *Leadership* mit Selbstverständlichkeit in untadeligem *demokratischem* Kontext steht, während etwa lateinamerikanische *Caudillos*, wie zurecht zu erwarten, als dem Totalitarismus- oder Diktaturphänomen zugehörig gelten (vgl. Hamill 1992: 4). Der amerikanische Demokratiemythos entlastet selbst tendenziell autoritär-monokratische politische Führerfiguren, die durchaus – wie die letzten Jahrzehnte ja immer wieder gezeigt haben – sehr wohl auch potentes Militär direkt zur Hand haben (vgl. auch Krippendorff 1993: 46, der in diesem Zusammenhang von einem »Hollywood-Akteur im Vollbesitz des modernsten Kriegsspielzeugs« spricht). Politisch institutionalisierte Führungsmännlichkeit im westlich-demokratischen Kontext ist dennoch per se anders und besser konnotiert als politische Führer in spanisch-machistischer Machart. An dieser unterschiedlichen Bewertung ändert auch nicht, daß in der Vergangenheit an Errichtung und Aufrechterhaltung zahlreicher mittel- und südamerikanischer Diktaturen CIA und US-Army – zumeist mit Wissen ihres Präsidenten – mit nicht unerheblichen Interventionen beteiligt waren. Die brüderliche Allianz zwischen Leader und Caudillos funktionierte gegen etwaige demokratische Bewegungen oder Linksregierungen noch allemal. Interessant bleibt für uns auch, daß der Demokratiekontext politischen Führern Sündennachlaß gewährt, sie als demokratiepolitisch korrekt erscheinen läßt, sie zähmt, sie harmlos macht, sie in gewissem Sinne *entmännlicht*, während das mittel- oder südamerikanische Ambiente den *Machismo* des Caudillos voll zur Geltung bringt und als *nur* diktatorische Politikform vercodet. Die fliessenden Übergänge wären jedoch demokratietheoretisch überaus spannend: Was ist *dikta-*

torisch an politischen Leadern der USA? Inwieferne sind auch Caudillos nur durch *persönliche Führungsqualitäten* geprägt, wie sie gerade Leadership-Theorien fordern?
19 Vgl. den Beitrag von Regina Köpl in diesem Band.
20 Es ging ja dabei nicht bloß um Feststellung empirisch vorfindbarer sozialer Erfahrungen oder Tatsachen, sondern intendiert war vor allem die nachhaltige Formung des Bildes *idealer* politischer Führer. In die Bildung des Maßstabes, an dem Politiker der Vergangenheit, der Gegenwart oder der Zukunft aus dem us-amerikanischen Kontext, aber auch in globalen Zusammenhängen beurteilt werden konnten und sollten, gingen lediglich *partielle* Lebenswelten und Lebenssichten ein: Die Leitbilder wurden aus den historischen Persönlichkeitsprofilen und dem empirischen Krisenverhalten der Präsidenten der USA gewonnen und zu einem normativen Ideal *kondensiert*. *USA-Zentrismus, Ethnozentrismus* und *Androzentrismus* gaben demnach die *natürlichen*, jedoch unsichtbar gehaltenen methodologischen Postulate der Leadership-Theorien ab. Bemerkenswert ist aber auch, daß empirisch-analytische Politikwissenschaft entgegen ihrer bisherigen Konvention gerade in diesem Arbeitsfeld sich für *psychoanalytische* Einsichten über *frühkindliche* Sozialisationsmechanismen erwärmen kann: Die jeweiligen *Vater-* und *Mutter*figuren haben mehr oder weniger mittelbaren Einfluß auf ihr Söhne und damit auf das Führungs- und Entscheidungsverhalten in Weltkrisen. Gleichzeitig wird damit aber auch festgelegt, wie stark der Einfluß der *Ehefrauen* (z.B. Nancy Reagan) auf die Politikführung sein kann. Im Untergrund des Unbewußten existiert Weiblichkeit also selbst in Leadership-Theorien.
21 Vgl. meine Ausführungen im Abschnitt über moderne Männlichkeit, in dem ich den politisch-innovativen Stellenwert des historischen Zusammenhangs von Waffenfähigkeit, politischer Subjektwerdung und Männlichkeit nachzuzeichnen versucht habe.
22 Ich teile daher nicht die Sicht von Stavros Mentzos, der Kameradschaft als Niederschlag »zunehmender Demokratisierung der Gesellschaft« auch in der Sphäre von Krieg und Militär deutet (vgl. Mentzos 1993: 188) Eine solche Bewertung erfolgt, weil »Kameraden« im Vergleich zu »Vorgesetzten« *gleicher* erscheinen. Aber genau das macht auch die männerbündisch-ideologische Unterfütterung des männlichen Militärkörpers aus. Zudem war es gerade diese aus den Schützengräben des Ersten Weltkrieges stammende Kameradschaftsmentalität, die die antidemokratischen Bataillone gegen die Weimarer Republik entscheidend stärkte. War sie doch getragen vom politischen Wunsch, eine ideale staatliche Gemeinschaft nach dem Vorbild männlicher Kriegsgemeinschaft zu formen als Gegenmodell zur weiblich konnotierten Weimarer Republik (vgl. Theweleit 1987; Breuer 1993). An diesem Beispiel wird nachvollziehbar, was passiert, wenn die grundsätzlich geschlechtliche Konnotation des Kameradschaftsbegriffes dethematisiert und die politischen Intentionen und Inhalte männlicher Vergemeinschaftung wegeskamotiert werden.
23 Von manchen Historikern wird daher der Zusammenhalt in der Deutschen Wehrmacht nicht vorrangig auf »abstrakte Ideen« zurückgeführt, sondern stärker auf die »konkrete und klar bestimmbare soziale Ordnung«, die für enge persönliche Beziehungen zwischen den Soldaten in einem Gefüge von »Primärgruppen« sorgte (vgl. Shils/Janowitz 1948, zit. nach Bartov 1995: 54). Zahlreiche deutsche Soldaten kämpften »nicht aus dem Glauben an die Nazi-Ideologie heraus«, sondern weil sie sich als Mitglieder »einer geschlossenen, gut geführten Gruppe« fühlten, »deren Aufbau, Verwaltung und Arbeitsweise alles in allem als (...) unparteiisch und gerecht empfunden wurde« (van Creveld 1991, zit. nach Bartov 1995: 55).
24 Die meisten Militärhistoriker beschreiben für die Menschheitsgeschichte vier Formen des Krieges im Sinne eines historischen Ablaufschemas der Transformation: Sie unterscheiden zwischen dem »primitiven«, dem heroischen oder feudalen, dem zivilisierten oder

reglementierten sowie dem mechanischen Krieg. Gegenwärtig stehen wir beim atomaren oder High-Tech-Krieg (vgl. Mentzos 1993: 143). Für unseren Themenzusammenhang ist vor allem der Übergang zum mechanischen Krieg von Interesse, weil damit auch eine Ernüchterung im Hinblick auf die Heroisierung des Kriegers – gewissermaßen eine Prosaisierung von Männlichkeit – eingeleitet wurde.

25 Also auch in dieser Hinsicht bestand eine strukturelle Analogie zwischen Soldaten und Frauen (vgl. Erdheim 1982: 343), beide waren in politischer Hinsicht ohne Rechte. Nur Männer konnten, wie zuvor ausgeführt, im modernen Staat politische Subjekte sein. Wurde nun einigen von ihnen dieser Status entzogen, so ist dieser politische Vorgang als *Ent-Männlichung* zu beschreiben, zumal diese Männer ja dann in den politisch subjektlosen Status von Frauen zurückfielen, ihnen also ihre *politische Männlichkeit* genommen wurde (vgl. auch meinen Hinweis auf Unterscheidung zwischen *sozialer* und *politischer* Ent-Männlichung).

26 Dieser Aspekt ist es auch, der das Thema der Beteiligung der Deutschen Wehrmacht an den nationalsozialistischen Verbrechen so brisant, mithin schwer rational diskutierbar macht (vgl. die Turbulenzen um die Wehrmachtsausstellung des Hamburger Instituts für Sozialforschung in Deutschland und Österreich 1995 und 1996).

27 Das soll freilich nicht heißen, den Nationalsozialismus als männliches Phänomen zu fassen, an dem Frauen keinen Anteil gehabt hätten.

28 Das ist selbstverständlich auch bereits mit der Einführung des Begriffs der »Wehrunwürdigkeit« geschehen: Auch hier ging es um Ausgrenzung eines Teils der Männer, womit auch ihre soziale Ent-Männlichung verknüpft war.

29 Ich vermute darin die Sicht, daß Verrechtlichung – auch jene durch das Völkerrecht – implizit der Zähmung *naturwüchsiger* Gewalt – oder mit Schmitts Worten: der »Hegung des Krieges« – und damit tendenziell einer *Ent-Heroisierung*, mithin *Ent-Männlichung*, gleichkommt. Das Vorenthalten politischer Rechte kann ebenso wie der Prozeß der Ver-Rechtlichung Effekte von Ent-Männlichung haben.

30 An dieser Stelle bleibt zu vermerken, daß Carl Schmitt in diesem Text, der auf 1962 im Franco-Spanien gehaltenen Vorträgen beruht, zu vertreten versuchte, daß der »totale Staat« gar nicht das eigentliche Problem sei, »daß heute nicht der *Staat* als solcher, sondern die revolutionäre *Partei* als solche die eigentliche und im Grunde einzige totalitäre Organisation darstellt« (Schmitt 1992: 21f.). In diesem Gedanken verbergen sich vermutlich auch Schmitts Absicht der Selbstrehabilitation in Bezug auf Dinge, die er um und nach 1933 formuliert hatte. Implizit könnte diese Äußerung daher auch meinen, die damaligen staatstotalitären Ideen Schmitts für Deutschland, nämlich die »Weiterentwicklung des totalen Staats in Deutschland« (1933), hätten durchaus hehre Vorstellungen beinhaltet, verwerflich war lediglich die politische Realität der totalitären NSDAP.

31 Gegenwärtig laufen in der internationalen feministischen Politikwissenschaft zahlreiche Versuche des historisch-systematischen, empirischen sowie theoretischen Nachweises der »Männlichkeit der Politik« (vgl. stellvertretend für viele andere: Schöler-Macher 1991 und 1994). Ich möchte hier in erster Linie Max Webers Vorstellungen feministisch ausbuchstabieren, weil er mir für den Themenbereich der sogenannten »Berufspolitik« nach wie vor ein fast absolutes theoretisches Erklärungsmonopol zu haben scheint. Würde man eine Statistik der Zitationen in Analysen zur »Berufspolitik« erstellen, so bin ich ganz sicher, daß Weber als Theoretiker der Berufspolitik nach wie vor absolut an der Spitze rangieren würde.

32 In dieser Frage trifft sich Weber mit theoretischen Intentionen der zuvor erörterten Leadership-Theorien, die sich zumal ideenhistorisch u.a. auch gerne auf Max Weber als einen ihrer Vordenker berufen.

33 In die Begriffsbestimmung der »politischen Klasse« gehen bei Beyme unter der Hand auch allerlei unsachgemäße, misogyne Zwischentöne ein: Er führt als Ursache der Ausbildung einer »politischen Klasse« den »Verfall der Parteiideologien« an und meint, daß der »Reideologisierungstrend der 60er Jahre (...) nicht vor(hielt)«. Die »Ideologisierungswelle« sei nämlich nur in »ungelöste Konflikte aus(gewichen), vor allem in die Rassen- und Frauenbewegung«. Dann schließt er diese abwertende Sicht ohne Umschweife kurz: »Überall kam es zum neuen Obskurantismus« (Beyme 1993: 100ff.). Wo bleibt denn da die Bereitschaft zu sachlicher, gründlicher und aufrichtiger Politikanalyse, die ohne verletzende Untergriffe auskommt?

34 Die strukturelle Benachteiligung von Frauen im Prozeß politischer Elitenrekrutierung erscheint bei Beyme als wenig interessierende Nebenfrage: Ein alibihafter Literaturbezug auf Putnam (1976: 20ff.) – und Frauen als Thema sind erledigt.

Literatur

Albrecht-Heide, Astrid, Ute-Maria Bujewski-Crawford (1991), *Frauen - Krieg - Militär. Images und Phantasien*, Tübingen.
Alemann, Ulrich von (1995), *Politikwissenschaftliche Methoden. Grundriß für Studium und Forschung*, Opladen.
Badinter, Elisabeth (1993), *XY. Die Identität des Mannes*, München/Zürich.
Baeumler, Alfred (1934), *Männerbund und Wissenschaft*, Berlin.
Bartov, Omer (1995), *Hitlers Wehrmacht. Soldaten, Fanatismus und die Brutalisierung des Krieges*, Reinbek bei Hamburg, 2. Auflg.
Beck, Ulrich (1986), *Risikogesellschaft. Auf dem Weg in eine andere Moderne*, Frankfurt/M.
Beck, Ulrich (1993), *Die Erfindung des Politischen. Zu einer Theorie reflexiver Modernisierung*, Frankfurt/M.
Becker-Schmidt, Regina (1992), Verdrängung Rationalisierung Ideologie. Geschlechterdifferenz und Unbewußtes, Geschlechterverhältnis und Gesellschaft, in: Gudrun-Axeli Knapp, Angelika Wetterer (Hg.), *TraditionenBrüche. Entwicklungen feministischer Theorie*, Freiburg, S. 65-113.
Becker-Schmidt, Regina, Gudrun-Axeli Knapp (1987), *Geschlechtertrennung/Geschlechterdifferenz? Suchbewegungen sozialen Lernens*, Bonn.
Becker-Schmidt, Regina, Gudrun-Axeli Knapp (1995), *Das Geschlechterverhältnis als Gegenstand der Sozialwissenschaften*, Frankfurt/M./New York.
Benhabib, Seyla (1989), Der verallgemeinerte und der konkrete Andere. Ansätze zu einer feministischen Moraltheorie, in: Elisabeth List, Herlinde Studer (Hg.), *Denkverhältnisse. Feminismus und Kritik*, Frankfurt/M., S. 454-487.
Bennholdt-Thomsen, Veronika (1985), Zivilisation, moderner Staat und Gewalt. Eine feministische Kritik an Norbert Elias' Zivilisationstheorie, in: *beiträge zur feministischen theorie und praxis*, 13, S. 23-35.
Berger, Maurice, Brian Wallis, Simon Watson (Hg.) (1995), *Constructing Masculinity*, New York/London.
Beyme, Klaus von (1993), *Die politische Klasse im Parteienstaat*, Franfurt/M.

Blondel, Jean (1987), *Political Leadership*, London.
Bly, Robert (1990), *Iron John: A Book about Men*, Reading MA.
Bologh, Roslyn Wallach (1990), *Love or Greatness. Max Weber and masculine thinking - feminist inquiry*, Boston.
Breuer, Stefan (1993), *Anatomie der Konservativen Revolution*, Darmstadt.
Brod, Harry, Michael Kaufman (Hg.) (1994), *Theorizing Masculinities*, Thousand Oaks/London/New Delhi.
Burns, James McGregor (1984), *The power to lead*, New York.
Clatterbaugh, Kenneth (1990), *Masculinity. Men, Women, and Politics in Modern Society*, Boulder/San Francisco/Oxford.
Clausewitz, Carl von (1980/1832), *Vom Kriege*, Frankfurt/M.
Cohn, Carol (1987), Sex and death in the rational world of defense intellectuals, in: *Signs. Journal of Women in Culture and Society* 12(4), S. 687-718.
Connell, Robert W. (1987), *Gender and Power*, Cambridge.
Connell, Robert W. (1995), *Masculinities*, Cambridge.
Duden »Etymologie« (1989), »Das Herkunftswörterbuch«, hg. von Günter Orsdowsky, Mannheim.
Elias, Norbert (1969/1936), *Über den Prozeß der Zivilisation. Soziogenetische und psychogenetische Untersuchungen*, 2 Bde., Bern/München.
Erdheim, Mario (1982), »Heiße« Gesellschaften und »kaltes« Militär, in: *Kursbuch 67*, S. 59-70.
Faludi, Susan (1991), *Backlash. The Undeclared War Against American Women*, New York.
Fiegl, Verena (1990), *Der Krieg gegen die Frauen. Zum Zusammenhang von Sexismus und Militarismus*, Bielefeld.
Frauenbericht (1995), Bundesministerium für Frauenangelegenheiten/Bundeskanzleramt, Wien.
Freud, Sigmund (1974/1921), Massenpsychologie und Ich-Analyse, in: Ders., *Studienausgabe*, Bd. IX, Frankfurt/M., S. 61-134.
Frevert, Ute (1995), *»Mann und Weib, und Weib und Mann«. Geschlechter-Differenzen in der Moderne*, München.
Frevert, Ute (1996), Soldaten, Staatsbürger. Überlegungen zur historischen Konstruktion von Männlichkeit, in: Thomas Kühne (Hg.), *Männergeschichte - Geschlechtergeschichte. Männlichkeit im Wandel der Moderne*, Frankfurt/M./New York, S. 69-87.
Gerhard, Ute (1990), Patriarchatskritik als Gesellschaftsanalyse. Ein nicht erledigtes Projekt, in: Arbeitsgemeinschaft Interdisziplinäre Frauenforschung und -studien (Hg.), *Feministische Erneuerung von Wissenschaft und Kunst*, Pfaffenweiler, S. 65-80.
Gibson, James William (1994), *Warrior Dreams. Violence and Manhood in Post-Vietnam America*, New York.
Hagemann-White, Carol (1984), *Sozialisation: Weiblich - Männlich?* Opladen.
Hagemann-White, Carol, Maria S. Rerrich (Hg.) (1988), *FrauenMännerBilder. Männer und Männlichkeit in der feministischen Diskussion*, Bielefeld.
Hamill, Hugh M. (1992), *Caudillos. Dictators in Spanish America*, Norman/London.
Hausen, Karin (1976), Die Polarisierung der »Geschlechtscharaktere« - Eine Spiegelung der Dissoziation von Erwerbs- und Familienleben, in: Werner Conze (Hg.), *Sozialgeschichte der Familie in der Neuzeit Europas. Neue Forschungen*, Stuttgart, S. 363-393.
Hearn, Jeff (1987), *The gender of oppression: Men, masculinity and the critique of Marxism*, Brighton.

Hearn, Jeff (1992), *Men in the public eye: The construction and deconstruction of public men and public patriarchies*, London/New York.

Hearn, Jeff, David L. Collinson (1994), Theorizing Unities and Differences Between Men and Between Masculinities, in: Harry Brod, Michael Kaufman (Hg.), *Theorizing Masculinities*, Thousand Oaks/London/New Delhi, S. 97-118.

Heinrichs, Hans-Jürgen (1990), Politik als männerbündisches Handeln und Verhalten, in: Gisela Völger, Karin v. Welck (Hg.), Männerbande. Männerbünde Bd. 1, Köln, S. 87-92.

Hobbes, Thomas (1970/1651), *Leviathan*, Stuttgart.

Hoecker, Beate (1987), *Frauen in der Politik. Eine soziologische Studie*, Opladen.

Hoecker, Beate (1995), *Politische Partizipation von Frauen*, Opladen.

Horrocks, Roger (1995), *Male Myths and Icons. Masculinity in Popular Culture*, New York.

Jeffords, Susan (1989), *The Remasculinization of America. Gender and the Vietnam War*, Bloomington/Indianapolis.

Jünger, Ernst (1951), *Der Waldgang*, Stuttgart.

Kimmel, Michael S. (1989), *Men Confront Pornography*, New York.

Kimmel, Michael S. (1994), *Manhood: The American Quest*, New York.

Kimmel, Michael S., Tom Mosmiller (1992), *Against the Tide: Pro-feminist Men in the United States, 1776 - 1990. A documentary History*, Boston.

Klausch, Hans-Peter (1995), »Erziehungsmänner« und »Wehrunwürdige«. Die Sonder- und Bewährungseinheiten der Wehrmacht, in: Norbert Haase, Gerhard Paul (Hg.), *Die anderen Soldaten. Wehrkraftzersetzung, Gehorsamsverweigerung und Fahnenflucht im Zweiten Weltkrieg*, Frankfurt/M., S.66-82.

Kreisky, Eva (1992), Der Staat als »Männerbund«. Der Versuch einer feministischen Staatssicht, in: Elke Biester et al. (Hg.), *Staat aus feministischer Sicht*, Berlin, S. 53-62.

Kreisky, Eva (1994), Das ewig Männerbündische? Zur Standardform von Staat und Politik, in: Claus Leggewie (Hg.), *Wozu Politikwissenschaft? Über das Neue in der Politik*, Darmstadt, S. 191-208.

Kreisky, Eva (1995), Der Stoff, aus dem die Staaten sind. Zur männerbündischen Fundierung politischer Ordnung, in: Regina Becker-Schmidt, Gudrun-Axeli Knapp (Hg.), *Das Geschlechterverhältnis als Gegenstand der Sozialwissenschaften*, Frankfurt/M./New York, S. 85-124.

Kreisky, Eva, Birgit Sauer (1995), Der Politik der Männer – die Wissenschaft der Männer, in: *Feministische Standpunkte in der Politikwissenschaft. Eine Einführung*, Frankfurt/M./New York, S. 9-24.

Krippendorff, Ekkehart (1993), *Militärkritik*, Frankfurt/M.

Kühne, Thomas (1996), Männergeschichte als Geschlechtergeschichte, in: Thomas Kühne (Hg.), *Männergeschichte - Geschlechtergeschichte. Männlichkeit im Wandel der Moderne*, Frankfurt/M./New York, S. 7-30.

Kühne, Thomas (Hg.) (1996), *Männergeschichte - Geschlechtergeschichte. Männlichkeit im Wandel der Moderne*, Frankfurt/M./New York.

Laqueur, Thomas (1992), *Auf den Leib geschrieben. Die Inszenierung der Geschlechter von der Antike bis Freud*, Frankfurt/M./New York, 2. Auflage.

Llanque, Marcus (1990), Ein Träger des Politischen nach dem Ende der Staatlichkeit: Der Partisan in Carl Schmitts politischer Theorie, in: Herfried Münkler (Hg.), *Der Partisan. Theorie, Strategie, Gestalt*, Opladen, S. 61-80.

Lorber, Judith, Farrell, Susan A. (Hg.) (1991), *The Social Construction of Gender*, Newsbury Park/London/New Delhi.

Martin, Roger (1996), *AmeriKKKa. Der Ku-Klux-Klan und die Ultrarechte in den USA*, Hamburg.
Mentzos, Stavros (1993), *Der Krieg und seine psychosozialen Funktionen*, Frankfurt/M.
Messerschmidt, Manfred (1995), »Zur Aufrechterhaltung der Manneszucht«. Historische und ideologische Grundlagen militärischer Disziplin im NS-Staat, in: Norbert Haase, Gerhard Paul (Hg.), *Die anderen Soldaten. Wehrkraftzersetzung, Gehorsamsverweigerung und Fahnenflucht im Zweiten Weltkrieg*, Frankfurt/M., S. 19-36.
Messner, Michael A. (1992), *Power and Play: Sports and the Problem of Masculinity*, Boston.
Messner, Michael A. (1993), »Changing men« and feminist politics in the U.S., in: *Theory & Society*, 22, S. 723-737.
Mohr, Arno (Hg.) (1995), *Grundzüge der Politikwissenschaft*, München.
Morgan, David J. J. (1994), Theater of War. Combat, the Military, and Masculinities, in: Harry Brod, Michael Kaufman (Hg.), *Theorizing Masculinities*, Thousand Oaks/London/New Delhi, S.165-182.
Mosse, George L. (1996), *The Image of Man. The Creation of Modern Masculinity*, New York/Oxford.
Münkler, Herfried (Hg.) (1990), *Der Partisan. Theorie, Strategie, Gestalt*, Opladen.
Münkler, Herfried (1994), Politische Bilder, Politik der Metaphern, Frankfurt/M.
Narr, Wolf-Dieter (1986), Politische Theorie - wofür und wie? Eine Einführung, in: Wilfried Röhrich, *Politik als Wissenschaft. Ein Überblick*, Opladen, S. 43-95.
Navarro, Marysa (1992), Is a Caudilla Possible? The Case of Evita Perón, in: Hugh M. Hamill (Hg.), *Caudillos. Dictators in Spanish America*, Norman/London, S. 270-284.
Pateman, Carol (1988), *The Sexual Contract*, Cambridge.
Patzelt, Werner J. (1992), *Einführung in die Politikwissenschaft. Grundriß des Faches und studiumbegleitende Orientierung*, Passau.
Putnam, Robert D.(1976), *The Comparative Study of Political Elites*, Englewood Cliffs.
Rossmann, Eva (1995), *Unter Männern. Frauen im österreichischen Parlament*, Wien/Bozen.
Roth, Jürgen (1989), Marianne Weber und ihr Kreis, in: Marianne Weber, *Max Weber. Ein Lebensbild*, München, S. IX-LXXII.
Rumpf, Mechthild (1995), Staatsgewalt, Nationalismus und Krieg. Ihre Bedeutung für das Geschlechterverhältnis, in: Eva Kreisky, Birgit Sauer (Hg.), *Feministische Standpunkte in der Politikwissenschaft. Eine Einführung*, Frankfurt/M./New York, S. 223-254.
Rünzler, Dieter (1988), *Machismo. Die Grenzen der Männlichkeit*, Wien/Köln/Graz.
Sarcinelli, Ulrich (1989), Mediatisierung und Wertewandel: Politik zwischen Entscheidungsprozeß und politischer Regiekunst, in: Frank E. Böckelmann (Hg.), *Medienmacht und Politik*, Berlin, S. 165-174.
Schmitt, Carl (1963/1932), *Der Begriff des Politischen*, Berlin.
Schmitt, Carl (1992/1963), *Theorie des Partisanen. Zwischenbemerkung zum Begriff des Politischen*, Berlin.
Schöler-Macher, Bärbel (1991), Fremd(körper) in der Politik. Die Normalität des politischen Alltags in Parteien und Parlamenten aus der Sicht von Frauen, in: *Frauenforschung. Informationsdienst des Forschungsinstituts Frau und Gesellschaft* 1 + 2, S. 98-116.
Schöler-Macher, Bärbel (1994), *Die Fremdheit der Politik. Erfahrungen von Frauen in Parteien und Parlamenten*, Weinheim.
Schwartzenberg, Roger-Gérard (1980), *Moderne Strategien im Kampf um die Macht*, Düsseldorf/Wien.

Seifert, Ruth (1992), Männlichkeitskonstruktionen: Das Militär als diskursive Macht, in: *Das Argument*, 196 (6), S. 859-872.
Sombart, Nicolaus (1988), Männerbund und politische Kultur in Deutschland, in: Joachim H. Knoll, Julius H. Schoeps (Hg.), *Typisch deutsch: Die deutsche Jugendbewegung*, Opladen, S. 155-176.
Sontheimer, Kurt (1992), *Antidemokratisches Denken in der Weimarer Republik. Die politischen Ideen des deutschen Nationalismus zwischen 1918 und 1933*, München, 3. Auflage.
Theweleit, Klaus (1987), *Männerphantasien*, 2 Bde., Reinbek bei Hamburg.
Tucker, Robert (1981), *Politics in Leadership*, Columbia.
Weber, Max (1972/1922), *Wirtschaft und Gesellschaft*, Frankfurt/M.
Weber, Max (1987), *Politik als Beruf*, Berlin.
Widdig, Bernd (1992), *Männerbünde und Massen. Zur Krise männlicher Identität in der Literatur der Moderne*, Opladen.

»Normale« Männlichkeit
Der Beitrag der Transformationsforschung zum Erhalt geschlechtsblinder Paradigmata in der Politikwissenschaft

Birgit Sauer

> »Wenn Wissenschaft die Zusammenstellung von Fakten, Theorien und Methoden in Lehrbüchern ist, dann sind Wissenschaftler die Männer, die sich mit oder ohne Erfolg bemüht haben, den einen oder anderen Faktor zu dieser besonderen Zusammenstellung beizutragen.«
>
> *Thomas Kuhn*

Sozialwissenschaftliche Schismen

In einem Vortrag am Berliner Institut für Sozialwissenschaftliche Studien (BISS) stellt Renate Mayntz 1994 fest, daß wir es bei der Transformationsforschung mit einer »gespaltenen Sozialwissenschaft« zu tun haben: Der Riß verlaufe zwischen Struktur- und Handlungsansätzen (vgl. Mayntz 1994: 23). Das Problem dieser Spaltung besteht nach Renate Mayntz nun gerade darin, daß die Kardinalfrage der Transformation, nämlich das *Auseinanderfallen* von institutioneller politischer und sozialer Organisation und von sozialen Lagen, Einstellungen und Verhaltensweisen aus dem Blick gerät (vgl. ebd.).

Ein weiteres Phänomen der Transformationsforschung ist erklärungsbedürftig: Transformationsforschung ist zunächst und vornehmlich empirische Forschung, die den politischen, ökonomischen und sozialen Umgestaltungsprozeß Ostmitteleuropas wissenschaftlich begleitet und mit Theorien mittlerer Reichweite auskommt. Inzwischen gibt es freilich auch eine große Zahl von theoretisch-konzeptuellen Überlegungen zu Transformationsprozessen (vgl. Reißig 1994a, 1994b und 1995; von Beyme 1994a und b; Kollmorgen 1994; Merkel 1994c; Zapf 1994a und b). Während Wissenschaftler sich zuhauf um eine *Theorie* der Transformation bemühen, verhalten sich Wissenschaftlerinnen geradezu abstinent. Renate Mayntz' Zustandsbeschreibung sozialwissenschaftlicher Theoriebildung ist also eine weitere Spaltung hinzuzufügen, nämlich die zwischen dem Mainstream der Transformationsforschung und transformationswissenschaftlichen Ansätzen der Frauenforschung[1]. Im Malestream sind – unbeschadet unterschiedlicher Zugänge und normativer Orientierungen – »Geschlecht« als Untersuchungskategorie wie auch Geschlechterverhältnisse spektakulär abwesend[2].

In *empirischen* Untersuchungen tauchen Frauen als Untersuchungs»gegenstände« zwar auf, sie werden allerdings meist als sozial benachteiligte »Quasigruppe« (Mayntz 1994: 23), als Problemfälle – beispielsweise im Zusammenhang mit dem rapiden Rückgang der Geburtenraten in den neuen Bundesländern Deutschlands (vgl. Zapf 1994a: 295 und 1994b: 8) – oder als Exempel für unzulässige DDR-Nostalgie (vgl. Heering/Schröder 1996) perzipiert. Als Akteurinnen des Übergangs macht Transformationsforschung Frauen unsichtbar (dazu kritisch: Waylen 1994). »Geschlecht« wird, wenn überhaupt, als eine individuelles Verhalten prägende Variable in Betracht gezogen, also je nach Bedarf zum Forschungsdesign hinzuaddiert, ohne daß Begrifflichkeiten, Kategorien und Prämissen der Theoriebildung grundsätzlich geschlechtskritisch geprüft werden. Transformationsforschung erweist sich mithin als Element von Wirklichkeitskonstruktion: Marginalisierung von Frauen und Zentrierung von Männern in den Transformationsprozessen Ostmitteleuropas korrespondieren mit der Marginalisierung von Frauen und der impliziten Universalisierung des Untersuchungsobjekts Mann in den begleitenden Wissenschaften.

Mit dem Versuch, empirische Forschung zu reflektieren und zu transformationswissenschaftlichen *Verallgemeinerungen* zu gelangen, verschwindet »Geschlecht« völlig. Das Geschlechterverhältnis als gesellschaftliche Herrschaftsstruktur ist im wissenschaftlichen Hauptstrom der Transformationsliteratur nicht theoretisierbar. Die systematische, aber nicht explizierte Beforschung von Männern in *empirischen* Transformationsstudien wird durch die Transformations*theorie* verschärft. Es scheint, als sei die Trennung von Makro- und Mikroebene stetige Reproduktionsbedingung der Geschlechtsblindheit von Transformationsforschung und -theorie: Das Geschlechterthema wird unsichtbar gemacht zwischen System- und Handlungsebene, und das methodische Oszillieren wird zum Generator wissenschaftlicher Männlichkeit.

Transformationstheorie verweist damit auf tradierte methodologische und methodische Schismen der Politikwissenschaft, die durch die Neuorientierung politikwissenschaftlicher Theoriebildung seit dem Ende des Realsozialismus an die Oberfläche gespült werden und neu zu verhandeln sind. In Rede stehen ein Konsens über Reichweite und Ansatzhöhe politikwissenschaftlicher Theoriebildung sowie über das, was ich »Normalisierung« von Männlichkeit nenne: die Verfestigung der Übereinkunft, daß eine »normale Wissenschaft« – im Sprachgebrauch Thomas Kuhns (1996) – männliche Wissenschaft ist. Männlichkeit in diesem Sinne verweist sowohl auf die Produktionsbedingungen von (Politik-)Wissenschaft, auf das Personal politikwissenschaftlicher Communities, wie auf Gegenstände, Begriffe und Konzepte, die in ihrer Blindheit gegenüber der Kategorie Geschlecht systematisch männliche Zugriffsweisen traditionalisieren.

Die Vernachlässigung der Geschlechterperspektive in politikwissenschaftlichen Transformationstheorien ist nicht zufällig, sondern sie besitzt zwei systematische Korrespondenzen: erstens eine epistemologische, die gewählten Begriffe, Kategorien und Zugriffsweisen auf den Gegenstand also. Die Abschottung gegenüber dem Geschlechterparadigma entfaltet zweitens einen disziplinären, wissenschaftshistorischen Sinn. Daß sich eine große Zahl von Politikwissenschaftlern berufen fühlt, das Feld ostmitteleuropäischer Transformationen zu beackern, ist dem »natürliche(n) Experiment« (Offe 1991b) geschuldet, ein Experiment, das drängende Neugier evoziert, zumal wenn so viele materielle Ressourcen zur Verfügung gestellt werden[3]. Darüber hinaus aber wird deutlich, daß Transformationsforschung im Kontext politikwissenschaftlicher Selbstverständigung interpretiert werden muß. Meine zentrale Frage ist deshalb die nach den disziplinären Sinnstrukturen, nach dem disziplinären Binnentext der Transformationsforschung. Oder anders ausgedrückt: Welche Funktion erfüllen die Perzeptions- und Deutungsmuster des Übergangsprozesses für den Hauptstrom deutschsprachiger Politikwissenschaft, und weshalb erweisen sich diese Muster so resistent gegen die Herausforderungen der Geschlechterforschung?

Meine These lautet: Deutschsprachige Politikwissenschaft will die Krise seit dem Zusammenbruch des Realsozialismus nutzen, um eine »Normalwissenschaft« zu werden oder korrekter ausgedrückt: um bestimmte gemeinsame, normalwissenschaftliche Paradigmata zu »retten« bzw. zu festigen. Auch wenn der Weg der Normalisierung der Politikwissenschaft sich von den naturwissenschaftlichen Vorstellungen des »einen« Paradigmas, wie sie Thomas Kuhn (1996) beschrieb, unterscheidet, dient die Rekonstruktion politikwissenschaftlicher Theoriebildung im Gewand der Transformationstheorie der Verteidigung gängiger Theoreme, Begriffe und Kategorien, von Paradigmata also, die den Forschungs- und Theoriebildungsprozeß untergründig leiten. Ein solches fundamentales Paradigma ist geschlechtsblinde Männlichkeit.

Ich will nun in einem ersten Schritt die geschlechtsblinden Kontinente sozial- und politikwissenschaftlicher Transformationskonzepte ausleuchten, d.h. die Grammatik des geschlechtsblinden Paradigmas in der politikwissenschaftlichen Transformationsforschung skizzieren, um dann zweitens die Entwicklung der bundesdeutschen Politikwissenschaft gleichsam krisentheoretisch zu beleuchten. Im dritten Schritt werde ich den Prozeß der »Normalisierung« von Männlichkeit politikwissenschaftlicher Theoriebildung »in der Ära der Transformation« (von Beyme/Offe 1996)[4] nachzeichnen.

Erklärungsweisen des Systemwechsels: Ein- und Fortschreibung geschlechtsblinder Paradigmata[5]

Ich will im folgenden die Funktionsweise des allgemein akzeptierten geschlechtsblinden Paradigmas skizzieren, strukturelle Defizite und Schieflagen ausgewählter Transformationstheorien kursorisch vorstellen und aufzeigen, warum Geschlecht keine Rolle spielt bzw. systematisch nicht spielen kann. Die geschlechterkritische Durchsicht von Transformationstheorien bringt keine eigentlich neuen Befunde über die systematische Geschlechtsblindheit von Politikwissenschaft; allerdings werden wie in einem Brennglas die innovierenden Versäumnisse der Disziplin und die Verhärtung geschlechtsblinder Männlichkeit in einem neu entstehenden und expandierenden Forschungsterrain sichtbar.

Die transformationswissenschaftliche Literatur weist einen geradezu manisch-depressiven Duktus auf: Einerseits ist sie umweht vom Geist der Eroberung eines wissenschaftlichen Kontinents, Pioniergeist atmet aus den zahllosen Sammelbänden, Sonderheften und Monographien. Vornehmlich sind es männliche Wissenschaftler, die ihren Eroberungsdrang auf Papier bändigen. Andererseits beginnen Untersuchungen der Transformationsprozesse in Ostmitteleuropa in der Regel mit einem Lamento darüber, daß theoretische Begrifflichkeiten fehlten, um die Geschehnisse benennen, erklären und analytisch begleiten zu können (vgl. von Beyme 1994b: 46; von Beyme/Nohlen 1995: 774; Glaeßner 1993 und 1994; Hondrich 1991: 53). Die Transformationsforschung sei noch längst nicht in ihre »paradigmatische Phase« eingetreten (Merkel 1996: 32). Diese sozialwissenschaftliche Larmoyanz ist Koketterie, letztlich aber die rituelle Anerkennung des »muddling through«: Einen »Königsweg« der Transformationsforschung wird es nicht geben (vgl. Merkel 1994b: 321). Also, so die gewissermaßen logisch sich ergebende Konsequenz, präsentieren Transformationsforscher selbstbewußt ihre gängigen Konzepte als grosso modo weiterhin erklärungsmächtig und übertragen ihre an westlichen Beispielen gebildeten blindfleckigen Ansätze und Kategorien auf den neuen Gegenstand.

Die Veränderungen in den einst realsozialistischen Staaten auf den Begriff zu bringen, bedeutet, theoretische Vorentscheidungen zu treffen. Wir haben es mit einem ganzen semantischen Feld transformatorischen Vokabulars zu tun: Neben den eher beschreibend-neutral daherkommenden Begriffen wie *Transformation*[6] und *Systemwechsel*[7], *Regimewechsel*[8] und *Transition*[9] dominieren wertende Kategorien wie *nachholende Revolution* (Habermas 1990) *weitergehende* (Zapf 1994a und 1994b) bzw. *einfache* und *reflexive Modernisierung* (Beck 1993) oder *doppelte Modernisierung* (Klein 1991)[10] einerseits, *Kolonisierung* und *Inkorporierung* (Mayer 1991: 88) andererseits.

Bis in die Sprache hinein ist eine technizistische und mechanistische Sicht auf Transformationsprozesse vorherrschend: Da ist von der »Operation Transformation« (Kaminski 1993), von »massiven Abstoßungsreaktionen« (Dubiel 1993: 171) gegenüber dem importierten Institutionengefüge – um im Bild zu bleiben, müßte man »implantierten« sagen – die Rede. Der Begriff »Operation« öffnet neben der medizinischen Konnotation freilich auch ein militärisches Bedeutungsfeld. Transformationsforschung ist soziale Vivisektion. Gesellschaft erscheint als Maschine, die einst realsozialistischen Gesellschaften als schrottreif. Transformation ist Sozialtechnologie und der (westliche) Sozialwissenschaftler der Ingenieur des »gigantische(n) soziale(n) Experiment(s)« (Giesen/Leggewie 1991: 7). Seine adäquate Diagnose macht die defekte Maschine reparabel, alles ist eine Frage des exakten »Managements« (Kaminski 1993: 175).

Nahezu alle an diese Begrifflichkeiten geknüpften Konzepte gehen davon aus, daß es sich beim Transformationsprozeß in Ostmitteleuropa um eine Modernisierung von Gesellschaft und Politik handle. Realsozialistische Länder erhalten in dieser Perspektive die einzigartige Chance, einen Modernisierungsfortschritt zu tun. Ihre Rückschrittlichkeit wird vielfältig ausgedrückt: Sie gelten als traditional oder als partiell vormodern (vgl. Offe 1994b: 14), als »perverse Moderne« (Hannah Arendt)[11] oder als »Ständegesellschaft« (Meier 1990). Ulrich Beck diagnostiziert ein »Deutschland der zwei Modernen« – der reflexiven im Westen und der einfachen im Osten (vgl. Beck 1991: 51). Klaus von Beyme kennzeichnet realsozialistische Staaten als auf ihrem Modernisierungsweg »blockiert«; sie seien Varianten einer besonders technokratisch verstandenen Moderne mit prämodernen Zügen (vgl. von Beyme 1994b: 48)[12].

Grob lassen sich folgende Tendenzen der Transformationstheorien ausmachen: erstens die Renaissance (soziologischer) Modernisierungs- und Differenzierungstheorien, zweitens ein Modell der »transition to democracy« mit einem Bias zu politischen Institutionen, einem formalistischen Demokratieverständnis und einem funktionalistisch verkürzten Begriff von Politischer Kultur sowie schließlich drittens die Prominenz von Akteurstheorien des Rational Choice. Alle drei Perspektiven arbeiten mit »Verlusten« – dem Verlust gesellschaftlicher Subjekte, eines Herrschaftsbegriffs, eines gesellschaftlichen Strukturbegriffs sowie eines prozessualen Politik- und Institutionenbegriffs. Diese Verluste gehen auch auf Kosten der Erkenntnis von Geschlechterungleichheit. Diesen geschlechtstypischen Astigmatismus politikwissenschaftlicher Transformationstheorien möchte ich im folgenden skizzieren.

Der Zauber der Modernisierungstheorie: vom Verschwinden gesellschaftlicher Akteure und Konflikte

Der Zusammenbruch des Realsozialismus gab dem Modernisierungs- und Differenzierungstheorem erneut Nahrung. Fragte man in den siebziger und frühen achtziger Jahren nach sozioökonomischen Prärequisiten der Demokratie und rückte die Transitionsforschung der mittachtziger Jahre das Handeln politischer Eliten ins Zentrum, arbeitet die Transitionsforschung zu Ostmitteleuropa zunächst wieder mit modernisierungstheoretischen Erklärungen und Theorien funktionaler Differenzierung (vgl. Merkel 1996: 31).

Modernisierung wird verstanden als

»tiefgreifende(n), langfristige(n) und irreversible(n) Prozesse des sozialen, kulturellen, politischen und wirtschaftlichen Wandels, welche die traditionalen Lebensbereiche einer Gesellschaft durch moderne Strukturen und Wertauffassungen ersetzen« (Riegel 1995: 349).

Modernisierungstheorien nehmen an, daß mit der Auflösung traditionaler politischer Strukturen, die als Ausgangspunkt für Modernisierung gleichsam konstruiert werden, ein Aufbau von staatlichen und administrativen Organen, die »leistungsfähig, anpassungsbereit und effizient« arbeiten können, einhergeht (Riegel 1985: 583). Prominentester Vertreter einer beharrlichen Modernisierungseuphorie im deutschsprachigen Raum ist Wolfgang Zapf, dessen ohne Zweifel bestechenden Beschreibungen der Transformationsentwicklung ich im folgenden kurz skizzieren möchte.

Die Gültigkeit modernisierungstheoretischer Annahmen begründet Wolfgang Zapf damit, daß bislang noch keine »politisch durchschlagkräftige« Alternative zum Modell der modernen – und das heißt westlich-kapitalistischen – Gesellschaft und zu den Basisinstitutionen Konkurrenzdemokratie, Marktwirtschaft, Massenkonsum und Wohlfahrtsgesellschaft aufgeschienen sei (vgl. Zapf 1994a: 303 und 1994b: 5). Modernisierte Gesellschaften seien »erfolgreicher, anpassungsfähiger« als nicht-modernisierte (Zapf 1991: 34). Wolfgang Zapf entwirft nun für ostmitteleuropäische Gesellschaften ein Programm »nachholender Modernisierung« (Zapf 1994b: 5), das sich von »offenen Modernisierungsprozessen« dadurch unterscheide, daß »das Ziel bekannt ist« (Zapf 1994a: 301), nämlich die »Nacherfindung« der zentralen Basisinstitutionen westlich-industrieller Länder (Zapf 1991: 24, 1994b: 5 und 1994a: 301). Die einst realsozialistischen Staaten sollen zu »Blaupausen der real existierenden westlichen Marktwirtschaften und Elitendemokratien« werden (so kritisch Dubiel 1993: 171).

Der Theorierahmen des Modernisierungsansatzes ist der Parsonssche Struktur-Funktionalismus, der die *Mechanismen* moderner Gesellschaften als eine Kombination aus gesellschaftlicher Differenzierung[13], genereller Statusanhebung der Mehrheit der Bevölkerung[14], Inklusion[15] und Wertegeneralisierung[16] faßt. Der Effekt dieser Modernisierungsmechanismen ist Individualisierung oder anders ausgedrückt: freie Konsum- und Mobilitätsmöglichkeiten, Bürgerrechte und soziale Sicherheit (vgl. Zapf 1991: 37)[17]. Wolfgang Zapf konzediert inzwischen Fehler in der linearen Zielerreichungsstrategie der Transformationsprozesse in Ostmitteleuropa und zeigt sich bereit, die Differenzierungsautomatik zu öffnen: Möglichkeiten von Regression, Apathie und Aggression sowie Phänomene der Exklusion würden zu wenig bedacht (vgl. Zapf 1994b: 1f. und 7). Deshalb sei die Modernisierungstheorie erstens durch einen »handlungstheoretischen Unterbau«, der »Einsichten über Identitätsbildung und Motivation« individueller und kollektiver Akteure sowie die nicht intendierten Folgen von Akteurshandeln liefert, und zweitens durch eine »harte Selektions- und Konfliktperspektive« zu ergänzen. Dieses Konzept »weitergehender Modernisierung« (Zapf 1991: 35) ist methodisch bislang freilich noch nicht eingelöst.

Modernisierung als ein Modebegriff der westlichen Nachkriegssoziologie und -politologie ist seit den sechziger Jahren vielfach kritisiert worden[18]. Hauptkritikpunkte an der Modernisierungstheorie sind eine ahistorische, evolutionistische Sicht, ethnozentrische Verzerrungen, die Annahme universeller Gültigkeit des westliche Modernisierungsweges, die Übertragung des strukturfunktionalen Begriffsrahmens zur Beschreibung nichtwestlicher Gesellschaften und schließlich die Vernachlässigung sozialer Konflikte (vgl. Riegel 1985: 583f.). Hans Joas wählte jüngst aus einer größeren Themenpalette, mit der Modernisierungstheorie »wohlabgewogen« zu relativieren sei (Joas 1996: 14), Kriege aus: Kriege – wie auch Geschlechterhierarchien, so Joas, – seien Aspekte einer gleichsam »verborgenen Agenda« der Moderne (Toulmin) und gemes-

sen an den Versprechungen von Modernisierungstheorien überhaupt nicht
»modern«.

Aus geschlechterkritischer Perspektive hat der Mainstream des Modernisierungsansatzes nur eingeschränkten Erklärungswert für Transformationsprozesse. Dies hängt mit den generellen Defiziten dieser systemischen Makrotheorie zusammen, die kein Verständnis für Ungleichheit und Herrschaft im Geschlechterverhältnis entwickelt. Ich will im folgenden stichwortartig diese Defizite benennen, die zum einen Blickverengungen im linearen Differenzierungskonzept selbst sind, zum zweiten aber auch der Auslassung sozialer Realität in Transformationsgesellschaften durch das Operieren mit großen Systemen geschuldet sind.

- *Geschlecht* kann weder als Merkmal von Subjekten, noch als ein gesellschaftliche Strukturen prägendes Verhältnis erfaßt werden, weil dies die Vorstellung von Systemen nicht erlaubt. Daraus folgt nun, daß die systemische Modernisierungstheorie Geschlecht nicht als soziale und politische Kategorie be- und verhandelt, sondern als »natürliche« Zuschreibung.
- Die *strukturfunktionale Differenzierung* mit all ihren Mechanismen ist ein durch und durch vergeschlechtlichter Prozeß, dessen Grundmuster die Trennung von privat und öffentlich und die Zuweisung der beiden Geschlechter zu diesen gesellschaftlichen Sphären ist. Modernisierungstheorien nehmen diesen Geschlechterbias und die strukturierende Potenz der fiktiven Trennung der Moderne nicht wahr und laufen Gefahr, die Trennung zwischen öffentlich und privat wissenschaftlich zu reproduzieren, indem sie sie zum impliziten Bestandteil der konzeptuellen Annahmen machen. Die wissenschaftliche Fiktion vollständiger Differenzierung ignoriert also *Homologien und Zusammenhänge gesellschaftlicher Subsysteme*. Die Situation von Frauen ist in modernen Gesellschaften aber gerade durch eine »doppelte Vergesellschaftung« (Becker-Schmidt 1987) gekennzeichnet. Frauen sind Grenzgängerinnen zwischen der öffentlichen und der privaten Sphäre, zuständig für privat erbrachte Arbeit, für Gefühle und Emotionen, zugleich in der öffentlichen Sphäre der Erwerbsarbeit und Politik verortet. Diese systemübergreifende Situiertheit bildet sich als »Ambivalenzerfahrung« im weiblichen Alltag ab (Becker-Schmidt 1993). Sozialisationserfahrungen von Frauen setzen sich als Diskriminierungserfahrungen im Erwerbssystem, in der Zivilgesellschaft wie auch im politischen System fort. Ignoriert man diese Gesellschaftsspaltung, die quer zu den differenzierten Subsystemen liegt, so ist die Sicht auf Diskriminierung und Benachteiligung von Frauen verstellt.

– Dies zeitigt fatale Konsequenzen für die Sicht von Transformationsprozessen. Eine an Systemstabilität und Systemerfolg orientierte Forschung läßt die Kosten der Lebenswelt und der dort paradox situierten Frauen unberücksichtigt[19]. Modernisierungstheorien bedürfen gleichsam des weiblichen Geschlechts als »natürliche Ressource«, denn es macht die funktionale Differenzierung geschmeidig: Die Benachteiligungen der Privatsphäre gelten als sozial nicht weiter hinterfragbar, ebensowenig wie die Privilegierungen des öffentlichen Sektors. Die Lebenswelt wird zur bloßen quasinatürlichen Ressource für die Systemtransformation erklärt: Ihr wird weder eine eigene Handlungs- und Entwicklungslogik, noch ein Transformationspotential zugeschrieben.
– Das Operieren mit Großsystemen führt zum *Verlust von gesellschaftlichen Strukturen*, d.h. Herrschaftsverhältnisse, Interessenlagen und Konflikte zwischen gesellschaftlichen Gruppen verschwinden im Automatismus des linear gedachten Differenzierungsprozesses; sie sind Anathemen des Transformationsprozesses (vgl. Müller 1991: 268ff.). Auch der Geschlechterkonflikt bleibt unterhalb der Ebene bewußter kategorialer Wahrnehmung. Interessenformulierung und -durchsetzung, die selektive Verteilung von Macht in gesellschaftlichen und politischen Auseinandersetzungen bleiben unterbelichtet. Geschlechtstypische strukturelle und strategische Selektionsmechanismen erscheinen als bedeutungslos. So gesehen bringt das Jonglieren mit Systemen eine Entlastung, nämlich die Entlastung von Widersprüchen und Konflikten.

Demokratiewissenschaftliches Dilemma: leblose Institutionen, abgehobene Eliten

Entgegen den systemischen Vorstellungen vom Selbstlauf der Transformationsprozesse, wie sie die Modernisierungstheorie offeriert (vgl. kritisch von Beyme 1994a: 159; Merkel 1994b: 321ff.), beharrt der Mainstream der bundesdeutschen Politikwissenschaft auf der Rolle von Politik: »politics does matter« (vgl. von Beyme 1994a: 154). Obzwar sich auch durch politikwissenschaftliche Ansätze das dichotomisierte Dilemma von System- oder Akteurs- bzw. Struktur- oder Handlungsansätzen zieht[20], ist politikwissenschaftliche Polemik gegen systemische Modernisierungskonzepte geradezu in Mode gekommen. Diese, so Klaus von Beyme, böten uns eine Sicht an, »bei der alle Katzen grau werden und individuelle politische Prozesse und Systeme im Licht der autopoietischen Götterdämmerung ohne Gott in einem subjektlosen Evolutionsprozeß verschwimmen« (von Beyme 1994b: 43 und 1994c: 16). Politikwissenschaftliche Transitionsforschung des Mainstreams stellt sich statt dessen die Frage nach den Bedingungen, Formen und Grenzen »demokratischer Konsolidierung« in den ostmitteleuropäischen Staaten. Gefragt wird nach den Chancen und Strategien der Transformation einst autoritärer Regimes und Regierungen Ostmitteleuropas in demokratische westlichen Typs. Die Ausblendung von Geschlecht, von Männern und Frauen, ist folgenden wissenschaftlichen Prozeduren geschuldet:

– Trotz Warnungen – von Beyme und Nohlen befürchten eine »teleologische Adventsstimmung« ubiquitärer Demokratie nach westlichem Muster (vgl. von Beyme/Nohlen 1995: 774) – liegt die Tücke im Detail von Bereichstheorien und empirischen Forschungsdesigns, die von minimalistischen Demokratiekonzepten westlich-kapitalistischer Provenienz ausgehen. Das Zentralproblem politikwissenschaftlicher Transitionsforschung ist – wie auch Wolfgang Merkel konzediert – die Scheu vor einer demokratietheoretischen Debatte. Demokratie wird in der Mehrzahl der Konzepte auf Schumpeters »realistische« Demokratietheorie bzw. auf Dahls »Minima« zurechtgestutzt (vgl. Merkel 1996: 33)[21]. Als Bedingung »stabiler Demokratieentwicklung« gilt das »institutionelle Design« (Glaeßner 1993: 24), die Implementation der »institutionelle(n) Grundausstattung westlicher Demokratien« (Offe 1994b: 19). Dieser Institutionenfokus wird damit begründet, daß Demokratie und Marktwirtschaft auf »guten Institutionen« basieren, da sie berechtigte Angst vor »guten Menschen« haben (vgl. von Beyme 1994b: 151). Demokratie wird zum bloßen formalen Regelsystem, zu einem Set von feststehenden Institutionen und Verfahren, die es in den Ländern Ostmitteleuropas in technizistischer Manier zu implementieren gelte. Demokratisierung ist »political engineering« (Linz 1990: 143).

– Ein solch minimalistisches, nur prozedural-formales Demokratieverständnis erschöpft sich im Streben nach Legitimation (durch Verfahren) und nach politischer Stabilität, die auf Loyalität der zu Massen reduzierten Bevölkerung hofft[22]. Wie die gescholtene Kommunismusforschung, allerdings mit anderen politischen Vorzeichen, huldigt Transitionsforschung dem Stabilitätsdogma. Demokratie ist dann konsolidiert, wenn alle Akteure der politischen Eliten in die demokratischen Institutionen eingebunden sind und die Regeln der Institutionen akzeptiert haben. Partizipation und Institutionenfrage werden somit entkoppelt, Demokratie nicht als materiale Möglichkeit der Realisierung grundlegender Menschen- und BürgerInnenrechte begriffen. Ohne Zweifel spielen staatliche Institutionen und korporative

Akteure eine zentrale Rolle in Transitionsprozessen – wo sie fehlen oder wo sie zu schwach sind, degeneriert Politik leicht zum Bürgerkrieg. Doch kann dies nicht bedeuten, daß Politik auf Staats- und Institutionenhandeln reduziert, die partizipatorische Dimension von Demokratie marginalisiert und der Herrschaftsaspekt von Staat und Institutionen ignoriert wird.

– Diese Normierung wird mit funktionalen Leistungen westlicher Demokratien gerechtfertigt. Da aber funktionale Vorzüge keineswegs immer und überall erreicht werden, kann die gebetsmühlenartige Wiederholung funktionaler Vorzüge westlicher Demokratien eine normative Begründung dieses und gerade dieses Modells nicht ersetzen. Die Forderung struktureller Innovationen kommt aber um eine wertbezogene Rechtfertigung nicht herum. Diese fehlt nun in der Transitionsforschung. Gerechtigkeit oder soziale Umverteilung sind in der Regel Fremdwörter des Transitionsdiskurses[23].

– Eine normative Begründung des westlichen Demokratiemodells fällt freilich unter dem Geschlechteraspekt schwer. Die demokratietheoretischen Perspektiven dieser Sicht sind wenig vielversprechend für Geschlechterdemokratie, denn im demokratisch-institutionellen Design tauchen Frauen nicht auf. Ihr Mitwirken wird zur Marginalie gemacht. Daß durch die Übertragung westlich-parlamentarischer Institutionen ein Verdrängungsprozeß von Frauen aus der politischen Sphäre in Ostmitteleuropa stattgefunden hat und stattfindet, daß Demokratisierung also eine Vergeschlechtlichung von Politik zulasten von Frauen bedeutet, kann der männliche Blick nicht wahrnehmen.

– Politikwissenschaftlicher Übergangsforschung entgeht die Geschlechtsexklusivität des Transformationsprozesses, untersucht sie doch lediglich die Inklusion in ein vorgegebenes Institutionengefüge, ohne geschlechtsspezifische Grundlegungen dieses Gefüges kritisch zu hinterfragen. Doch auch der *polity-Aspekt* kann nicht geschlechtsneutral verhandelt werden. Das Vertrauen in »gute« Institutionen und das Mißtrauen »guten« Menschen gegenüber erscheint so gesehen doppelt naiv und verkürzend. Erstens sind politische Institutionen keineswegs geschlechtsneutral, sondern sie reproduzieren auf der einen Seite Frauenausschluß und auf der anderen Seite exklusive Männlichkeit (vgl. Kreisky 1994 und 1995). Westliche Demokratien basieren auf einem je länderspezifischen Geschlechterregime[24], das geschlechtstypische Zugangs- und Ausschlußmechanismen von politischer Entscheidungsmacht entwickelt. In die Institute moderner Gesellschaften ist also das Geschlechterverhältnis als Herrschaftsverhältnis eingeschrieben. Ein »unaufgeklärter Institutionalismus« (Fritz W. Scharpf) besitzt nun keine Methoden, um die exklusive Männlichkeit politischer Institutionen westlichen Typs herauszuarbeiten. Zum zweiten sind es nicht allein Sachzwänge und systemische Logiken, die die Entstehung und Aufrechterhaltung von Institutionen bedingen. Auch in Institutionen agieren kontextualisierte Menschen, Menschen mit Interessen, mit unbewußten Handlungsmustern – und mit einem Geschlecht. Transformationsforschung versäumt es aber, Zusammenhänge von Person und Institution, von privat und öffentlich, von individuellen Motiven und kollektiven Handlungsformen in Institutionen zu erhellen.

- Das »bringing politics back in«[25], die Betonung der Wichtigkeit politischer Institutionen für die Transformation, geht auf Kosten der Gesellschaft: Gesellschaftliche Macht- und Herrschaftskonstellationen sowie soziale Konflikte, die ihrerseits das »institution building« prägen, ja gesellschaftliche Strukturen und Diskurse überhaupt, werden nicht konzeptualisiert. *Gesellschaft bleibt amorph.* Politikwissenschaftliche Ansätze »verlieren« gewissermaßen die Gesellschaft; sie rekurrieren dadurch mehr oder weniger explizit auf eine lineare Theorie der Modernisierung, die Menschen und deren Alltag ignoriert, ahistorisch und mechanistisch argumentiert. Mit der Abkehr von einer Strukturanalyse geht auch die Idee einer Strukturveränderung westlich-demokratischer Gesellschaften verloren.
- Das Verhältnis der Geschlechter wird schließlich variabilisiert und funktionalistisch über den Kamm der sozialen und politischen Moderne geschoren, ohne daß seine herrschaftlichen Strukturen und Institutionen beleuchtet werden. Insbesondere als privat perzipierte Konflikte werden als nichtpolitikrelevant der system- und differenzierungstheoretischen Mühle überantwortet und dort zerrieben.

Rückkehr des Funktionalismus: Politische Kulturforschung

In der empirischen Transitionsforschung wird der Politischen Kultur großer Stellenwert eingeräumt. Während die Aufgabe der ersten Übergangsphase in der institutionentechnisch-formellen Demokratisierung bestehe, sei die Aufgabe der zweiten Phase der Konsolidierung die politisch-kulturelle Demokratisierung (vgl. Welzel 1995: 77). Politische Kulturforschung stellt nun die Frage nach kulturellen Voraussetzungen für politischen Wechsel und nach mentalen Bedingungen seiner Dauer. Sie böte also die Chance, die Bevölkerung mit ihren Einstellungen, Vorstellungen und Wahrnehmungsweisen als Akteure in den politikwissenschaftlichen Diskurs der Transformation zu integrieren.

- Doch das politisch-kulturelle System wird einseitig in seiner Funktion für die *Legitimierung und Stabilisierung* der von außen implementierten Institutionen betrachtet. Gert-Joachim Glaeßner formuliert die Aufgabe Politischer Kulturforschung im Systemwechsel so: Sie solle eruieren, wie Vertrauen in die neuen politischen Institutionen entstehen könne, so daß das neue politische System von den Bürgern und Bürgerinnen als legitim wahrgenommen werde und seine Stabilität gewährleistet bleibe (vgl. Glaeßner 1994: 182). Auch in Merkels Sequenzmodell wird der »sozio-politische Unterbau« zum unerklärbaren Restbestand; er wird auf rationale Akteure zurückgeführt, die ihre Interessen mit den staatlichen Institutionen realisieren wollen, und wird damit funktionalistisch verkürzt (vgl. Merkel 1996: 53). Während in den vergangenen Jahren Politische Kulturforschung auf dem Wege war, funktionalistische Verengungen abzuschütteln, Politische Kultur also nicht primär unter Legitimations- und Stabilitätsgesichtspunkten zu betrachten (vgl. u.a. Rohe 1987; Sauer 1995), wird sie in Transformationskonzepten genau darauf reduziert – nämlich das mentale Unterfutter für die importierten Institutionen abzugeben.
- Eine funktionalistische und mithin statische Bestimmung von Politischer bzw. demokratischer Kultur kann aber Widersprüchlichkeiten der symbolisch-politischen Ordnung in Demokratisierungsprozessen, den konfliktorischen Kampf um politische Bedeutung also, nicht beschreiben. Politische Kulturforschung wird damit tendenziell affirmativ und ihres politikkritischen Potentials beraubt. Denn möglicherweise sind es die vermeintlich demokratischen Institutionen selbst, die symbolisch-politische Macht ungleich verteilen und damit die Herausbildung demokratischer Kulturen verhindern.
- Geschlechterungleichheit wird dann tolerabel, solange nicht die Legitimität des Systems gefährdet ist, ja sie kann so durchaus als Schmiermittel institutioneller Demokratisierung begriffen und konserviert werden. Umgekehrt wird die Profilierung einer politisch-kulturellen »Männlichkeit« auf Kosten von Geschlechterparität toleriert, ja notwendig[26]. Wegen der funktionalistischen Engführung wird der Politischen Kulturforschung aber die Möglichkeit genommen, die Funktionalität von Geschlechterungleichheit im Transitionsprozeß zu erfragen, den Sinn von Traditionalismen der Politischen Kultur zu deuten und die Potenzen lebensweltlicher Ressourcen, Einstellungen und Handlungsmotiven von Frauen wahrzunehmen.
- Politische Kulturforschung als »Experimentalwissenschaft« kann Geschlecht variabilisieren, als Variable vermessen und quantifizieren, Ge-

schlechterverhältnisse allerdings beugen sich einem solchen methodischen Zugriff nicht: Geschlechtsspezifische Ungleichheitsstrukturen bleiben verborgen.
- Die Transformationsforschung erweist außerdem eine gewisse Tauglichkeit darin, die westlichen Gesellschaften in ihrer Statik zu belassen. Die funktionalistische Sicht auf den »Erfolg« der Transformation von sowohl demokratischen Institutionen wie den dazu passenden politischen Kulturen immunisiert sich gegen Realität; sie muß sich nicht die Mühe machen, die geschlechterungerechten Unterstellungen westlicher politischer Systeme zu hinterfragen. Politische Kulturforschung exportiert und normalisiert Paradoxien westlich-demokratischer Systeme. Die Frage nach der »Anpassung« realsozialistischer »autoritärer Orientierungen« (Fuchs/Klingemann/Schöbel 1991: 45) an die »demokratische« politische Kultur der Bundesrepublik Deutschland ignoriert geflissentlich die engen partizipatorischen Spielräume und die niedrige Beteiligungsbereitschaft in der demokratischen Kultur des Westens (vgl. ebd.: 44f.).
- Die Sicht auf Rupturen in den realsozialistischen Staaten stabilisiert gewissermaßen westliche Gesellschaften, und Transformationsforschung übernimmt zu einem gewissen Grade Entlastungsfunktion: Die westlichen Gesellschaften werden der Aufgabe enthoben, sich als zu wandelnde begreifen zu müssen[27]. So gerät die wissenschaftliche Sicht auch zur Immunisierung gegen Kritik am westlichen Demokratiemodell. Das »Ende der Geschichte« scheint zum wissenschaftlichen Allgemeingut sedimentiert. Zugleich wird mit dem ostmitteleuropäischen Modernisierungsansinnen auch ein Modernisierungsdiskurs in westlich-kapitalistische Staaten transportiert: Die Modernisierung des Staates, seine Deregulierung und Organisierung nach Marktgesichtspunkten wird hoffähig gemacht.

Bringing Agency Back In: Geschlechtsverlust von Akteurstheorien

Eine Übereinkunft des politikwissenschaftlichen Mainstreams lautet, daß Systemtheorien die Autonomie des politischen Systems und seine Handlungsfähigkeit wegeskamotieren (vgl. von Beyme 1990: 464) und daß Politikwissenschaft gegenüber solch »subjektlosen Systemtheorien« politische Steuerungsmöglichkeiten retten müsse (vgl. von Beyme 1994b: 89 und 1994c: 15). Politikwissenschaft bedürfe der Akteursorientierung. Akteurstheorien nun untersuchen Akteure hinsichtlich ihrer Präferenzen und Situationsdeutungen, ihrer Auswahl von Handlungsoptionen und der Folgen ihrer Handlungen (vgl.

Schmidt 1995: 21f.). Der »homo oeconomicus« verhält sich auch in politikwissenschaftlichen Konzepten grundsätzlich rational in dem Sinne, daß er immer jene Handlungsoption wählt, die seinen Nutzen maximiert bzw. die geringsten Kosten verursacht.

Mit dem Fokus auf Akteure würden nun, so die Behauptung, Formen und Aushandlungsbedingungen des Systemwechsels beschreibbar (vgl. von Beyme 1994b: 93), er mache die Sicht dafür frei, daß Institutionen nicht »als ganzes« in die ostmitteleuropäischen Gesellschaften implantiert werden können, sondern in langwierigen Aushandlungsprozessen sozusagen stets neu geschaffen werden müssen. Akteursthorien »konzeptualisieren Regimewechsel als Produkt inter-elitärer Aushandlungsprozesse im Rahmen des jeweils spezifischen Ensembles individueller und korporativer Akteure« (Welzel 1995: 70).

Am Beginn der neunziger Jahre können Handlungstheorien nicht mehr »im alten Sinne unreflektiert« weitergeführt werden (vgl. von Beyme 1991: 336). Auf empirischer Theorieebene verzeichnet von Beyme nun einen »Siegeszug der Rational Choice-Ansätze« als »Gegenbewegung gegen makro-theoretische Beliebigkeit« von Modernisierungs- und Systemtheorien. Rational Choice sei ein Ansatz mit strikt gehandhabter Methode, und er ermögliche einen Akteursansatz auf der Mesoebene, der zugleich die szientistische Vereinseitigung des Behavioralismus, ja seine »inkonsistente Psychologie« und seine »Abneigung gegen Theorien« überwinde (vgl. von Beyme 1996: 16 und 24). Akteursansätze des Rational Choice erheben den Anspruch, die Lücke zu schließen, die systemische Modernisierungstheorien und behavioralistische Individualisierungen klaffen lassen.

– *Akteure* aber werden im Rational Choice-Ansatz ihres sozialen, historischen und kulturellen Kontextes enthoben und nur unter dem eng gefaßten Aspekt ihrer kalkulierten Wahl zwischen einer begrenzten Zahl von Optionen wahrgenommen. Handlungs- und prozeßorientierte Akteursstudien sind in bezug auf gesellschaftliche Strukturen unterbestimmt, sie erklären infolge ihrer Mikroorientierung eigentlich »zu wenig« (Kitschelt, zit. nach: Merkel 1994b: 321). Dem strategisch-relationalen Zugriff fehlt der Blick auf die die Akteure strukturierenden Strukturen, d.h. auf die geschlechtliche Strukturiertheit von Akteuren[28] sowie auf soziale Konflikte im Vorfeld politischer Entscheidungen. Der Rational Choice-Zugriff schafft gleichsam nicht durchleuchtete »Schattenzonen« (Merkel 1994b: 323), nämlich die Machtbeziehungen zwischen Klassen, Geschlechtern, dem Staat und seinen Institutionen. Dadurch immunisieren sich Akteursthorien gegenüber gesellschaftlichen Subjekten. Das »Bringing agency back in« führt gewissermaßen zum Verlust des Subjekts. Die Idee des rationalen Wahlhandelns unterstellt gleichsam eigenschaftslose Subjekte oder besser: entsubjektivierte Aktoren, deren Situiertheit in gesellschaftlichen Herrschaftsstrukturen nicht wahrgenommen wird. Auf welche Weise gesellschaftliche Herrschaftsbedingungen die Institutionenbildung und das Aushandeln beeinflussen und beeindrucken, wie auch die Frage der funktionalen und strukturellen »constraints« der Akteure, d.h. die kategoriale Fassung von Akteuren als Subjekte, aber auch von Strukturen als »Akteure« (vgl. ebd.), ist in diesem Modell nur schwer beantwortbar[29]. Hier gibt es deutliche Konvergenz zwischen den politikwissenschaftlichen Konzepten des Rational Choice und großen Modernisierungserzählungen.

Beim Rational Choice-Ansatz bleibt die »breite Masse« der Bürger und Bürgerinnen (Merkel 1994a: 13) unter der politikwissenschaftlichen Analyse verschüttet. Der Rational Choice-Ansatz konzeptualisiert Demokratisierung mit einem deutlichen Elitenbias. Dieser »top-down focus« (Waylen 1994: 331) einer *Elitetheorie der Demokratie* erklärt lediglich eine kleine Gruppe, die politische bzw. strategische Funktionselite, zu politischen Akteuren. Andere Partizipations- und Aktionsformen bzw. -gruppen werden wissenschaftlich marginalisiert. Aktionstheorien sind wegen ihres Elitenbias geschlechterverzerrend: Der politische Aushandlungsprozeß politischer bzw. strategischer Funktioneliten – verstanden als die einzige und zentrale politische Arena der Transformation – wird zur rein männlichen Aktivität[30].

Midlife-crisis einer Disziplin: Bemühungen um Normalisierung

Politikwissenschaftlicher Gesichtsverlust
am Ende der achtziger Jahre

Von den Totalitarismus- über die Konvergenz- bis hin zu Industriegesellschaftstheorien haben sich alle Makrotheorien in ihren Prognosen bezüglich sozialistischer Systeme geirrt (vgl. von Beyme 1994b: 16ff.)[31]. Allgemein geteiltes Paradigma der Kommunismusforschung war seit den siebziger Jahren die längerfristige Koexistenz der Weltsysteme, die partielle Wandelbarkeit und relative Stabilität realsozialistischer Staaten (vgl. kritisch Fenner 1991: 37). Der plötzliche Zusammenbruch des Realsozialismus wurde deshalb zu einem »schwarzen Freitag« der Sozial- bzw. Politikwissenschaft (vgl. von Beyme 1994b: 35): »Sie haben überwiegend nicht ›*vorhergesagt*‹, sondern ›*nachhergesagt*‹« (von Beyme 1990: 473, Hervorhebung im Original)[32]. In die Krise geriet nicht allein (politik-)wissenschaftliche Forschung über Ostmitteleuropa, sondern die Disziplin als ganze wurde von Statusbedrohungen heimgesucht (vgl. von Beyme 1994c: 10): »Die Theoriebildung in den Sozialwissenschaften kämpfte mit ihrem Gesichtsverlust« (von Beyme/Nohlen 1995: 774). Also: Politikwissenschaft war genötigt, Gesichtspflege zu betreiben, um aus diesem Tief herauszufinden. Einschlägige politikwissenschaftliche Einführungs- und Nachschlagewerke jüngeren Datums widmen deshalb Politikwissenschaft nach 1989 eigene Kapitel (vgl. u.a. Nohlen 1995: 40ff.), andere weisen in der Einleitung darauf hin, daß der Zusammenbruch des Realsozialismus tiefgreifende konzeptionelle Veränderungen des Werkes nötig machten. Bereits 1990 diagnostizierte von Beyme für die vergleichende Politikwissenschaft die Notwendigkeit eines Paradigmenwechsels und von Transformationen »in den Grundlagen von Theorien« (vgl. von Beyme 1990: 458).

Die Theorie-Krise durch den Zusammenbruch des Realsozialismus erweist sich freilich als nur ein Aspekt der Krise deutschsprachiger Politikwissenschaft. Am Ende der achtziger und Beginn der neunziger Jahre läßt sich eine Mischung von krisenhaften Herausforderungen politikwissenschaftlicher Theoriebildung ausmachen: Der eine Krisenfaktor war die Erkenntnis, daß nicht nur die Kommunismus- bzw. Osteuropa-Forschung, sondern die gesamte westliche Sozial- und Politikwissenschaft der Nachkriegsjahre in das Ost-West-Schema eingebunden war und ihre Perzeptions- und Erklärungsmuster von diesem dichotomen Paradigma bestimmt waren (vgl. dazu von Beyme 1994c: 13ff.). Das Aufbrechen dieses ordnenden Schemas hinterließ nun ein theoretisches Vakuum oder – weniger politisch formuliert: Die »Diskurs-Strukturierung« von Wissenschaft wurde unübersehbar (vgl. ebd.: 11). Der Untergang des Realsozialismus ist darüber hinaus in einen Prozeß globalen sozialen, politischen und kulturellen Wandels eingebettet, der, wie Johannes Berger beklagt, »keine neuen theoretischen Anstrengungen ausgelöst« und bislang keinen Innovationsschub in der Theorie herbeigeführt habe (vgl. Berger 1996: 9).

Ein weiterer Faktor theoretischer Verunsicherung sind wissenschaftliche Entwürfe, die mit dem gängigen politikwissenschaftlichen Begriffsinstrumentarium der Moderne brechen: Neue Cleavages wie Geschlecht und Ethnizität scheinen am wissenschaftlichen Horizont auf, während die Klassenanalyse in den Hintergrund tritt. Auch Weltmodelle bekamen größere Validität in dem Maße, in dem die politischen Systemunterschiede geringer wurden. Das Politische mußte angesichts dieser Herausforderungen neu diskutiert und definiert werden. Ansätze wie der Kommunitarismus und die Idee von »Bürgertugenden« fragen (wieder) nach »guter Politik« und weniger nach operationalisierbarer Politikwissenschaft. Klaus von Beyme bezeichnet diese Wandlungssymptome politikwissenschaftlicher Theorien als Abschied von der politikwissenschaftlichen Moderne und als Übergang zur Post- bzw. Nachmoderne: Während die Moderne Autonomie und Steuerungsfähigkeit des politischen Systems behauptete, lösen sich in der Autopoiesis-Systemtheorie, im Lebensweiseparadigma, im New Age und in der feministischen Gesellschaftstheorie diese seine Potenzen auf (vgl. von Beyme 1990: 465).

Solche Entwürfe fanden in Theoretisierungen des politikwissenschaftlichen Mainstreams einen spezifischen Niederschlag: »Staatsskeptische und steuerungsagnostische« Konzepte (ebd.: 459), vornehmlich im Gewand von Systemtheorien, bemächtigten sich – gleichsam unbemerkt – politikwissenschaftlicher Theoriebildung. Sie bedienen den abnehmenden Glauben an politische Steuerungsfähigkeit ebenso wie die sinkende Bereitschaft zu konventioneller politischer Partizipation und das Regiment elitärer »Verhandlungssysteme« und »Netzwerke« mit der korrespondierenden, superfiziellen Begrifflichkeit. Politik und politische Handlungsmöglichkeit bzw. Demokratie scheinen ebenso wie die dazugehörige Wissenschaft im Zeitalter von Globalisierung eines konvergierenden Weltsystems demodé, sie wurden im »autopoietischen Steuerungsdefaitismus« aufgelöst (von Beyme 1994c: 18). Die enge Verbundenheit von postmodernem Paradigmenwechsel und Zusammenbruch des Realsozialismus kulminiere genau da zu einer Krise politischer Theorie, wo Konvergenztheorien durch das Ende der Systemkonkurrenz Auftrieb erhalten und »modernisierungstheoretisches *Ein-Welt-Denken*« (vgl. von Beyme 1990: 467f., Hervorhebung im Original) zunehmend wissenschaftliche Plausibilität zugesprochen bekommt.

Die Problematik der postmodernen Vereinheitlichung so unterschiedlicher Theoriekonzepte liegt auf der Hand; postmoderne Subsumtion ist allerdings dazu dienlich, um ein drastisches Krisenszenario zu zeichnen, aus dem dann gefolgert wird, politikwissenschaftliche Theoriebildung bedürfe eines gründlichen paradigmatischen Revirements, habe also dringenden »Modernisierungsbedarf« (vgl. ebd.: 459).

Die beschworene Krise der Politikwissenschaft am Ende der achtziger und am Beginn der neunziger Jahre ist also mehr als eine »prognostische Krise«, sie ist – wie ich im folgenden kurz skizzieren möchte – als »midlife-crisis« der Disziplin interpretierbar. Die durch den Zusammenbruch des Realsozialismus manifest gewordene Krise bundesdeutscher Politikwissenschaft ist die paradigmatische Verunsicherung einer in die Jahre gekommenen Disziplin, einer in den Worten von Alemanns (1995: 29) »erwachsen gewordenen« Disziplin. Sie ist damit als eine Krise lesbar, die – um im Bild zu bleiben – eine reife männliche Disziplin entstehen läßt.

Paradigmatische Männlichkeit: Politikwissenschaft als »normale« Disziplin

Erstaunlich ist die Aufdringlichkeit, zugleich aber auch Übervorsicht, mit der jüngst (wieder) über eine Entwicklung der Politikwissenschaft zur »normal science« geschrieben wird (vgl. u.a. von Beyme 1996; von Alemann 1995). Einerseits wird immer wieder hervorgehoben, Politikwissenschaft sei keine »normale« Wissenschaft im Sinne Thomas Kuhns, sie besitze also kein einheitliches Paradigma, keinen festgelegten Methodenkanon und keinen anerkannten Gegenstandsbereich des Politischen. Bundesdeutsche Politikwissenschaft besitze einen geringen »Grad der Paradigmengemeinschaft« (von Beyme 1986c: 8). Wolfgang Merkel behauptet sogar, daß die Transformationsforschung gezeigt habe, daß die naturwissenschaftlich orientierte »Paradigmenerledigung« Kuhns für Sozialwissenschaften ein unhaltbarer Mythos sei (Merkel 1996: 30; vgl. auch von Beyme 1991). Es gebe keine Theorieevolution, sondern zyklische Theoriedominanzen und einen Theoriepluralismus. Die »normale« Dynamik des Faches sei unterbrochen: In die »finale« Phase sei Politikwissenschaft nicht eingetreten (vgl. von Beyme 1986a: 13). Die Geister scheiden sich daran, ob ein solcher Monismus von Methode und Paradigma überhaupt machbar und wünschbar ist. Bedeuteten Behavioralisten und Systemtheoretikern ihre Theorien als Beginn der Szientifizierung der Politikwissenschaft und mithin als »das« Paradigma überhaupt, heben andere Politologen die Paradigmenvielfalt der Politikwissenschaft hervor. Nicht der »normalwissenschaftliche Konsens der Forschergemeinde in ein Paradigma«, sondern die Vielfalt sei Kennzeichen der politikwissenschaftlichen Entwürfe (Schultze 1995: 292). Von Beyme plädiert gar dafür, den Begriff des Paradigmas nicht auf politikwissenschaftliche Theoriebildung anzuwenden, sondern ihn auf Naturwissenschaften zu beschränken (vgl. von Beyme 1991a: 13).

Was Politikwissenschaft als Normalwissenschaft bedeuten kann, ist freilich umstritten. Wird ihre »Normalisierung« im Sinne der Kuhnschen Begrifflichkeit abgelehnt, dann gilt Politikwissenschaft nicht als normale, sondern im Gegenteil als besondere Wissenschaft. Und doch strebt die Nachkriegsgeburt Politikwissenschaft nach nichts sehnlicher als nach wissenschaftlicher »Normalität«. Es ist diese Ambivalenz seit der Gründung des Faches, dieses Oszillieren zwischen Besonderheit und seiner Anerkennung als (Sozial-)Wissenschaft wie jede andere auch, die den Blick auf die Entwicklung zur Normalität verdeckt. Normalität läßt sich in der Geschichte des Hauptstroms bundesdeutscher Politikwissenschaft durchaus in doppeltem Sinn begreifen: als Angleichung an die anderen sozialwissenschaftlichen Disziplinen und als Normierung und Festschreibung bestimmter (politik-)wissenschaftlicher Standards. Ja es scheint sogar so zu sein, daß das Abstreiten von Normalität die beste Strategie zum Bewahren von »Normen« und von »Normalem« ist: Das Beharren auf politikwissenschaftlicher Paradigmenvielfalt entpuppt sich als Verschleierung eines geschlechtsblind-männlichen Konsenses.

Eine »normale Wissenschaft« zeichnet sich nach Thomas Kuhn dadurch aus, daß sie ein Paradigma, d.h. ein in Lehrbüchern festgelegtes, anerkanntes Theoriegebäude besitzt, über ein Sample von Anwendungen verfügt und eine »Gruppe von Anhängern« anzieht (Kuhn 1996: 25 und 37). Ein Paradigma im Sinne Kuhns ist nicht unbedingt eine gemeinschaftlich geteilte Theorie, sondern immer die Verbindung von Inhalt und Gebrauch bzw. Verwendungskontext der »konkreten Problemlösungen«, des Schemas oder anerkannten Schulbeispiels (vgl. ebd.: 37; vgl. auch Schultze 1995: 289). Paradigmatisch ist das, »was den Mitgliedern einer wissenschaftlichen Gemeinschaft gemeinsam ist« (Kuhn 1996: 26).

Ein Paradigma ist nicht bloß ein festgefügtes Regelsystem, und die Bestimmung gemeinsamer Paradigmata ist keineswegs die Bestimmung gemeinsamer Regeln: »Paradigmata können die Forschung selbst noch bei fehlenden Regeln leiten«, und aus der Existenz eines Paradigmas folgt nicht, »daß irgendein vollständiges System von Regeln vorhanden ist.« (ebd.: 56ff.). Eine »normale Wissenschaft« ist also kein »›monolithisches‹ und geschlossenes Unternehmen«, sondern »oft eher (...) ein wackeliges Bauwerk« (ebd.: 63). Und: Um als Paradigma angenommen zu werden, muß eine Theorie niemals alle Tatsachen, mit denen sie konfrontiert wird, erklären (vgl. ebd.: 32).

Paradigmata wirken eher »intuitiv« (ebd.: 60), sie leuchten den Wissenschaftlern irgendwie ein. Ein Paradigma wirkt gleichsam geheim. Es hat vornehmlich gruppenbildende Funktion, indem es den Menschen, deren Forschung auf dem gemeinsamen Paradigma beruht, Regeln und Normen für die wissenschaftliche Praxis vermittelt. Es ist also nicht allein das Paradigma an sich, das eine Wissenschaft zur normalen Wissenschaft macht, sondern diese Bindung an das Paradigma bzw. der Wissenschaftler untereinander und die »offenbare Übereinstimmung«, die die Bindung hervorruft, sind Voraussetzungen für eine normale Wissenschaft (vgl. ebd.: 26). So lassen sich mehrere Dimensionen des Paradigmabegriffs unterscheiden: Politikwissenschaft besitzt kein Paradigma im Sinne der einen anerkannten Theorie, wohl aber gibt es innerhalb des politikwissenschaftlichen Mainstreams bestimmte Regeln, die akzeptiert werden. Daß der Politikwissenschaft ein gemeinsames Regelsystem oder eine einheitliche Theorie fehlt, heißt also nicht, daß sie kein Paradigma besitzt und keine »normale Wissenschaft« ist.

Wenn man diese Kuhnschen Paradigmendimensionen in Rechnung stellt, ist geschlechtsblinde Männlichkeit ohne weiteres als ein politikwissenschaftliches Paradigma zu begreifen. Geschlechtsblindheit ist freilich kein Paradigma, das offen thematisiert wird, in das Politikwissenschaftler förmlich einstimmen, sondern es ist ein intuitiv wirkendes Paradigma, das Selbstverständlichkeit und Normalität herstellt. Wie in einer »normalen Wissenschaft« werden die Grundlagen des männlichen Paradigmas in der Politikwissenschaft nicht in Frage gestellt. Problemstellungen, die außerhalb des Paradigmas angesiedelt sind, werden wie in jeder Normalwissenschaft vernachlässigt:

»In keiner Weise ist es das Ziel der normalen Wissenschaft, neue Phänomene zu finden (...) Normalwissenschaftliche Forschung ist vielmehr auf die Verdeutlichung der vom Paradigma bereits vertretenen Phänomene und Theorien ausgerichtet.« (ebd.: 38)

Insofern ist Politikwissenschaft Normalwissenschaft, der es nicht um neue Phänomene geht, sondern ausschließlich darum, die »Rätsel« zu lösen (vgl. ebd.: 49ff.), die ihr das Paradigma der Geschlechtslosigkeit vorgibt. Das Paradigma Geschlechtsblindheit wirkt als schützender Filter wissenschaftlichen Erkennens; es filtert solche Fragestellungen und Begriffe politikwissenschaftlicher Forschung heraus, die männliche Begründungszusammenhänge sichtbar machen, d.h. vergeschlechtlichen würden. Die Disziplin muß sich um »Anomalien« und Widersprüche ihrer Konzepte – wie beispielsweise Demokratisierung und Exklusion von Frauen aus der Politik zu vereinbaren seien – nicht kümmern, sondern muß nur beachten, was das männliche Paradigma an »Rätseln« aufgibt. Das Geschlecht selbst wird nicht rätselhaft – weil und solange es ausgeblendet bleibt. Das Paradigma geschlechtsblinder Männlichkeit schafft dadurch Verbindung innerhalb der Wissenschaftlergemeinde[33].

In Anlehnung an Johan Galtungs Bild geschlossener »Pyramiden« in der deutschen Wissenschaftslandschaft läßt sich die Dreifaltigkeit politikwissenschaftlicher »Schulen« als geschützte Werkstätten männlicher Politikwissenschaft verstehen. Der teutonische Stil zeichne sich nach Galtung durch eine starke Neigung zur Theoriebildung bei schwacher empirischer Basis aus. Auf deduktive Weise werden gigantische theoretische Pyramiden errichtet, die möglichst umfassend erklären sollen und einander weitgehend ausschließen (vgl. Galtung 1983: 320f.). Doch diese vermeintliche Ausschließlichkeit, die vielbeschworene Paradigmenvielfalt, besitzt durchaus schulenübergreifende Gemeinsamkeiten:

»In Deutschland wird Intersubjektivität (...) innerhalb einer pyramidenförmig gestalteten Meister-Jünger-Beziehung erreicht. Im Wesentlichen bedeutet das, daß die Jünger zum Verständnis des Meisters gelangen und in diesem Prozeß seine Theorie akzeptieren, ohne sie grundsätzlich in Frage zu stellen« (ebd.: 322).

Gemeinsam ist also die »Sozialisation der Adepten« (vgl. Berg-Schlosser 1995: 459) in einer quasi eingeschlechtlichen Meister-Schüler-Gemeinschaft sowie die Konservierung und Tradierung der Theorie dieser wissenschaftlichen Männergemeinschaft. In einer kurzen Skizze der Geschichte bundesdeutscher Politikwissenschaft möchte ich deutlich machen, daß die Nicht-Normalität, die Besonderheit des Faches zum Legitimationsmuster für das Festhalten am grundlegenden Modus der Geschlechtsblindheit wurde.

Geschützte Werkstätten maskulinistischer Politikwissenschaft

Folgt man von Beyme, lassen sich drei Ebenen außertheoretischer Einwirkung auf Theorieentwicklung unterscheiden: erstens »Wissenschaftstraditionen und Denkstile«, die die langfristige Theorieentwicklung prägen, zweitens »Konkurrenz zu anderen Fächern und die Abgrenzung eines relativ jungen Faches wie der Politikwissenschaft« als mittelfristige Theorieeinwirkung und schließlich »Tendenzwenden« und »Mode-Anforderungen des politischen Systems« als kurzfristige Wirkungen auf die Produktion politischer Theorien (von Beyme 1996: 9). Theorien- und Paradigmenproduktion ist also nicht Wahrheitskriterien, sondern Marktgesetzen unterworfen: Erkenntnisinhalte sind stets mit Machtbeziehungen inner- und außerhalb der Scientific Community verknüpft, und die Mitte des Mainstreams ist durchmachtet:

> »Der Theorienmarkt ähnelt eher den Organisationsformen des politischen Marktes. Er gleicht einem Netzwerk von komplementären Austauschbeziehungen unter Einschluß vieler Asymmetrien und hält die Mitte zwischen älteren hierarchischen Machtbeziehungen und den wenig machtstrukturierten Austauschbeziehungen eines nicht oligopolistischen Marktes.« (von Beyme 1991: 357)

Während sich geschlechtsblinde Männlichkeit den längerfristigen Einwirkungen zurechnen läßt, weil sie tief in die Wissenschaftstradition eingeschrieben, aber auch im Verein mit anderen Wissenschaften gefestigt ist, sind die »großen Transformationen« seit 1989 kurzfristige Einflüsse auf Theorieproduktion (vgl. von Beyme 1996: 9).

Gängige Überblicke über die Institutionalisierungs- und Entwicklungsgeschichte bundesdeutscher Politikwissenschaft schreiben die Geschichte der Disziplin als das »Heranwachsen«, das Pubertieren (in den siebziger Jahren) und schließlich das Reifen (seit Mitte der achtziger Jahre). Sie schreiben die Geschichte indes auch als Männergeschichte. Ein umfassender Überblick über den Stand deutschsprachiger Politikwissenschaft der Konsolidierungsphase liegt in Form eines Sonderheftes der Politischen Vierteljahresschrift aus dem Jahr 1986 vor (von Beyme 1986b). Der Frauenanteil an diesem Band ist zeitgemäß niedrig, die »Trendreports aus den Forschungsgebieten« (von Beyme 1986c: 8) kennen weder Frauen- noch Geschlechterforschung. Die Bilanz spiegelt mithin den mannhaften Zustand der Disziplin treffend. Sinn und Ziel dieser Bilanzierung Mitte der achtziger Jahre war es, politikwissenschaftliche Essentials festzuhalten, im eigentlichen Wortsinn zu fixieren. Der Band wollte darlegen, daß Politikwissenschaft inzwischen eine »normale Wissenschaft« geworden ist.

Politikwissenschaft wurde in der Bundesrepublik Deutschland erst in den fünfziger Jahren (neu)begründet[34]. Institutionalisierungsversuche in der Weimarer Republik waren gescheitert, und die Nationalsozialisten trieben bekannte Staatswissenschaftler ins Exil (vgl. dazu Rupp/Noetzel 1991). Die Gründungssituation war eine explizit politische: Das Fach war zur politischen Bildung begründet worden. Der Anspruch, Demokratiewissenschaft zu sein, legte zunächst die normative Orientierung der jungen Disziplin fest. Erst im Verlauf der fünfziger Jahre setzte ein Verwissenschaftlichungsprozeß ein, und Institutionen der Politikwissenschaft entwickelten sich von Stätten der Bildung und Weiterbildung zu akademischen Einrichtungen (vgl. Göhler 1991: 14f.). Trotz dieser politischen Besonderheit war die politikwissenschaftliche Gründungsweise völlig normal: Ulrich von Alemann spricht von der »Zeugung der Politikwissenschaft« im Nachkriegsdeutschland durch »amerikanische Reeducation-Offiziere und deutsche Remigranten sowie Protagonisten einer neuen politischen Bildung« (von Alemann 1995: 22). Bundesdeutsche Politikwissenschaft war ein Projekt männlicher Selbstzeugung, denn Mütter hatte das Kind Politikwissenschaft nicht.

Der Identitätsfindungsprozeß bundesdeutscher Politikwissenschaft hatte zwei Fokusse: erstens die binnendisziplinäre Debatte um ihre theoretische Orientierung als normative Geisteswissenschaft, als »harte« szientistische Wissenschaft in us-amerikanischer Tradition oder als kritische Wissenschaft mit explizit gesellschaftlichem und politischem Engagement und zweitens die Abgrenzung zu den Nachbarfächern.

In den frühen Jahren war der Bedarf an »normativ gestimmtem Deutungswissen« groß, so daß das Fach an eine »vorszientistische Bürgererziehungstradition« anknüpfte (von Beyme 1986a: 15). Diese geisteswissenschaftliche Ausrichtung war nicht zuletzt durch die erstberufenen Professoren auf politikwissenschaftliche Lehrstühle begründet – allesamt keine politik- bzw. sozialwissenschaftlich ausgebildeten Wissenschaftler, sondern Staats- und Rechtswissenschaftler, die zu ihren Ahnen die Denker der abendländischen Staatsphilosophie zählten. Die Entwicklungsgeschichte deutschsprachiger Politikwissenschaft stand mithin im Spannungsfeld zwischen geisteswissenschaftlicher Tradition und Neuerung der Politikwissenschaft als Sozialwissenschaft: »Politikwissenschaft ist eine zugleich klassische und moderne Disziplin« (von Beyme 1990: 459). Der geisteswissenschaftliche Bias führte in den fünfziger und sechziger Jahren nicht eben zu operationalisierbaren Theorien (vgl. von Beyme 1986a: 15), so daß Politikwissenschaft von den Nachbardisziplinen nicht als Sozialwissenschaft anerkannt war.

»Die politische Theorie mußte ihren Mittelweg finden zwischen diesem zu *weiten* Fokus der *Soziologie* und einem zu *engen* Blickwinkel der alten institutionell-normativ orientierten *Staatslehre*.« (von Beyme 1991: 90, Hervorhebung im Original)

Politikwissenschaft traf darüber hinaus in den fünfziger Jahren auf das traditionelle deutsche »Juristenmonopol« (vgl. von Alemann 1985a: 720), entwickelte aber aus ihrer staatswissenschaftlichen Tradition heraus einen anti-soziologischen Impuls (vgl. von Beyme 1986a: 19). Politikwissenschaft »drängte« sich gewissermaßen zwischen traditionelle Disziplinen, von denen sie »nicht eben freudig begrüßt« wurde (von Beyme 1991: 13). Themennahe Disziplinen befürchteten wissenschaftliche, aber auch hochschulpolitische Konkurrenz. Eingeklemmt in die Nachkriegsdisziplinen definierte Politikwissenschaft sich als »Integrationswissenschaft« (Fraenkel) und hob ihre Bündelungsfähigkeit hervor. Auch dieser Anspruch konservierte die Ambivalenz des Besonderen und des Normalen, implizierte er doch tendenziell eine ordnende und übergeordnete Rolle, aber auch eine Nachordnung von Politikwissenschaft im Sinne von Nacharbeiten anderer Disziplinen. Mit dem Anspruch der »Integrationswissenschaft« war Politikwissenschaft unter den Verdacht des »Wissenschaftsimperialismus« gestellt (vgl. Bermbach 1986: 143).

Das Selbstverständnis der Politikwissenschaft ist das des ungeliebten Spätgeborenen; Disziplingeschichte wird zur Leidensgeschichte:

»Kein Fach hatte solche Mühe, von der Ideengeschichte wegzukommen, wie die Politikwissenschaft. Kein Fach litt so unter der kränkenden Herablassung der Nachbardisziplinen.« (von Beyme 1991: 91)

Theoriegeschichtliche Fundierung der Politikwissenschaft seit den fünfziger Jahren hatte schließlich den Zweck, eine eigene Methodologie zu entwickeln. Die Theoriedebatte sollte die historische Legitimation des neuen Faches liefern, »mit deren Hilfe der universitäre Anspruch wie auch die praktisch-politischen Absichten gerechtfertigt werden konnten« (Bermbach 1986: 142f.). Der »Triumph des Behavioralismus« (von Beyme 1991: 332) in us-amerikanischer Tradition führte schließlich zur Ver-Sozialwissenschaftlichung des Faches und zur Linderung gekränkten Männerstolzes. Die Herausbildung von Schulen in den sechziger Jahren beendete die politikwissenschaftliche Theoriesuche: Politikwissenschaft richtete sich mehr oder weniger gut mit den Schulen ein, es entstanden theoretische Vorgärten, die von den Meister-Schüler-Dyaden gepflegt wurden. Die belächelte »Trias-Narretei« (ebd.: 331) einer normativ-ontologischen, einer empirisch-analytischen und einer kritisch-dialektischen Politikwissenschaft (vgl. Nohlen 1985: 724; Mols 1991: 505) prägte indessen in den sechziger Jahren untergründig die Theoriebildung der Disziplin und war nicht zuletzt politisch konnotiert bzw. kodifiziert. Auch wenn die Entwicklung der beiden »anderen« Paradigmata nicht nur Abgrenzung vom alten Freiburger Paradigma, also nichts »völlig« Neues war, sondern durchaus auch Kontinuitäten und Gemeinsamkeiten besaß, erlaubte die Symbolisierung dreier abgrenzbarer Schulen Bindung und Identität nach innen. Die Kontinuität der Schulenbildung blieb durch Meister-Schüler-Beziehungen gewährleistet, und die rasche Expansion des Faches in den sechziger Jahren erfolgte auf der Basis dieser geschlechtshomogenen Beziehungen[35].

Eine enorme personelle und institutionelle Expansion an den Hochschulen erfuhr das Fach seit Ende der sechziger und dem Beginn der siebziger Jahre. Die Jahrzehntwende läßt sich gleichsam als personeller wie auch inhaltlicher »Umbruch« bundesdeutscher Politikwissenschaft deuten. Die Transformation des Faches in dieser Zeit war einem Generationenwechsel geschuldet: Die politikwissenschaftliche Vätergeneration wurde von ihren Söhnen beerbt – und zugleich gescholten, die Söhne wurden von den »politischen Onkels« in den wissenschaftspolitischen Verwaltungen gefördert.

Mit dem Generationenwechsel ging vor allem ein Prozeß der »Professionalisierung« und der Normalisierung des Selbstverständnisses als Fach einher (vgl. von Alemann 1985b: 722). Der Professionalisierungsschub korrespondierte mit politischen Entwicklungen: Die partielle Ver-Sozialwissenschaftlichung bundesdeutscher Politikwissenschaft besaß im Kern die Idee der rationalen Planbarkeit gesellschaftlicher und politischer Prozesse. Der Glaube an die planmäßige Durchleuchtung des Forschungsgegenstands fand seine Entsprechung im sozialdemokratischen Politikstil, der Demokratie und Gleichheit mit oft technokratischen Reformen herzustellen trachtete. Diese »Planungseuphorie« (von Beyme 1986a: 22; von Alemann 1995: 40) führte in den siebziger Jahren zu einer Konjunktur der Politikfeldanalyse und zur Vorstellung, daß Staat, Politik und Gesellschaft prinzipiell steuerbar seien. »Professionalisierung« der Disziplin wurde als Produktion von politisch und gesellschaftlich umsetzbarem Wissen verstanden, und Politikwissenschaft begriff sich vielfach als Sozialtechnologie. Der Konflikt um ein gemeinsames Paradigma, um eine Theorie der Politik wurde Marginalie – ausgetragen nur noch an den Rändern mit einer sich »kritisch« verstehenden, marxistisch orientierten Politikwissenschaft. Der Mainstream glaubte, ohne theoretische, vor allem aber ohne normative Orientierung auskommen und vornehmlich messen, quantifizieren oder implementieren zu können.

Gegen die drei relativ unvereinbar sich gebenden Paradigmata des Hauptstroms entstand eine »rebellierende« Söhne-Tradition »kritisch-emanzipatorischer« Politikwissenschaft – lokalisierbar in Frankfurt, Marburg und Berlin (vgl. Greven 1991: 232)[36] :

»Die Entwicklung der ›kritisch-emanzipatorischen Politikwissenschaft‹ ist das inhaltliche Konzept und Selbstverständnis eines sich um bestimmte Lehrstühle und Institute herum entwickelnden ›Akademischen Mittelbaus‹, (...), die mit der innerwissenschaftlichen Konzeptentwicklung gegen die bis dahin dominante Ausrichtung der Politikwissenschaft zugleich ihre Karriere- und Professionalisierungsmöglichkeiten ausarbeiteten.« (ebd.: 230)

Auch das kritisch-emanzipatorische Mittelbauprojekt entstand in einem homosozialen Klima, und auch der Strom kritisch-emanzipatorischer Politikwissenschaft tradierte das geschlechtsblinde Paradigma. Kapitalismuskritik und Systemüberwindung war die Gemeinsamkeit der kritisch-emanzipatorischen Politikwissenschaft der späten sechziger und frühen siebziger Jahre.

Die frühen siebziger Jahre wurden gewissermaßen zur Pubertätskrise der Disziplin: Das Fach stand in der Gefahr der Desintegration »bis hin zur Auflösung seiner organisatorischen Einheit« (Mols 1991: 506). Ein einheitliches Selbstverständnis und damit eine »Identität« schien endgültig verloren (vgl. ebd.: 504). Weder gab es einen verbindlichen Gegenstand, noch einheitliche und ordnende wissenschaftliche Standards (vgl. ebd.: 506), und der »Schulenstreit« wuchs sich zeitweise zu ausgeprägten Männerfeindschaften aus[37]. Hinzu kam, daß das Fach in den siebziger Jahren auf öffentliche Vorurteile als sinnlose Wissenschaft traf. Dies nicht zuletzt deshalb, weil die politikwissenschaftliche Studentenschaft – entgegen empirischer Evidenz – mit der Studentenbewegung identifiziert wurde.

In den späten siebziger Jahren fielen das Disengagement etablierter Vertreter der kritisch-emanzipatorischen Wissenschaft (vgl. Greven 1991: 234) mit einer Ernüchterung des »Planungsmythos« des Mainstreams zusammen. Neue Soziale Bewegungen hatten beispielsweise sichtbar gemacht, daß Umweltzerstörung eine »ungeplante« Folge der Wachstumspolitik ist, und die Frauenbewegung setzte Geschlechterungleichheit auf die politische Agenda.

Seit der zweiten Hälfte der siebziger Jahre fand aber eine theoretische Diskussion um die Grundlagen des Faches kaum noch statt: Der Mainstream des

Faches verschanzte sich in mehr oder weniger segregierten Politikfeldern und zog zur konzeptuellen Fundierung soziologische Theorien heran. Der Zersplitterung der Policy-Analyse des Mainstreams entsprach die Fragmentierung kritischer Infragestellungen der Disziplin (vgl. ebd.: 239). Über das Politische und über genuine Gegenstände der Politikwissenschaft gab es keine zentralen Debatten. Möglicherweise liegt dieser Abstinenz die theoretische Traumatisierung der frühen siebziger Jahre zugrunde. System-, Policy-Forschung und »marxistische Ableitungsscholastik« schafften es vereint, eine Diskussion über das Politische im gesellschaftlichen Kontext, also eine Theoretisierung in der Politikwissenschaft zu verhindern (vgl. ebd.: 242).

Auch wenn disziplinäre und persönliche Konflikte in der zweiten Hälfte der achtziger Jahre stillgestellt waren, blieb die Politikwissenschaft eine »fragmentierte Disziplin« (von Beyme 1986c: 9). Nun begannen Bemühungen um Mainstreaming, d.h. um »Integration« des Faches durch einen paradigmatischen Minimalkonsens (vgl. ebd.: 9), oder anders ausgedrückt: Politikwissenschaft stand vor der Aufgabe, »zu einer konsensfähigen Pluralität zu finden« (Mols 1991: 506):

»Möglicherweise als nachhaltige untergründige Reaktion auf die perzipierte Gefährdung des Faches in den 70er Jahren inszeniert sie sich heute überall in der erst spät gewonnenen professionellen Normalität.« (Greven 1991: 239)

Transformationsforschung bietet nun sowohl theoretische wie auch personelle Chancen, diese Inszenierung zu gestalten. Sie erlaubt die Konsensualisierung des Theorienmarktes der Männlichkeit.

Transformation der Politikwissenschaft: Normalisierung von Männlichkeit

Wie läßt sich vor diesem Hintergrund die Resistenz gegenüber der Kategorie Geschlecht im transformationswissenschaftlichen Hauptstrom erklären? Die obstinate Abwehr einer Geschlechterperspektive ist kein böser Wille einzelner verknöcherter Wissenschaftler, sondern sie hat System: Transformationsforschung ist das Exerzierfeld der Selbstverständigung deutschsprachiger Politikwissenschaft, auf dem um Bedeutungen und Bedeutsamkeit »gekämpft« wird.

Es war zunächst zu vermuten, daß mit dem Ende der die bundesdeutsche Politikwissenschaft konstituierenden Situation des Kalten Krieges diese auch ihre Grundlegungen ändern möge. Krisen, sich häufende Anomalien und

Schwierigkeiten der Problemlösung des herrschenden Paradigmas sind nach Kuhn notwendige Voraussetzungen für neue Paradigmata. Allerdings sind solche Krisen keine hinreichenden Bedingungen für paradigmatischen Wandel. Wissenschaftler müssen in einer Normalwissenschaft ein Paradigma nicht ablehnen, wenn sich »Anomalien oder Gegenbeispiele« daraus ergeben (vgl. Kuhn 1996: 90f.). Umso mehr sind sie bemüht, ihre Paradigmata krisenfest zu machen bzw. krisenfeste Paradigmata zu bewahren.

Auch der vermutete politikwissenschaftliche Paradigmenwechsel am Beginn der neunziger Jahre erfuhr eine eigentümliche Transformation: Bundesdeutsche Politikwissenschaft begann in ausgeprägtem Maße, sich an den Transformationsfällen um die Schärfung ihrer Kategorien, Prämissen und Konzepte zu bemühen. Die Transformationsforschung spielt eine wichtige Rolle für die Reanimierung der bundesdeutschen Politikwissenschaft, sie ist geradezu als ihr Jungbrunnen nutzbar. Auf dem Totenbett der realsozialistischen Staaten scheint die in die Krise geratene politikwissenschaftliche Theoriebildung zu genesen, sich zu stabilisieren. Das Prognosedesaster führte nicht zur Bereitschaft, die gegebene Begrifflichkeit zu »riskieren«, ja geradezu trotzig wird inzwischen darauf beharrt, daß Sozial- und Politikwissenschaft über ein »differenziertes, ergiebiges und ausbaufähiges Instrumentarium« mit ausreichendem »Erklärungspotential« zur theoretischen Erhellung des Transformations- und Vereinigungsgeschehens verfügten (vgl. Weiß 1994: 294; Welzel 1995: 67f.)[38].

Der Reiz der Transformationsforschung liegt für die bundesdeutsche Politikwissenschaft also in folgendem: Sie ist dabei, sich zur »reifen« Sozialwissenschaft zu mausern und Historiographie sowie Soziologie als Hilfswissenschaften zu »erledigen«. Zugleich wird marxistischen bzw. materialistischen Ansätzen der Todesstoß versetzt. Das Verhältnis von ökonomischem und politischem Prozeß gelte es, in einem veränderten Verhältnis zu begreifen: Die Ökonomie sollte nicht länger als Prärequisite politischer Demokratisierung verstanden werden, auch nicht als Dominante des politischen Geschehens (vgl. von Beyme 1994a: 159; Merkel 1994b: 321ff.). Klaus von Beyme, der bereits vielzitierte Vertreter der Neubelebung, bringt diesen Wirkungszusammenhang auf den Begriff:

»Wissenschaftliche Methoden entspringen nie nur einer abstrakten Einsicht der Forscher. Sie dienen auch der Selbststabilisierung der Disziplin. Die Politikwissenschaft sucht ihren eigenen Weg, zwischen historischer Deskription von Akteuren und soziologischer Theoriebildung auf der Makroebene« (von Beyme 1994b: 43 und 1994c: 16).

Politikwissenschaft könne mit Hilfe der Transformationsforschung ihre »ideengeschichtlichen Eierschalen« abstreifen (von Beyme 1994b: 36) und zur *Sozial*wissenschaft werden. Ostmitteleuropa bietet der Politikwissenschaft das »natürliche Experiment(ierfeld)«[39], das Labor, nach dem sie sich sehnt, ermöglicht die Positivierung der ideengeschichtlichen Disziplin[40]. Hier kann beobachtet, seziert und vermessen werden.

Aus diesem politikwissenschaftlichen Transformationsprozeß soll eine normalisierte Wissenschaft herauskomen: die – um mit Klaus Günther zu sprechen – »Berliner Ära« der Politikwissenschaft[41]. Die Ende der achtziger Jahre neu entfachte Theoriedebatte hat also wie die Theoriediskussion der frühen fünfziger Jahre legitimatorische Funktion (vgl. dazu: Bermbach 1986: 142f.): Sie dient der Behauptung der Politikwissenschaft im Disziplinenkanon, sie legitimiert aber auch ihre Expansion in die neuen Bundesländer Deutschlands.

Für ersteres seien nun Rational Choice-Ansätze wie geschaffen. Mit ihrer Hilfe könne Politikwissenschaft sich »szientifizieren«, d.h. zu einer quantifizierbaren, regelgeleiteten Sozialwissenschaft mit eigenem disziplinären Profil werden (vgl. von Beyme 1994b: 43 und 1994c: 16). Rational Choice-Ansätze erlauben gleichsam eine sanfte Metrisierung der Politikwissenschaft, und sie scheinen in die gegenwärtige Zeit zu passen, sind sie doch »kohärent, sparsam und deduktiv« (Ordeshook, zit. nach von Beyme 1996: 24f.). Und: Politikwissenschaft findet ihren eigenen Platz im Kanon benachbarter Disziplinen:

»Der neue Ansatz diente der Stabilisierung der Disziplin nach außen und verschaffte ihr Anschluß an Ökonomie und andere Sozialwissenschaften, welche die Politikwissenschaft als narrative Disziplin nicht sonderlich hoch einschätzten.« (von Beyme 1996: 25)

Unabhängig davon, daß m.E. eine Besinnung auf disziplinspezifische Kategorien und Methodologien tatsächlich seit langem ein Desiderat der Politikwissenschaft ist, wird an der Argumentation des Mainstreams sichtbar, daß mit der Transformationsforschung eine generelle Neusituierung der deutschen Politikwissenschaft vorgenommen werden soll. Auch dagegen wäre nichts einzuwenden, wenn damit nicht Innovationen von den Rändern der Disziplin beiseite geschoben würden[42] – die Geschlechterperspektive, die Soziale Bewegungsforschung und materialistische Ansätze – und zugleich eine nationale Einigelung stattfände. Die Suche nach dem »Königsweg in der sozialwissenschaftlichen Transformationsforschung« (Merkel 1994b) erfolgt mit geschlechterspezifischen »männlichen« Scheuklappen, und sie ist zugleich eine Korrektur disziplinärer »Abwege«, seien sie links oder feministisch. Transformationsforschung leistet in den Worten von Mary Douglas einen Beitrag zum »institutionellen Vergessen« (Douglas 1991: 113ff.): Schien der Politikwissenschaft die »Geschäftsgrundlage« durch das Prognosedesaster von 1989 entzogen, so ist der Mainstream nicht bereit, sich diese durch den Feminismus (erneut) in Frage stellen zu lassen. Die Integration der Kategorie Geschlecht in die Politikwissenschaft könnte aber den disziplinären Konsolidierungsprozeß gefährden.

Politikwissenschaft nutzte die Krise am Ende der achtziger Jahre als restaurative »Chance« zur Reifizierung und Festschreibung traditioneller »geschlechtsneutraler« Paradigmata. Politikwissenschaftliche Transformationsforschung entfaltet also eine ganz spezifische Sinnstruktur: Sie kann als die »Modernisierung« und »Normalisierung« des männlichen Blicks auf gesellschaftliche und politische Verhältnisse interpretiert werden und zugleich als die Normalisierung des westlichen Männerbundes (Politik-)Wissenschaft. Transformationsforschung leistet – wenn auch gewissermaßen als Nebenprodukt – einen Beitrag zur Remaskulinisierung der Scientific Community.

Interessanterweise erfolgt nämlich dieses Mainstreaming just vor einem neuerlichen »Generationenwechsel« in der Politikwissenschaft. Die inhaltliche »Normalisierungs- und Modernisierungsstrategie« des Faches korrespondiert mit der institutionellen Verfestigung des personellen Frauenausschlusses. Inhaltlich wird Politikwissenschaft gemainstreamt, und zugleich wird das Personal vermännlicht. Der Aufbau der Politikwissenschaft in den neuen Bundesländern Deutschlands ist hier paradigmatisch zu nennen: Er war ein hochprozentig männliches Unterfangen (vgl. Young 1993; Marx Ferree/Young 1993; Nickel 1996). Transformationsforschung ist also zugleich als Immunisierungsstrategie gegen die Herausforderungen der politikwissenschaftlichen Geschlechterforschung wie auch gegen Politikwissenschaftler*innen* interpretierbar. Sie ist das Bad im Drachenblut maskuliner politikwissenschaftlicher Ansätze, um gestählt aus der Midlife-Crisis der endachtziger Jahre herauszukommen.

Anmerkungen

1 Auf ein weiteres Schisma sei nur verwiesen: Nur wenigen Sozialwissenschaftlern aus den ehemals realsozialistischen Staaten wird das Recht zugestanden, sich transformationstheoretisch oder -kritisch zu Gehör zu bringen. Theoriearbeit wird in der Regel von westlichen, männlichen Wissenschaftlern geleistet.

2 Im Heft 3/1994 des *Berliner Journals für Soziologie* illustriert eine von Raj Kollmorgen et al. zusammengestellte »Auswahlbibliographie zur theoretischen Transformationsforschung«, was wert ist, zu den relevanten Titeln der Transformationsforschung zu zählen. Von 812 Artikeln (einige davon sind mehrfach aufgeführt) behandelt einer die Rolle von

Frauen, ein weiterer die Situation von Familien im Transformationsprozeß (vgl. Kollmorgen/Harnack/Kühnemuth 1994).

3 Es fällt auf, daß sich an diesem expandierenden Forschungsfeld vergleichsweise wenig ehemalige DDR- bzw. Osteuropaforscher beteiligen. Eine Vielzahl von Politologen und Soziologen dieser Forschungsrichtung historisierten sich nach der »Wende« mit ihrem Untersuchungsgegenstand und betrieben fürderhin Zeitgeschichtsforschung; sie überließen das »Terrain« den »nicht kontaminierten« Kollegen.

4 So lautet der Titel des von Klaus von Beyme und Claus Offe herausgegebenen PVS-Sonderbandes 1995, das den Stand politikwissenschaftlicher Theorie bilanziert. Zwar widmet der Band ein Kapitel feministischer Theorie (Rössler 1996) – allerdings nicht von einer Politologin, sondern von einer Philosophin verfaßt. Die restlichen Beiträge des Bandes bleiben auf diese Weise von Geschlechterfragen unberührt.

5 Wenn ich im folgenden ausgewählte Theoreme der Transformationsforschung und ihre Aussagefähigkeit für Geschlechterforschung vorstelle, so muß ich vier Beschränkungen vorwegschicken: Räumlich beschränke ich mich erstens vornehmlich auf Transformationsprozesse in den einst realsozialistischen Ländern. Damit ist zweitens auch eine zeitliche Beschränkung gegeben: Frühere transformatorische Prozesse in West- und Südeuropa, in Lateinamerika und Asien bleiben unberücksichtigt. Die dritte Einschränkung ist eine sektorale: Mein Schwerpunkt liegt auf politikwissenschaftlichen Transformationskonzepten; Theorien ökonomischer Transformation werde ich nicht behandeln. Viertens und letztens werde ich die zahllosen empirischen Transformationsstudien nicht in den Blick nehmen, sondern mich auf Bemühungen um die Profilierung einer Transformationstheorie konzentrieren.

6 Transformation wurde zum Sammelbegriff für Umbruchs- und Wandlungsprozesse; er bezeichnet einen »spezifische(n) Typ sozialen Wandels«, der durch »Intentionalität von gesellschaftlichen Akteuren, durch einen Prozeß mehr oder minder bewußter Änderung wesentlicher Ordnungsstrukturen und -muster sowie durch einen über verschiedene Medien gesteuerten Umwandlungsprozeß« gekennzeichnet ist (Reißig 1994a: 7).

7 Der Begriff »Systemwechsel« wurde von Klaus von Beyme und Dieter Nohlen in die Transformationsdebatte eingeführt, um die neue Forschungssituation in den ostmitteleuropäischen Staaten im Unterschied zu den vorhergegangenen Transformationsprozessen zu kennzeichnen (vgl. von Beyme/Nohlen 1995). Der Systembegriff bezieht sich auf alle gesellschaftlichen Systeme – Ökonomie, Ideologie, Politik und politische Kultur – und ist umfassender als die Begriffe Staat, Regierung und selbst als der Regimebegriff (vgl. Merkel 1994a: 12). Systemwechsel nimmt begrifflich am besten jene Tatsache in den Blick, die Claus Offe als das »Dilemma der Gleichzeitigkeit« im Bruch und im Umbau von ökonomischen Strukturen, politischen Institutionen, Verfahren parlamentarischer Demokratie und demokratischer Öffentlichkeit sowie in der Territorialfrage bezeichnet hat (vgl. Offe 1991a).

8 Regimewechsel bezieht sich auf den Wandel »formale(r) oder informelle(r) Organisation im Zentrum der politischen Macht und ihre Beziehung zur Gesellschaft« (Glaeßner 1994: 89). Nach Robert Fishman definieren Regimes die Zugänge zur politischen Macht; sie sind dauerhafte Formen politischer Herrschaftsorganisation (vgl. Fishman 1990: 428).

9 Unter Transition wird in der Regel der politische Übergang von autoritären zu demokratischen Herrschaftsformen gefaßt (vgl. Reißig 1994a: 7). Transition zur Demokratie umfasse die Stadien »Liberalisierung, Demokratisierung und Konsolidierung« (vgl. Schmidt 1995: 963). Transition – von lateinisch *hindurchgehen, überschreiten* – kann aber auch als

»über etwas hinwegschreiten«, etwas »übergehen« begriffen werden (vgl. Kreisky 1996: 9).

10 Mit dem Begriff der »doppelten Modernisierung« will der ostdeutsche Sozialwissenschaftler Dieter Klein darauf verweisen, daß auch die alte Bundesrepublik unter Modernisierungsdruck gerät.

11 In einer Vielzahl von Transitionskonzepten wird die russische Oktoberrevolution zum »Abweg« vom Modernisierungspfad erklärt und Transition als Rückkehr auf den rechten Weg der Demokratie begriffen. Klaus von Beyme entwickelt in einem Vergleich des Systemwechsels nach 1989 und in der Zeit der Oktoberrevolution eine weniger wertende Sicht (vgl. von Beyme 1994a: 146ff.).

12 In mancher Hinsicht (Bildungsstand, Säkularisierung, Entideologisierung von Ersatzreligionen, Überwindung parochialer Einstellungen zu Gunsten landesweiter Orientierungen) hatte die DDR die klassischen Modernisierungsleistungen erbracht (vgl. von Beyme 1994b: 48).

13 Unter »differenciation« wird die Herausbildung gesellschaftlicher Teilsysteme und die Etablierung eigener Handlungslogiken der unterschiedlichen Sphären verstanden. »Funktionale soziale Differenzierung wird anhand der Vielfalt der von den Handelnden selbst unterscheidbaren Sinnbezüge ihres Handelns festgestellt. Segmentäre soziale Differenzierung bezieht sich auf die Vielfalt der Handlungskreise, die innerhalb ein und desselben Sinnbezuges zu unterscheiden sind (...) Allgemein läßt sich soziale Differenzierung als Vielfalt und Vielzahl von selbstregulierenden, das heißt relativ autonomen sozialen Kreisen feststellen« (Hondrich 1991: 556).

14 Dies bedeutet Wachstum insbesondere von materiellem Wohlstand, aber auch der sozialen Kompetenz möglichst vieler Bürger und Bürgerinnen.

15 Das Prinzip der »exclusion« qua Stand, Religion, Ethnie oder Geschlecht, d.h. wegen askriptiver Merkmale, wird zunehmend durch das Prinzip der »inclusion« ersetzt, d.h. durch die »Eingliederung oder soziale(n) Integration von immer mehr Bevölkerungsgruppen in die Grundinstitutionen einer Gesellschaft« (Zapf 1991: 34).

16 »Value generalization« bezieht sich auf die »hohe Flexibilität verschiedener kultureller Ausdeutungen innerhalb gemeinsamer Grundwerte« (Zapf 1991: 34).

17 Wenn auch nicht explizit benannt, so doch implizit unterstellt, ist Modernisierung auch die Herauslösung aus den zugeschriebenen Geschlechtscharakteren und Zwängen des Geschlechterverhältnisses; so argumentieren z.B. Ulrich Beck und Elisabeth Beck-Gernsheim (1990).

18 Modernisierungstheorien entstanden im Kontext der us-amerikanischen Politikwissenschaft; ausgehend vom »Social Science Council on Comparative Politics« dienten sie in den fünfziger Jahren der Beschreibung und Erklärung der Transformationsprozesse von Entwicklungsgesellschaften in der sogenannten Dritten Welt (vgl. Riegel 1995: 349). In den sechziger Jahren geriet der Modernisierungsansatz in das Schußfeuer vor allem marxistischer Kritik. Schließlich wurde das Scheitern von aufgepfropften Modernisierungspfaden in den Ländern der Dritten Welt sowie die Mißachtung ökologischer Verheerungen durch dieses Zivilisationsmodell kritisch hinterfragt. Helmut F. Spinner bezeichnet Modernisierung als Begriff, der »wissenschaftliche Eintopfvorstellungen vom System moderner Gesellschaften provoziert« und ein Sammelkonzept für »tendenziöse Wegweiserbegriffe« wie Demokratisierung, Säkularisierung und Pluralisierung bilde (vgl. Spinner 1985: 827).

19 Das Gegenteil ist der Fall, denn die Theorien arbeiten implizit damit, daß Differenzierungskosten in der Privatsphäre »abgegolten« werden: Zapf kommt zum Ergebnis, »daß Bela-

stungen (z.B. Arbeitslosigkeit, Kurzarbeit) häufig innerhalb des Haushalts abgefedert werden, weil andere Haushaltsmitglieder positive Erfahrungen machen und weil sich die Kumulation von Problemlagen in Grenzen hält« (Zapf 1994a: 298).
20 Eine aufschlußreiche Systematisierung politikwissenschaftlicher Transformationskonzepte findet sich bei von Beyme (1994b: 88). Er unterscheidet zwischen deskriptiv-typologischen und erklärend-quantifizierenden Ansätzen sowie zwischen der Ansatzhöhe der Konzepte und kommt dann zu folgender Systematik: Deskriptiv-typologische *Systemansätze* finden sich bei Lipset, während Gurr einen erklärend-quantifizierenden Systemansatz vertritt; Typologien von *Akteuren* in Transformationsprozessen entwerfen Stepan, Huntington und Schmitter, wohingegen Przeworski und Offe eher den erklärend-quantifizierenden Akteursansätzen zuzurechnen sind, die mit dem Rational Choice-Modell Aushandlungs- und Entscheidungsprozesse untersuchen.
21 Wolfgang Merkel bezeichnet es als »Akt des Pragmatismus der Transformationsforschung«, daß sich der Mainstream nicht in das verminte Gebiet der Demokratietheorie hineinbegibt, sondern ein »elitär-minimalistisches« Demokratiekonzept präferiert (vgl. Merkel 1996: 35). Auch er begnügt sich in seinem Modell »analytischer Sequenzierung der Konsolidierungsebenen« mit diesem beschnittenen Konzept. Herstellung von Demokratie braucht in seinem Modell vier Dimensionen, die gleichzeitig beginnen, aber unterschiedliche Dauer haben: die institutionelle Konsolidierung (»polity first«), die repräsentative Konsolidierung (der territorialen Parteien und funktionalen Interessen), die Verhaltenskonsolidierung der politischen Eliten bzw. Akteure sowie die Konsolidierung der civic culture und die »Stabilisierung des sozio-politischen Unterbaus der Demokratie« (vgl. ebd.: 39).
22 Bevölkerung taucht in solchen Konzepten dichotomisiert als »Masse« oder »Elite« auf (vgl. z.B. von Beyme 1994c: 15; von Beyme/Nohlen 1995: 774).
23 Eine Ausnahme bildet Claus Offe, der den Aspekt der Legitimität und Stabilität mit einem System sozialer Sicherung in Verbindung bringt (vgl. Offe 1994a: 93), allerdings nicht als Wert, sondern gleichsam als funktionale Präequisite demokratischer Konsolidierung.
24 Der in der Transformationsforschung gängige und der Internationalen Beziehungs-Debatte entlehnte Regimebegriff läßt sich auch auf Geschlechterverhältnisse übertragen: Ein Geschlechterregime ist die formelle und informelle Organisation der politischen Machtzentren entlang der Geschlechterdifferenz. Es definiert die Zugänge zur politischen Macht und bestimmt somit das Verhältnis zwischen den politischen Machthabern und den dieser Macht Unterworfenen. Geschlechterregimes sind dauerhafte Formen andrarchischer politischer Herrschaftsorganisation, in Normen und Verfahrensweisen des Staates verankert, und stabiler und dauerhafter als Regierungen (vgl. dazu Fishman 1990: 428; Connell 1990: 523).
25 Ich verwende hier in abgewandelter Form den Titel eines von Peter B. Evans et al.(1985) edierten Bandes »Bringing the State Back In«, der die Wichtigkeit von Institutionen und von Politik im Unterschied zur Ökonomie und zur gesellschaftlichen Verortung von Politik betont.
26 Melanie Tatur wies beispielsweise darauf hin, daß in den realsozialistischen Gesellschaften eine »Feminisierung« der sozialen Werthierarchie feststellbar war, die es auch bei Männern an »zweckrationale(r) und abstrakt moralische(r) Orientierung« fehlen ließ; auch sie maßen Anerkennung durch Freunde und Bekannte, Solidarität und Sicherheit höchste Priorität bei (zit. nach Mänicke-Gyöngyösi 1991: 122f.). Demokratisierung verlangt nun nach einer »Vermännlichung« der Kultur.
27 Nur wenige Wissenschaftler explizieren die Möglichkeit, daß die Transformationsforschung »(d)ie Diskussion um eine Reformierung der auch in repräsentativen Demokratien noch

vorhandenen Bereiche hierarchisch-autoritärer Steuerung« inspirieren könnte (so Welzel 1995: 68).
28 Daß die Agenten der Transformation einen ambivalenten Impact auf das Geschlechterverhältnis haben können, zeigt das Beispiel der katholischen Kirche Polens, die eine systemoppositionelle Haltung gepaart mit einer reaktionären Geschlechterpolitik einnahm.
29 O'Donnell und Schmitter versuchen in ihrem Modell allerdings langfristige ökonomische Einflußfaktoren und die Klassenstruktur bei der Beschreibung des strategischen Kalküls der Transformationsakteure zu berücksichtigen (vgl. dazu Glaeßner 1994: 159). Auch Wolfgang Merkel schlägt eine Synthese von Akteurs- und Systemperspektive vor, die die »Schattenzonen« einer alleinigen Akteursperspektive ausleuchtet. Er verweist auf ein weiteres Defizit der Akteurstheorien, nämlich die Rahmenbedingungen des internationalen Kontextes (vgl. Merkel 1994b: 323).
30 Für Klaus von Beyme ist die Geschlechterfrage kein Thema; daß die von ihm in den Blick genommenen Akteure ausschließlich Männer sind, ist ihm keiner weiteren Betrachtung wert (vgl. von Beyme 1994b: 238ff.).
31 So ist es lediglich ein oberflächlicher Eindruck, daß die Totalitarismustheorie schließlich doch Recht behalten habe, weil sie den »totalitären« Systemen des Realsozialismus keine Berechtigung gegeben und keine Dauer vorausgesagt habe. Vielmehr lag auch die Totalitarismustheorie in ihren grundlegenden Prämissen falsch, implizierte doch die These der totalen Durchdringung der Gesellschaft mit dem Führungsanspruch der Partei, daß realsozialistische Gesellschaften aus sich selbst heraus nicht transformierbar seien und auch nicht zusammenbrechen könnten. Einzig Talcott Parsons' struktur-funktionalistische Sicht (vgl. Merkel 1994b: 305) und die Systemtheorie der Autopoiesis (vgl. von Beyme 1994c: 13) prognostizierten den notwendigen endogenen Zusammenbruch realsozialistischer Staaten. Ralf Rytlewski wies bereits in einer Publikation aus dem Jahr 1989 darauf hin, daß alle Konzepte der Sozialismusforschung ihren Gegenstand knapp, aber dafür umso folgenreicher verfehlten (vgl. Rytlewski 1989: 16).
32 Die Frage nach der Prognosefähigkeit und -notwendigkeit politikwissenschaftlicher Theorien stellte sich nun neu und dringlich (vgl. Nohlen 1995: 42). Szientistisch ausgerichtete Politikwissenschaftler bejahen traditionell die Notwendigkeit, »Vorhersagen noch unbekannter Ereignisse auf Basis bekannter Ausgangsbedingungen« zu treffen (Mohr 1995: 104). In der Regel handelt es sich dabei aber um statistische oder probabilistische Prognosen (vgl. z.B. Jürgen W. Falter, zit. nach Nohlen 1995: 42). Der Anspruch, Politikwissenschaft müsse auch prognostische Aussagen treffen, ist m.E. mit schlüssigen Argumenten zurückgedrängt worden. Arno Mohr verweist beispielsweise auf das methodische Problem der self-fulfilling oder self-destroying prophecy (vgl. Mohr 1995: 105).
33 Regina Köpl wies mich dankenswerter Weise darauf hin, daß Sandra Harding zur Bezeichnung dieser in die Doxa abgesunkenen Männlichkeit eine dem Begriff der »Normalwissenschaft« nachempfundene Metapher benutzt: »Science as usual«, in der deutschen Ausgabe leider als »herkömmliche Wissenschaft« übersetzt (Harding 1994: 68), meint, in Anspielung an »business as usual«, »the whole scientific enterprise, its purposes, practices, and functions« (Harding 1991: 54 und 1994: 68). »Science as usual« bezieht also nicht allein die Inhalte und Epistemologie einer Disziplin, nicht nur die Methoden, sondern auch den »Betrieb« Wissenschaft ein: Auch dieser bestimmt die Paradigmen.
34 Dennoch ist nicht einfach davon auszugehen, daß es eine »Stunde Null« bundesdeutscher Politikwissenschaft gegeben hätte; Gerhard Göhler zeigt auf, daß es durchaus Kontinuitäten, insbesondere von Personen, von der Weimarer Republik über den Nationalsozialismus bis hin zur Nachkriegszeit gegeben hat (vgl. Göhler 1991).

35 1960 war Politikwissenschaft an 12 der 18 westdeutschen Universitäten als eigenständige Disziplin institutionalisiert, 1962 gab es 27 politikwissenschaftliche Lehrstühle (vgl. Bermbach 1986: 146).
36 Es gab einige wenige weibliche Ausnahmen wie Ursel Schmiederer, Helga Grebing, Christel Neusüß und Heide Gerstenberger.
37 Erst in den frühen achtziger Jahren (1983) allerdings spaltete sich der Berufsverband; die »Deutsche Gesellschaft für Politische Wissenschaft« löste sich aus der »Deutschen Vereinigung für Politische Wissenschaft« heraus.
38 Rolf Reißig erscheint als einsamer Rufer, wenn er mittelfristig von theoretischen Innovationen ausgeht, die durch die empirischen Analysen der Transformationsprozesse induziert werden (vgl. Reißig 1994b: 337).
39 Zwar benutzt Claus Offe den Terminus »natürliches Experiment« für die Transformationen in ironisch-distanzierter Haltung, doch drückt er auch den Wunsch zum Experiment aus (vgl. Offe 1991b).
40 Daß Ideengeschichte bei von Beyme zum Gegenpart von Sozialwissenschaft stilisiert wird, hängt auch am vergleichsweise fantasielosen und kaum gegenwartsbezogenen Umgang mit Ideengeschichte in der deutschsprachigen Politikwissenschaft zusammen: Die »toten weißen Männer« werden noch einmal leblos gemacht.
41 Klaus Günther ordnet die Generationen bundesdeutscher Nachkriegspolitikwissenschaft in Weimar-Abhängigkeiten und in Bonn-Abhängigkeiten ein; ist die erste eher geisteswissenschaftlich orientiert, so ist die zweite eher szientistisch ausgerichtet (vgl. Günther 1986: 28ff.).
42 Bemerkenswerterweise ist es ein Soziologe – Ulrich Beck –, der sich anschickt, den Begriff des Politischen unter dem Stichwort »Subpolitik« als die »institutionen*lose* Renaissance des Politischen« neu zu fassen bzw. zu »erfinden«, während die Politikwissenschaft ihren Gegenstandsbereich zunehmend abschottet und auf Institutionen hin beschränkt (vgl. Beck 1993: 155, Hervorhebung B.S.).Vgl. dazu inzwischen auch Greven (1994).

Literatur

Alemann, Ulrich von (1985a), Politikwissenschaft als Beruf, in: *Pipers Wörterbuch zur Politik*, hg. von Dieter Nohlen, Bd. 1: Politikwissenschaft. Theorien, Methoden, Begriffe, hg. von Dieter Nohlen, Rainer-Olaf Schultze, München/Zürich, S. 720-721.
Alemann, Ulrich von (1985b), Politikwissenschaft als Fach, in: *Pipers Wörterbuch zur Politik*, hg. von Dieter Nohlen, Bd. 1: Politikwissenschaft. Theorien, Methoden, Begriffe, hg. von Dieter Nohlen, Rainer-Olaf Schultze, München/Zürich, S. 721-724.
Alemann, Ulrich von (1995), *Grundlagen der Politikwissenschaft. Ein Wegweiser*, Opladen (2. Auflg.).
Beck, Ulrich (1991), Der Konflikt der zwei Modernen, in: Wolfgang Zapf (Hg.), *Die Modernisierung moderner Gesellschaften* (25. Soziologentag), Frankfurt/M./New York, S. 40-53.
Beck, Ulrich (1993), *Die Erfindung des Politischen. Zu einer Theorie reflexiver Modernisierung*, Frankfurt/M.
Beck, Ulrich, Elisabeth Beck-Gernsheim (1990), *Das ganz normale Chaos der Liebe*, Frankfurt/M.

Becker-Schmidt, Regina (1987), Die doppelte Vergesellschaftung – die doppelte Unterdrükkung. Besonderheiten der Frauenforschung in den Sozialwissenschaften, in: Lilo Unterkirchner, Ina Wagner (Hg.), *Die andere Hälfte der Gesellschaft.* Österreichischer Soziologentag, Wien, S. 5-25.

Becker-Schmidt, Regina (1993), Ambivalenz und Nachträglichkeit. Perspektiven einer feministischen Biografieforschung, in: Marlies Krüger (Hg.), *Was heißt hier eigentlich feministisch? Zur theoretischen Diskussion in den Geistes- und Sozialwissenschaften*, Bremen, S. 81-93.

Berg-Schlosser, Dirk (1995), Politikwissenschaft und nationale Stile, in: *Lexikon der Politik*, hg. von Dieter Nohlen, Bd. 1: Politische Theorien, hg. von Dieter Nohlen, Rainer-Olaf Schultze, München, S. 458-467.

Berger, Johannes (1996), Modernisierung und Modernisierungstheorie, in: *Leviathan* 1, S. 8-12.

Bermbach, Udo (1986), Zur Entwicklung und zum Stand der politischen Theoriegeschichte, in: Klaus von Beyme (Hg.), *Politikwissenschaft in der Bundesrepublik Deutschland. Entwicklungsprobleme einer Disziplin* (PVS-Sonderheft), Opladen, S. 142-167.

Beyme, Klaus von (1986a), Die deutsche Politikwissenschaft im internationalen Vergleich, in: Ders. (Hg.), *Politikwissenschaft in der Bundesrepublik Deutschland. Entwicklungsprobleme einer Disziplin* (PVS-Sonderheft), Opladen, S. 13-26.

Beyme, Klaus von (Hg.) (1986b), *Politikwissenschaft in der Bundesrepublik Deutschland. Entwicklungsprobleme einer Disziplin* (PVS-Sonderheft), Opladen.

Beyme, Klaus von (1986c), Vorwort, in: Ders. (Hg.), *Politikwissenschaft in der Bundesrepublik Deutschland. Entwicklungsprobleme einer Disziplin* (PVS-Sonderheft), Opladen, S. 7-10.

Beyme, Klaus von (1990) Die vergleichende Politikwissenschaft und der Paradigmenwechsel in der politischen Theorie, in: *Politische Vierteljahresschrift* 3, S. 457-474.

Beyme, Klaus von (1994a), Ansätze zu einer Theorie der Transformation der ex-sozialistischen Länder Osteuropas, in: Wolfgang Merkel (Hg.), *Systemwechsel 1. Theorien, Ansätze und Konzeptionen*, Opladen, S. 141-171.

Beyme, Klaus von (1994b), *Systemwechsel in Osteuropa*, Frankfurt/M.

Beyme, Klaus von (1994c), Der Zusammenbruch des Sozialismus und die Folgen für sozialwissenschaftliche Theoriebildung, in: *WZB-Mitteilungen*, März, S. 9-19.

Beyme, Klaus von (1996), Theorie der Politik im Zeitalter der Transformation, in: Klaus von Beyme, Claus Offe (Hg.), *Politische Theorien in der Ära der Transformation* (PVS Sonderheft 26), Opladen, S. 9-29.

Beyme, Klaus von, Dieter Nohlen (1995), Systemwechsel, in: Dieter Nohlen (Hg.), *Wörterbuch Staat und Politik*, München/Zürich (3. Auflg.), S. 765-776.

Beyme, Klaus von, Claus Offe (Hg.), *Politische Theorien in der Ära der Transformation* (PVS Sonderheft 26), Opladen.

Connell, Robert W. (1990), The State, Gender, and Sexual Politics. Theory and Appraisal, in: *Theory and Society* 5, S. 507-544.

Douglas, Mary (1991), *Wie Institutionen denken*, Frankfurt/M.

Dubiel, Helmut (1993), Reflexive Modernisierung, Zivilgesellschaft und die Transformation Mitteleuropas, in: Bernhard Schäfers (Hg.), *Lebensverhältnisse und soziale Konflikte im neuen Europa* (26. Soziologentag), Frankfurt/M./New York, S. 166-173.

Evans, Peter B., Dietrich Rueshemeyer, Theda Skocpol (Hg.) (1985), *Bringing the State Back In*, Cambridge.

Fenner, Christian (1991), Das Ende des »realen Sozialismus« und die Aporien vergleichender Politikwissenschaft, in: Uwe Backes, Eckhard Jesse (Hg.), *Jahrbuch Extremismus und Demokratie* 3, Bonn, S. 33-51.

Fishman, Robert (1990), Rethinking State and Regime: Southern Europe's Transition to Democracy, In: *World Politics* 3, S. 422-440.

Fuchs, Dieter, Hans-Dieter Klingemann, Carolin Schöbel (1991), Perspektiven der politischen Kultur im vereinigten Deutschland. Eine empirische Studie, in: *Aus Politik und Zeitgeschichte* B 32, S. 35-46.

Galtung, Johan (1983), Struktur, Kultur und intellektueller Stil. Ein vergleichender Essay über sachsonische, teutonische und nipponische Wissenschaft, in: *Leviathan* 11, S. 304-338.

Giesen, Bernd, Claus Leggewie (1991), Sozialwissenschaften vis-à-vis. Die deutsche Vereinigung als sozialer Großversuch, in: Dies. (Hg.), *Experiment Vereinigung. Ein sozialer Großversuch*, Berlin, S. 7-18.

Glaeßner, Gert-Joachim (1993), Vom Kommunismus zur Demokratie? Entwicklungsprobleme in den post-kommunistischen Gesellschaften und die Transformation in den neuen Bundesländern, in: Ders. (Hg.), *Der lange Weg zur Einheit. Studien zum Transformationsprozeß in Ostdeutschland*, Berlin, S. 11-34.

Glaeßner, Gert-Joachim (1994), *Demokratie nach dem Ende des Kommunismus. Regimewechsel, Transition und Demokratisierung im Postkommunismus*, Opladen.

Göhler, Gerhard (1991), Einleitende Überlegungen zum Kontinuitätsproblem, in: Gerhard Göhler, Bodo Zeuner (Hg.), *Kontinuitäten und Brüche in der deutschen Politikwissenschaft*, Baden-Baden, S. 8-22.

Greven, Michael Th. (1991), Was ist aus den Ansprüchen einer kritisch-emanzipatorischen Politikwissenschaft vom Ende der 60er Jahre geworden? Eine Skizze des Paradigmas und seines Scheiterns, in: Gerhard Göhler, Bodo Zeuner (Hg.), *Kontinuitäten und Brüche in der deutschen Politikwissenschaft*, Baden-Baden, S. 221-246.

Greven, Michael Th. (1994), Die Allgegenwart des Politischen und die Randständigkeit der Politikwissenschaft, in: Claus Leggewie (Hg.), *Wozu Politikwissenschaft? Über das Neue in der Politik*, Darmstadt, S. 285-296.

Günther, Klaus (1986), Politikwissenschaft in der Bundesrepublik und die jüngste deutsche Geschichte, in: Klaus von Beyme (Hg.), *Politikwissenschaft in der Bundesrepublik Deutschland. Entwicklungsprobleme einer Disziplin* (PVS-Sonderheft), Opladen, S. 27-40.

Habermas, Jürgen (1990), Die nachholende Revolution, in: Ders., *Die nachholende Revolution. Kleine politische Schriften VII*, Frankfurt/M., S. 177-224.

Harding, Sandra (1991), *Whose Science? Whose knowledge? Thinking from Women's Lives*, Milton Keynes.

Harding, Sandra (1994), *Das Geschlecht des Wissens. Frauen denken die Wissenschaft neu*, Frankfurt/M./New York.

Heering, Walter, Klaus Schröder (1996), Zur Entwicklung der Frauenbeschäftigung in Ostdeutschland. Empirische Trends und subjektive Wahrnehmungen im deutschen Vereinigungsprozeß, in: *Deutschland Archiv* 3, S. 391-407.

Hondrich, Karl Otto (1991), Systemveränderung sozialistischer Gesellschaften – eine Herausforderung für die soziologische Theorie, in: Wolfgang Zapf (Hg.), *Die Modernisierung moderner Gesellschaften* (25. Soziologentag), Frankfurt/M./New York, S. 553-557.

Joas, Hans (1996), Die Modernität des Krieges. Die Modernisierungstheorie und das Problem der Gewalt, in: *Leviathan* 1, S. 13-27.

Kaminski, Antoni Z. (1993), The Operation Transformation: Managing and Mismanaging. Institutional Changes in East-Central and Eastern Europe, in: Bernhard Schäfers (Hg.), *Lebensverhältnisse und soziale Konflikte im neuen Europa* (26. Soziologentag), Frankfurt/M./New York, S. 174-184.

Klein, Dieter (1991), Doppelte Modernisierung im Osten. Illusion oder Option der Geschichte, in: Michael Brie, Dieter Klein (Hg.), *Umbruch zur Moderne*, Hamburg, S. 9-34.

Kollmorgen, Raj (1994), Auf der Suche nach Theorien der Transformation. Überlegungen zu Begriff und Theoretisierung der postsozialistischen Transformationen, in: *Berliner Journal für Soziologie* 3, S. 381-399.

Kollmorgen, Raj, Holger Harnack, Wolfgang Kühnemuth (1994), Auswahlbibliographie zur theoretischen Transformationsforschung (1989 - April 1994), in: *Berliner Journal für Soziologie* 3, S. 400-428.

Kreisky, Eva (1994), Das ewig Männerbündische? Zur Standardform von Staat und Politik, in: Claus Leggewie (Hg.), *Wozu Politikwissenschaft? Über das Neue in der Politik*, Darmstadt, S. 191-208.

Kreisky, Eva (1995), Der Stoff, aus dem die Staaten sind. Zur männerbündischen Fundierung politischer Ordnung. In: Regina Becker-Schmidt, Gudrun-Axeli Knapp (Hg.), *Das Geschlechterverhältnis als Gegenstand der Sozialwissenschaften*, Frankfurt/M./New York, S. 85-124.

Kreisky, Eva (1996), Vom patriarchalen Staatssozialismus zur patriarchalen Demokratie. Der politische Systemwechsel in Osteuropa aus der Gender-Perspektive, in: Dies. (Hg.), *Vom patriarchalen Staatssozialismus zur neuen patriarchalen Demokratie*, Wien, S. 7-22.

Kuhn, Thomas S. (1996), *Die Struktur wissenschaftlicher Revolutionen*, Frankfurt/M., Neuauflage.

Linz, Juan J. (1990), Transitions to Democracy, in: *The Washington Quarterly*, Summer, S. 143-164.

Mänicke-Gyöngyösi, Krisztina (1991), Was bedeutet die Umgestaltung für Frauen in Osteuropa: Traditionalisierung versus Modernisierung der Geschlechterverhältnisse, in: *Österreichische Zeitschrift für Politikwissenschaft* 2, S. 117-129.

Marx Ferree, Myra, Brigitte Young (1993), Three Steps Back for Women. German Unification, Gender, and University ›Reform‹, in: *PS. Political Science and Politics* 2, S. 199-205.

Mayer, Karl Ulrich (1991), Soziale Ungleichheit und Lebensverläufe. Notizen zur Inkorporation der DDR in die Bundesrepublik und ihre Folgen, in: Bernd Giesen, Claus Leggewie (Hg.), *Experiment Vereinigung. Ein sozialer Großversuch*, Berlin, S. 87-99.

Mayntz, Renate (1994), Die deutsche Vereinigung als Prüfstein für die Leistungsfähigkeit der Sozialwissenschaften, in: *Biss Public* 13, S. 21-24.

Meier, Arthur (1990), Abschied von der sozialistischen Ständegesellschaft, in: *Aus Politik und Zeitgeschichte* B40 vom 16.11., S. 3-14.

Merkel, Wolfgang (1994a), Einleitung, in: Ders. (Hg.), *Systemwechsel 1. Theorien, Ansätze und Konzeptionen*, Opladen, S. 9-20.

Merkel, Wolfgang (1994b), Struktur oder Akteur, System oder Handlung: Gibt es einen Königsweg in der sozialwissenschaftlichen Transformationsforschung?, in: Ders. (Hg.), *Systemwechsel 1. Theorien, Ansätze, Konzeptionen*, Opladen, S. 303-331.

Merkel, Wolfgang (Hg.) (1994c), *Systemwechsel 1. Theorien, Ansätze, Konzeptionen*, Opladen.

Merkel, Wolfgang (1996), Theorien der Transformation: Die demokratische Konsolidierung postautoritärer Gesellschaften, in: Klaus von Beyme, Claus Offe (Hg.), *Politische Theorien in der Ära der Transformation* (PVS Sonderheft 26), Opladen, S. 30-58.

Mohr, Arno (1995), Politikwissenschaft als Universitätsdisziplin in Deutschland, in: Ders (Hg.), *Grundzüge der Politikwissenschaft*, München, S. 1-63.
Mols, Manfred (1991), Politikwissenschaft, in: Dieter Nohlen (Hg.), *Wörterbuch Staat und Politik*, Bonn, S. 503-507.
Müller, Klaus (1991), Nachholende Modernisierung? Die Konjunkturen der Modernisierungstheorie und ihre Anwendung auf die Transformation der osteuropäischen Gesellschaften, in: *Leviathan* 2, S. 261-291.
Nickel, Hildegard Maria (1996), Bittersüße Früchte. Frauen- und Geschlechterforschung an der Humboldt-Universität zu Berlin, in: Sabine Lang, Birgit Sauer (Hg.), *Wissenschaft als Arbeit – Arbeit als Wissenschaftlerin*, Frankfurt/M./New York, S. 217-225 (im Erscheinen).
Nohlen, Dieter (1985), Politikwissenschaft als Sozialwissenschaft, in:*Pipers Wörterbuch zur Politik*, hg. von Dieter Nohlen, Bd. 1: Politikwissenschaft. Theorien, Methoden, Begriffe, hg. von Dieter Nohlen und Rainer-Olaf Schultze, München/Zürich, S. 724.
Nohlen, Dieter (1995), Vorwort, in: *Lexikon der Politik*, hg. von Dieter Nohlen, Bd. 1: Politische Theorien, hg. von Dieter Nohlen, Rainer-Olaf Schultze, München, S. 11-12.
Offe, Claus (1991a), Das Dilemma der Gleichzeitigkeit. Demokratisierung und Marktwirtschaft in Osteuropa, in: *Merkur* 4, S. 279-292.
Offe, Claus (1991b), Die deutsche Vereinigung als »natürliches Experiment«, in: Bernd Giesen, Claus Leggewie (Hg.), *Experiment Vereinigung. Ein sozialer Großversuch*, Berlin, S. 77-86.
Offe, Claus (1994a), Die »demokratische Revolution« in Osteuropa – eine neue Bewährungsprobe der Demokratietheorie, in: Ders., *Der Tunnel am Ende des Lichts. Erkundungen der politischen Transformation im Neuen Osten*, Frankfurt/M./New York, S. 81-94.
Offe, Claus (1994b), Systemvergleichende Einleitung: Reziprozitäten, Schüttelreime, in: Ders., *Der Tunnel am Ende des Lichts. Erkundungen der politischen Transformation im Neuen Osten*, Frankfurt/M./New York, S. 11-20.
Reißig, Rolf (1994a),Transformation - Theoretisch-konzeptionelle Ansätze, Erklärungen und Interpretationen, in: *Biss Public* 15, S. 5-43.
Reißig, Rolf (1994b),Transformation - Theoretisch-konzeptionelle Ansätze und Erklärungsversuche, in: *Berliner Journal für Soziologie* 3, S. 323-343.
Reißig, Rolf (1995),Transformationsforschung zum (ost)deutschen Sonderfall – Blockaden und Chancen theoretischer Innovation, in: *Soziologische Revue* 2, S. 147-153.
Riegel, Klaus-Georg (1985), Modernisierungstheorie, in: *Pipers Wörterbuch zur Politik*, hg. von Dieter Nohlen, Bd. 1: Politikwissenschaft. Theorien, Methoden, Begriffe, hg. von Dieter Nohlen, Rainer-Olaf Schultze, München/Zürich, S. 582-585.
Riegel, Klaus-Georg (1995), Modernisierungstheorien, in: *Lexikon der Politik*, hg. von Dieter Nohlen, Bd. 1: Politische Theorien, hg. von Dieter Nohlen, Rainer-Olaf Schultze, München, S. 349-354.
Rössler, Beate (1996), Feministische Theorien der Politik, in: Klaus von Beyme, Klaus Offe (Hg.), Politische Theorien in der Ära der Transformation, Opladen, S. 267-291.
Rohe, Karl (1987), Politische Kultur und der kulturelle Aspekt von Wirklichkeit. Konzeptionelle und typologische Überlegungen zu Gegenstand und Fragestellung politischer Kultur-Forschung, in: Dirk Berg-Schlosser, Jakob Schissler (Hg.), *Politische Kultur in Deutschland. Bilanz und Perspektiven der Forschung*, Opladen, S. 39-48.
Rupp, Hans Karl, Thomas Noetzel (1991), *Macht, Freiheit, Demokratie. Anfänge der westdeutschen Politikwissenschaft. Biographische Annäherungen*, Marburg.

Rytlewski, Ralf (1989), Führt die Perestrojka auch zur Umgestaltung der Sozialistische-Länder-Forschung? Plädoyer für mehr politische Kulturforschung, in: Ders. (Hg.), *Politik und Gesellschaft in sozialistischen Ländern*, Opladen, S. 15-36.

Sauer, Birgit (1995), Geschlecht als Variable oder Strukturkategorie? »Political Culture Revisited«, in: Eva Kreisky, Birgit Sauer (Hg.), *Feministische Standpunkte in der Politikwissenschaft. Eine Einführung*, Frankfurt/M./New York, S. 161-199.

Schmidt, Manfred G. (1995), *Wörterbuch zur Politik*, Stuttgart.

Schultze, Rainer-Olaf (1995), Paradigma, in: *Lexikon der Politik*, hg. von Dieter Nohlen, Bd. 2: Politikwissenschaftliche Methoden, hg. von Jürgen Kriz, Dieter Nohlen, Rainer-Olaf Schultze, München, S. 289-294.

Spinner, Helmut F. (1985), Rationalismus, Rationalisierung, Modernisierung, in: *Pipers Wörterbuch zur Politik*, hg. von Dieter Nohlen, Bd. 1: Politikwissenschaft. Theorien, Methoden, Begriffe, hg. von Dieter Nohlen, Rainer-Olaf Schultze, München/Zürich, S. 823-831.

Waylen, Georgina (1994), Women and Democratization. Conceptualizing Gender Relations in Transition Politics, in: *World Politics*, April, S. 327-354.

Weiß, Johannes (1994), Zur Einführung, in: *Berliner Journal für Soziologie* 3, S. 293-294.

Welzel, Christian (1995), Der Umbruch des SED-Regimes im Lichte genereller Transitionsmechanismen, in: *Politische Vierteljahresschrift* 1, S. 67-90.

Young, Brigitte (1993), Deutsche Vereinigung. Der Abwicklungsskandal an ostdeutschen Universitäten und seine Folgen für Frauen, in: *Feministische Studien* 1, S. 8-20.

Zapf, Wolfgang (1991), Modernisierung und Modernisierungstheorien, in: Ders. (Hg.), *Die Modernisierung moderner Gesellschaften. (25. Soziologentag)*, Frankfurt/M./New York, S. 23-39.

Zapf, Wolfgang (1994a), Die Transformation in der ehemaligen DDR und die soziologische Theorie der Modernisierung, in: *Berliner Journal für Soziologie* 3, S. 295-305.

Zapf, Wolfgang (1994b), Zur Theorie der Transformationen, in: *Biss Public* 13, S. 5-9.

Kriegsfähigkeit, Verhandlungsmacht und ungleiche Arbeitsteilung

Bedingungen der Geschlechterpolitik in den internationalen Beziehungen[1]

Uta Ruppert

Wer würde nach der IV. Weltfrauenkonferenz der Vereinten Nationen und dem Forum der Nicht-Regierungs-Organisationen (NRO) im September 1995 in Peking noch allen Ernstes behaupten wollen, es gäbe keine internationale Frauenpolitik? Nachdem Frauen als Akteurinnen der Weltpolitik erstmals beim Umweltgipfel 1992 in Rio de Janeiro deutlich in Erscheinung getreten und danach im Verlauf des Weltkonferenzmarathons der neunziger Jahre immer präsenter geworden waren, markierte Peking schließlich einen glanzvollen Höhepunkt dieser Entwicklung. Das NRO-Forum 1995 mit seinen über 30 000 Teilnehmerinnen war das größte politische Frauentreffen in der Geschichte der internationalen Frauenbewegungen, die Konferenz der RegierungsvertreterInnen war die größte Weltkonferenz in der Geschichte der UN. Internationale Frauenpolitik ist dadurch stärker als je zuvor ins Blickfeld der Weltöffentlichkeit getreten, und zwar als eine Politik, die sich nicht »nur« mit Fragen der (nationalen und internationalen) Gleichberechtigung von Frauen und Männern befaßt, sondern ebenso mit den Fragen von Weltentwicklung und Weltfrieden in all ihren Dimensionen.

Zu bezweifeln ist allerdings, ob durch diese kurzfristige Prominenz der Themen internationaler Frauenpolitik das Feld der »echten«, »männlich« strukturierten internationalen Politik, wie es in den Medien und in der politischen wie wissenschaftlichen Fachöffentlichkeit traditionell verhandelt wird, auch nur geringfügig modifiziert wurde. Denn kaum ein anderer Bereich der Politik und der Wissenschaft von der Politik ist in seinem Kern so gender-kodiert und damit so rigide im Ausschluß von Frauen aus Theorie und Praxis wie die internationale Politik. Als zentraler Gegenstand internationaler Politik und nationalstaatlicher Außenpolitiken gelten auch noch im Zeitalter von Globalisierung und Regionalisierung die Beziehungen zwischen Staaten. Nationalstaaten sind die relevanten Akteure des internationalen Systems, die über Militär-, Wirtschafts-, Technik- und Währungspotentiale ihre jeweilige Macht und ihren Einfluß im Weltmaßstab sichern oder erweitern[2]. Außenpolitik, Sicherheitspolitik und Weltwirtschaftspolitik als Kernbereiche internationaler Staatsaktivitäten werden von Männern bestimmt und verwaltet: Ob Außenministertreffen oder Diplomatenbanketts, ob Abrüstungs- oder NATO-Erweiterungsverhandlungen, ob Gatt- bzw. WTO-Runden[3] oder Weltwirtschaftsgipfel, all dies sind in der Regel mehr oder weniger reine Männertreffen, bei denen Frauen hauptsächlich in der Funktion von Dolmetscherinnen anwesend sind. Ebenso ist die wissenschaftliche Analyse dieser Politiken eine Männerdomäne. Zwar sind in den letzten Jahren im UN-System deutlich mehr Frauen in Führungspositionen aufgestiegen, jedoch vornehmlich an den eher weichen und daher »frauenverträglicheren« Rändern dieses Systems, wie etwa dem Umweltprogramm und dem Bevölkerungsfonds oder dem Kinderhilfswerk der UN, hingegen kaum in der International Labour Organisation (ILO), der Weltbank oder gar im Sicherheitsrat der Vereinten Nationen (vgl. Birckenbach 1995: 11). Zwar wurde in den letzten Jahren eine große Zahl von Forschungsarbeiten zum Geschlechterverhältnis in Teilbereichen der internationalen Beziehungen wie Entwicklungs-, Bevölkerungs-, Menschenrechts- und Umweltpolitik publiziert, deren Ergebnisse auch Eingang in die Untersuchungen von manchen männlichen Fachkollegen finden (vgl. z.B. Brock/Albert 1995; Kennedy 1993; Krippendorff 1994). Gleichwohl ist der Anteil von Autorinnen, von Geschlechterthemen oder auch nur von Referenzen darauf in anerkannten Einführungs- und Überblicksveröffentlichungen nach wie vor lächerlich gering[4].

Forschung und Praxis internationaler Politik haben demnach keinen einheitlichen Umgang mit politischer Bearbeitung und theoretischer Problematisierung des Geschlechterverhältnisses. Entweder sie sind ihm gegenüber völlig »blind« und ignorieren Geschlecht als Kategorie, oder sie behandeln Geschlecht als randständige Frage in einigen Randbereichen. Diese Zwei- bzw. (wie noch präziser zu zeigen sein wird) Dreiteilung läßt sich auf die drei großen klassischen Paradigmen internationaler Beziehungen[5] zurückführen, die jeweils unterschiedliche Grenzen und Möglichkeiten für eine feministische Revision beinhalten. Ich beginne mit der Kritik des realistischen/neorealistischen Paradigmas, daran anschließend werde ich den Ansatz des Pluralismus/Globalismus und zuletzt das kritische Paradigma aus der Geschlechterperspektive skizzieren. Den Leitfaden bildet dabei die Frage nach den jeweils untergründig enthaltenen Annahmen über das Geschlechterverhältnis. Denn nicht nur die Tatsache, daß die »klassischen« Ansätze internationaler Politik so wenig über

Frauen und nahezu gar nichts über die Strukturen der Verhältnisse zwischen Frauen und Männern aussagen, gilt es aufzudecken, sondern intendiert ist ebenso, die immanenten »geheimen« Gründe dafür aufzuspüren, warum dies so ist. Nur über den Versuch einer Klärung, welche Funktionalität in den spezifischen Formen von »gender-blindness« für die Argumentation der einzelnen Paradigmen liegt, läßt sich schließlich der transformative Gehalt der Kategorie Geschlecht gegenüber den einzelnen Ansätzen und dem Fachgebiet der internationalen Beziehungen insgesamt genauer bestimmen.

Zwei Aspekte sind hierfür von besonderer Bedeutung: erstens die Überprüfung, ob und mit welchen impliziten Geschlechtsrollenannahmen das jeweilige Paradigma (insgeheim) arbeitet. Nach welchen Kriterien ist »Männlichkeit« als empirisch ganz offensichtlich zentraler Bezugspunkt der internationalen Politik konstruiert? Welche Rolle spielen demgegenüber welche Fiktionen von »Weiblichkeit«? Zweitens stellt sich die Frage danach, ob und wie das Verhältnis der Geschlechter als ein *Verhältnis der ungleichen Macht* (insgeheim) konstituiert ist. Welche »Platzanweisungen« und welche Funktionen in der internationalen Politik sind mit welchen Geschlechtszuschreibungen verbunden, und wie vollzieht sich die (Re-)Produktion der Geschlechterhierarchien? Welche »gender-Regeln« bestehen für die Sphären von Öffentlichkeit und Privatheit?

Daß alle drei Paradigmen einer solchen Sondierung unterzogen werden müssen, ergibt sich schlicht aus der vorhandenen Pluralität der Ansätze. Darüber hinaus betrachte ich die Zusammenschau der einzelnen Zugangsweisen allerdings auch als eine Möglichkeit, um daraus eine Annäherung an den bislang ungeklärten Begriff internationaler Frauenpolitik abzuleiten, der über die blosse Kritik der herrschenden Paradigmen hinauszuweisen vermag. Für die Diskussion der Ansätze heißt dies, daß ich sie jeweils möglichst wertneutral als Set von Grundannahmen oder als Instrumente zur Analyse eines bestimmten Ausschnittes internationaler Politik verstehe. Mein Fokus ist nicht die fachimmanente Gültigkeitshierarchie der Paradigmen untereinander, sondern ihr jeweiliger Erklärungswert für eine kritische, der Kategorie Geschlecht angemessene Theorie und Praxis internationaler Politik. Mit Hanne M. Birckenbach (1991), die dies für die feministische Friedensforschung in den internationalen Beziehungen bereits vor einigen Jahren getan hat, plädiere ich für die Paradigmenvielfalt, um die verschiedenen offenliegenden und »geheimen« Aspekte der Realität internationaler Beziehungen gleichzeitig zu erfassen und zueinander ins Verhältnis zu setzen.

(Neo-)Realismus: »männliche« Kriegsfähigkeit als Vorraussetzung für internationalen Frieden

Macht ist die zentrale Kategorie im (neo-)realistischen Paradigma, wie es sich im Anschluß an den zweiten Weltkrieg, insbesondere durch die Arbeiten von Hans Morgenthau[6], zur dominanten Perspektive in der Wissenschaft von den internationalen Beziehungen entwickelte. Macht wird darin gedacht als die Macht souveräner Nationalstaaten, die erforderlich ist, um im internationalen »struggle for power« bestehen zu können. Ausgehend von der philosophischen Grundannahme des Hobbesschen Naturzustandes vom »Krieg aller gegen alle« gilt das internationale System als eine anarchische Welt, in welcher keine allgemein anerkannte, konfliktregulierende Zentralgewalt vorhanden ist. Der internationale Naturzustand ist demnach der permanente, mit Waffengewalt ausgetragene Krieg um Macht (und Ressourcen) zwischen souveränen Staaten, der sich unausweichlich in Form eines gewinn- und verlustgleichen Nullsummenspiels vollzieht. Nationalstaatliches Ziel ist daher die Maximierung eigener Macht. Dies steht als solches weder in Bezug auf die Strukturen der Macht, noch in Bezug auf die Mechanismen ihrer Erhaltung und Erweiterung in Frage. So erscheint insbesondere die Optimierung der Verteidigungs- bzw. Kriegsfähigkeit als die conditio sine qua non der »balance of power«, die allein den Frieden (im Sinne von Nicht-Krieg) sichern kann. Vermittelt durch sicherheitspolitische Allianzen zwingt das Gleichgewicht der kriegerischen Möglichkeiten die einzelnen Staaten zur Abwägung ihrer eigenen Interessen entlang der Kosten-Nutzen-Bilanz von eventuell geplanten Angriffen gegen andere Staaten. Je besser Staaten oder Verteidigungsbündnisse von Staaten für den Krieg gerüstet sind, um so stärker wirkt diese »Abschreckung« reduzierend auf die Zahl der militärischen Gewaltanwendungen. Daß diese wohlbekannte Doktrin des Kalten Krieges mit dessen Ende alles andere als hinfällig geworden ist, zeigen z.B. die jüngeren rüstungspolitischen Debatten um den vermeintlichen »Clash of Civilizations« (Huntington 1993), der im prognostizierten Krieg der Kulturen den Westen gegen den Rest der Welt in Frontstellung bringen wird, oder (damit zusammenhängend) die Verhandlungen um die Nichtverbreitung von Atomwaffen.

Kriegsfähigkeit gilt auch am Ende des 20. Jahrhunderts als eine der wesentlichen Voraussetzungen zur Durchsetzung nationaler Interessen. Um die Kriegsfähigkeit herstellen und bewahren zu können, müssen in dieser Sichtweise allerdings zwei Bedingungen erfüllt sein: Erstens muß der Nationalstaat als einheitlicher und einziger Akteur im internationalen Raum anerkannt werden, d.h. seine inneren Strukturen haben angeblich keinen Einfluß auf seine Entscheidungen über Krieg und Frieden. Innen- und Außen- bzw. internationale Politik gelten als völlig voneinander getrennte Bereiche, womit sich die internationale Politik nicht nur jeglicher direkten gesellschaftlichen Legitimation und Kontrolle entzieht, sondern oftmals sogar der parlamentarischen. Ihre Demokratie- und Partizipationsferne ist in dieser Perspektive festgeschrieben. Zweitens folgt die uneingeschränkte Entscheidungsmacht des Staates einem instrumentellen Rationalitätskalkül, das in kaum noch zu übertreffender Weise entlang der klassischen Konstruktion von Männlichkeit definiert ist. Dem emotionslosen, autonomen und gleichzeitig kampfbereiten Staats*mann* obliegt im Staatsinteresse die Kontrolle über den Auslöseknopf für den atomaren Ernstfall. Seine »männlichen« Eigenschaften befähigen ihn, eventuelle moralische Bedenken oder gar gefühlsgeleitete Ängste zu kontrollieren, um »objektive« Entscheidungen zu treffen. Frauen hingegen kommen in dieser Position theoretisch nicht vor.

Dennoch würde der Realismus, daraufhin befragt, von sich behaupten, alles andere als geschlechtskodiert zu sein. In seiner Perspektive folgt der Kampf um Macht quasi naturgegebenen Gesetzmäßigkeiten, unabhängig davon, ob die Handlungen der Staatsmänner de facto von sehr unterschiedlichen (subjektiven) Motiven und Problemlagen bestimmt sind (vgl. Beckman 1994: 17f.). Das Geschlecht der Kämpfenden kann daher keine Rolle spielen. Die Kategorie Geschlecht erscheint im realistischen Ansatz auf den ersten Blick demnach weder nach- oder untergeordnet noch ignoriert, sondern schlicht irrelevant:

»On the surface, therefore, Realist theory has no difficulty with women or gender. It says that gender – like other characteristics of leaders – is essentially *irrelevant* to world politics.« (ebd.: 22)

Doch was bedeutet es tatsächlich, wenn in einem Paradigma internationaler Politik die Welt wie bei dem Theoretiker Kenneth Waltz (1959) aus »Mann, Staat und Krieg« besteht und das politische Subjekt dieser Welt nicht nur »political man« (Morgenthau) genannt wird, sondern auch als Mann konstruiert ist (vgl. Tickner 1988)? Was wir in der Männlichkeitskonstruktion des Realismus vorfinden, ist die militarisierte Version des »Staatsbürgers« der klassischen politischen Theorie (vgl. Tickner 1992: 27ff.) mitsamt seinem untergründigen Komplement der »Mutter-Staatsbürgerin« (Hartsock 1990 und 1995) der Neuzeit, wie sie aus der politisch gänzlich ausgeschlossenen Frau der antiken politischen Philosophie hervorgegangen ist. Auch wenn die Theoretiker des Realismus dies nicht ausweisen, so arbeiten sie doch implizit mit der traditionellen theoretischen Annahme, daß dem idealen Staatsmann eine als Mutter gedachte Frau gegenübersteht, der entgegengesetzte, für die Stabilität des internationalen Systems geradezu gefährliche Eigenschaften zugeschrieben werden: Schutzbedürftigkeit, in ihrer ängstlichen Besorgnis um ihre Kinder und ihren Ehemann zwangsläufig Irrationalität, abhängige Gebundenheit und daher Passivität. Sofern diese »Mutter« in einer von »legitimer« kriegerischer Gewalt dominierten Welt überhaupt zugelassen ist, fungiert sie ausschließlich indirekt, in der Rolle derjenigen, für die der männliche Verteidiger bereit ist, sein Leben zu opfern. Während der Mann dadurch zum idealen Krieger-Staatsbürger avanciert, bleibt die verteidigungsunfähige Mutter aus dem Kern des kriegerischen Staatssystems ausgegrenzt. Denn dieser Staat ist gleichsam identisch mit seinen machtstrebenden, machterhaltenden autonomen Krieger-Bürgern. Seine Handlungen im internationalen Raum legitimieren sich aus dem unterstellten einheitlichen Willen respektive der Pflicht der Staatsbürger zum Kampf um die Macht.

Welche Funktionalität solche dichotomen Geschlechterkonstruktionen für das Verhältnis von Männlichkeit, Kriegertum und Staatsbürgerschaft, d.h. für die Herstellung und Aufrechterhaltung patriarchaler Herrschaftsverhältnisse in neuzeitlichen Nationalstaaten haben, ist von politischen Theorien des Feminismus bereits seit Ende der siebziger Jahre weitgehend aufgearbeitet worden. Stellvertretend für diese Forschungsrichtung können hier beispielsweise die elaborierten Arbeiten von Carole Pateman (z.B. 1988, 1989 und 1992) genannt werden. Die Anwendung ihrer Erkenntnisse über die (vermeintliche) Trennung der Sphären von Öffentlichkeit und Privatheit auf das dem Realismus zugrundeliegende Machtkonzept erscheint um so sinnvoller, als der systematische Zusammenhang von gewaltverherrlichendem Militarismus, Rassismus und Sexismus in der Praxis internationaler Politik zwar einerseits besonders evident wird[7], andererseits aber in seiner theoretischen Komplexität von feministischer Kritik und Theoriebildung lange Zeit wenig thematisiert wurde.

Stellen wir also entlang der Ergebnisse politischer Theorien des Feminismus die Konstruktion von Öffentlichkeit und Staatlichkeit im Realismus in Frage, bricht die Tragfähigkeit seiner beiden Grundpfeiler: die Konzeption nationaler Souveränität ebenso wie die Konzeption nationaler Sicherheit. Zwar brauchen Regierungen die Anerkennung ihrer Souveränität, um in der internationalen Arena operieren zu können. Aber diese Souveränität ist erstens nicht zwangsläufig absolut und unkontrollierbar (vgl. Rumpf 1995) und zweitens ist sie genausowenig geschlechtsneutral wie das vermeintlich einheitliche nationale Interesse, das der Verteidigung nationaler Sicherheit zugrundegelegt wird. Souveränität wird erlangt und bewahrt auf der Basis der jeweiligen gesellschaftlichen Machtverhältnisse und damit eben auch der darin eingelassenen Geschlechterverhältnisse. Nationales Interesse kann nur dann als einheitliches Interesse ausgegeben werden, wenn die inneren Konflikte darum, was dieses Interesse ist oder sein könnte, ausgeklammert bleiben.

Analog zu der Kritik am Realismus von Seiten der beiden anderen Forschungsansätze in den internationalen Beziehungen, daß Außenpolitik und Innenpolitik sich weder analytisch noch politik-praktisch rigide voneinander trennen lassen, steht hier der zentrale feministische Einwand von J. Ann Tickner (1994: 35),

»we must begin to questioning the assumption made by Realists that the behavior of individuals and the domestic policies of states can be separate Form states' behavior in the international system.«

Oder wie Cynthia Enloe (1989: 64) schon vor einigen Jahren formuliert hat: »the international is personal«, was auf besonders drastische Weise an der weltweit festzustellenden Korrelation von steigendem gesellschaftlichen Militarisierungsgrad und zunehmender direkter Gewalt gegen Frauen sichtbar wird. Sogenannte private oder familiäre Gewalt ist weder von struktureller Gewalt auf nationaler *und* internationaler Ebene zu trennen, noch von als strategisch legitimierter, national wie international hergestellter, aber vor allem international ausagierter Kriegsgewalt.

Das Persönliche im Internationalen konfrontiert den »Realismus« also einerseits mit der Unhaltbarkeit seiner Grundannahmen. Andererseits sollte der empirische Befund des de facto anhaltenden Machtkampfes in der internationalen Politik, der einander immer wieder feindlich gegenüberstehenden Nationalstaaten und der zunehmenden Zahl der (zwischenstaatlichen) Kriege bedächtig werden lassen bei der vorschnellen Verwerfung dieses Paradigmas. Zwar begrenzt es selbst seine eigene Erklärungsmächtigkeit auf einen engen Ausschnitt internationaler Politik, indem es seinen gender-bias *doppelt verstellt* und die nationale Kriegsfähigkeit nicht nur als geschlechtsneutral, sondern zusätzlich auch noch als Friedensvoraussetzung verbrämt. Doch legt der Realismus in dieser »Verstellung« ungewollt die geschlechtsbezogenen Kategorien internationaler Beziehungen in einer Deutlichkeit offen wie kein anderes Paradigma dieser Disziplin. Darin »offenbart sich der emotionale Gehalt, der dem (Neo-)Realismus wider alle auf Rationalität bedachten Ansprüche mit bis heute enorm gewalttätigen persönlichen, innergesellschaftlichen und internationalen Folgen anhaftet.« (Birckenbach 1991: 961) Gerade weil das biologistische Weiblichkeitskonstrukt des Realismus durchaus treffend die bestehenden Partizipationshindernisse von Frauen in der internationalen Politik beschreibt, läßt es sich für den Entwurf einer Theorie und Praxis internationaler Politik aus der Geschlechterperspektive gezielt heranziehen. So arbeiten Frauen strategisch bewußt mit dem Bild der friedliebenden, kooperativen, sorgenden Frau, wenn sie ihre Ansprüche auf Beteiligung an internationalen Entscheidungsprozessen mit ihren differenten Fähigkeiten begründen. Auch wenn sie dabei nicht auf die Biologie, sondern auf ihre sozialen Erfahrungen verweisen, reklamieren sie für sich, friedens- und verhandlungsfähiger zu sein als Männer und über die besseren (Alternativ-)Konzepte für die Verwirklichung von Weltfrieden und Weltentwicklung zu verfügen. Die Forderung nach einer 50%-Quote für Frauen in der internationalen Politik wurde auf dieser Grundlage bei der Weltfrauenkonferenz in Peking keineswegs »nur« von den »Frauen in Schwarz«[8] und anderen Friedensaktivistinnen aus allen Erdteilen erhoben, sondern ebenso von den hochrangigen Vertreterinnen der verschiedenen UN-Sonderorganisationen. Gleicher Zugang von Frauen zu allen Entscheidungspositionen wurde gleichermaßen als Recht auf formale Gleichheit und als Hebel zur Transformation der Strukturen von Macht mittels weiblicher Kompetenzen und Prioritäten betont:

> »Analytisch richtig macht dieser Ansatz (der Frauenpolitik, U.R.) irrationale Aspekte der sich rational dünkenden Denkstile und rüstungspolitischen Entscheidungen, die Verflechtung von Männlichkeitsstereotypen mit der organisierten Fried- und Verantwortunglosigkeit sowie die Delegitimierung von Gewalt sichtbar und trägt auf diese Weise zur politischen Bewußtseinsbildung bei« (Birckenbach 1991: 962).

Darüber hinaus ermöglicht eine solche Herangehensweise, theoretische Defizite aufzudecken und Prämissen so zu modifizieren, daß sie an realitätsadäquatem Gehalt gewinnen, ohne sie dazu gänzlich neu schreiben zu müssen. Dies sollte sich eine feministische Analyse internationaler Politik auch dann erlauben, wenn der »Realismus« selbst zunächst äußerst resistent gegen ein solches Projekt erscheint und die Variation seiner in sich geschlossenen Annahmen kategorisch ausschließt. Denn nicht die Feststellung, daß Machtstreben ein zentraler Antrieb internationaler Politik ist, sollte im Mittelpunkt der Kontroverse um das realistische Paradigma stehen, sondern die Charakterisierung der Macht als »*männlich*« und *statisch*, weil quasi naturgegeben. Aus feministischer Sicht das Prozeßhafte der Macht zu bedenken, bedeutet gleichzeitig die Definitionen der Souveränität, des nationalen Interesses und der (inter-)nationalen Sicherheit auf das darin enthaltene (wenn auch vom »Realismus« negierte) Potential an Kooperations- und Verhandlungsmöglichkeiten so zu hinterfragen, daß sich – ganz im Sinne des Ansatzes – die Opportunitäten zum Tarieren der Stabilität des internationalen Systems präzisieren lassen.

Pluralismus/Globalismus: »männliche« Verhandlungsmacht als Voraussetzung für internationale Konfliktbearbeitung

An diesem Punkt trifft sich die feministische Kritik des »Realismus« mit dem entscheidenden Einwand des pluralistischen Paradigmas gegenüber diesem Ansatz. Im Unterschied zur anarchischen Welt aus autonomen Staaten ist die Perspektive des »Pluralismus« oder »Globalismus« die eines interdependenten Handlungsgeflechtes in und zwischen den unterschiedlichen Politikbereichen der einzelnen Staaten. Profiliert in den siebziger Jahren, d.h. in einer Zeit zunehmender Komplexität und gleichzeitig, zumindest bezüglich des Ost-West-Konflikts, auch partieller Entspannung des internationalen Systems[9], nimmt er neben den Konfliktstrukturen der internationalen Politik nun zusätzlich auch die Kooperationsmuster in den Blick. Damit verbunden ist erstens der Bezug auf mehrdimensionale Handlungsebenen. Neben der Sicherheitspolitik erfahren die Ökonomie und auch die »low politics« wie soziale Wohlfahrt und Umweltpolitik eine stärkere Berücksichtigung. Zweitens werden mehr und andere Akteure in die Analyse einbezogen. Neben die Staaten treten supranationale zwischenstaatliche Organisationen, transnationale Konzerne und (mit zunehmender Bedeutung) internationale oder international operierende Nicht-Regierungs-Organisationen. Der Staat wird in diesem Ansatz also nicht einfach aus seiner Schlüsselrolle verdrängt, sondern das Netz der internationalen Beziehungen um ihn herum und durch ihn hindurch wird erweitert, die vom »Realismus« angenommene starre Grenze zwischen Innen- und Außenpolitik wird durchlässiger. Ausgehend von einem multizentrischen »dichten Geflecht von Interaktionsbeziehungen *unterschiedlicher Qualität und Intensität*« (Hervorhebung U.R.) bleibt der Staat ein zentraler Akteur, doch unter der Bedingung der »Auffächerung der Analyseeinheiten: der Staat wird aufgelöst in eine Vielzahl von Handlungsträgern des politischen Systems« (Kohler-Koch 1990: 116).

Statt vom unbedingten Null-Summen-Kampf um die Macht geht der Pluralismus von der Möglichkeit der Konfliktregulierung durch Kooperation und Verhandlungen aus. Als Ziel der internationalen Politik gilt demnach die Nutzenoptimierung aller Konfliktparteien oder (wie z.B. in der Umweltpolitik) aller beteiligten bzw. betroffenen Akteure. Die Verteilung des gewonnenen Nutzens ist dabei keineswegs zwangsläufig eine gleichheitliche. Der Fluchtpunkt des Paradigmas ist nicht die Herstellung internationaler Gerechtigkeit, sondern die nicht-kriegerische Verfahrensregulierung der internationalen Beziehungen. Bereits im Begriff der Interdependenz bleiben vorhandene Asymmetrien unangetastet bestehen[10]. Gleiches gilt für den in den achtziger Jahren debattierten Begriff von internationalen Regimen, der sich auf Entscheidungsverfahren mit vorher ausgehandelten Normen und Regeln bezieht[11]. Darin erfaßt der »Pluralismus« einerseits einen großen und wesentlichen Teil internationaler Politik, der im »Realismus« mehr oder weniger vollständig ausgeblendet bleibt. Ungestellt läßt dieses Paradigma jedoch andererseits die Fragen nach den (materiellen) Strukturen der Macht, welche die Formen der Kooperationen, die Verteilung der vereinbarten Pflichten und schließlich die Ergebnisse der Verhandlungen entscheidend prägen.

Erweiterungen wie Verengungen der pluralistischen Perspektive auf die internationale Politik spiegeln sich auch in ihrem Verhältnis zur Kategorie Geschlecht. Naheliegend ist, daß der Fokus auf internationale Organisationen und Akteure ebenso wie die Berücksichtigung der »low politics« Raum schafft für die »Ergänzung« um Frauen als Akteurinnen internationaler Politik. Sowohl die Tatsache, daß Frauen im System der Vereinten Nationen und in den allermeisten transnationalen Nicht-Regierungs-Organisationen politisch partizipieren, als auch die Muster ihrer Partizipation im Bereich der »weichen« Umwelt-, Menschenrechts- oder Entwicklungspolitiken lassen sich diesem Ansatz relativ problemlos hinzufügen. In diesem Sinne hat beispielsweise Robert Keohane[12] bereits vor einigen Jahren mit dem »bringing women in« begonnen. Er begrüßt die feministische Perspektive als Komplettierung der pluralistischen Theorien internationaler Beziehungen, denn »women's experience at the margin of political life have given them perspectives on social issues that provide valid insights into world politics.« (Keohane 1989: 245) Dieser Rekurs darauf, daß die internationalen Frauenbewegungen in den letzten Jahren etliche Erweiterung der Debatten internationaler Politik erreicht haben, etwa um Themen wie Gewalt gegen Frauen im Zusammenhang der Menschenrechtspolitik, reproduktive Rechte von Frauen im Zusammenhang der Bevölkerungspolitik oder ökonomische Rechte von Frauen im Zusammenhang der Entwicklungspolitik, mag zunächst erfreulich offen gegenüber der Notwendigkeit von gender-Analysen erscheinen. Gleichzeitig ignoriert die Sichtweise von Geschlecht als additive *Variable* der Theorie und Praxis internationaler Politik jedoch den systematischen Zusammenhang der Geschlechterverhältnisse mit der Gesamtheit internationaler Machtverhältnisse:

»In the pluralist vision, women need only make their voices heard – they must network, get organized, form or join Non Gouvernmental Organisations, get hired by and promoted in International Organisations – and then their perspective is added.« (D'Amico 1994: 62)

In dieser Logik liegt es dann an der politischen Schwäche der Frauen selbst, wenn ihre Anliegen im internationalen Raum nicht genügend Gehör finden.

263

Dies impliziert, daß der Pluralismus, indem er die *Strukturen* der Macht und damit auch der Frauenunterdrückung im internationalen System unthematisiert läßt, sowohl die ungleichen Machtverhältnisse zwischen den Geschlechtern als auch den transformativen Gehalt der *Kategorie* Geschlecht für die Theorien internationaler Beziehungen negiert.

An dieser Stelle teilt die feministische Kritik des Paradigmas wiederum eine Schnittmenge ihrer Einwände mit anderen Kritikrichtungen. Als Defizit des Globalismus stellt sie gemeinsam mit den kritischen Ansätzen die ahistorische Ausblendung der materiellen Basis nationaler wie internationaler Konflikte (zwischen den Geschlechtern) heraus, denn die »gender-difference« internationaler Politik beschreibt nicht nur die Unterschiede der weiblichen Erfahrung, sondern auch die Unterschiede der konkreten Lebens- und Problemlagen. Daß und warum die Kategorie Geschlecht den klassischen Ansätzen von Theorie und Praxis internationaler Politik nicht einfach additiv angehängt werden kann, läßt sich an der Weltwirtschaftskritik von Frauen aus den südlichen Kontinenten (vgl. z.B. Sparr 1994; Heyzer 1994; Wee/Heyzer 1995) exemplarisch aufzeigen. Sie basiert u.a. auf den Ergebnissen einer Vielzahl von Studien der letzten zwei Jahrzehnte zu Arbeit und Wirtschaft von Frauen in afrikanischen, asiatischen und lateinamerikanischen Ländern. Deren gemeinsames Verdienst besteht vor allem darin, aufgedeckt zu haben, daß Frauen nicht nur in dem ihnen zugeordneten Subsistenzsektor tätig sind, sondern daß und wie sie den permanenten Spagat zwischen »privater« Subsistenzarbeit und »öffentlicher« Marktarbeit bestehen (vgl. Hasenjürgen/Preuss 1993). Eine wirksame Stabilisierung ihrer Lebens- und Arbeitsverhältnisse hat daher u.a. strukturelle Veränderungen der globalen politischen und ökonomischen Bedingungen zur Voraussetzung.

Den transformativen Gehalt der Geschlechtskategorie herauszuarbeiten, bedeutet also auch, die untergründige »gender-blindness« des »Pluralismus« offenzulegen. Zwar erhebt er »Männlichkeit« nicht wie der »Realismus« zum alleinigen Kriterium internationaler Politik und gesteht differenten Erfahrungen durchaus einen bestimmten Stellenwert zu, doch bleibt der (weniger kriegerische und dafür mehr rational verhandelnde) Mann der Maßstab politischer Subjekthaftigkeit. Erfahrungen von Frauen gelten dagegen als Abweichung einer Minderheit mit partikularen Sonderinteressen von der (männlichen) Norm. Eine gewisse Berücksichtigung können solch marginale Anliegen dann finden, wenn sie nach den herrschenden »männlichen« Spielregeln in die Politik eingebracht und vertreten werden. Dadurch entstehen zweifellos bestimmte Chancen für die Implementierung von Frauenpolitiken und feministischen Analyseansätzen. Diese bleiben aber zwangsläufig auf die »Frauen und ...«-

oder »Frauen in der ...«-Sichtweise begrenzt. Denn das Politische im sogenannten Privaten ebenso wie die gender-Kodierung des Öffentlichen läßt auch der »Pluralismus« unthematisiert und damit unangetastet. So findet die »politische Bearbeitung von Konflikten«, die Frauen erst den Zutritt zur internationalen Politik verschafft, ja nicht in einem tatsächlich geschlechtsneutralen Raum statt, sondern in der »männlich« verregelten öffentlichen Welt der Diplomatie und des Welthandels. Die »private« Sphäre z.B. der miteinander verquickten Dimensionen von politisch-ökonomischer und sozial-kultureller Ausbeutung weiblicher Arbeitskraft im Weltmaßstab spielt darin entweder gar keine oder eine sehr untergeordnete Rolle. Vom »Rand des politischen Lebens« aus dürfen Frauen ihre Kenntnisse in bestimmte Randbereiche internationaler Politik einbringen, von deren Kern bleiben sie jedoch weiterhin ausgeschlossen:

»Thus the Pluralist perspective could ›bring women in‹ to study of world politics and could include the analysis of *gender-as-difference* but cannot achieve the level of analysis of *gender-as-power.*« (D'Amico 1994: 63)

Kritische Weltökonomie: geschlechtsspezifische Arbeitsteilung als Vorraussetzung für die Transformation internationaler Herrschaft

Mit diesem Fazit könnte nun die Anlehnung einer feministischen Theorie und Praxis internationaler Politik an die radikal-kritischen, zum großen Teil marxistisch inspirierten Ansätze politischer Weltökonomie naheliegen. Deren Perspektive ist die eines hierarchischen Weltsystems mit dem Mittelpunkt des historischen Kontextes politisch-ökonomischer Abhängigkeitsverhältnisse in den Herrschaftsstrukturen zwischen Nord und Süd. Die Armut in den Ländern der sogenannten Dritten Welt wird darin auf die gewaltsam durchgesetzte, einseitige Ausrichtung der Produktions- und Handelsstrukturen in den ehemaligen Kolonien auf die ökonomischen Anforderungen der Industriestaaten zurückgeführt. Ebenfalls in den siebziger Jahren, zunächst aus der Sichtweise von »Hauptbetroffenen« des Nord-Süd-Konflikts in Lateinamerika entstanden[13], erhebt dieser Ansatz den normativen Anspruch auf strukturelle Veränderung des Weltsystems. Zentrale Konfliktpunkte werden in der ausbeuterischen Ordnung der Weltwirtschaft und den daraus resultierenden ungleichen internationalen Besitz- und Machtverhältnissen ausgemacht. Ziel der internationalen Politik sollte daher die Herstellung von Gleichheit und Verteilungsgerechtigkeit in und zwischen den einzelnen Staaten bzw. »Welten« sein. Die Akteure auf der Dominanzseite der Zentrums-Peripherie-Verhältnisse sind erstens die politisch Verantwortlichen der Industriestaaten in ihrer Verflechtung mit den Kapitalinteressen und zweitens die Verantwortlichen der internationalen Wirtschaft, insbesondere der transnationalen Konzerne. Als Akteure der Transformation dieser Dominanzverhältnisse werden auf Seiten der Peripherie vor allem nationale und internationale soziale Bewegungen gesehen. Politische Bewußtseinsbildung, soziale Organisierung und unkonventionelle Partizipationsformen gelten als Motoren des notwendigen Wandels.

Wie im »Realismus« determinieren demnach auch im kritischen Paradigma Machtkonflikte die internationalen Beziehungen. Im Unterschied zum Realismus erscheinen als Herzstück der Macht jedoch die Wirtschaftspotentiale der einzelnen Staaten, ihre militärischen Potentiale gelten als Funktion der Ökonomie. Eine weitere Parallele beider Paradigmen liegt in der »geringe(n) Aufmerksamkeit für Fragen des Krisen- und Konfliktmanagements.« (Elsenhans 1990: 331) »Kritische Ansätze« befassen sich indessen weniger mit der Reaktion der internationalen Akteure auf zugespitzte Konfliktlagen, sondern vor allem mit der Analyse von Konfliktursachen in den ökonomischen Funktionsweisen von Macht. Als einzige der klassischen Theorierichtungen in den internationalen Beziehungen werfen sie damit die Frage der Machtstrukturen und der Herrschaftslegitimationen auf. Dadurch rücken die möglichen Träger einer Veränderung ins Blickfeld. Allerdings interessieren sie kaum im Sinne einer differenzierten Handlungstheorie als Akteure mit einer großen Spannbreite an Problemlagen und Motiven, hingegen mehr als ihren ökonomischen Interessen folgende Subjekte der Transformation.

Auch bei diesem Paradigma scheinen in den immanenten Restriktionen bereits seine gender-Implikationen auf. Wie andere wirtschaftsdeterministische Gesellschaftstheorien betrachten die »kritischen Ansätze« in der internationalen Politik die Geschlechterverhältnisse in der Regel nicht als gleichermaßen herrschaftsrelevant wie die unterschiedlichen kapitalistischen Ausbeutungsverhältnisse. Noch immer werden in der politischen Ökonomie Geschlechterfragen als »Frauenfrage« der »Klassenfrage« untergeordnet und Frauen als politische Subjekte damit zunächst einmal ausgegrenzt (vgl. Young 1995: 260ff.). Zwar finden Frauen in einigen »kritischen Analysen« sehr wohl Beachtung, aber lediglich als Akteurinnen der »öffentlichen«, »männlich« besetzten Produktionsverhältnisse des Weltmarktes, d.h. vor allem als (dem männlichen Lohnarbeiter gleiche) Billiglohnarbeiterinnen oder als Teil der industriellen Reservearmee des kapitalistischen Weltsystems. Die ökonomische Rolle von Frauen in der (vermeintlich) »privaten« Subsistenzökonomie als unbezahlte Bäuerinnen, Handwerkerinnen, Umwelt-, Gesundheits-, Bildungs- und Familienarbeiterinnen bleibt unberücksichtigt:

»If the political economy is peopled only by ›owners‹ and ›workers‹ who leave home and go to factories, earn cash wages and join unions, then even most *women* remain invisible to the Critical theorist because most ›women's work‹ happens in the ›private‹ rather than the ›public‹ economy.« (D'Amico 1994: 67)

Ignoriert werden in dieser Perspektive daher auch die Verhältnisse der vermeintlich öffentlich und privaten Produktionssphären mitsamt ihren weitreichenden Implikationen für das Geschlechterverhältnis (vgl. Young 1995). Eine grundlegende Veränderung der geschlechtlichen Arbeitsteilung des Kapitalismus sehen die klassisch-kritischen Ansätze nicht vor.

Aber selbst dann, wenn »kritische Theorien« die Relation der Geschlechtshierarchien mit der internationalen Arbeitsteilung herausarbeiten (z.B. Mies 1988; Wallerstein 1991) und die sogenannte unsichtbare Hausarbeit der Frauen in der Subsistenzökonomie sichtbar machen, lassen sie wesentliche Aspekte der Geschlechterverhältnisse unterbelichtet. So wie dem pluralistischen Paradigma die Dimension der Machtasymmetrien zwischen den Geschlechtern fehlt, ist dem »kritischen Ansatz« die Dimension der differenten Erfahrung weitgehend absent – und zwar sowohl zwischen den Geschlechtern als auch zwischen den verschiedenen sozialen, ethnischen und kulturellen oder religiösen Gruppen. Die Gesamtheit der kategorialen *und* individuellen Unterschiede jeweils *kontextbezogen* zu reflektieren, d.h. die konkrete Bedeutung der *Verhältnisse* von »gender, race and class« zu ermessen, ist eine unabdingbare Prämisse für die Analyse der vielfältigen und in sich auch widersprüchlichen Handlungsinteressen von Frauen[14]. Frauen (in den Ländern des Südens) können nicht nur Trägerinnen von sozialen Bewegungen *oder* Bewahrerinnen patriarchaler Traditionen *oder* frauenpolitische Aktivistinnen *oder* loyale Anhängerinnen ihrer jeweils nationalen Regierungen sein, sie können diese sozialen und politischen Handlungsebenen auch alle *gleichzeitig* besetzen. Frauen sind demnach weder durchgängig Opfer noch durchgängig selbstbestimmte Subjekte von Wirtschaft und Politik. Ihre Strategien zwischen Widerstand und Anpassung sind abhängig von den jeweils konkreten Bedingungen, unter und mit denen sie leben, beinhalten zwangsläufig Inkonsistenzen, Ambivalenzen und Widersprüche. Hamideh Sedghi (1994: 93f.) spricht in diesem Zusammenhang vom »double-edged sword of domestic and international patriarchy«. Danach bleibt das Ziel von Frauen in den südlichen Kontinenten »the eradication of multiple forms of domination both at the national and international level.« (ebd.: 91)

Um sich diesem Ziel anzunähern, kombinieren Frauen unterschiedliche politische Methoden auf unterschiedlichen politischen Handlungsebenen. Aktivistinnen in der nationalen wie internationalen (Frauen-)Politik verstehen sich selbst nicht nur als der Realpolitik ferne Agentinnen der Transformation, sondern nutzen die erkämpften institutionellen Zugeständnisse u.a. dazu, die zukunftsweisenden Hoffnungen auf Strukturveränderungen auf die Ebene der aktuellen politischen Erfordernisse herunterzurechnen. Ebenso reklamieren sie ihr Recht auf gleiche Teilhabe an der Macht und ihr Interesse an der Stabilisierung der Verhältnisse, in denen sie leben. In einem weitestgehend geschlossenen Modell geschlechtshierarchischer Arbeitsteilung im Weltmaßstab sind weder die tatsächlichen Handlungsrestriktionen, auf die sie dabei treffen, noch die realen Handlungsspielräume, die sie dabei eröffnen, angemessen zu erfassen. Dies wäre allerdings die Voraussetzung, um die Bedingungen einer Politik auszuloten, deren Ziel die Transformation *aller* Formen der Machtungleichheit ist.

Annäherungen an eine feministische Theorie und Praxis internationaler (Frauen-)Politik

Als Bilanz des Beitrags feministischer Forschung zur Theoriebildung in den internationalen Beziehungen läßt sich nun folgendes festhalten: Zunächst besteht die Leistung feministischer Kritik an den vorgestellten theoretischen Ansätzen weniger darin, daß sie grundsätzlich neue Fragerichtungen entwirft. Eher greift sie bestehende Einwände gegen die Ansätze auf und wendet sie, entsprechend ihrem Erkenntnisinteresse modifiziert, auf die Politik der Geschlechterverhältnisse an. Die Aussagen über die Beschaffenheit der Geschlechterbeziehungen in der internationalen Politik, die sie trifft, sind ebenfalls nicht grundsätzlich neu, sondern weisen zahlreiche Analogien zur feministischen Kritik an anderen Feldern der Politikwissenschaft auf[15]. Neu an den Einsprüchen gegen die »gender-blindness« internationaler Beziehungen ist vielmehr, daß sie die impliziten Annahmen der Theorien über Geschlechtsrollen und Geschlechterverhältnisse als hegemoniale Ausgrenzungsmechanismen von Wissenschaft und Praxis internationaler Politik in ihren *spezifischen* Funktionsweisen sichtbar macht (vgl. Birckenbach 1991: 969). Damit werden sowohl die Unterschiede als auch die Gemeinsamkeiten in den gender-Kodierungen der einzelnen Paradigmen offengelegt.

Allen Ansätzen gemeinsam ist die Festlegung auf die Sphäre der Öffentlichkeit als allein relevanter Ort für die Entstehung und Austragung bzw. Bearbeitung von internationalen Konflikten. Dies beinhaltet »insgeheim«, weil stets unthematisiert, sowohl den (relativen) Ausschluß von Frauen als politische Subjekte als auch die Festschreibung der Verhältnisse von öffentlicher und privater Sphäre. Geschlechterverhältnisse bleiben damit letztlich in allen gesellschaftlichen Bereichen unangetastet, ihre permanente Reproduktion scheint gewährleistet.

Differenziert werden muß dagegen für die einzelnen Ansätze die Rigidität bzw. Durchlässigkeit der Ausgrenzung von Frauen aus Theorie und Praxis internationaler Politik. Diesbezügliche Unterschiede zwischen den Paradigmen lassen sich auf den jeweils fokussierten Gegenstandsbereich zurückführen, der wiederum entscheidend für die Konstituierung der »geheimen« Geschlechtsrollenannahmen ist. So bedingt die »Kriegsfähigkeit« als zentrale Voraussetzung des »realistischen Ansatzes« eine extreme Polarisierung der zugrunde liegenden Männlichkeits- und Weiblichkeitskonstruktionen. Kriegerische Männlichkeit wird in höchstem Maße glorifiziert, »friedliche« Weiblichkeit entsprechend abgewertet und rigoros ausgeschlossen. Dagegen enthalten das »pluralistische« und das »kritische Paradigma« partielle Offenheiten gegenüber dem »abweichenden« Geschlecht. Zwar ist Verhandlungsmacht als Kerngehalt des Pluralismus »männlich« definiert, doch läßt Kooperation als Verhandlungs*verfahren* differente Erfahrungen in bestimmten (Rand-)Bereichen internationaler Politik durchaus fruchtbar erscheinen, sofern die *Strukturen* der (Verhandlungs-)Macht dadurch nicht angetastet werden. Ähnliches trifft auf die Möglichkeit der Gleichheit von Frauen mit Männern im »kritischen Ansatz« zu. Zur Transformation der wirtschaftlichen Machtverhältnisse werden Frauen als »gleiche« Akteurinnen in den »öffentlichen« Produktionsverhältnissen zugelassen, allerdings unter der Bedingung, daß die Machtfrage für die »privaten« Verhältnisse der (Re-)Produktion nicht aufgeworfen oder nicht vollständig beantwortet wird.

Daß mit diesen feministischen Entschlüsselungen von »Geheimkodierungen« der Paradigmen deren Prämissen und zentrale Begriffe »anders« und grundlegender in Frage gestellt sowie weiterreichende, umfassendere Antworten gesucht werden, ergibt sich aus der Frageperspektive. Wenn Geschlecht als Kategorie akzeptiert wird, die gleichzeitig politisch-ökonomische, politisch-institutionelle, soziale und kulturelle Ungleichheitslagen reflektiert und mit sowohl kontext- als auch subjektbezogenen Handlungsaspekten verschränkt (vgl. Kreisky 1995), läßt sich damit ein analytischer Horizont erfassen, den die traditionellen Ansätze weder einzeln noch zusammen betrachtet erreichen können.

Dies verdeutlicht weiterhin, mit welchen Problemen das Projekt der Konzeptualisierung einer eigenständigen feministischen Theorie internationaler Beziehungen konfrontiert ist. Zunächst ist ihr Gegenstand ein allein schon empirisch überaus komplexer und zugleich ein in verschiedene, analytisch voneinander zu unterscheidende und doch miteinander verschränkte Themenbereiche unterteilter. Daraus und aus ihrer Kritik der klassischen Ansätze ergibt sich für eine feministische Theorie gleichsam das Verbot, eine neue »Metatheorie« internationaler Politik zu entwickeln. Aus nur einer Perspektive beleuchtet, ist die gesamte Realität internationaler Beziehungen kaum zu erfassen, geschweige denn zu erklären. So läßt jedes der gängigen Paradigmen jenseits seiner Geschlechterkodierung auch andere Aspekte der Weltpolitik außer Acht[16]: der »Realismus« z.B. die Nord-Süd-Beziehungen, der »Pluralismus« die Fragen der Macht und die »kritischen Theorien« die Ost-West-Verhältnisse in ihren historischen und aktuellen Dimensionen.

Eine der Kategorie Geschlecht angemessene, kritische Theorie internationaler Politik sollte daher grundsätzlich offen sein für verschiedene Sichtweisen und methodische Zugänge. Sie sollte sich außerdem der Aspekte herrschender Paradigmen »bedienen«, die ihrem Problemzugang und ihrer Fragestellung angemessen sind. Analog zu Hanne Birckenbachs Resümee der Paradigmendiskussion in der Friedensforschung (1991: 969) gilt auch für das gesamte Spektrum internationaler Politik, daß die drei klassischen Ansätze weiterhin eine wichtige Rolle in der Wissenschaft von den internationalen Beziehungen spielen werden. Und dies nicht nur aufgrund ihrer Monopolstellung in der »männlich« strukturierten Disziplin, sondern auch, weil sie trotz ihrer »Verstellungen« geeignet sind, analytische Zugänge zu bestimmten Problemen internationaler Politik zu eröffnen.

Auch wenn eine immanente »feministische Erneuerung« der herrschenden Paradigmen nur sehr bedingt möglich ist, sprechen vor allem zwei Argumente für den Versuch einer im positiven Sinne eklektizistischen Kombination von Teilen dieser Ansätze. Zum einen entspricht dies am ehesten den vielfältigen Lebensrealitäten und politischen (Emanzipations-)Strategien von Frauen, die es u.a. zu analysieren gilt. Zum anderen kann der klassische Einwand, der

»Versuch einer Aufhebung der Denkschulen würde nur dazu führen, das selbstkritische Mitbedenken des jeweiligen ideologisch-paradigmatischen Ausgangspunktes aufzugeben« (Rittberger/Hummel 1990: 37),

eine feministische Theorie internationaler Politik kaum betreffen. Da sie selbst dann, wenn sie mit einem bestimmten Ansatz arbeitet, gleichsam außerhalb einer jeder der »Denkschulen« bleibt und genau deshalb die kritische Reflexion der ideologisch-paradigmatischen Grundannahmen zu einer ihrer zentralen Aufgaben macht, scheint sie geradezu prädestiniert, den »Paradigmenspagat« (Birckenbach) für ihre eigenen Anliegen fruchtbar zu machen. Daß dies ein längerfristiger Prozeß sein wird, der rege Kontroverse über die Plausibilität, die Reichweite und die Innovationskraft der jeweils gewählten Forschungsdesigns einschließen *sollte*, scheint offensichtlich. Ob die darin bereits entstandenen und künftig entstehenden Fragmente einer feministischen Theorie internationaler Politik sich irgendwann als ein zwar offenes und vielleicht nicht in allen Teilen konsistentes, aber dennoch erkennbares »Ganzes« zueinander ins Verhältnis setzen lassen werden, bleibt fraglich. Dies wird nicht zuletzt davon abhängen, wie es den Vertreterinnen feministischer Sichtweisen in den internationalen Beziehungen gelingt, sich gegenüber dem Malestream die wissenschaftliche Freiheit zu nehmen, den bestehenden Rahmen zu nutzen, um ihn zu sprengen.

Wie dies konkret aussehen könnte, möchte ich nun abschließend an einem möglichen Forschungsdesign für die Ausarbeitung einer (bislang ebenfalls nur fragmentarisch existierenden) Theorie internationaler *Frauen*politik aufzeigen. Dabei gehe ich davon aus, daß sich an der politischen Praxis von Frauen auf internationaler Ebene die Herausforderungen der Geschlechterperspektive sowohl an die, als auch durch die Theorien internationaler Politik exemplarisch zusammenfassen lassen. In einem zweiten Schritt wären diese Ergebnisse dann für eine begriffliche Bestimmung dessen, was internationale Politik von Frauen eigentlich ausmacht, heranzuziehen.

Fangen wir mit der Aufarbeitung der Geschichte internationaler Frauenpolitik nicht erst bei der IV. Weltfrauenkonferenz in Peking an, sondern lassen die letzten 20 Jahre der Einmischung von Frauen in die Weltpolitik Revue passieren, so können darin drei Entwicklungstendenzen ausgemacht werden[17]: Zunächst drehte sich internationale Frauenpolitik um den Versuch, im Sinne des »Pluralismus« à la Keohane, bestimmte Themen internationaler Politik um die gender-Sichtweise zu erweitern und grundsätzlich neue Themen einzubringen. Für die Erfolge in der Perspektiverweiterung kann sicherlich an führender Stelle die Frauenpolitik in der Entwicklungspolitik genannt werden (vgl. z.B. Bliss et al. 1994); für die Mißerfolge in der Durchsetzung neuer Problemfelder in den akademischen und politik-praktischen Diskussionen stehen hier etwa die Themen Frauenhandel und Prostitutionstourismus. Sowohl Erfolge als auch Mißerfolge haben über die konkreten Veränderungen in der Weltpolitik hinaus zugleich sichtbar gemacht, daß und in welcher Form die Themen der Weltpolitik Themen der internationalen, der nationalen und der sogenannten kulturellen Politik der Geschlechterverhältnisse sind. Feministische Praxis internationaler Politik hat damit schärfer als der Pluralismus aufgedeckt, daß sich diese politischen Handlungsebenen nicht voneinander trennen lassen. Zwar sind sie nicht in jeder Frage gleichermaßen, aber doch stets gleichzeitig relevant. Der gender-bias internationaler Politik wird sich nicht nachhaltig verändern ohne eine Änderung der Modelle nationaler Souveränität, der wiederum die Veränderung der konstitutiven Geschlechterverhältnisse vorausgehen muß.

Im Unterschied dazu hat die zweite Entwicklungsrichtung internationaler Frauenpolitik im Sinne der kritischen Ansätze vor allem den transformativen Gehalt der Geschlechterpolitik (und damit auch die Grenzen der »Perspektiverweiterungs-Politik«) in den unterschiedlichen Bereichen herausgearbeitet und sie dann, darüber hinausgehend, anders konzeptualisiert. Das exponierteste Beispiel dafür ist bis heute der Empowerment-Ansatz als Weltentwicklungskonzept von Frauen aus den südlichen Kontinenten (vgl. DAWN 1985). Feministische Theorie und Praxis internationaler Politik hat damit in aller Deutlichkeit aufgezeigt, daß für eine strukturelle Transformation internationaler Herrschaftsverhältnisse die inhärenten Verhältnisse von Politik, Ökonomie, Ökologie *und* Gesellschaft neu zu thematisieren sind. Um neue Entwürfe von Weltpolitik zu entfalten, bedarf es nicht nur einer auf mehr Gleichheit und Gerechtigkeit zielenden Strukturkritik, sondern ebenso kontextbezogener Handlungsanalysen, die den durch und quer zu den klassischen Untersuchungskategorien verlaufenden gesellschaftlichen Differenzen adäquat sind. Im Zentrum dieser Ansätze stehen daher vor allem die Basispolitiken von Frauen in den Ländern des Südens (vgl. Lachenmann 1992).

Der dritte Strang internationaler Frauenpolitik schließlich befaßt sich im Sinne des Realismus damit, die Machtfrage zu stellen und die Forderung nach Zugang zu allen Entscheidungsbereichen zu erheben. Stellvertretend dafür steht der in Peking allenthalben geltend gemachte Anspruch von Frauen auf Transformation durch Partizipation (vgl. Ruppert 1996). Darin ausgedrückt ist der politische Konsens darüber, daß die Entwürfe einer neuen Weltpolitik als Weltinnenpolitik ohne den Zugang von Frauen zur Gestaltungsmacht zwangsläufig auf der visionären Ebene steckenbleiben und daß ohne die Auseinandersetzung mit der (realistischen) Realpolitik die Konzepte weiblicher »Gegenmacht« nicht zum Tragen kommen werden.

Über diesen Grundkonsens von Peking hinaus läßt sich gleichwohl nicht leugnen, daß es auch in der Praxis internationaler Frauenpolitik bisher nicht gelungen ist, die drei vollzogenen Schritte zu synthetisieren, d.h. die in und zwischen den einzelnen frauenpolitischen Ansätzen liegenden Brüche und Widersprüche in einem vierten Schritt gleichsam zu überwinden. Dies wäre ein mehr als schwieriges Unterfangen. Alltagsbezogene Basispolitiken mit dem Anspruch auf umfassende strukturelle Veränderungen und mit professioneller Einmischung in die institutionelle Politik so zu verbinden, daß sich darin *eine* konsistente und demokratische frauenpolitische Strategie und Praxis abzeichnet, scheint auf internationaler Ebene nicht weniger unwahrscheinlich als im nationalen Kontext. Die aktuelle Herausforderung für die internationale Frauenpolitik besteht daher eher darin, neben der Schärfung der *unterschiedlichen* Ansätze, politische Strukturen der »mittleren Ebene« zu schaffen, welche die Verbindungen und Kooperationen zwischen den spezialisierten, professionellen Institutionenpolitikerinnen und den unzähligen Basisbewegungen in den südlichen Kontinenten festigen[18].

Auf einer vergleichbaren Ebene sind die Erfordernisse an eine Theorie internationaler Frauenpolitik anzusiedeln. Von ihr kann kaum erwartet werden, daß sie im vollendeten Paradigmenspagat die existierenden Ansätze in *einem* geschlossenen Konzept zusammenfügt. Vielmehr kann und sollte sie sich daran versuchen, das Verhältnis der vorhandenen Strategien zueinander deutlicher zu bestimmen und eine Systematisierung der bestehenden Unübersichtlichkeit vorzunehmen. Grundlegend dafür wäre die Analyse des Handlungsgeflechts der Akteurinnen und ihrer verschiedenen Aktionsebenen im internationalen Raum. Zu differenzieren ist dabei zwischen nationalen Basisbewegungen von Frauen, die internationale Themen besetzen, nationalen und transnationalen Frauen-NROs, Frauen in nationalen Institutionen, die mit internationaler Politik befaßt sind, und Frauen in zwischenstaatlichen Organisationen. Weiterhin zu differenzieren ist dann entlang der unterschiedlichen Paradigmen zwischen den Zugängen von Frauen zur und ihren Handlungsebenen in der internationalen Politik. Für eine Bewertung der Realisierungschancen ihrer Konzepte sollten gleichzeitig die Chancen und Hindernisse der Durchsetzung von Fraueninteressen ausgemessen werden. Wiederum entlang der Paradigmen sind hier vor allem institutionelle Strukturen und Verfahren internationaler Politik in den Blick zu nehmen. In der Gegenüberstellung bzw. in der Untersuchung des Zusammenwirkens der verschiedenen »Seiten« und Ansätze internationaler Politik sollte es dann möglich werden, einen Begriff internationaler Frauenpolitik zu formulieren, der den transformatorischen Gehalt der Geschlechterpolitik in den internationalen Beziehungen näher zu bestimmen hilft.

Anmerkungen

1 Ich danke Hanne M. Birckenbach ganz herzlich für ihre kritisch-solidarische und sehr hilfreiche Kommentierung der Erstfassung dieses Textes. Birgit Sauer danke ich für ihre sorgfältige Durchsicht der Endfassung.

2   Für die Dominanz dieser Perspektive in der wissenschaftlichen Befassung mit internationaler Politik vgl. z.B. die neueren deutschsprachigen Einführungstexte von Pfetsch (1994) und Woyke (1995).
3   Das 1948 vereinbarte General Agreement on Tariffs and Trade (GATT) wurde nach der letzten Runde im Jahre 1995 übergeleitet in die World Trade Organization (WTO), die auf der Basis etwas erweiterter Kompetenzen mit den gleichen Gegenstandsbereichen befaßt ist.
4   So findet sich beispielsweise im von Wichard Woyke (1993) herausgegebenen »Handwörterbuch Internationale Politik« unter ca. 700 Stichwörtern kein einziges, das eindeutig auf ein Geschlechterthema hinweist. Allerdings gelingt es den allermeisten Autoren der Einzelbeiträge selbst zu Stichpunkten wie Bevölkerungsentwicklung/Bevölkerungspolitik oder Weltflüchtlingsproblematik, ihre mehrseitigen Artikel zu schreiben, ohne auch nur einmal das Wort »Frau« zu benutzen.
5   »Üblicherweise werden in der Disziplin ›Internationale Beziehungen‹ drei – transnational identifizierbare – Denkschulen unterschieden, die mit den grundlegenden Richtungen sozialwissenschaftlicher Forschung korrespondieren. Die jeweilige Benennung fällt allerdings höchst unterschiedlich aus: teilweise abwertend gegenüber den jeweils anderen Denkschulen, teilweise Dominanz beanspruchend für die eigene.« (Rittberger/Hummel 1990: 24)
6   Vgl. vor allem das Standardwerk »Politics among Nations« (Morgenthau 1948) und weiterhin, bereits vom Titel her bezeichnend für diese Perspektive »Man, the State and War« von Kenneth Waltz (1959).
7   Die Geschichte der Kriege dieser Welt ist vor allem auch eine Geschichte der Massenvergewaltigungen und der rassistischen Morde (vgl. z.B. Brownmiller 1980 und 1995; Richter-Lyonette 1995).
8   Als »Frauen in Schwarz« sind in den achtziger Jahren die für Frieden und Freiheit (ihrer Söhne und Männer) demonstrierenden »Mütter der Plaza de Mayo« in Argentinien bekannt geworden. Ähnliche Formen des (schweigenden) Protests gegen staatliche Verfolgungspolitiken und für inneren wie äußeren Frieden haben auch Frauen in anderen lateinamerikanischen Ländern und in Israel gewählt. Seitdem sind »Frauen in Schwarz« zu einem Synonym für die Richtung der internationalen Friedenspolitik von Frauen geworden, die positiv auf weibliche Differenzen rekurriert.
9   Vgl. insbesondere den renommierten Text »Power and Interdependence: World Politics in Transition« von Robert Keohane und Joseph Nye (1977), in deutscher Übersetzung: »Macht und Interdependenz« (1985).
10 »Die einfachste Version von *Interdependenz* bedeutet *gegenseitige* Dependenz oder Abhängigkeit. Interdependenz in der Weltpolitik bezieht sich auf Situationen, die durch wechselseitige Einflüsse zwischen Staaten oder zwischen Akteuren verschiedener Staaten charakterisiert sind (...) Wo Interaktionen wechselseitige Kostenwirkungen (die nicht notwendigerweise symmetrisch sein müssen) verursachen, liegt Interdependenz vor. (...) Der Begriff der *Interdependenz* sollte nicht nur auf Situationen beiderseitiger Vorteile angewandt werden (...) Man sollte sich ebenso davor hüten, Interdependenz ausschließlich als Situation einer *gleichmäßig ausbalancierten* gegenseitigen Abhängigkeit zu definieren. Vielmehr sind es die *Asymmetrien* dieser Abhängigkeit, die den Akteuren am ehesten Einflußmöglichkeiten in ihren gegenseitigen Beziehungen einräumen.« (Keohane/Nye 1985: 75ff.)

11 Als internationale Regime können »norm- und regelgeleitete Formen der internationalen Kooperation zur politischen Bearbeitung von Konflikten in verschiedenen Bereichen der internationalen Beziehungen bezeichnet werden« (Eifinger et al. 1990: 164).
12 Keohane gilt als einer der führenden us-amerikanischen Theoretiker des »Pluralismus«. Er war außerdem einer der »Lehrer« von J. Ann Tickner, deren Arbeiten seine Position zur feministischen Perspektive internationaler Beziehungen sicherlich nicht wenig inspiriert haben.
13 Vgl. zur lateinamerikanischen Perspektive der Dependenz z.B. Cardoso/Faletto (1979) und zur afrikanischen Analyse der Unterentwicklung im Weltmaßstab z.b. Amin (1975). Einer der profiliertesten Weltökonomieansätze aus der westlichen Welt ist der von Immanuel Wallerstein (1986).
14 Dieser Einwand trifft freilich nicht nur auf Frauen als handelnde Subjekte nationaler und internationaler Politik zu. Wie bei den anderen beiden Paradigmen internationaler Beziehungen teilen auch hier Feministinnen den *Ansatz* ihrer Beanstandungen mit anderen Kritiken. Deren VertreterInnen sind indes größtenteils selbst dem »kritischen Ansatz« zuzuordnen und versuchen sich mit ihren Argumenten daher eher an der notwendigen Erweiterung dieser Perspektive, denn an der Ausarbeitung einer neuen Theorie (vgl. z.B. Kößler/Melber 1993).
15 Vgl. exemplarisch hierfür Appelt/Neyer 1994 und Kreisky/Sauer 1995.
16 Nicht zufällig repräsentiert jedes der Paradigmen einen im zeitgeschichtlichen Zusammenhang seiner Entstehung zu interpretierenden Blickwinkel.
17 Die Reihenfolge ihrer Aufzählung entspricht (zumindest grob) der Chronologie der Entwicklungen in der internationalen Frauenpolitik, was an dieser Stelle noch einmal die Zugänglichkeit der einzelnen Paradigmen bzw. ihrer Entsprechungen in der politischen Praxis für eine Diskussion der Geschlechterverhältnisse reflektiert. Konkret werden sollte darüber hinaus, daß und warum eine Bilanzierung der bisherigen Praxis internationaler Frauenpolitik ohne die Zusammenschau der verschiedenen Ansätze internationaler Politik nicht möglich ist.
18 Dies könnten z.B. regionale Frauennetzwerke von Basisaktivistinnen, Theoretikerinnen der Bewegungen und Politikerinnen sein, wie sie vor allem von Frauen aus afrikanischen Ländern derzeit aufgebaut werden und die eine hoffnungsvolle Alternative zur überkommenen Diskussion um das »Entweder (Basispolitik) – Oder (Institutionenpolitik)« repräsentieren.

Literatur

Amin, Samir (1975), *Die ungleiche Entwicklung*, Hamburg.
Appelt, Erna, Gerda Neyer (Hg.) (1994), *Feministische Politikwissenschaft*, Wien.
Beckman, Peter (1994), Realism, Women and World Politics, in: Peter R. Beckman, Francine D'Amico (Hg.), W*omen, Gender and World Politics,* Westport (Connecticut)/London, S. 15-27.
Birckenbach, Hanne-Margret (1991), Paradigmen der internationalen Politik. Eine Kritik aus der Perspektive feministischer Friedensforschung, in: *Blätter für deutsche und internationale Politik* 8, S. 959-970.

Birckenbach, Hanne-Margret (1995), *Schlüsselproblem Partizipation: Zur Begründung von Forschungsfragen im Bereich von »gender und internationale Gewaltprävention«*, Manuskript, Hamburg.

Bliss, Frank et al. (1994), *Ansätze der Frauenförderung im internationalen Vergleich: Empfehlungen für die deutsche Entwicklungszusammenarbeit*, Forschungsberichte des Bundesministeriums für wirtschaftliche Zusammenarbeit und Entwicklung, Bd. 115, Köln.

Brock, Lothar, Mathias Albert (1995), Entgrenzung der Staatenwelt. Zur Analyse weltgesellschaftlicher Entwicklungstendenzen, in: *Zeitschrift für Internationale Beziehungen* 2, S. 259-286.

Brownmiller, Susan (1980), *Gegen unseren Willen. Vergewaltigung und Männerherrschaft*, Frankfurt/M.

Brownmiller, Susan (1995), The Spoils of War, in: Swiss Peace Foundation (Hg.), *War against Women. The Impact of Violence on Gender Relations*, Bern, S. 51-56.

Cardoso, Fernando Enrique, Enzo Faletto (1979), *Dependency and Development in Latin America*, Berkely.

D'Amico, Francine (1994), Pluralist and Critical Perspectives, in: Peter R. Beckman, Francine D'Amico (Hg.), *Women, Gender and World Politics,* Westport (Connecticut)/London, S. 55-73.

DAWN (Development Alternatives with Women for a New Era) (1985), *Development Crisis and Alternative Visions – Third World Women's Perspectives*, Stanvanger.

Eifinger, Manfred et al. (1990), Internationale Regime und Internationale Politik, in: Volker Rittberger (Hg.), *Theorien der Internationalen Beziehungen*, PVS Sonderheft 21, Opladen, S. 286-310.

Elsenhans, Hartmut (1990), Nord-Süd-Beziehungen: Theorien über die Nord-Süd-Konfliktformationen und ihre Bearbeitung, in: Volker Rittberger (Hg.), *Theorien der Internationalen Beziehungen*, PVS Sonderheft 21, Opladen, S. 330-352.

Enloe, Cynthia (1989), *Bananas, Beaches and Bases: Making Feminist Sense of International Politics*, London.

Hartsock, Nancy (1990), Political Science as Malestream Discourse: Can this Discipline be saved?, in: *Österreichische Zeitschrift für Politikwissenschaft* 2, S. 151-160.

Hartsock, Nancy (1995), Feministische Forschung und Politikwissenschaft in den USA, in: Eva Kreisky, Birgit Sauer (Hg.), *Feministische Standpunkte in der Politikwissenschaft: Eine Einführung*, Frankfurt/M./New York, S. 63-80.

Hasenjürgen, Brigitte, Sabine Preuss (Hg.) (1993), *Frauenarbeit – Frauenpolitik: Internationale Diskussionen*, Münster.

Heyzer, Neoleen (Hg.) (1994), *Gender, Economic Growth and Poverty: Market growth and state planning in Asia and the Pacific*, New Dehli.

Huntington, Samuel P. (1993), The Clash of Civilizations?, in: *Foreign Affairs*, Summer, S. 22-49.

Kaiser, Karl, Hans-Peter Schwarz (Hg.) (1985), *Weltpolitik: Strukturen – Akteure – Perspektiven*, Bonn.

Kennedy, Paul (1993), *In Vorbereitung auf das 21. Jahrhundert*, Frankfurt/M.

Keohane, Robert O. (1989), International Relation Theory: Contributions of a Feminist Standpoint, in: *Millennium* 18/2, S. 245-254.

Keohane, Robert O., Joseph S. Nye (1977), *Power and Interdependence: World Politics in Transition*, Boston.

Keohane, Robert O., Joseph S. Nye (1985), Macht und Interdependenz, in: Karl Kaiser, Hans-Peter Schwarz (Hg.) (1985), *Weltpolitik: Strukturen – Akteure – Perspektiven*, Bonn. S. 74-88
Kößler, Reinhart, Henning Melber (1993), *Chancen internationaler Zivilgesellschaft*, Frankfurt/M.
Kohler-Koch, Beate (1990), »Interdependenz«, in: Volker Rittberger (Hg.), *Theorien der Internationalen Beziehungen*, PVS Sonderheft 21, Opladen, S. 110-129.
Kreisky, Eva (1995), Gegen »geschlechtshalbierte Wahrheiten«. Feministische Kritik an der Politikwissenschaft im deutschsprachigen Raum, in: Eva Kreisky, Birgit Sauer (Hg.), *Feministische Standpunkte in der Politikwissenschaft: Eine Einführung*, Frankfurt/M./New York, S. 27-62.
Kreisky, Eva, Birgit Sauer (Hg.) (1995), *Feministische Standpunkte in der Politikwissenschaft: Eine Einführung*, Frankfurt/M./New York.
Krippendorff, Ekkehart (1994), *Militärkritik*, Frankfurt/M.
Lachenmann, Gudrun (1992), Frauen als gesellschaftliche Kraft im sozialen Wandel in Afrika, in: *Peripherie* 47/48, S. 74-93.
Mies, Maria (1988), *Patriarchat und Kapital. Frauen in der internationalen Arbeitsteilung*, Zürich.
Morgenthau, Hans (1948), *Politics among Nations: The Struggle of Power and Peace*, New York.
Pateman, Carole (1988), *The Sexual Contract*, Cambridge.
Pateman, Carole (1989), *The Disorder of Women. Democracy, Feminism and Political Theory*, Stanford.
Pateman, Carole (1992), Gleichheit, Differenz, Unterordnung. Die Mutterschaftspolitik und die Frauen in ihrer Rolle als Staatsbürgerinnen, in: *Feministische Studien* 10/1, S. 54-69.
Pfetsch, Frank R. (1994), *Internationale Politik*, Stuttgart.
Richter-Lyonette, Eleonor (1995), Women and War Crimes, in: Swiss Peace Foundation (Hg.), *War against Women. The Impact of Violence on Gender Relations*, Bern, S. 101-125.
Rittberger, Volker, Hartwig Hummel (1990), Die Disziplin »Internationale Beziehungen« im deutschsprachigen Raum auf der Suche nach ihrer Identität: Entwicklung und Perspektiven, in: Volker Rittberger (Hg.), *Theorien der Internationalen Beziehungen*, PVS Sonderheft 21, Opladen, S. 17-47.
Rumpf, Mechthild (1995), Staatsgewalt, Nationalismus und Krieg. Ihre Bedeutung für das Geschlechterverhältnis, in: Eva Kreisky, Birgit Sauer (Hg.), *Feministische Standpunkte in der Politikwissenschaft: Eine Einführung*, Frankfurt/M./New York, S. 223-254.
Ruppert, Uta (1996), Vielfalt statt Visionen? Internationale Frauenpolitik auf dem Weg ins 21. Jahrhundert, in: BUKO- Agrar-Koordination (Kerstin Lanje), *Frauenwelten, Weltfrauen, Weltfrauenkonferenzen*, Hamburg, S. 40-43.
Sedghi, Hamideh (1994), Third World Feminist Perspectives on World Politics, in: Peter R. Beckman, Francine D'Amico (Hg.), W*omen, Gender and World Politics,* Westport (Connecticut)/London, S. 89-105.
Sparr, Pamela (Hg.) (1994), *Mortgaging Women's Live: Feminist Critiques of Structural Adjustment*, London/New Jersey.
Tickner, J. Ann (1988), Hans Morgenthau's Principles of Political Realism: A Feminist Reformulation, in: *Millennium* 17/3, S. 429-440.
Tickner, J. Ann (1992), *Gender in International Relations: Feminist Perspectives on Achieving Global Securitiy*, New York.

Tickner, J. Ann (1994), Feminist Critique of Political Realism, in: Peter R. Beckman, Francine D'Amico (Hg.), W*omen, Gender and World Politics,* Westport (Connecticut)/London, S. 29-40.

Wallerstein, Immanuel (1986), *Das moderne Weltsystem. Kapitalistische Landwirtschaft und die Entstehung der europäischen Weltwirtschaft im 16. Jahrhundert*, Königstein.

Wallerstein, Immanuel (1991), *Geopolitics and Geoculture: Essays on the Changing Worldsystem*, Cambridge.

Waltz, Kenneth (1959), *Man, the State and War: A Theoretical Analysis*, New York.

Wee, Vivienne, Noeleen Heyzer (1995), *Gender, Poverty and Sustainable Development: Towards a holistic framework of understanding and action*, New York.

Woyke, Wichard (Hg.) (1993), *Handwörterbuch Internationale Politik*, Opladen.

Woyke, Wichard (1995), Internationale Beziehungen, in: Arno Mohr (Hg.), *Grundzüge der Politikwissenschaft*, München/Wien, S. 605-674.

Young, Brigitte (1995), Staat, Ökonomie und Geschlecht, in: Eva Kreisky, Birgit Sauer (Hg.), *Feministische Standpunkte in der Politikwissenschaft: Eine Einführung*, Frankfurt/M./New York, S. 255-280.

Zu den Autorinnen und Herausgeberinnen

Erna Appelt, geb. 1951; Univ.-Doz. am Institut für Politikwissenschaft der Universität Innsbruck. Musik- Germanistik- und Geschichtestudium an den Universitäten Wien, Salzburg und Berlin. 1979-1986 Gymnasiallehrerin für Geschichte, Sozialkunde und Deutsch in Wien. 1986-1988 Soziologiestudium am Institut für höhere Studien Wien. Ab 1989 Assistentin am Institut für Politikwissenschaft, Innsbruck. 1992-1994 Charlotte Bühler-Stipendium des Fonds zur Förderung der wissenschaftlichen Forschung. Forschungsschwerpunkte: Geschichte der weiblichen Angestellten; Arbeitsmarktforschung; Feministische Politikwissenschaft; Wohlfahrtsstaatsanalysen.

Regina Köpl, geb. 1957, Dr. phil., Studium der Politikwissenschaft an der Universität Wien, postgraduate Ausbildung am Institut für Höhere Studien Wien (Fachbereich Politikwissenschaft), Lehrbeauftragte an den Universitäten Wien und Salzburg, seit 1992 Assistentin am Institut für Politikwissenschaft der Universität Wien. Arbeitsschwerpunkte: Institutionelle Frauenpolitik und feministische Wissenschaftskritik

Eva Kreisky studierte Rechtswissenschaft an der Universität Wien und absolvierte ein postuniversitäres Studium der Politikwissenschaft am Institut für Höhere Studien und Wissenschaftliche Forschung (IHS) in Wien. 1972 bis 1979 wissenschaftliche Assistentin am IHS; 1979 bis 1989 Leiterin der Abteilung Politikwissenschaft am IHS. 1987 Habilitation an der Universität Wien. 1989 bis 1993 Professorin für Politikwissenschaft unter besonderer Berücksichtigung der Frauenforschung an der Freien Universität Berlin. 1993 bis 1995 Gastprofessorin für Politik der Geschlechterverhältnisse am Institut für Politikwissenschaft der Universität Wien, seit 1995 Ordinaria ebendort. Arbeitsschwerpunkte: Staats- und Bürokratietheorie, feministische Theorie.

Sabine Lang, Politikwissenschaftlerin, Studium in Freiburg, New York und Berlin. 1986/87 Forschungsassistenz an der University of California, Berkeley; 1987 bis 1990 Mitarbeiterin des Berliner Projektverbunds »Genese moderner Staatlichkeit«; 1991 bis 1994 Pressesprecherin und Leiterin des Büros der Berliner Bürgermeisterin und Senatorin für Arbeit und Frauen. Lehrbeauftragte an der FU Berlin; seit 1995 wissenschaftliche Mitarbeiterin am Institut für Politikwissenschaft der Universität Leipzig. Arbeitsschwerpunkte: Staat und Öffentlichkeit in den USA und der Bundesrepublik Deutschland; Reproduktion der Geschlechterordnung in der Demokratie.

Gerda Ruth Neyer, Mag. rer. nat., Dr. phil., Wissenschaftliche Angestellte am Institut für Demographie der österreichischen Akademie der Wissenschaften; Leiterin von Forschungsprojekten zu frauenspezifischer Sozialpolitik. Univ. Lektorin am Institut für Geschichte und am Institut für Politikwissenschaft der Universität Wien; Forschungsarbeiten und Publikationen zur feministischen Theorie und zu Politikanalysen im Bereich Migrationspolitik, politisches System und Sozialpolitik.

Sieglinde K. Rosenberger, geb. 1957, Univ. Doz., Studium der Volkswirtschaftslehre und der Politikwissenschaft; seit 1988 Univ. Assistentin am Institut für Politikwissenschaft der Universität Innsbruck. Im Studienjahr 1991/92 Forschungsaufenthalt am Department of Women's Studies der San Diego State University/Ca. Seit 1996 Gastprofessorin am Institut für Politikwissenschaft der Universität Wien. Publikationen zur Politik der Geschlechterverhältnisse, zu Gleichbehandlungs-, Frauen- und Sozialpolitik, zur feministischen Theorie im Spannungsfeld von Gleichheit und Differenz und zum politischen System Österreichs.

Uta Ruppert, Dr. rer. soc., wissenschaftliche Assistentin am Institut für Politikwissenschaft der Universität Gießen, Arbeitsschwerpunkte: Nord-Süd-Politik, Frauenpolitik und Frauenbewegungen in Westafrika, Theorie und Praxis internationaler Frauenpolitik, feministische Theorien internationaler Beziehungen

Birgit Sauer, Dr. phil., Politikwissenschaftlerin, nach Lehramtsstudium und Referendariat von 1987 bis 1992 wissenschaftliche Mitarbeiterin am Fachbereich Politikwissenschaft der Freien Universität Berlin, 1993/94 Gastprofessorin an der Kon-Kuk-Universität in Seoul/Korea, 1994 Gastprofessorin an der Universität Klagenfurt, 1995 bis 1996 wissenschaftliche Assistentin am

Institut für Soziologie der Universität Freiburg, seit April 1996 Assistentin am Institut für Politikwissenschaft der Universität Wien. Forschungsschwerpunkte: Politik und Kultur, Politik der Geschlechterverhältnisse, Staats- und Institutionentheorien.

Reihe »Politik der Geschlechterverhältnisse«

*Elke Biester, Barbara Holland-Cunz,
Eva Maleck-Lewy, Anja Ruf, Birgit Sauer (Hg.)*
Gleichstellungspolitik – Totem und Tabus
Eine feministische Revision
Band 1
1994. 190 Seiten. ISBN 3-593-35901-2

*Elke Biester, Barbara Holland-Cunz, Mechthild M. Jansen,
Eva Maleck-Lewy, Anja Ruf, Birgit Sauer (Hg.)*
Das unsichtbare Geschlecht der Europa
Der europäische Einigungsprozeß aus feministischer Sicht
Band 2
1994. 161 Seiten. ISBN 3-593-35092-0

Elke Biester, Barbara Holland-Cunz, Birgit Sauer (Hg.)
Demokratie oder Androkratie ?
Theorie und Praxis demokratischer Herrschaft in der feministischen Diskussion
Band 3
1994. 249 Seiten. ISBN 3-593-35206-0

Eva Kreisky, Birgit Sauer (Hg.)
Feministische Standpunkte in der Politikwissenschaft
Eine Einführung
Band 4
1995. 282 Seiten. ISBN 3-593-35304-0

Campus Verlag · Frankfurt/New York

Reihe »Politik der Geschlechterverhältnisse«

Teresa Kulawik, Birgit Sauer (Hg.)
Der halbierte Staat
Grundlagen feministischer Politikwissenschaft
Band 5
1996. Ca. 250 Seiten. ISBN 3-593-35414-4

*Christina Lemke, Virginia Penrose,
Uta Ruppert (Hg.)*
Frauenbewegung und Frauenpolitik in Osteuropa
Band 6
1996. 128 Seiten. ISBN 3-593-35415-2

Virginia Penrose, Clarissa Rudolph (Hg.)
Zwischen Machtkritik und Machtgewinn
Feministische Konzepte und politische Realität
Band 7
1996. 238 Seiten. ISBN 3-593-35536-1

Campus Verlag · Frankfurt/New York